高等学校工程管理专业应用型本科规划教材

工程经济学

（第二版）

宋 伟◎编著

人民交通出版社股份有限公司
China Communications Press Co.,Ltd.

内 容 提 要

本书全面地介绍了工程经济学的基本理论与方法。全书共十章,内容包括:绪论(工程经济学概述)、工程经济基本要素、现金流量与资金时间价值、工程经济评价方法、工程项目不确定性分析、工程项目财务评价、工程项目国民经济评价、公益性项目评价、设备更新经济分析、价值工程。

本书在编写上注重理论的系统性,反映学科的新进展,强调内容的实用性,既适合高等学校教学的要求,又能满足实际工作的需要。

本书可作为高等学校工程管理专业、土木工程专业、水利水电工程专业和其他理工科专业的工程经济学教材,也可作为研究生教材,还可作为工程领域的技术人员、项目管理人员和政府管理人员的参考书。

图书在版编目(CIP)数据

工程经济学 / 宋伟编著. —2 版. —北京 : 人民交通出版社股份有限公司,2016.12
 ISBN 978-7-114-13589-7

Ⅰ.①工… Ⅱ.①宋… Ⅲ.①工程经济学 Ⅳ.①F062.4

中国版本图书馆 CIP 数据核字(2016)第 308367 号

书　　名:	工程经济学(第二版)
著 作 者:	宋　伟
责任编辑:	卢　珊
出版发行:	人民交通出版社股份有限公司
地　　址:	(100011)北京市朝阳区安定门外外馆斜街 3 号
网　　址:	http://www.ccpress.com.cn
销售电话:	(010)59757973
总 经 销:	人民交通出版社股份有限公司发行部
经　　销:	各地新华书店
印　　刷:	北京盈盛恒通印刷有限公司
开　　本:	787×1092　1/16
印　　张:	21.75
字　　数:	519 千
版　　次:	2007 年 2 月　第 1 版　2016 年 12 月　第 2 版
印　　次:	2016 年 12 月　第 2 版第 1 次印刷　总第 9 次印刷
书　　号:	ISBN 978-7-114-13589-7
定　　价:	48.00 元

(有印刷、装订质量问题的图书由本公司负责调换)

第二版前言

工程经济学是高等学校工程管理专业学生的主干技术基础课程，也是土木工程专业、水利水电工程专业、项目管理专业和其他工程技术专业学生的重要专业基础课程。

本书第一版2007年2月出版，已经用了近十个年头，经过这段时间的教学实践，编者发现了若干不足，如有些内容过于烦杂不够精练，写法及术语上未完全统一等，确实需要改进。为此，本次修改对全书结构进行了梳理，将第一版中工程项目可行性研究一章的内容精简后并入工程项目财务评价一章；取消了工程项目后评价一章。这样的调整既保留了第一版的经典内容，维持了知识体系的系统全面，又使得本版（第二版）更加实用；同时也能够满足各高校相关专业工程经济学课程教学的需要。

本书系统全面地介绍了工程经济学的基本原理与方法。教材编写参照了国家发展和改革委员会、原建设部颁布的《建设项目经济评价方法与参数》（第三版），并充分考虑到我国土木工程实践和工程项目管理的特点。全书分为绪论（工程经济学概述）、工程经济基本要素、现金流量与资金的时间价值、工程经济评价方法、工程项目不确定性分析、工程项目财务评价、工程项目国民经济评价、公益性项目评价、设备更新经济分析、价值工程，共十章内容。

本书第二版突出体现了系统性、实用性两大特点。

系统性指完整全面地介绍了工程经济学的基本原理与分析方法，既包括西方工程经济分析的经典理论，也包括价值工程原理与方法，同时还有工程项目可行性研究的核心内容。

实用性指本教材介绍的工程经济分析方法，如工程经济评价方法、工程项目财务评价方法、工程项目国民经济评价方法、项目不确定性分析方法、公益性项目评价方法和设备更新经济分析方法等，可以直接用于工程技术方案和工程项目方案的比较与选择。

此外，本版每章都编有本章概要、本章小结，并重新编写了复习思考题及参考答案，有的章节还编有案例，以帮助读者学习与掌握重点知识。这既符合高校教学的要求，又能满足社会读者实际工作的需要。

这次修改工作由四川大学宋伟教授完成。在编写本书的过程中，参考了大量的文献资料，并汲取了近年来出版的同类教材的精华，在此向所有文献的作者表示感谢！

限于作者的经验与水平，书中难免存在疏漏和不足之处，敬请读者和有关专家批评指正。

宋 伟

2016年7月于四川大学望江校区

前言

工程经济学是高等学校工程管理专业学生的主干技术基础课程,也是土木工程专业、水利水电工程专业和其他工程技术专业学生的重要专业基础课程。

本书系统全面地介绍了工程经济学的基本原理与方法。本教材编写参照了国家发改委、建设部颁布的《建设项目经济评价方法与参数》(第三版)和建设部高等学校工程管理学科专业指导委员会提出的《工程经济学》课程教学大纲。全书编写集中体现了系统性、实用性、时代性的特点。

系统性指体系完整地介绍了工程经济学的基本原理与方法,既包括了西方工程经济学的经典理论,也包括了价值工程原理与方法,还有工程项目可行性研究与项目后评价的方法。

实用性指本教材介绍的工程经济分析方法,如技术方案、工程项目的投资效益分析方法、工程项目对国民经济的贡献分析方法、工程项目对社会发展、生态环境保护的贡献分析方法等,可以直接用于工程技术方案和项目方案的比较与选择。

时代性指本教材的编写吸取了国内外工程经济学的最新进展,并参照了2006年7月国家发改委、建设部颁布的《建设项目经济评价方法与参数》(第三版)的有关内容,还编入了我国投资体制改革的新内容,使工程经济分析与国内现行的投资体制和建设项目经济评价标准相衔接,便于读者掌握这些理论更好地为祖国建设服务。

此外,本书每章都编有本章概要、小结和复习思考题,有的章节还编有案例,帮助读者学习与掌握知识重点。这既适合高校教学的要求,又能满足实际工作的需要。

本书由四川大学宋伟教授提出编写大纲,经全国高校工程管理专业应用型本科教材编写委员会于2006年春南京会议审定,四川大学宋伟教授和兰州交通大学王恩茂副教授统稿,宋伟负责定稿。

四川大学宋伟、兰州交通大学王恩茂任本书主编,青岛理工大学李松青和西南科技大学马锋任副主编,西安建筑科技大学刘晓君教授主审。本书具体编写分工为:第一章由四川大学宋伟编写;第二章由四川大学文红星编写;第三章由四川大学张欣莉编写;第四章、第十一章由西南科技大学马锋编写;第五章由兰州交通大学王恩茂编写;第六章由平顶山工学院张厚钧编写;第七章由山东农业大学张庆华编写;第八章由青岛理工大学李松青编写,项目财务评价案例由李松青、郝俊梅编写;第九章由青岛理工大学韩立红编写;第十章由兰州交通大学刘振奎编写;第十二章由四川大学周鹏编写。

本书由西安建筑科技大学刘晓君教授主审,为本书提供了许多建设性的意见,在此表示感谢。

在编写本书过程中,参考了大量的文献资料,在此向文献的作者表示感谢!

书中难免存在疏漏和不足之处,敬请读者指正。

宋 伟

2006 年 10 月

目 录

第1章　绪论 ⋯⋯⋯⋯⋯⋯⋯⋯⋯⋯⋯⋯⋯⋯⋯⋯⋯⋯⋯⋯⋯⋯⋯⋯⋯⋯⋯⋯⋯ 1
　1.1　工程经济学的概念、研究对象与范围 ⋯⋯⋯⋯⋯⋯⋯⋯⋯⋯⋯⋯⋯ 2
　1.2　工程经济学的产生与发展 ⋯⋯⋯⋯⋯⋯⋯⋯⋯⋯⋯⋯⋯⋯⋯⋯⋯ 7
　1.3　工程经济学基本原理 ⋯⋯⋯⋯⋯⋯⋯⋯⋯⋯⋯⋯⋯⋯⋯⋯⋯⋯⋯ 9
　1.4　工程经济学的研究方法 ⋯⋯⋯⋯⋯⋯⋯⋯⋯⋯⋯⋯⋯⋯⋯⋯⋯⋯ 17
　本章小结 ⋯⋯⋯⋯⋯⋯⋯⋯⋯⋯⋯⋯⋯⋯⋯⋯⋯⋯⋯⋯⋯⋯⋯⋯⋯⋯ 19
　复习思考题 ⋯⋯⋯⋯⋯⋯⋯⋯⋯⋯⋯⋯⋯⋯⋯⋯⋯⋯⋯⋯⋯⋯⋯⋯⋯ 20

第2章　工程经济基本要素 ⋯⋯⋯⋯⋯⋯⋯⋯⋯⋯⋯⋯⋯⋯⋯⋯⋯⋯⋯ 21
　2.1　工程项目总投资 ⋯⋯⋯⋯⋯⋯⋯⋯⋯⋯⋯⋯⋯⋯⋯⋯⋯⋯⋯⋯⋯ 22
　2.2　工程项目成本费用 ⋯⋯⋯⋯⋯⋯⋯⋯⋯⋯⋯⋯⋯⋯⋯⋯⋯⋯⋯⋯ 26
　2.3　工程项目收入和税费 ⋯⋯⋯⋯⋯⋯⋯⋯⋯⋯⋯⋯⋯⋯⋯⋯⋯⋯⋯ 32
　2.4　工程项目利润 ⋯⋯⋯⋯⋯⋯⋯⋯⋯⋯⋯⋯⋯⋯⋯⋯⋯⋯⋯⋯⋯⋯ 34
　本章小结 ⋯⋯⋯⋯⋯⋯⋯⋯⋯⋯⋯⋯⋯⋯⋯⋯⋯⋯⋯⋯⋯⋯⋯⋯⋯⋯ 35
　复习思考题 ⋯⋯⋯⋯⋯⋯⋯⋯⋯⋯⋯⋯⋯⋯⋯⋯⋯⋯⋯⋯⋯⋯⋯⋯⋯ 35

第3章　现金流量与资金时间价值 ⋯⋯⋯⋯⋯⋯⋯⋯⋯⋯⋯⋯⋯⋯⋯⋯ 37
　3.1　现金流量 ⋯⋯⋯⋯⋯⋯⋯⋯⋯⋯⋯⋯⋯⋯⋯⋯⋯⋯⋯⋯⋯⋯⋯⋯ 38
　3.2　资金的时间价值 ⋯⋯⋯⋯⋯⋯⋯⋯⋯⋯⋯⋯⋯⋯⋯⋯⋯⋯⋯⋯⋯ 41
　3.3　等值计算 ⋯⋯⋯⋯⋯⋯⋯⋯⋯⋯⋯⋯⋯⋯⋯⋯⋯⋯⋯⋯⋯⋯⋯⋯ 48
　3.4　使用内插法计算未知利率与未知计息次数 ⋯⋯⋯⋯⋯⋯⋯⋯⋯⋯ 50
　本章小结 ⋯⋯⋯⋯⋯⋯⋯⋯⋯⋯⋯⋯⋯⋯⋯⋯⋯⋯⋯⋯⋯⋯⋯⋯⋯⋯ 51
　复习思考题 ⋯⋯⋯⋯⋯⋯⋯⋯⋯⋯⋯⋯⋯⋯⋯⋯⋯⋯⋯⋯⋯⋯⋯⋯⋯ 52

第4章　工程经济评价方法 ⋯⋯⋯⋯⋯⋯⋯⋯⋯⋯⋯⋯⋯⋯⋯⋯⋯⋯⋯ 55
　4.1　工程项目经济评价指标 ⋯⋯⋯⋯⋯⋯⋯⋯⋯⋯⋯⋯⋯⋯⋯⋯⋯⋯ 56
　4.2　工程项目方案经济评价方法 ⋯⋯⋯⋯⋯⋯⋯⋯⋯⋯⋯⋯⋯⋯⋯⋯ 65
　本章小结 ⋯⋯⋯⋯⋯⋯⋯⋯⋯⋯⋯⋯⋯⋯⋯⋯⋯⋯⋯⋯⋯⋯⋯⋯⋯⋯ 82
　复习思考题 ⋯⋯⋯⋯⋯⋯⋯⋯⋯⋯⋯⋯⋯⋯⋯⋯⋯⋯⋯⋯⋯⋯⋯⋯⋯ 83

第5章 工程项目不确定性分析 ... 87

5.1 工程项目不确定性概述 ... 88
5.2 盈亏平衡分析 ... 89
5.3 敏感性分析 ... 94
5.4 概率分析 ... 98
本章小结 ... 107
复习思考题 ... 108

第6章 工程项目财务评价 ... 113

6.1 工程项目可行性研究简介 ... 114
6.2 工程项目财务评价概述 ... 123
6.3 工程项目财务预测 ... 125
6.4 工程项目财务评价的指标体系 ... 136
6.5 财务评价的辅助报表和基本报表 ... 142
6.6 项目财务评价案例 ... 154
本章小结 ... 176
复习思考题 ... 177

第7章 工程项目国民经济评价 ... 179

7.1 项目国民经济评价概述 ... 180
7.2 项目国民经济评价的费用与效益 ... 184
7.3 国民经济评价的参数 ... 187
7.4 国民经济评价的影子价格计算 ... 189
7.5 国民经济评价的指标与报表 ... 195
本章小结 ... 200
复习思考题 ... 201

第8章 公益性项目评价 ... 203

8.1 公益性项目评价概述 ... 204
8.2 费用效益评价 ... 207
8.3 费用效果评价 ... 213
本章小结 ... 215
复习思考题 ... 216

第9章 设备更新经济分析 ... 221

9.1 设备更新概述 ... 222
9.2 设备经济寿命 ... 226

9.3　设备更新经济分析 ·· 230
　　9.4　不同设备更新方案的比较分析 ································· 232
　　本章小结 ·· 238
　　复习思考题 ·· 239

第10章　价值工程 ··· 245
　　10.1　价值工程概述 ·· 246
　　10.2　工程项目价值分析程序与方法 ································· 251
　　10.3　价值工程应用案例 ·· 265
　　本章小结 ·· 267
　　复习思考题 ·· 268

复习思考题参考答案 ·· 270

附录　复利系数表 ·· 320

参考文献 ··· 336

第 1 章 绪 论

本章概要

　　工程经济学是工程技术与经济学的交叉学科,是应用经济学的重要组成部分。工程经济学是对工程技术问题进行经济分析的系统理论与方法。工程经济学通过分析工程活动的代价及其对工程目标实现的贡献,寻求以有限的资源满足人们对工程活动经济效益要求的最佳方案。工程经济学是为工程活动投资决策服务的经济学科。本章介绍了工程经济学的概念、工程经济学的研究对象与范围、工程经济学的产生与发展、工程经济学基本原理、工程经济学与其他学科的关系、工程经济学的研究方法。通过本章学习,要求读者掌握工程经济学的概念与范围、工程经济分析一般程序、工程经济学的基本原理和研究方法。

1.1 工程经济学的概念、研究对象与范围

1.1.1 工程经济学的概念

学习工程经济学的概念,首先应该了解工程的概念、经济学的概念,这对理解工程经济学的概念有所帮助。

工程,一般是指将自然科学的原理应用于工农业生产而形成的各学科的总称。这些学科是应用数学、物理学、化学等基础科学的原理,结合在生产实践中所积累的技术经验而发展出来的,如化学工程、冶金工程、机电工程、土木工程、水利工程、交通工程、纺织工程、食品工程等。主要内容有生产工艺的设计与制定,生产设备的设计与制造,检测原理与设备的设计与制造,原材料的研究与选择,土木工程的勘测设计与施工设计,土木工程的施工建设等。此外,人们习惯于将某个具体的工程项目简称为工程,如贵州射电望远镜 FAST 工程、京沪铁路工程,北京城市轨道交通建设工程、核电站工程、高速公路建设工程、城市自来水厂或污水处理厂工程、企业的技术改造及改扩建工程、城市的旧城改造工程、高新技术开发区建设工程等;还有生产经营活动中的新产品开发项目、新药物研究项目、软件开发项目、新工艺及设备的研发项目等都具有工程的涵义。工程经济学中的工程既包括工程技术方案、技术措施,也包括工程项目。

上述的所有的工程都有一个共同的特点,即它们是人类利用自然和改造自然的科学技术手段,也是人们创造巨大物质财富的方法与途径,其根本目的是为全人类更好的生活服务。

经济的概念有四个方面的涵义:一是社会生产关系,指人类社会发展到一定阶段的社会经济制度,它是社会生产关系的总和,是政治和思想等上层建筑赖以存在的基础。二是指国民经济的总称,如一国的社会产业部门的总称(第一产业,农业和采掘业;第二产业,加工制造产业;第三产业,服务业)。三是指人类的经济活动,即对物质资料的生产、交换、分配和消费活动。四是指节约或节省,即人们在日常工作与生活中的节约,既包括了对社会资源合理利用与节省,也包括了个人家庭生活开支的节约。工程经济学主要应用了经济学中节约的涵义。

工程经济学是对工程技术问题进行经济分析的系统理论与方法。工程经济学是在资源有限的条件下,运用工程经济学分析方法,对工程技术(项目)各种可行方案进行分析比较,选择并确定最佳方案的科学。它的核心任务是对工程项目技术方案的经济决策。

在社会经济生活中常常伴随着各种工程活动,这些工程方案的经济决策是工程师和管理人员经常面临的问题,如,相互竞争的设计方案应该选择哪一个?机器设备的选型应如何决策?不同工程施工技术方案的投标报价应如何比较?一个工程项目的投资方案是否满足项目业主的投资回报要求?公共项目的经济效益如何评价?这些问题都需要项目管理人员和工程技术人员掌握工程经济分析方法,才能进行科学的分析比较与评价,最终做出正确的工程(项目)决策,帮助人们实现工程(技术)活动的预期目标。

1.1.2 工程经济学的研究对象

凡是一门独立的学科都必须具备自己独特的研究对象。工程经济学的研究对象是工程技术(项目)方案的经济分析的基本方法和经济社会评价方法,即运用哪些经济学理论,采用何种分析工具,建立什么样的方法体系,才能正确地估价工程技术(项目)方案的有效性,才能寻求到工程技术方案与经济效益的最佳结合点。

我们可以将工程经济学的研究对象称为工程经济分析方法。简明扼要地讲,工程经济分析方法既包括了技术方案、工程项目的投资效益分析方法,工程项目对国民经济贡献的分析方法,还包括工程项目对社会发展、生态环境保护贡献的分析方法。

1.1.3 工程经济学的研究范围

工程经济学的研究范围包括如下内容。

1. 现金流量与资金的时间价值

资金的时间价值是工程经济分析的重要基础,具体内容包括现金流量概念和现金流量图、资金的时间价值的计算、名义利率与实际利率、资金等值的计算方法。

2. 工程经济基本要素

对技术方案进行工程经济分析必须使用的基本要素包括:工程项目(方案)的投资与资金筹措、项目的成本(费用)、项目的收入与税费、项目利润,以及上述这些基本要素的估算方法。

3. 工程经济评价与方法

工程经济评价与方法是指工程项目(方案)的评价指标体系和方案比较的基本方法,具体内容包括工程项目经济评价指标(静态与动态方法)、工程项目方案经济评价方法、费用效益分析方法。

4. 价值工程原理

价值工程原理的具体内容包括价值工程基本概念,提高工程项目、技术方案价值的途径,工程项目价值分析程序与方法。

5. 设备更新经济分析

设备更新经济分析包括设备的磨损及其补偿、设备经济寿命、设备更新经济分析,不同设备更新方案的比较分析。

6. 工程项目可行性研究

工程项目可行性研究是工程项目投资前期对项目的技术先进性、经济合理性和实施可能性的综合分析,是投资决策的重要依据。可行性研究的具体内容有:国内工程项目建设程序,可行性研究的概念与分类,可行性研究的工作程序,可行性研究的依据、作用与内容,可行性研究报告,可行性研究中的市场研究和技术可行性分析。

7. 工程项目财务评价

工程项目财务评价是从项目投资人或企业的角度对项目的投资收益进行评价,具体内容包括:财务评价的目的与内容、财务评价方法、财务评价基本步骤、项目财务预测、项目财务评价基本报表、项目财务评价指标体系。

8. 工程项目国民经济评价

工程项目国民经济评价是从国民经济的全局角度来考查工程项目的经济合理性,该评价体现了社会资源最优配置和社会经济可持续发展的原则,具体内容包括国民经济评价的意义与内容、国民经济评价的费用与效益、国民经济评价的参数、影子价格、国民经济评价指标。

9. 工程项目不确定性分析

工程项目不确定性分析是对项目实施期间存在的各种不确定因素对项目成功的影响进行分析。它的具体内容包括不确定性分析的概念与分类、盈亏平衡分析、敏感性分析、概率分析。

10. 公益性项目评价

公益性项目指以非营利为目的的投资项目,这类项目的目的是为社会公众创造福利与社会效益。公益性项目评价具体内容包括公益性项目的概念与评价特点、公益性项目评价的理论基础、费用效益评价、费用效果评价、公益性项目方案的比较。

11. 工程项目后评价

工程项目后评价是项目建成、竣工投产若干年后,根据实际数据针对整个项目是否实现原定目标所进行的评价。它的具体内容包括工程项目后评价的概念与分类、项目后评价的现实意义、项目后评价基本程序、项目后评价的范围与内容和基本方法。

1.1.4 工程经济分析的一般程序

工程经济分析主要是对各种技术方案、工程项目进行综合分析、计算、比较和评价,全面估算经济效益,预测面临的风险,以便做出最佳选择,为项目决策提供科学依据。其一般程序如下。

1. 确定经济目标和评价标准

任何一个技术方案都有一个经济目标,这个目标有的是实现技术目标的最小成本,有的是工程项目的投资收益,也有的是项目的投资回收期、项目的风险最小,还有的是追求环境保护、社会效益明显等。工程经济分析的目的在于寻求各方案之间优劣比较后的最优方案,其中方案比较是以项目经济目标为导向的评判。目标确定以后,评价指标也就能够明确、具体化,随后开展的方案比较就有了评价标准。

2. 调查研究收集资料

目标确定后,要对实现技术目标和经济目标所需的信息资料进行调查收集,这是构思实现目标方案的前提。没有足够的技术与经济信息,也就无法思考出更多的实施方案。

比如,对于一个设备更新的技术方案,首先必须收集现有新设备的信息,包括设备的性能、设备的价格、设备的质量、设备的使用费用、设备的寿命周期、设备的配套性维修性、设备的先进性、设备订购的可能性等,只有这些基础资料都收集了解清楚了,工程师和管理人员才能设想各种可行的方案。实践证明,信息资料收集的数量、质量、全面性、及时性在很大程度上决定了备选方案的数量与质量。

3. 拟订备选方案

工程经济分析的重要内容是方案的比较。方案比较的前提是有足够的比较对象——备选方案。通过调查研究收集资料后,要对这些信息资料进行归类整理、鉴别筛选、研究分析,在对能够实现既定目标的各种途径进行充分挖掘的基础上,工程师和管理人员就可以着手构思备选方案了。从理论上讲,穷举所有备选方案,对人们的比较选择最为有利。但是,实践中由于人们投入的时间与资源都是有限的,很难做到这一点。通常,一个技术项目和工程项目,最好拟订5~7个方案,供人们比较与选择。如果遇到资料信息十分有限的情况,也应该拟订2个以上方案以供比较选择。

4. 比较评价备选方案

从工程技术角度提出的备选方案往往在技术上可行的,但实现技术目标的途径有多条,备选方案有若干,它们是否都能够满足经济目标,有待于进一步的检验。

各种技术方案的经济评价有两项内容:一是考查各方案是否满足项目经济目标的评价标准,如内部收益率、投资回收期、净现值等的要求,这是一个合格性检验,所有备选方案必须达到的条件;二是在满足这些要求的方案中,比较选择最优方案。

由于各方案的指标和参数不同,有时往往难于直接比较。因此,需要对一些不能直接比较的指标进行处理,使方案在使用价值上等同化,将不同的数量和质量指标尽可能地转化为统一的具有可比性的指标。这一工作是方案比较的基础工作,常见的等同化处理有时间的等同化、效用的等同化、价格的等同化。

5. 方案决策

决策是在若干方案中选择确定最优方案的过程。方案决策对技术项目、工程项目的经济效益有决定性的影响。方案决策的出发点是获得最优方案,而实际工作中,人们得到的是经比较选择的较优方案(即拟订备选方案中的优胜者),这种实际结果是否未能满足工程师和项目管理者的要求呢？回答是否定的。经过上述工作程序，在充分调查研究、资料分析的基础上，提出的若干备选方案，本身就很有代表性，它们包括了大多数的好方案（技术可行方案），由此进行比较评价，选定的最优方案即可被认为是人们期望得到的结果。决策理论的创始人埃伯特·西蒙提出的决策原则——"令人满意的准则"，即"较优等于最优"仍然是我们进行方案决策的指导思想。

6. 判断

对决策方案的判断有两种结果：满意的结果，该方案进入下一步，方案实施；不满意的结果，则需要重新按照应有的程序进行方案的构思或者是修改经济目标与评价标准。在对各种方案重新进行分析计算的基础上，再对它们进行定量和定性的综合比较，选出最优方案，对其进行判断，重复上述过程，直至满意为止。

7. 方案实施

最后将选定的方案与预定的所有目标进行比较，符合要求就予以采纳，付诸实施。工程经济分析的一般程序如图1-1所示。

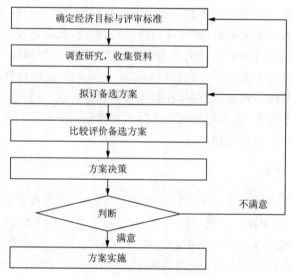

图1-1　工程经济分析的一般程序

1.1.5　工程经济学在国民经济中的重要作用

工程经济学全面系统地介绍了工程经济分析方法，这些方法在社会经济生活中的应用十分广泛。工程经济学在国民经济中的重要作用体现在以下几个方面。

1. 可以提高企业生产经营决策的科学性

现代企业不仅要向社会提供适销对路的产品和服务，而且要满足利益相关者的需要，承担社会责任。各类企业的生产经营活动，无论是技术改造、设备更新、产品开发、增添新生产项目,还是改建扩建、对外投资、合资经营、高新技术的产业化等,都离不开不同方案的比较与选择。企业管理者进行工程经济分析,可以提高生产经营和投资决策的科学性,避免决策失误而造成不可挽回的经济损失。

基于这一认识,企业的工程技术人员和项目管理人员都必须懂得工程经济的原理与分析方法,自觉地应用工程经济分析的工具,对技术方案进行比较评价,选择最佳方案,才能更好地实现经营项目与投资项目的目标。

2. 能够改善公共项目决策的合理性

公共项目是向社会提高公共产品,满足全社会公共需求的建设项目。如国防、公安、卫生防疫、义务教育、邮政、通信、供水、供电、供气、排水、污水处理、防洪、防灾抗灾工程等。各级政府利用税收获取资金,投资兴建公共项目,满足公民对公共产品的最大偏好。众所周知,每年各级政府得到的财政资金总是有限的,除必要的政府开支外,只能投资十分有限的公共项目。先投资哪些项目,后投资哪些项目,这存在一个公共品投资选择的问题;另外,针对每一个具体的公共项目,投资多少、怎样投资、资金筹措如何,以及公共项目的经营方式,资本回收方式等,都需要仔细分析研究,才能得出该公共项目投资是否可行的结论。同样,工程经济学的理论与方法为公共项目投资决策提供了分析工具。

3. 降低项目投资风险的可靠保证

每一个工程投资项目,都有一个项目实施期和项目运营期,这一时间长度又称项目生命周期,项目生命周期存在着很多的不确定因素,必然会给项目带来若干不利影响,这就是项目风险。工程经济分析可以在预投资期,对项目可能面临的经济损失进行预测评估,帮助项目业主或投资人做出正确的判断。如,选择项目风险相对少的投资方案;通过预测项目的敏感因素,提前找到抵御风险的对策,使投资风险降到最低,确保项目获得预期成果和收益。

4. 实现社会资源最优配置的有效途径

社会资源最优配置是经济学的核心研究内容。我们生活在一个资源有限的世界里,无论是单个企业、一个地区还是一个国家,所拥有的资源总是十分有限的。要想利用有限的资源向社会提供足够多的消费品和公共产品,就存在一个社会资源如何配置的问题。工程经济学的理论可以帮助企业的工程师、管理人员和公共部门的管理人员更加合理分配和有效利用现有的资源(资源包括人、财、物、信息、时间等),来满足人们的物质文化生活需要。提高整个社会资源的配置效率不仅仅是企业工程师和管理者的责任,而且是政府管理部门工作人员、社会各界相关人士的共同责任。

1.2 工程经济学的产生与发展

工程经济学经历了100多年的发展历史,已经成为较为成熟的应用经济学的学科之一。它的发展历程可以划分为三个阶段。

1.2.1 工程经济学的萌芽与形成阶段（1887～1930年）

工程经济学的历史渊源可追溯到19世纪后半叶。1887年美国工程师惠灵顿（Arthnar M. Wellington）发表了《铁路布局的经济理论》一书，开创性地开展了工程领域中的经济评价工作。惠灵顿认为，资本化的成本分析法，可应用于铁路最佳长度或路线曲率的选择。该书中，铁路路线的计算首先应用了资本费用分析法，并提出了工程利息的概念。惠灵顿精辟地阐述了工程经济的重点："不把工程学简单地理解和定义为建造艺术是很有好处的。从某种重要意义来说，工程经济并不是建造艺术。我们不妨把它粗略定义为一门少花钱多办事的艺术。"

惠灵顿的精辟见解被后来的工程经济学家所承袭。20世纪初，斯坦福大学教授菲什（J. C. L. Fish）出版了第一部《工程经济学》（*Engineering Economics*，1915年第一版，1923年第二版）著作。他将投资模型与证券市场联系起来，分析内容包括投资、利率、初始费用与运营费用、商业组织与商业统计、估价与预测、工程报告等。

1920年，戈尔德曼（O. E. Goldman）教授在其《财务工程学》一书中提出了决定相对价值的复利模型。这样，人们就可以用复利法确定方案的比较价值，从而为工程经济学中许多经济分析原理的产生奠定了基础。同时，戈尔德曼还颇有见地的指出："有一种奇怪而遗憾的现象，就是许多作者在他们的工程著作中，没有或很少考虑成本问题。实际上，工程师最基本的责任就是考虑成本，以便取得真正的经济效益，即赢得最大可能数量的货币，获得最佳的财务效率。"

最终，使工程经济学成为一门系统性学科的奠基人是美国工程经济学家格兰特（Eugeng L. Grant）教授。1930年，他出版了《工程经济原理》一书。格兰特教授在该书中不仅指出了古典工程经济的局限性，而且以复利计算为基础，讨论了判别因子和短期投资评价的重要性，以及与资本长期投资的一般比较。他的许多理论贡献获得了社会公认，因此被称为工程经济学之父。《工程经济原理》也被誉为工程经济学的经典之作，先后经过了六次修改再版发行。

历经了40多年的发展与努力，一门独立的、系统化的工程经济分析的学科——工程经济学终于形成了。

1.2.2 工程经济学的发展阶段（1950～1990年）

第二次世界大战结束之后，受到凯恩斯主义经济理论的影响，工程经济学的研究内容从单纯的工程费用效益分析扩大到市场供求和投资分配方面，从而取得了重大进展。这些进展与两门相关的学科：管理经济学和公司理财学的快速发展有关。

1951年，乔尔·迪安（Joel Dean）教授出版了《管理经济学》，开创了应用经济学新领域；虽然20世纪初就有企业财务管理学存在，但公司理财学在20世纪50年代发生了重要变化。这两门学科在对公司资产投资的研究方面，都把计算现金流的现值方法应用到资本支出的分析上，在投资收益与风险分析上发挥了重要作用。更重大的转折发生于1961年——

乔尔·迪安教授的《资本预算》一书不仅发展了现金流量的贴现方法,而且开创了资本限额分配的现代分析方法。

20世纪60年代以后,工程经济学研究主要集中在风险投资、决策敏感性分析和市场不确定性因素分析等三个方面。相关研究者中的主要代表人物有美国的德加莫(De Garmo)、卡纳达(Canada)和塔奎因(Da Quirin)教授。德加莫教授偏重于研究工程企业的经济决策分析,他的《工程经济》(1968年)一书以投资形态和决策方案的比较研究,开辟了工程经济学对经济计划和公用事业的应用研究途径。卡纳达教授的理论重视外在经济因素和风险性投资分析,其代表作为《工程经济学》(1980年)。塔奎因教授等人的理论则强调投资方案的选择与比较,他们提出的各种经济评价原则(如利润、成本与服务年限的评价原则,盈亏平衡原则和债务报酬率分析等)成为美国工程经济学教材中的主要理论。还有,乔治·泰勒(George Taylor)的《管理经济与工程经济》(1980年)一书,系统全面地介绍了经济决策的方法,即按经济准则选取最佳技术方案的科学方法。

上述经济学者的研究与贡献,促进了工程经济学与相关学科的交流与发展。同时,也给工程经济学研究增添了新的课题,使工程经济学的内容更加丰富,理论体系更为完善。

1.2.3　工程经济学发展的新趋势(1990年至今)

20世纪90年代以后,西方工程经济学理论逐渐突破了传统的对工程项目或技术方案本身的经济效益的研究,出现了中观经济与宏观经济研究的新趋势。如,对某些工程项目要分析它对行业技术进步、所在地区经济发展的影响;对大多数的项目还要考查它对生态环境的影响,对可持续发展的影响。工程经济中的微观经济效益分析正逐渐同宏观经济效益分析、社会效益研究、环境效益评价结合在一起,国家的经济制度和政策等宏观问题,国际经济与社会生态环境变化等已成为当代工程经济学研究无法回避的新内容。

可以预见,随着科学技术的发展和人类社会的进步,工程经济学的研究方法将会不断创新,工程经济学的理论还会不断完善,以满足人们对工程项目和技术方案进行科学决策的新要求。

1.3　工程经济学基本原理

1.3.1　工程技术与经济的关系

技术是人类为达到预期的目的而对自然界和社会进行改造和控制所应用的知识、技能、手段和方法的总和。技术可以理解为利用自然规律改造自然的方法,或人们进行生产及相关活动的技能与方法,还包括相应的设备及工具。

经济的含义有四个:社会生产关系的总和、国民经济的总称、人类的经济活动(物质资料的生产、交换、分配、消费活动)和节约。本节使用的经济概念主要指国民经济和节约。

经济是技术进步的动力与目的,工程技术是经济发展的手段。技术的先进性与经济的合理性是社会活动相互联系、相互制约、相互促进的两个方面,二者有着对立统一的特点。

1. 技术进步与技术创新促进了经济发展

先进技术的推广应用常常能够创造出高的产能和较好的经济效益。技术有狭义和广义之分。狭义的技术是指根据生产实践经验和自然科学原理而发展形成的各种工艺方法、操作技能和相应的生产工具及其他物质装备。广义的技术既包括狭义的技术,还包括经济与管理和社会领域内的组织、管理和控制技术。所有这些技术,是创新物质生产过程的手段,是科学与生产联系的纽带,是改造自然、变革社会的方法。技术进步提高了劳动生产率、技术创新为社会创造出更多的物质财富,从而推动了国民经济的可持续发展。

人类历史上已经发生了三次世界性的重大技术革命,每一次都是由于有新的科学发现和技术的发展而产生的。这些新的发现和发展引发生产手段和生产方法的重大变革,促进了新的产业部门的建立和经济水平的提高,有力地推动了生产的发展和社会的进步。

第一次技术革命发生于18世纪60年代的英国,其代表成果是纺纱机、织布机以及随后的纺织工业机械化和蒸汽机的广泛使用。蒸汽动力技术的创新,为大规模工业化生产提供了前所未有的强大而方便的廉价劳动力,把工场手工业变为现代大工业。同时,蒸汽机的应用使交通运输业得到了巨大的发展,因而大大促进了当时许多国家的工业和商业的发展,国民经济也有了较快地增长。

第二次技术革命发生在19世纪下半叶,其主要标志是电力的运用,以电机、电力传输、无线电通讯等一系列发明为代表。电机的发明实现了电能与机械能的相互转换,给工业生产提供了远比蒸汽动力更方便、更强大的能源,"电气时代"取代了"蒸汽时代"。电动机单独驱动使机器的结构简化,设备布置方便,并有利于工业的合理分布。电灯的发明给人类的生活、工作、生产带来了"世界之光",高压输电技术的发明实现了向偏僻乡村送电的梦想,也使山区的水能得到利用。在这一时期,内燃机技术逐渐成熟;相继出现了汽油机和柴油机。在内燃机技术的基础上,20世纪建立了汽车工业、拖拉机工业、航空工业等新兴产业。第二次技术革命后的各国经济出现了迅猛的发展。

第三次技术革命开始于20世纪40年代,以原子能技术、电子计算机和空间技术的发展为标志。原子核发生变化过程中释放出的能量称为原子能。原子能的发现和利用是继蒸汽机、电力后人类征服自然力的又一次伟大的动力革命。除军事目的外,核能利用在民用方面有广阔的用途,如核能发电、辐照探伤、辐照消毒、放射治疗、食品保藏、中子束治癌、中子束探矿等。火箭、人造卫星、航天飞机的发明,使空间技术取得重大突破,人类开始利用宇宙空间的特殊环境,开展天文、地理、地球资源、生物医学、冶炼等课题研究,并取得很多成果,极大地增强了人们认识自然、改造自然的能力。20世纪最惊人的技术创新是电子计算机的出现。从40年代第一台电子计算机问世以来,其已经经历了电子管、晶体管、集成电路、大规模集成电路、智能计算机、生物计算机六代产品。计算机具有计算精确度高、运算速度快的特点,又具有逻辑思维功能、模拟和数字功能、图文识别功能等,现在已经广泛地应用于科学研究、工程设计、工业自动化与控制、企业经营决策与管理、政府管理、工商业与服务业经营、教育文化事业和人们的生活与娱乐中。这些新技术创造了许许多多的新产品、新服务,方便了人们的生活与工作,也加快了社会经济活动的节奏,较快地推动了各国经济的发展。

20世纪70年代以后,新技术革命风起云涌,微电子技术、基因技术、分子生物学技术、激光技术、新材料、新能源、移动通信技术、光导纤维技术、环保技术、机电一体化技术、海洋工程技术等不断取得突破,极大地改变了整个世界,对人类经济社会、政治文化的发展产生了重大的影响。

进入21世纪以后,信息化、网络化、经济全球化深入人心;互联网、云计算、大数据技术以及移动互联网快速发展,以智能机器人+自动化为代表的智能工厂正在出现,这些技术创新完全颠覆了传统的生产方式,体现了完全的自动化、完全的信息化、完全的网络化。新技术创新已经大大推动了社会生产力的发展,也给人类的生产组织和社会生活等方面带来巨大的积极影响。有的学者称这为"第四次产业革命"(德国称之为"工业4.0")。目前世界各国都积极鼓励技术创新,加速新技术的产业化转换和产业结构调整的完成,以提升本国制造业、服务业的竞争力,确保国民经济的可持续发展。

2. 经济发展为技术进步创造条件

经济发展是技术进步的出发点和归宿点。任何技术发展都是为了创造更多更好的物质财富,满足人民日益增长的物质文化生活的需要。经济发展是推动技术进步的动力,每一项新技术的产生都是经济与社会发展的需要引起的;同时,技术发展是要受经济条件制约的。一项新发现新发明,一项新技术的发展和完善,需要大量的资金投入,需要经济基础作保障。比如,用于人类对外层空间进行探索的宇航工程技术,需要花费大量的人力、物力、财力。若没有足够多的资金投入,任何国家都不可能在这方面取得较大的进展,人类的"飞天梦"将难以实现。众所周知,发展中国家的技术发明、技术进步水平往往落后于发达国家,其主要原因就是发展中国家的经济基础薄弱,研发资金拖住了技术发展的后腿。

3. 技术与经济的对立性

在人们的社会实践中,技术与经济有时也表现出不和谐的现象。一项技术方案的技术措施并不一定都是经济合理的,例如,有的先进技术在发达国家的社会条件下产生,也取得了极大的经济效益,而引进国内后,由于电力、运输、原料质量,特别是技术工人的操作水平与技术人员管理水平等不适应该项技术的运用,使得新技术不能发挥应有的作用,经济效益不显著。再如,国内有的发明创造在机理上可行,但将基本原理转换为工业产品的成本太高,实用性较差,不能给企业带来直接的经济效益。这都表现为技术与经济对立的一面,充分说明先进技术不一定会自然地与经济协调起来。

4. 技术与经济的统一性

经济是技术进步的动力与目的,技术进步是为经济发展服务的。技术是人类进行生产活动和改善生活的手段,它的产生就具有明显的经济目的。因此,任何一种技术,在推广应用时都要首先考虑其经济效益问题。一般情况下,技术的发展会带来经济效益的提高,技术的不断发展过程也正是其经济效益不断提高的过程。随着技术的进步,人类能够通过越来越少的人力和物质消耗就获得越来越多的产品和服务。从这方面看,技术和经济是统一的,技术的先进性和它的经济合理性是相一致的。绝大多数先进技术都具有较高的经济效益，恰恰是较高的经济效益才决定了技术的先进性。现实中，也存在特殊性，有的技术本身并不算很先进，但在一定条件下运用时，也能产生一定的经济效益，甚至有的效益还很明显。这是因为该项技术的应用都与当地、当时具体的自然条件和社会条件相适应，才能带来令人满意的经济效益。

工程技术包括技术方案、技术措施、新材料、新工艺、新方法、新设备。建筑工程技术与经济之间的关系同一般的技术与经济的关系相一致，技术方案、技术措施、新材料、新工艺等一切新技术应用的成败均取决于技术的先进性和经济的合理性。一般说来，建筑工程技术的先进性和经济的合理性是一致的，但它们之间有时也存在着一定的矛盾。因此，为了保证技术能够很好地服务于生产活动和经济活动，就须研究在当时、当地的具体条件下，采取哪一种技术方案才能实现建设目标并取得较好的经济效益。这正是工程经济学要解决的问题之一。

1.3.2 工程经济分析的目的

工程经济分析的目的是为企业、事业和政府部门工作中的各类工程项目(技术方案)的行动路线提供一种行之有效的指导。本教材自始至终体现了这一宗旨。通过工程经济分析，可以从以下几方面帮助上述组织的工程技术人员、管理人员提高决策能力，做好自己的实际工作。

(1)在资源限定条件下，选择实现工程项目(技术方案)目标的最优方案。
(2)在各方案使用资源相等条件下，选择投资收益最佳的工程项目(技术方案)方案。
(3)更好地预见工程项目(技术方案)将面临的风险。
(4)选择企业经济效益、国民经济效益和社会效益都可行的工程投资项目。
(5)应用上述分析结果，指导将要实施或正在实施的工程项目(技术方案)。
(6)提高工程项目经济决策的科学性。
(7)总结已经建成并投入运行后的工程项目(技术方案)的成功经验和失败教训，为日后新的工程项目(技术方案)决策提供可借鉴的素材。

1.3.3 工程经济学的理论基础

工程经济学的理论基础包括经济学、财务学会计学、数学和管理学四方面。

1. 经济学

有关的经济学理论有资源配置理论、机会成本理论、经济效益理论。

经济学是研究人们如何分配有限的资源来满足人们的需要的科学。人类拥有的资源(人、财、物、时间、信息等)总是有限的，而人们对物质文化产品的需求是无限的。怎样用有限的资源去满足人们日益增长的需要始终是经济学研究的中心课题。对一个企业或组织而言，在特定的时期内，能够使用的资源是有限的，要进行一项技术改造，引进一种先进工艺及其设备,改建扩建某一生产项目,都是在资源限制范围内开展的。如何配置资金,存在对技术方案的比较选择问题,也存在对不同投资方向方案的比较问题,所有这些都说明资源的稀缺迫使我们节约。我们需要衡量各种备选方案并选择那种能使我们从有限的资源中获得最大报酬的具体的资源分配方案。

经济学实际上同选择问题有关——少量的资源与我们无限的需求相矛盾,从而迫使我们做出决策。做出选择就意味着做出牺牲。如一个员工决定星期六加班,就放弃了闲暇时间,就不能观看足球比赛或陪家人出去游玩;政府用有限的财政资金修建污水处理厂,当年就不能从事道路、医院建设;企业用积累的发展基金购买新设备,也就不能购买土地进行厂房扩建等。在各行各业中,有了"这个"就意味着失去"那个",这就是"机会成本"(Opportunity Cost)的思想。机会成本又称"择机代价",指在经营决策中,以放弃未被选择方案所丧失的利益为尺度,来评价被选择方案的一种假定性成本。采纳某一方案的机会成本,就是放弃另一方案所牺牲的利益。我们进行工程经济分析时所强调的节约,并不就是完全放弃一个项目而投资另一个项目,而是决定是否这个多一点,那个少一点;即在同等技术水平使用效用的前提下投资少一点,或在同等投资规模的情况下收益多一点。

经济效益指人们在经济活动中获得的经济成果与资源消耗总量的比较。有的学者认为经济效益是所得与所耗的比较,投入与产出的比较,有效成果与消耗总量的比较。经济效益的常用表示方法有以下三种。

(1)比率表示法

$$经济效益=\frac{成果}{消耗} \quad 或 \quad 经济效益=\frac{消耗}{成果} \tag{1-1}$$

该指标表示投入单位资源获得的有效成果,如每万元固定资产创造的年销售收入,每吨标准煤生产的产值。有时它也以消耗性指标来表示,如每万元国民生产总值消耗的能源。

(2)差额表示法

$$经济效益=成果-消耗 \tag{1-2}$$

该指标表示经济活动的成果在补偿全部消耗后的剩余,如利润、净收益。

(3)差额比率表示法

$$经济效益=\frac{利润}{消耗} \quad 或 \quad 经济效益=\frac{成果-消耗}{消耗} \tag{1-3}$$

该指标表示经济活动的成果在补偿全部消耗后的剩余与投入资源的相对关系,反映资源的利用效率。如投资利润率、资本金利润率。

2. 财务学会计学

有关的财务学会计学理论有资金时间价值、财务报表、长期投资分析。

资金的时间价值指一笔货币作为资金,在循环周转过程中,随时间向前(向后)推移所产生的增值(或减值)。资金的时间价值是资金运动的基本规律,社会的生产过程也就是资金运动过程。资金作为一种重要的生产要素,理应从生产经营过程所创造的新的财富中取得回报,这就是资金增值的由来。在各种技术方案、技术项目、工程项目中,由于资金投入的数量和时间不同、资金占用的时间不同,因此资金增值必然不同。所以,在评价技术方案的投资效益时,若各方案投入资金与产出效益在数量上相同,而投入资金的时间不同或产出效益的时间不同,则各方案的经济效益是不同的。要正确地评价技术方案的经济效益,就必须计算资金的时间价值。资金时间价值理论为工程经济分析奠定了基础。

工程经济分析需要运用财务报表,如现金流量表、投资估算表、成本费用估算表、资产负债表等,会计学的理论与方法是进行技术项目、工程项目、财务评价与国民经济评价的必备知识。没有这些理论与方法,项目可行性研究的经济评价将无法完成。

资本预算决策、现金流量分析技术、资本预算的风险分析等长期投资决策理论也为工程经济分析提供了理论基础。因为有的技术方案、工程项目的实施就是一个长期投资的过程,系统地分析它们的经济效益是本课程的重要内容之一。

3. 数学

有关的数学理论与方法有代数方法、概率理论。

工程经济分析中数量化的方法是主要的分析手段。代数方法的应用必不可少,如资金的时间价值计算、各方案的经济效益计算等。此外,对项目进行不确定性分析、风险分析还需要运用概率论的方法。因此,数学理论也是工程经济学的重要理论基础。

4. 管理学

有关的管理学理论有决策理论、方案比较法、计划与预测理论。

如上所述,工程经济分析的目的是为企业、事业和政府部门工作中的每一个工程项目(技术方案)的行动路线提供一种指导。决策是从思维到做出决定的过程。工程经济分析正是这一过程。通过工程经济分析,帮助上述组织的工程技术人员、管理人员提高决策科学性。管理学的决策理论无疑是本课程的理论基础。决策理论的创始人埃伯特·西蒙(Herbert A. Simon)教授指出"管理的重心在于经营,经营的重心在于决策,决策的重心在于方案的比较与选优"。这说明了决策在企业和社会经济活动中的重要性,也强调了方案比较对正确决策是至关重要的。同时,埃伯特·西蒙教授提出的"令人满意的准则"的决策原则,是我们进行方案决策的指导原则。

工程经济学为人们进行经济决策提供分析方法,这些方法也包括了方案比较法。如何进行技术方案的比较,什么样的方案才能相互比较(具备可比性),哪些方案不具备可比性,以及怎样将不可比的方案转化为可比方案,这里涉及技术方案比较分析的可比性原理。所谓可比性原理是指多个技术方案进行经济比较时必须具备的可比性条件。这些条件包括以下几点。

(1)满足需要的可比性。各个技术方案必须满足相同的需要,即各方案实现后具有相同的功能,都生产相同产品,产能相等,产品质量、品位相同,才具有满足需要的可比性。否则,必须进行换算处理,才能对各方案的经济效益进行比较。

(2)价格的可比性。各个技术方案的投入与产出值的计算价格必须是统一的。如都采用现行价格(同一时刻价格)、都采用国内市场价格或国际市场价格、都采用影子价格计算投资与收益,只有这样才具备价格的可比性。

(3)时间的可比性。它指各个技术方案经济效益的计算周期相同和计算基准时间相同。技术方案的计算周期又称服务年限,不同年限的方案提供的效用不同,不能进行直接比较,必须换算成相同年限后才能比较它们的经济效益。如计算期不同的互斥方案的评价,就必须进行换算处理。资金的时间价值说明不同时刻的相等货币有不同的价值,因此,各技术方案的经济效益也只有换算为同一时刻的价值,才能进行直接比较。否则,各方案经济效益的比较结果就缺乏科学性。

(4)消耗费用的可比性。它主要指在计算各方案的消耗费用时,计算口径必须一致。如各方案都计算直接投资与间接投资,都考虑设备的购置费用和运行费用等。

计划是对未来行动方案的说明。一个技术方案、工程投资方案的实施离不开周密的计划,工程经济分析也是建立在技术项目计划的基础之上的,如分析要素中的项目收益就是项目计划营运期内收入的财务估算。因此,管理学的计划与预测的理论同样是工程经济分析的基础。任何技术方案、工程项目的比较,都是建立在对各方案未来可能的投资和收益的基础上的,所谓项目财务分析也是针对项目实施后的营运状况,进行预测后的财务效果的估计分析,具有典型的前瞻性。可见,计划与预测的方法也贯穿于工程经济的分析中。

1.3.4 工程经济学与其他相关学科的关系

1. 工程经济学与微观经济学

工程经济学是微观经济学的重要应用领域。工程经济学研究单个企业单个项目的经济活动,它研究问题的出发点、分析方法和主要内容都与微观经济学一脉相承。例如,资源的稀缺性和资源的最佳配置,不仅是微观经济学研究问题的出发点,同样是工程经济学分析问题的依据和追求的目标。微观经济学中的要素的投入、成本、收益、利润、商品价格、供给与需求等都是工程经济学分析工程项目的工具;微观经济学要研究的"生产什么? 如何生产?"等问题,正是工程经济学所要回答的问题。由此可见,微观经济学是工程经济学的理论基础,而工程经济学则是微观经济学的具体化和延伸。

2. 工程经济学与技术经济学

技术经济学是研究技术与经济的关系及其发展规律的学科,它的研究内容包括技术实践的经济效益;技术进步、技术创新对经济增长的作用;技术与经济的相互促进、协调发展。

工程经济学与技术经济学既有共同点又有不同点。首先,两者的共性表现为以下四点。

(1)两者都是一门介于技术科学与经济科学的边缘学科。

(2)两者都要研究技术方案、技术项目的经济效益。

(3)在评价具体项目时,两者都采用方案比较法和复利计算方法,选择最优方案。

(4)两者也是研究技术与经济相互关系及其矛盾对立统一的科学,都是为了寻求技术先进、经济合理的最佳结合。

其次,工程经济学与技术经济学的主要区别表现为以下三个方面。

(1)范围不同。工程经济学研究的范围涉及技术方案和技术措施,也可以涉及工程项目问题;而技术经济学的研究对象不仅包括上述技术问题,还有各种不同的技术政策、技术进步,其对象范围比工程经济学更宽。

(2)研究层面不同。工程经济学研究单个技术方案、工程项目的经济效益与社会效益，即主要研究微观层面的问题；而技术经济学除研究微观层面问题外，还要研究技术经济政策，即规定国民经济及各部门技术发展和经济活动方向的准则和措施。其中，技术政策规定技术发展的方向、重点和途径，即确定要发展哪些新技术和怎样发展这些新技术，要限制、禁止或淘汰哪些落后技术。可见，技术经济学既要研究微观层面的问题又要研究宏观层面的问题。

(3)工程经济学属于方法论科学，它的内容主要包括货币时间价值及其分析方法、多方案比较方法、费用效益分析法、价值分析、风险分析方法等。与技术经济学比较，工程经济学没有新的分支。技术经济学除这些基本方法外，还有许多应用分支，如工业技术经济学、运输技术经济学、能源技术经济学、建筑技术经济学、冶金技术经济学等。

3. 工程经济学与项目评估学

项目评估学是针对投资项目的全面、全过程评估。以项目生命周期的视角，分为项目前评估，项目中间评价和项目后评价。项目前评估指在可行性研究的基础上，根据国家有关部门颁布的政策、法规、方法、参数和条例等，分别从项目(或企业)、国民经济、社会角度出发，由贷款银行或有关机构对拟建投资项目建设的必要性、建设条件、生产条件、产品市场需求、工程技术、财务效益、经济效益和社会效益等进行全面的评价分析论证。项目后评价是对已经完成的项目(通常是建成后运行几年的项目)进行的系统评价，检查项目实现原定目标的程度，项目产生的效益、发挥的作用、形成的影响，分析项目执行过程的成败。通过后评价，总结经验教训，并及时反馈信息，为新项目决策提出建议，同时也为完成项目的后期运营提出改进建议。项目中间评价指对正在建设尚未完工的项目进行的评价，主要评价项目决策、规划方案和已实施的部分，看其是否达到原定设想，发现问题并分析产生的原因，重新估计项目目标能否实现。并采取有效措施与对策，帮助项目目标的实现；确实不具备条件的项目可以及时终止，避免更大的损失。

工程经济学是对工程技术问题进行经济分析的系统理论与方法。从学科性质上看，工程经济学则属于方法论科学，主要偏重于经济分析方法，虽然也涉及工程项目评价，但对项目的社会评价、管理评价内容涉及得相对较少。

4. 工程经济学与财务管理学

财务管理学研究企业货币资源的获得和管理，即研究企业对资金的筹集、计划、使用、分配以及以上财务活动有关的企业财务关系。财务管理的内容有长期投资决策、筹资决策、资本运营管理与财务分析与预测。

尽管都应用资金的时间价值进行分析、研究投资决策，也应用了财务报表进行项目财务预测与评价，但工程经济学与财务管理学在研究方向上有较大的区别。工程经济学主要针对工程技术方案、工程项目进行经济分析与决策，而不针对非工程技术项目的方案分析与决策；财务管理学不但对技术项目、工程投资项目，而且对企业经营项目(对外投资与融资等)进行分析与决策，还要对企业资本结构、股息策略进行决策。财务管理学是从企业财务的角度参与企业经营决策，可见，它的研究范围比工程经济学更宽。

1.4 工程经济学的研究方法

1.4.1 工程经济学的特点

工程经济学以自然规律为基础,但既不同于技术科学研究自然规律本身,又不同于其他经济科学研究经济规律本身,而是以经济科学为理论指导和方法论来研究技术科学。显然,工程经济学的任务不是创造和发明新技术,而是对成熟的技术和新技术的选用与实施进行分析、比较和评价,从经济的角度检查技术方案的合理性,为决策提供依据。工程经济学也不去研究技术发展的规律性,它是在尊重客观规律的前提下,对工程方案的经济效益进行分析和评价。

工程经济学具有以下特点。

1. 工程经济学是一门应用经济学

工程经济学以微观经济学为基础,应用管理经济学方法、费用效益分析方法和可行性研究方法等对工程技术方案进行比较分析,为工程项目的决策服务。工程经济学形成了微观经济理论的又一应用领域,为人们开展技术实践活动提供了一种系统的经济分析方法。同时,也丰富了应用经济学的理论体系。

2. 工程经济学是一门自然科学与社会科学密切相关的边缘科学

工程经济学将经济学理论与工程技术相结合,讨论与研究工程技术方案的经济效益,从而帮助人们评价技术方案、技术改造措施、工程投资方案的经济可行性,帮助决策者筛选和确定最优方案。可见,自然科学(工程技术)是工程经济学的基础,社会科学(经济学)是工程经济学的分析方法,两者有机地结合,才能为人们做出科学的决策,确保企业或政府组织实施的每一个工程项目都能够发挥应有的经济效益,使有限的财力资源得到最优配置。

3. 工程经济学具有很强的实践性

工程经济学是一门与社会生产实践、经济建设有着直接联系的学科。无论是企业的设备更新、技术改造、技术方案与施工方案的应用、投资兴建生产项目,还是各地政府兴建公共项目,进行城乡基础设施建设,总是伴随着资源的使用或资金的投入,这就存在技术方案或项目投资的决策问题。能够帮助人们做出正确决策的重要方法就是工程经济分析的方法。如果所有的工程技术人员既懂技术又懂经济,能熟练地应用工程经济分析方法,就可以在日常的实际工作中选择经济合理的技术方案。

4. 工程经济学不是纯定量分析的学科

尽管工程经济学以财务分析、效益分析的定量分析为主,但仍然包括了定性分析的内容。工程经济分析要求有一套系统全面的研究方法,而这种分析方法必须具有定性与定量相结合的特点。随着自然科学与社会科学的交叉与融合,系统科学、数学、计算机技术已进入工程经济和管理决策领域,使过去只能定性分析的因素,现在可以定量化分析。但是,工程项目评价仍存在大量无法定量化的因素,如项目可行性研究中的资源评价、建设规模与产品方案、实施进度等;在国民经济评价中考虑技术性外部效果,当不能定量计算时,也要做出定性的评价。又如,大型水电工程项目对区域经济与社会进步的影响存在大量无形效果和非经济效果,只能进行定性分析。因此,在工程经济分析中必须注意定性与定量分析的结合应用。

1.4.2　工程经济学的研究方法

工程经济学以工程技术为背景,将经济学、财务学的理论相融合,形成了独特的理论知识体系,去解决工程技术实践中大量存在的技术方案的决策问题。它所具有的重要现实意义要求人们必须掌握好工程经济分析的理论与方法。要想掌握它的理论知识,需要了解工程经济学的研究方法。

1. 方案比较方法

方案比较方法是贯穿于工程经济分析始终的基本方法。任何一项技术项目,如技术开发项目、工艺改进项目、设备更新项目或技术改造项目,都存在替代方案;企业要实现技术进步的目的,总有不同的技术路径、技术措施;工程项目投资也有不同的生产方案。因此,通过方案比较与选择,才能找到最优解决办法,提高项目决策的科学性。

2. 动态分析方法

工程经济学要运用动态分析方法,主要包括两个方面的内容:一是必须考虑工程项目使用资金的时间价值;二是要考虑工程技术项目本身的发展变化过程,即要考虑到项目发展过程中环境条件的变化。前者是强调评价技术方案的投入资金与产出的收益必须用复利计算,才能真实地反映技术方案的效益价值。因此,经济分析中,投入与产出的动态计算是主要内容。后者是指在对工程项目进行分析时,往往要借助已有的经验对技术方案、工程投资项目进行动态分析;不仅考查现在市场环境价格条件下,项目的经济效益,而且要针对未来市场环境价格的变化来预测工程项目的效益和可能面临的风险,从而帮助人们做出科学的工程项目投资决策。所以,动态的分析方法也是工程经济学研究的最基本方法。

3. 定性与定量相结合的方法

工程经济学既要运用定量方法进行工程项目的经济评价、项目不确定性分析、项目财务评价与国民经济评价、设备更新的经济分析等,又要运用定性方法对项目后评价、项目可行性研究中的资源评价、建设规模与产品方案、实施进度、无形效果等非经济效果内容进行分析研究。由此可见,定性分析与定量分析是工程经济学不可缺少的两种工具。学习本课程,必须学会运用这两种工具,才能提高工程经济分析和进行工程技术方案决策的能力。

4. 系统分析法

系统分析法是运用系统理论来研究工程经济问题的方法。系统理论是研究系统的模式、原则、规律及其功能的科学。所谓系统是有一些相互联系、相互作用的要素或工作单元（又称子系统）组成的集合。作为一个整体来看，系统同其组成——子系统或分系统在性质上有所不同，不能简单地看成它所包含的各个子系统的总和。系统具有目的性、开放性、相互关联性、动态性、总系统的功能大于子系统功能之和等特点。

系统分析法应用于工程经济分析中，要求我们首先要树立整体观念，即把一个技术项目、工程项目看成一个独立、完整的系统，它由许多子系统组成，各个子系统之间相互独立又相互关系。这同工程项目由许多子项目组成一样，如一项企业技术改造项目，包含了若干子项目、生产工艺、机械设备、控制系统、测试检验、车间布置、土建工程等。各子项目有各自的使用功能，所有子项目使用功能的聚合才能成为技术改造后的生产系统。工程经济的整体观促使人们建立全局意识，把各个局部工作、子项目的工作视为实现技术改造项目总目标的手段或过程。其次，要将技术项目、工程项目系统视为一个开放的系统，明了它与外界——社会环境的密切关系。项目的外部社会环境给项目提供技术资源、物质资源、劳动力资源、信息资源等。只有重视项目组织与社会环境之间物质、能量、信息的交换，才能保障工程项目系统具有活力，在资源有限的约束条件下，更好地实现项目目标。再次，在评价一个技术项目、工程项目时，不但要分析项目本身的投资效益，而且要评价它产生的社会效益，考查它对生态环境的影响，从而实现技术项目与人文社会自然环境的和谐发展。特大型建设项目对区域和宏观经济影响的评价就必须采用系统分析方法，才能得出科学的结论。此外，工程项目的可行性研究和工程项目的后评价也都是系统分析法的体现，由此可见，系统分析法是研究工程经济问题不可缺少的方法。

本章小结

工程经济学是对工程技术问题进行经济分析的系统理论与方法。工程经济学是在资源有限的条件下，运用工程经济学分析方法，对工程技术（项目）的各种可行方案进行分析比较，选择并确定最佳方案的科学。它的核心任务是对工程项目技术方案的经济决策。

工程经济学的研究对象是工程（项目）方案的经济分析的基本方法，包括了技术方案、工程项目的投资效益分析方法，工程项目对国民经济的贡献分析方法，还包括工程项目对社会发展、生态环境保护的贡献分析方法。工程经济分析的一般程序为：确定经济目标和评价标准，调查研究收集资料，拟订备选方案，比较评价备选方案，方案决策，决策判断，方案实施。工程经济分析的目的是为企业、事业和政府部门工作中的每一个工程项目（技术方案）的行动路线提供指导。

工程经济学的理论基础包括经济学理论，财务学会计学理论，数学理论和管理学理论四方面。

工程经济学是工程技术和经济相结合的交叉学科。它除了具有边缘学科的特征之外，还具有四大特点：它是一门应用经济学、是一门自然科学与社会科学密切相关的边缘科学、具有很强的实践性、不是纯定量分析的学科。工程经济学的研究方法主要有方案比较方法、动态分析方法、定性与定量相结合的方法和系统分析法。

复习思考题

1. 工程经济学的研究对象是什么?
2. 工程经济分析的一般程序包括哪些?
3. 工程经济学在国民经济中有什么样的重要作用?
4. 经济与技术的基本涵义是什么?
5. 经济与技术的相互关系是什么?
6. 工程经济分析的目的包括哪些?
7. 为什么说管理学是工程经济学的理论基础?
8. 工程经济学与技术经济学有哪些异同?
9. 工程经济学的主要研究方法有哪些?
10. 工程经济学具有哪些特点?

第 2 章
工程经济基本要素

本章概要

工程经济要素是工程经济分析的基础,是实现方案选择、项目评价、工程项目决策的必备条件,对工程经济分析具有显著意义。通过对工程经济各种要素的预测与计算,可以估算工程项目的现金流量,据此分析项目的投资效果,从而提高项目经济决策的科学性。本章介绍了工程经济的基本要素:工程项目的总投资、成本费用、收入和利润。通过本章的学习,要求读者了解项目总投资、成本费用、收入和利润的构成,掌握工程经济的基本要素的计算方法。

2.1 工程项目总投资

工程项目总投资是指为实现生产经营目标而预先垫付的资金,它分为固定资产投资与流动资产投资。我国现行的工程项目投资的组成如图 2-1 所示。

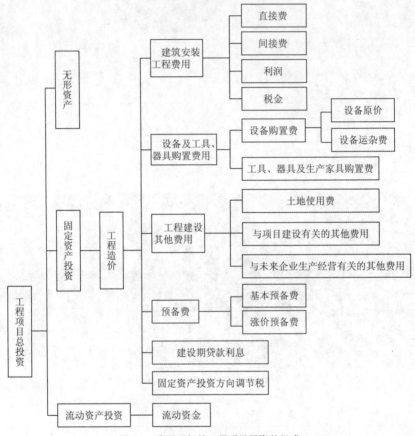

图 2-1 我国现行的工程项目投资的组成

2.1.1 固定资产投资

固定资产投资(工程造价)由六个部分组成。

1. 建筑安装工程费

建筑安装工程费是指用于建筑工程和安装工程的费用。建筑工程包括一般土建工程、采暖通风工程、电气照明工程、给排水工程、工业管道工程、特殊构筑物工程。安装工程包括电气设备安装工程、化学工业设备安装工程、机械设备安装工程、热力设备安装工程等。

建筑安装工程费由直接费、间接费、利润和税金组成,如图 2-1 所示。

(1) 直接费

直接费是指施工过程中消耗的构成工程实体和有助于工程形成的各项费用。直接费由直接工程费和措施费组成。

①直接工程费指施工过程中耗费的构成工程实体的各项费用,包括人工费、材料费、施工机械使用费。

a. 人工费指直接从事建筑安装工程施工的生产工人开支的各项费用,包括基本工资、工资性补贴、生产工人辅助工资、职工福利费、生产工人劳动保护费。

b. 材料费指施工过程中耗费的构成工程实体的原材料、辅助材料、构配件、零件、半成品的费用和周转使用材料的摊销(或租赁)费用,包括材料原价(或供应价格)、材料运杂费、运输损耗费、采购及保管费、检验试验费。

c. 施工机械使用费指使用施工机械作业所发生的机械使用费以及机械安装、拆卸和进出场的费用,包括折旧费、大修费、经常性修理费、安装拆卸费和场外运输费、燃料动力费、养路费及车船使用税等。

②措施费指为完成工程项目施工,发生于该工程施工前和施工过程中的非工程实体项目的费用,包括环境保护费、文明施工费、安全施工费、临时设施费、夜间施工费、二次搬运费、大型机械设备进出场及安拆费、钢筋混凝土模板及支架费、脚手架费、已完工程及设备保护费、施工排水和降水费。

(2) 间接费

间接费是指虽不直接由施工的工艺过程所引起但与工程建设有关的建筑安装企业为组织施工和进行正常经营管理,间接为建筑安装生产服务的各项费用。间接费由规费与企业管理费组成。

①规费指政府和有关权力部门规定必须缴纳的费用,包括工程排污费、工程定额测定费、社会保障费、住房公积金、危险作业意外伤害保险等。

②企业管理费指建筑安装企业组织施工生产和经营管理所需的费用,包括管理人员工资、办公费、差旅交通费、固定资产使用费、工具用具使用费、劳动保险费、工会经费、职工教育经费、财产保险费、财务费、税金以及其他(包括技术转让费、技术开发费、业务招待费、绿化费、广告费、公证费、法律顾问费、审计费、咨询费等)。

(3) 利润

这里的利润指按规定应计入建筑安装工程造价的利润,按相应的计取基础乘以利润率确定。土建工程的计费基础是直接工程费加间接费,安装工程的计费基础是人工费。

(4) 税金

税金指国家税法的规定应计入建筑安装工程造价内的营业税、城市维护建设税及教育费附加等。

①营业税的税额为营业额的3%。营业额是指从事建筑、安装、修缮、装饰及其他工程作业所收取的全部收入,还包括建筑、修缮、装饰工程所使用的原材料及其他物资和动力的价款。

②城市维护建设税指国家为了加强城乡的维护建设,扩大和稳定城市、乡镇维护建设资金来源,而对有经营收入的单位和个人征收的一种税。其计算公式为:

$$应纳税额 = 应纳营业税额 \times 适用税率 \qquad (2-1)$$

城市维护建设税纳税人所在地为市区的,按营业税的7%征收;所在地为县镇的,按营业税的5%征收;所在地为农村的,按营业税的1%征收。

③教育费附加是对凡缴纳增值税、消费税、营业税的单位和个人征收的一种国家筹集教育经费的税费。教育费附加的征收率为3%。其计算公式为:

$$应纳教育费附加＝(实际缴纳的增值税、消费税、营业税三税税额)×3\% \qquad (2-2)$$

2. 设备及工具、器具购置费

设备及工具、器具购置费由设备购置费和工具、器具及生产家具购置费组成。在生产性工程建设中,设备及工具、器具购置费用占工程造价比重的增大,意味着生产技术的进步和资本有机构成的提高。

(1) 设备购置费

设备购置费指为建设项目购置或自制的达到固定资产标准的各种国产或进口设备的购置费用,由设备原价和设备运杂费构成,即

$$设备购置费＝设备原价＋设备运杂费 \qquad (2-3)$$

对于国产设备,以出厂价为设备原价;对于进口设备,以到岸价和进口征收的税收、手续费、商检、港口费之和为原价。对于大型设备,分块运到工地的拼装费用也应包括在设备原价内。设备运杂费指设备原价中未包括的包装材料费、运输费、装卸费、采购费及仓库保管费、供销部门手续费等。如果设备是由设备成套公司供应的,成套公司的服务费也应计入设备运杂费之中。

(2) 工具、器具及生产家具购置费

工具、器具及生产家具购置费指按项目初步设计规定的,为生产、试验、经营、管理或生活需要购置的,以及未达到固定资产标准的各种工具、器具、仪器、用具和家具的费用。一般以设备购置费为计算基数,按照部门或行业规定的工具、器具及生产家具费率计算,费率一般取2%。公式为:

$$工具、器具及生产家具购置费＝设备购置费×定额费率 \qquad (2-4)$$

3. 工程建设其他费用

工程建设其他费用指从工程筹建起到工程竣工验收交付使用为止的整个建设期间,除建筑安装工程费用和设备及工具、器具购置费用以外的,为保证工程建设顺利完成和交付使用后能够正常发挥效用而发生的各项费用的总和。包括土地使用费、与设备工程形成过程有关的其他费用、与未来企业生产经营有关的其他费用等。

(1) 土地使用费

土地使用费包括土地征用及拆迁补偿费和土地使用权出让金。

(2) 与项目建设有关的费用

与项目建设有关的费用包括建设单位管理费、勘察设计费、研究试验费、工程监理费、工程保险费、供电贴费、施工机构迁移费、引进技术和进口设备其他费等。

(3) 与未来企业生产和经营活动有关的费用

与未来企业生产和经营活动有关的费用,如联合试运转费、生产准备费、办公和生活家

具购置费等。

4. 预备费

预备费指在设计阶段难以预料而在施工过程中又可能发生的、在规定范围内的工程变更所导致的费用，以及工程建设期内发生的价差。预备费包括基本预备费和价差预备费两项。

(1) 基本预备费

基本预备费指在项目实施过程中可能发生的难以预料的支出，需要预留的费用。主要指设计变更及施工过程中可能的工程量增加所带来的费用。

基本预备费＝(设备及工具、器具购置费＋建筑安装工程费＋工程建设其他费用)×基本预备费率

(2-5)

(2) 涨价预备费

涨价预备费是指工程项目在建设期内由于物价上涨、费率变化等因素的影响而需要增加的费用。涨价预备费以建筑安装工程费、设备及工具、器具购置费之和为计算基数。建设期价格上涨指数，政府部门有规定的按规定执行，没有规定的由项目评价人员预测。

$$PF = \sum_{t=1}^{n} I_t [(1+f)^t - 1] \tag{2-6}$$

式中：PF——涨价预备费；

I_t——第 t 年的建筑工程费，设备及工具、器具购置费，安装工程费之和；

f——建设期价格上涨指数；

n——建设期。

5. 建设期利息

工程项目资金若用贷款方式取得，在建设期内的贷款利息也应计入建设项目总费用。建设期利息应按复利计算。

注意：假设总贷款分年均衡发放，按当年借款在年中支用考虑，即当年贷款只计半年利息，而以前年度的本利和则按全年计息。

6. 固定资产投资方向调节税

固定资产投资方向调节税是为了贯彻国家产业政策、控制投资规模、调整投资结构、加强重点建设、引导投资在地区和行业间的有效配置而开征的税收。目前，为了扩大内需，此项税已暂停征收。

2.1.2 流动资产投资

流动资产投资也就是常称的流动资金或铺底流动资金。其中，流动资金指生产性建设项目建成投产后为保证生产和经营的正常进行所必需的资金，它又分为生产领域流动资金和流通领域流动资金两部分。按规定流动资金应列入建设项目总投资。

2.1.3 无形资产

无形资产指企业拥有的没有实物形态的可辨认的非货币性资产。无形资产包括专利权、非专利技术、商标权、著作权、土地使用权、特许权等。有一些工程项目投资包括了无形资产的投资。

2.2 工程项目成本费用

工程项目生产成本是项目建成并投入使用后，在运营期内为生产产品或提供服务所发生的全部费用。估算工程项目生产成本的方法有两种：生产成本加期间费用估算法和生产要素估算法，下面分别给予介绍。

2.2.1 生产成本加期间费用估算法的费用构成

在生产成本加期间费用估算法中，工程项目成本费用等于生产成本（又称直接费用）与期间费用之和。其中，生产成本又称直接费用，指企业在生产经营过程中实际消耗的直接材料费、直接工资、其他直接支出和制造费用；期间费用指在一定会计期间发生的与生产经营没有直接关系和关系不密切的管理费用、财务费用和营业费用，期间不计入产品的生产成本，直接体现为当期损益，各成本费用的详细构成如下。

1. 生产成本（直接费用）

(1) 直接材料费

直接材料费包括企业产经营过程中实际消耗的直接材料、设备零配件、外购半成品、燃料、动力、包装物、低值易耗品以及其他直接材料费。

(2) 直接工资

直接工资包括企业直接从事产品生产人员的工资、奖金、津贴和补贴等。

(3) 其他直接支出

其他直接支出包括直接从事产品生产人员的职工福利费等。

(4) 制造费用

制造费用是指企业各个生产单位（分厂、车间）为组织和管理生产所需的各项费用，包括生产单位（分厂、车间）管理人员工资、职工福利费、折旧费、修理费、物料消耗、低值易耗品摊销、劳动保护费、水电费、办公费、差旅费、运输保险费、租赁费（不含融资租赁费）、设计制图费、试验检验费、环境保护费以及其他制造费用。

2. 期间费用

(1) 管理费用

管理费用是指企业行政部门为管理和组织经营活动所发生的各项费用，包括公司经费

(工厂总部管理人员工资、职工福利费、差旅费、办公费、折旧费、修理费、物料消耗、低值易耗品摊销以及公司其他经费)、工会经费、职工教育经费、劳动保险费、董事会费、咨询费、顾问费、交际应酬费、税金(指企业按规定支付的房产税、车船使用税)、土地使用费(或海域使用费)、技术转让费、无形资产摊销、开办费摊销、研究发展费以及其他管理费用。

(2)财务费用

财务费用是指企业为筹集所需要的资金而发生的各项费用,包括生产经营期间的利息净支出、汇兑净损失、调剂外汇手续费、金融机构手续费以及在筹资过程中发生的其他财务费用等。

(3)营业费用

营业费用是指企业在销售产品、自制半成品和提供劳务等过程中发生的各项费用以及专设销售机构的各项经费,包括应由企业负担的运输费、装卸费、包装费、保险费、委托代销费、广告费、展览费、租赁费(不包括融资租赁费)和销售服务费用、销售部门人员工资、职工福利费、差旅费、办公费、折旧费、修理费、物料消耗、低值易耗品摊销以及其他经费等。

2.2.2 生产要素估算法的费用构成

采用生产要素的经济性质估算工程项目生产总成本的方法就是生产要素估算法。工程经济分析常采用这种方法。生产要素估算法将工程项目的总成本费用分为以下几个部分。

1. 外购原材料费

外购原材料费包括预计消耗的原材料、辅助材料、配品配件、外购半成品、包装材料、低值易耗品的费用以及其他费用。

2. 外购燃料及动力费

外购燃料及动力费包括生产过程所消耗的燃煤、天然气、电力、蒸汽等能源费用。

3. 工资及福利费

工资及福利费是企业各类人员(操作工、技术人员、管理人员等)的年工资与福利费的总和。福利费主要包括职工的保险费、医药费、职工生活困难补助及按法律法规规定开支的职工的其他福利支出(不包括职工福利设施的支出)。福利费一般可按职工工资总额的一定比例提取。

4. 修理费

修理费指为恢复固定资产原有的生产能力和保持其使用效率,对固定资产进行修复与更换零部件而发生的费用,包括大修理费用和中修理、小修理费用。

固定资产修理费一般按固定资产原值的一定百分比计提,提取百分数参照经验数据或行业规定加以确定。

5. 其他费用

其他费用指在制造费用、管理费用和营业费用中扣除计入上述各项费用后的其余费用。产品出口退税和减免税项目按规定不能抵扣的进项税额也可包括在内。

在工程项目经济分析中，其他费用一般可根据成本中的原材料成本、燃料和动力成本、工资及福利费、折旧费、修理费及摊销费之和的一定百分比计算，并按照同类企业的经验数据加以确定。

6. 折旧费

折旧费是指在固定资产的使用过程中，随着资产损耗而逐渐转移到产品成本费用中的部分价值。按照国家规定的财税制度，企业把已发生的资本性支出转移到产品成本费用中去，然后通过产品的销售，逐步回收初始的投资费用。

7. 摊销费

摊销费是指无形资产和其他资产（递延资产）在一定期限内分期摊销的费用。

8. 利息支出

利息支出是指生产经营期间发生的利息净支出、汇兑损失以及相关的金融机构服务的手续费，这里包括长期贷款与短期借款的利息。

应用生产要素估算法时，工程项目总成本费用等于经营成本与折旧费、摊销费和利息支出之和。

经营成本等于外购原材料费、外购燃料动力费、工资及福利费、修理费及其他费用之和。生产要素的总成本费用估算见表2-1。

总成本费用估算表（生产要素估算法） 表2-1

序号	项 目	合 计	计 算 期
1	外购原材料费		
2	外购燃料及动力费		
3	工资及福利费		
4	修理费		
5	其他费用		
6	经营成本(1+2+3+4+5)		
7	折旧费		
8	摊销费		
9	利息支出		
10	总成本费用(6+7+8+9)		

此外，工程经济分析也使用固定成本和变动成本的概念。从理论上讲，年总成本费用可

分为固定成本和变动成本两类。

(1)固定成本指在一定的产量范围内不随着产量变化而变化的成本,如固定资产折旧费、工资及福利费(计件工资除外)和其他费用(修理费)、利息支出等。

(2)变动成本指随着产量的变化而变化的成本,如原材料费用、燃料和动力费用、计件工资等。

2.2.3 折旧费与摊销费估算

1.折旧费估算

折旧费是固定资产在使用过程中逐渐损耗的部分价值。根据我国现行财务制度的有关规定,计提折旧的固定资产范围包括:房屋建筑物;在用的机器设备、仪器仪表、运输车辆、工具器具;季节性停用和在修理停用的设备;以经营租赁方式租出的固定资产;以融资租赁方式租入的固定资产。在进行工程项目的经济分析时,可分类计算折旧,也可综合计算折旧,要视项目的具体情况而定。我国现行的固定资产折旧方法允许采用平均年限法、工作量法、双倍余额递减法或年数总和法。

(1)平均年限法

平均年限法亦称直线法,根据固定资产的原值、估计的净残值率和折旧年限计算折旧。其计算公式为:

$$年折旧额 = 固定资产原值 \times 年折旧率 \tag{2-7}$$

$$年折旧率 = (1-残值率) \div 折旧年限 \times 100\% \tag{2-8}$$

上式中各项参数的确定方法如下:

①固定资产原值。固定资产原值指项目投产时(达到预定可使用状态)按规定由投资形成固定资产的部分,包括部分建设投资和建设期利息。固定资产在使用过程中会受到磨损,其价值损失通常通过提取折旧的方式得以补偿。

②净残值率。净残值率是预计的固定资产净残值与固定资产原值的比率,根据行业会计制度规定,净残值率按3%~5%确定。特殊情况,如净残值率低于3%或高于5%的,由企业自主确定,并报主管财政机关备案。在工程项目的经济分析中,由于折旧年限是根据项目的固定资产经济寿命期决定的,因此固定资产的残余价值较大,净残值率一般可选择10%,个别行业如港口等可选择高于10%的净残值率。

③折旧年限。国家财政部对各类固定资产折旧的最短年限做了如下规定:房屋、建筑物为10~55年;火车、轮船机械设备和其他生产设备为10~15年;电子设备和火车、轮船以外的运输工具以及与生产、经营业务有关的器具、工具、家具等为5年。在工程项目的经济分析中,对轻工、机械、电子等行业的折旧年限,一般可确定为8~15年;港口、铁路、矿山等项目的折旧年限可选择30年或30年以上。各行业应依据国家财政部的相关规定确定折旧年限。

【例2-1】 某固定资产原值100万元,预计固定资产净残值率为3%,预计该资产使用年限为10年,求固定资产折旧率和年折旧额。

解 依据式(2-7)和式(2-8)计算得出:

年折旧率＝[(1－3％)÷10]×100％＝9.7％

年折旧额＝100×9.7％＝9.7(万元)

(2)工作量法

工作量法是一种特殊的直线折旧法。对于专用设备和运输车辆可采用工作量法计提折旧，每单位工作量折旧额计算公式如下：

每单位工作量折旧额＝[固定资产原值×(1－预计净残值率)]÷使用年限内预计工作量

(2-9)

运输车辆与大型专业设备的年折旧费分别由以下两式计算。

①交通运输企业和其他企业专用车队的客货汽车，按照行驶里程计算折旧费，其计算公式如下：

年折旧费＝单位里程折旧费×年工作里程 (2-10)

②大型专用设备，可根据工作小时计算折旧费，其计算公式如下：

年折旧费＝每工作小时折旧费×年工作小时 (2-11)

【例2-2】 一辆运煤卡车的购置费为55000元，可以服务250000公里，寿命期末残值为5000元，计算此卡车在年运行30000千米后的折旧费。

解 年折旧费＝30000×[(55000－5000)÷250000]＝6000(元)

(3)双倍余额递减法

双倍余额递减法属于加速折旧法的一种，又称递减折旧法。它指在固定资产使用初期提取折旧较多，在后期提取较少，使固定资产价值在使用年限内尽早得到补偿的折旧计算方法。这种加速提取折旧费，加速回收投资的方法，可以鼓励投资、促进技术进步，对企业经营与发展有利。由于折旧费是税前列支的，目前的财税制度只对某些确有特殊原因的工程项目，才准许采用加速折旧法计提折旧。

双倍余额递减法是以平均年限确定的折旧率的双倍乘以固定资产在每一会计期间的期初账面净值，从而确定当期应提折旧的方法。其计算公式为：

年折旧率＝(1÷折旧年限)×2 (2-12)

年折旧额＝年初固定资产账面原值×年折旧率 (2-13)

实行双倍余额递减法的固定资产，应当在其固定资产折旧年限到期前两年内，将固定资产净值扣除预计净残值后的净额平均摊销，即最后两年改用直线折旧法计算折旧。

【例2-3】 某设备的资产原值为10000元，折旧年限为5年，净残值为2000元，分别用平均年限法和双倍余额递减法计算该资产的年折旧费。

解 用平均年限法计算折旧费：

年折旧率＝(1－0.2)÷5×100％＝16％

年折旧费＝10000×16％＝1600(元)

用双倍余额递减法计算：

年折旧率＝(1÷5)×2＝40％

第1年：资产净值＝10000元；折旧额＝10000×40％＝4000(元)

第2年：资产净值＝10000－4000＝6000元；折旧额＝6000×40％＝2400(元)

第3年：资产净值＝6000－2400＝3600元；折旧额＝3600×40％＝1440(元)

在设备第 4 年应该计提的折旧额为 2160×40%＝864 元,但由于期末第 5 年应保留残值 2000 元,因此最后两年的折旧额为 2160－2000＝160 元,改为直线折旧,平均每年折旧费为 80 元。

折旧估算如表 2-2 所示。

双倍余额递减法计算折旧费表　　　　　　表 2-2

年数	1	2	3	4	5
资产净值	10000	6000	3600	2160	2000
年折旧费	4000	2400	1440	80	80

(4) 年数总和法

年数总和法是计算固定资产的另一种加速折旧法,其每年的折旧率不同,可采用以下公式分别计算折旧额、折旧率。

$$年折旧额＝(固定资产原值－预计净残值)×年折旧率 \tag{2-14}$$

$$年折旧率＝(折旧年限－已使用年数)÷[折旧年限×(折旧年限＋1)÷2] \tag{2-15}$$

【例 2-4】　某固定资产原值为 50000 元,预计使用年限为 5 年,资产净残值为 2000 元,采用年数总和法计算该资产的各年折旧费。

解　依据式(2-14)和式(2-15)计算各年折旧费:

第 1～5 年的折旧率分别为:5/15、4/15、3/15、2/15、1/15

第 1 年折旧额＝(50000－2000)×5/15＝16000(元)

第 2 年折旧额＝(50000－2000)×4/15＝12800(元)

第 3 年折旧额＝(50000－2000)×3/15＝9600(元)

第 4 年折旧额＝(50000－2000)×2/15＝6400(元)

第 5 年折旧额＝(50000－2000)×1/15＝3200(元)

2. 摊销费估算

摊销费指无形资产和其他资产(递延资产)在一定期限内分期摊销的费用。

无形资产指企业拥有或控制的没有实物形态的可辨认的非货币性资产。无形资产包括专利权、非专利技术、商标权、著作权、土地使用权、特许权等。企业的商誉、品牌与自身无法分离,其成本无法明确区分,不应当确认为无形资产。

其他资产(递延资产)指除流动资产、长期投资、固定资产、无形资产以外的其他资产,如长期待摊费用。按照有关规定,除购置和建造固定资产以外,所有筹建期间发生的费用,先在长期待摊费用中归集,待企业开始生产经营起计入当期的损益。它通常指应在生产经营期内的前几年逐年摊销的各项费用(通常不少于 5 年),包括开办费和以经营租赁方式租入的固定资产支出等。在工程项目的经济分析中,将工程建设其他费用中的生产职工培训费、样品样机购置费等计入其他资产价值。开办费指企业在筹建期间所发生的各种费用,主要包括在注册登记和筹建期间起草文件、谈判、考察等发生的各项支出,销售网的建立和广告费用以及筹建期间人员工资、办公费、培训费、差旅费、印刷费、律师费、注册登记费以及不计入固定资产和无形资产购建成本的汇兑损益和利息等项支出。

无形资产和其他(递延)资产的原始价值要在规定的年限内,按年度或产量转移到产品的成本之中,这一部分被转移的无形资产和其他资产的原始价值,称为摊销。企业通过计提摊销费,回收无形资产及其他资产的资本支出。

计算摊销费采用直线法,且不留残值。常用计算公式如下:

$$年摊销额 = 无形资产或其他资产费 \div 摊销年限 \qquad (2-16)$$

财政部 2006 年 2 月 15 日颁布的《企业会计准则——基本准则》(2007 年 1 月 1 日开始执行)规定,使用寿命有限的无形资产应当在寿命期内摊销,使用寿命不确定的无形资产不予摊销。企业持有无形资产源于合同性权力和法定权力,这些合同或法律通常都有明确的使用年限,无形资产的寿命通常不超过这个年限。

计算无形资产摊销费要确定摊销期限。无形资产应按规定期限分期摊销。法律、合同或协议规定有法定有效期和受益年限的,按照法定有效期或合同、协议规定的受益年限最短的原则确定;没有规定期限的,按不少于 10 年的期限分期摊销。

若各项无形资产摊销年限相同,可根据全部无形资产的原值和摊销年限计算出各年的摊销费;若各项无形资产摊销年限不同,则要计算各项无形资产的摊销费,然后将其相加,即可得到生产经营期各年的无形资产摊销费。

2.3 工程项目收入和税费

2.3.1 营业收入

项目的营业收入指项目建设完成后投入使用期间所生产产品或提供服务等所得收入。习惯上人们将销售产品的收入称为销售收入;提供服务的收入称为营业收入,这里所讲营业收入是两者的统称。估算营业收入应该分析、确认产品或服务的市场预测数据,注意产品规模以及价格的合理分析。生产类项目的年营业收入即为年产品销售收入,其计算公式为:

$$年营业收入 = 产品销售单价 \times 产品年销售量 \qquad (2-17)$$

营业收入是进行工程经济分析的衡量项目收益的重要因素,在项目经济评价阶段采用科学预测的方法确定产品的销售单价和销售量,在经济分析中常用生产产量来代替销售产量计算销售收入。

营业收入由销售税金及附加、总成本费用、利润总额构成,见表 2-3。

营业收入构成表　　　　表 2-3

营业收入	营业税金及附加	
	总成本费用	
	利润总额	所得税
		税后净利润

2.3.2 营业税金及附加

工程项目经济评价涉及的税费主要包括关税、增值税、营业税、消费税、所得税、资源税、城市维护建设税、教育附加费,税种和税率的选择应根据项目具体情况确定。

营业税金及附加是根据商品或服务的流转额征收的税金,包括增值税、营业税、消费税、土地增值税、资源税、城市维护建设税、教育费附加。

1. 增值税

增值税是我国境内销售货物、进口货物以及提供加工、服务的单位和个人,就其取得货物的销售额、进口货物额、应税服务收入额计算税款,实行税款抵扣制的一种流转税。

增值税是计算城乡建设维护税和教育附加费的计费依据,需要单独计算。增值税的计算公式为:

$$增值税应纳税额 = 当期销项税额 - 当期进项税额 \tag{2-18}$$

式中,当期销项税额指纳税人销售货物或提供应税服务后,按照销售额和增值税率计算并向购买方收取的增值税额,计算公式为:

$$当期销项税额 = 营业收入(含税) \div (1+增值税税率) \times 增值税税率 \tag{2-19}$$

当期进项税额指纳税人购进货物或接受应税服务所支付或者承担的增值税额,计算公式为:

$$当期进项税额 = 外购原材料、燃料及动力费 \div (1+增值税税率) \times 增值税税率 \tag{2-20}$$

2. 消费税

消费税是对工业企业生产、委托加工和进口部分应税消费品按差别税率和税额征收的一种税。目前在我国征收的消费税有10余种,如某些酒类,油类等。消费税采用从价定律和从量定额两种计征办法,应税产品的生产者为纳税人,在销售时纳税。利用从价定率计算消费税的公式为:

$$应纳税额 = 应税消费品的销售额 \times 适用税率 \tag{2-21}$$

利用从量定额计算消费税的公式为:

$$应纳税额 = 应税消费品的销售量 \times 单位税额 \tag{2-22}$$

3. 营业税

营业税是对在我国境内经营的交通运输、建筑、邮电通讯、服务等项目征收的一种费用,其数额与营业额相关,是价内税,包含在营业收入之内。

4. 营业税附加

城市维护建设税和教育费附加又称营业税附加,其中城市维护建设税是一种地方附加税,以增值税、营业税和消费税为计税依据,税率根据项目所在的市、县、镇及其以外的三个等级确定;教育附加费也是以增值税、营业税和消费税为计税依据,税率由地方确定。

5. 土地增值税

土地增值税是按转让房地产取得的增值额收税,在房地产开发项目中应按规定计算土地增值税。

6. 资源税

资源税是国家对开采特定矿产品或者生产盐的单位征收的税种,按产量计征。

7. 关税

关税是以进出口的应税货物为纳税对象的税种。项目经济评价中涉及引进设备、技术和进口原材料时,可能需要估算进口关税。项目评价中应按有关税法和国家的税收优惠政策,正确估算进口关税。我国仅对少数货物征收出口关税,而对大部分货物免征出口关税。若项目的出口产品属征税货物,应按规定估算出口关税。

8. 企业所得税

企业所得税是针对企业应纳税所得额征收的税种。项目经济评价中应注意按有关税法对所得税前扣除项目的要求,正确计算应纳税所得额,并采用适宜的税率计算企业所得税。国内现行的税法对于农业、高新技术等产业的项目有所得税优惠政策,采用时应加以说明。

2.4 工程项目利润

2.4.1 利润总额

工程项目利润总额是项目在一定时期内生产经营活动的最终财务成果,能反映项目的效益。为简化计算,工程经济学中的利润总额估算公式为:

$$利润总额 = 营业收入 - 营业税金及附加 - 总成本费用 \tag{2-23}$$

根据利润总额来计算企业所得税和净利润时,在利润总额计算中并不考虑资金的时间价值,而是将利润总额当作静态的数据。

2.4.2 净利润

根据税法规定,我国任何企业凡来源于生产经营所得和其他所得在取得利润后,均应先向国家交纳所得税。在工程经济分析中,所得税以利润总额乘以所得税率得出,计算所得税公式为:

$$所得税应纳税额 = 利润总额 \times 所得税率 \tag{2-24}$$

在利润总额中扣除所得税后就获得净利润,计算公式为:

$$净利润 = 利润总额 - 所得税应纳税额 \tag{2-25}$$

净利润可以用于提取盈余公积金和公益金,以及向投资者分配利润,这部分利润又称应付利润;剩余部分即为未分配利润。

本章小结

本章介绍了工程经济基本要素的涵义、构成及估算方法,主要包括以下内容。

用于工程经济分析的要素主要包括项目总投资、营业收入、生产经营期成本费用、税费以及利润。

总投资包括建设投资、建设期利息和流动资金之和。其中建设投资中的各分项应该分别形成固定资产原值、无形资产原值和其他资产原值,而建设期利息应计入固定资产原值。

营业收入指工程项目建成投产后提供产品或服务的所得收入,可利用产量和价格的数据预测营业收入。

工程经济分析中的税金主要包括关税、增值税、营业税、消费税、所得税、资源税、城市维护建设税、教育附加费;估算税金时应注意税金计算的取费基础和税率。

生产经营期发生的全部费用称为总成本费用,等于经营成本与折旧费、摊销费和财务费用之和。总成本费用的估算方法包括生产成本加期间费用法、生产要素估算法。总成本费用也可分解为固定成本和可变成本。

利润总额由营业收入扣减销售税金及附加、总成本费用后计算得出,净利润是利润总额扣除所得税后的余额。

复习思考题

1. 工程项目总投资包括哪些内容?
2. 工程建筑安装费由哪些费用构成?
3. 什么是项目的无形资产?
4. 请简单描述工程项目成本费用的构成和估算方法。
5. 固定资产折旧费计算的方法有哪些?
6. 无形资产摊销费如何计算?
7. 营业税金及附加有哪些内容,如何计算?
8. 净利润与未分配利润的关系是什么?

第 3 章
现金流量与资金时间价值

本章概要

本章在介绍现金流量概念的基础上,以项目投资现金流量表为例,较为详细地阐述了建设项目现金流入、流出的主要内容。本章阐述了资金时间价值的基本概念和产生原因。此外,详细介绍了资金时间价值六个基本公式,其中的重点是一次复利终值现值与普通年金终值现值的计算。随后,阐述了名义年利率与实际年利率及其关系,由此引入了资金等值的概念,并举例对常见的各种等值类型进行了计算,包括计息周期等于、小于、大于支付周期三种类型的计算。通过本章学习,要求读者掌握资金时间价值的概念、资金等值的概念和资金时间价值的常用计算方法。

3.1 现金流量

3.1.1 现金流量的概念

现金流量指工程项目的现金与现金等价物的流入与流出量。任何工程项目的建设与经营都离不开现金。在工程建成投产前,需要各种各样的现金支付,工程建成投产后,一般会有现金收入的发生,但也同样伴随有现金的支付。毋庸置疑,一切工程经济活动都离不开现金,现金可谓一切经济活动的"驱动力",现金的流动推动着工程经济活动发生。

那么,现金与现金流量的准确含义是什么呢?

按照我国现行的《企业会计准则——现金流量表》之定义(第3条),现金指企业库存现金以及可以随时用于支付的存款。与现金含义接近的另一个重要概念是现金等价物。现金等价物是指企业持有的期限短、流动性强、易于转换为已知金额现金、价值变动风险很小的投资。可见,现金等价物在性质上很接近现金,它能够在很短的时间内变成支付手段而且数额较为确定。

现金流量指特定计算期内的现金流入量或流出量。习惯上,人们也将特定计算期内的现金流入量与流出量之差称为净现金流量。

3.1.2 现金流量图

在研究现金流量问题时,一般需要绘制现金流量图。现金流量图是用横线表示时间,在上面标出现金流入流出的时点及相应数量的示图。

对于一个尚未竣工投产的工程项目来讲,可能每天都有现金的流出;对于一个已经投产运营的工程项目来讲,则可能每天都有现金的流入流出,那么,在分析工程的现金流时,是否应该以"天"为间隔单位进行分析呢?一般情况下不必要。为了简便起见,实践中用得最多的时间间隔单位是"年",当然,根据具体项目分析的必要,时间间隔可以缩小,也可以是季度、月等,但一定要注意"贴现率"与"时间间隔"的对应。

假设某工程项目的建设期为2年,每年投入资金300万元,建成后就投产使用,每年能够带来的净现金流均为200万元,投产后项目存续期为5年,其现金流量可用图3-1表示。

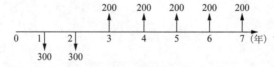

图3-1 现金流量示意图

下面对图3-1的绘制方法与含义说明如下。

(1)先画代表时间的横线,再在其上标出现金流入流出的时点,这里的时间间隔为"年"。该图中年限坐标是表示每年年末。

(2)再确定某一时点上的现金流量,并以垂线表示。头两年为现金的净流出,每年300万元,后面5年为现金净流入,每年为200万元。为了比较直观地区分流入与流出,可以向下的垂线表示现金流出,向上的垂线表示现金流入。

(3)现金流入流出是对特定系统而言的,如项目建设过程中的原材料采购所支付的现金,对项目来讲是现金的流出,而对原材料的销售企业来讲却是现金的流出。这里的特定系统可以理解为工程项目这个会计主体。

3.1.3 现金流量与工程项目

众所周知,任何一个工程项目在建成之前都需要经过论证决策、前期策划、工程设计、施工建设、设备采购与安装等过程,这些都需要支出费用,而且这些费用的支出通常是以现金的形式支付的,这就是现金的流出。而项目建成投产运营后,一般既有营业成本、税金等现金的流出,也有营业活动收入带来的现金流入。更进一步讲,一个工程项目在不同的阶段主要有哪些现金流入与流出呢?工程项目的现金流量既有事后的核算,也有事前的估计。前者在会计学中会有详细的论述,后者是工程经济的分析方法之一,因为工程经济学要研究工程项目投资前评价的经济分析方法。

国家发展和改革委员会与原建设部于2006年7月3日发布的《建设项目经济评价方法》非常注重现金流量,共涉及四个现金流量表,包括项目投资现金流量表、项目资本金现金流量表、投资各方现金流量表和财务计划现金流量表。下面我们以其中的项目投资现金流量表为依据对这个问题作比较详细的介绍。

项目投资现金流量表是站在项目全部投资的角度,对项目从开始论证直到项目存续期结束期间各年的现金流量所进行的系统的连续的表格式反映。它包括的主要内容如表3-1所示。

项目投资现金流量表　　　　表3-1

序号	项目	合计	计算期					
			1	2	3	4	…	n
1	现金流入							
1.1	营业收入							
1.2	补贴收入							
1.3	回收固定资产余值							
1.4	回收流动资金							
2	现金流出							
2.1	建设投资							
2.2	流动资金							
2.3	经营成本							
2.4	营业税金及附加							
2.5	维持运营投资							

续上表

序号	项目	合计	计算期					
			1	2	3	4	…	n
3	所得税前现金流量(1-2)							
4	累计所得税前净现金流量							
5	调整所得税							
6	所得税后净现金流量(3-5)							
7	累计所得税后净现金流量							
	计算指标： 项目投资财务内部收益率(%)(所得税前) 项目投资财务内部收益率(%)(所得税后) 项目投资财务净现值(所得税前)($i_c=$ %) 项目投资财务净现值(所得税后)($i_c=$ %) 项目投资回收期(年)(所得税前) 项目投资回收期(年)(所得税后)							

1. 现金流入

现金流入由营业收入、补贴收入、回收固定资产余值和回收流动资金四项构成。

(1)营业收入是项目建成后对外提供营业活动所取得的收入。其计算公式为：

$$营业收入 = 营业量 \times 销售单价 \tag{3-1}$$

(2)补贴收入是指获得的政府提供的各种现金补贴。

(3)回收固定资产余值一般是在项目计算期的最后一年进行，其中固定资产余值回收额应按照项目选用的固定资产折旧方法计算。

(4)回收流动资金也是在项目计算期的最后一年。要注意流动资金回收额为项目的全部流动资金。

2. 现金流出

现金流出由建设投资、流动资金、经营成本、营业税金及附加、维持营运投资五部分构成。

(1)建设投资即项目竣工验收前的全部投资，包括固定资产投资、预备费、建设期间利息以及固定资产投资方向调节税等内容。

(2)流动资金是指项目建成投产后购买原材料、支付工资等所需要的现金。一般是在项目投产的第一年开始投入流动资金，当然以后的各年也需要投入。

(3)经营成本是指总成本费用中扣除折旧费、摊销费、修理费和贷款利息以后的余额，其计算公式为：

$$经营成本 = 总成本费用 - 折旧费 - 摊销费 - 修理费 - 贷款利息 \tag{3-2}$$

需要注意的是，在经营成本中不包括利息支出。这是因为在项目投资现金流量表中，是以全部投资作为计算基础的，因此利息支出就不再作为现金流出，而在自有资金的现金流量表中单列一项借款利息支出，因此经营成本中也不包括利息支出。

(4)营业税金及附加是指项目所缴纳的流转税(增值税除外)及其附加、资源税和土地增值税,就是会计科目的营业税金及附加这个科目中的现金支付部分。

(5)维持营运投资是指在项目运营期间所耗费的现金投资。

3. 所得税前净现金流量

所得税前净现金流量是某一年度的上述全部现金流入与流出的差额。

4. 累计所得税前净现金流量

累计所得税前净现金流量为本年及以前各年所得税前净现金流量之和。

5. 调整所得税

调整所得税是指当年实际缴纳的所得税。注意:不是当年应该缴纳的所得税。当年实际缴纳的所得税既可能有以前年度欠缴得,也可能预缴以后年度的,而且当年应该缴纳的所得税也不一定在当年缴纳。此外,在一些特殊情况下,企业可能用现金以外的资产缴纳所得税,这种情况不能算作现金的流出。

6. 所得税后现金流量

所得税后现金流量是当年的所得税前的净现金流量减去以现金缴纳的所得税的余额。

7. 累计所得税后净现金流量

累计所得税后净现金流量为本年及以前年度所得税后净现金流量的累计数额。

3.2 资金的时间价值

3.2.1 资金时间价值的含义

在生活中,我们都有这样的常识,如果你向别人借1万元,借期1年,一年后你偿还此债务时,一般偿还的数量会大于1万元,这包含了利息(当然亲戚朋友间的借款可能不要利息,其行为不属于非人格化的商业行为,不在本书的讨论之列)。就是一个如此简单的常识背后却隐藏着一个经济学的重要概念——资金的时间价值。那么,什么是资金的时间价值呢?

资金时间价值指资金随着时间的推移在生产经营活动中所增加(减少)的价值。

资金具有时间价值决定了同样数量的资金在不同时点上的价值是不相等的。为什么呢?这是因为随着资金参与经济活动的循环(指资金转化为原材料、生产成品等实物后通过销售活动再转化为资金的运动),其价值是变动的。是这种"变动"决定了资金具有时间价值。注意:资金的时间价值是从总体上来讲的,而不是指个别资金,虽然前者是由无数的个别资金运动形成的,但这里的总体不是个别的简单叠加,二者在性质上也存在本质的区别。

就个别资金来讲,其"运动"带来的收益差别会存在天壤之别,有的资金随着运动会越来越多,有的则越来越少,即资金的运动并没有带来价值的增加反而导致资金数量的减少。但从总体上来看全社会的资金,资金运动一般是能够增加价值的,这里的增加的价值就是所谓的产业资本的"社会平均利润率",如果资金是经营者自己的,他就可以独享利润,如果资金是别人用债务形式提供的,那么,资金的提供者会要求分享"社会平均利润率"中的一部分。从而就形成了资金的利息与利息率。

3.2.2 资金时间价值的计算

在工程投资决策等实践活动中,常常需要计算资金的时间价值。在资金流量(现金流量)、利率、时间间隔等几个主要变量中,在知道或假定其他几个变量的情况下,任何一个未知变量都可以通过一定的方法求出。在正式学习资金时间价值的计算之前,有必要先了解资金的类型及几个重要的术语。

1. 资金的基本类型

资金时间价值的计算包括两种基本类型:一次性收付款项和年金,这是掌握资金时间价值计算的关键所在。实际上由于资金的两种基本类型在款项收付的方式、时间及数额上有一定的特点和规律,所以可以归纳出不同类型的资金时间价值的计算公式,并运用相应的系数表大大地简化资金时间价值的实际计算过程。因此在资金时间价值的计算中,关键是正确判断资金的类型,正确判断资金的类型就能够准确地查表,能够准确地查表就可以快速、正确地计算出资金的时间价值。下面介绍资金的两种基本类型。

(1)一次性收付款项是指在某一特定时点上一次性支付(或收取),经过一段时间后再相应地一次性收取(或支付)的款项。一次性收付款项的特点是资金的收入或付出都是一次性发生的。

(2)年金是指一定时期内每次等额收付的系列款项。年金的特点是资金的收入或付出不是一次性发生的,而是分次等额发生的,而且每次发生的间隔期都是相等的。年金在实践中的存在是广泛的,如就业单位给职工交纳各种医疗保险、养老保险等。

按照每次收付款发生的具体时点不同,又可以把年金分为普通年金、即付年金、递延年金和永续年金。其中普通年金和即付年金是年金的两种基本类型。

①普通年金是指从第一期开始,在一定时期内每期期末等额收付的系列款项,又称为后付年金。

②即付年金是指从第一期开始,在一定时期内每期期初等额收付的系列款项,又称为先付年金或预付年金。

③递延年金是指从第一期以后才开始的,在一定时期内每期期末等额收付的系列款项。它是普通年金的特殊形式。凡不是从第一期开始的普通年金都是递延年金。

④永续年金是指从第一期开始,无限期每期期末等额收付的系列款项。它也是普通年金的特殊形式。诺贝尔奖奖金就是典型的永续年金。

在工程投资决策中,常假设在项目存续的某段时期内,每年的净现金流量是相等的,这样的问题为普通年金问题。在工程项目投资预算中,若假设建设期每年投入的资金量是相等的,且建设款是在年初投入的,这就是一个预付年金问题。

2. 资金时间价值计算的几个术语

(1)利息与利率

如前所述,在理论上,利息是资金参与经济循环所增加的价值;在实践上,利息还是资金提供者要求资金使用者提供的报酬。利息在数量上等于资金使用者偿还给资金提供者的全部资金与本金的差额。这个差额与本金的比率就是利息率(简称利率)。市场利率是资金供需双方讨价还价的结果,官方利率则是由国家金融管理部门预先规定的利率,它既可能是一个固定的数字,也可能是一个幅度。利息率的计息期限有年、月、日等。

在工程经济分析中,把根据未来的现金流量求现在的现金流量时所使用的利率称为折现率。本书中利率和折现率一般不加以区分,均用 i 来表示。利率的计息方式分为单利计息与复利计息两种:单利计息指在计息期数大于1的情况下,各期的利率计算均以本金为基准的计息方式;复利计息指从计息的第二期起,把前一期的本金与利息之和作为计息依据的计息方式。由于单利的计算很简单,本章只学习复利计息的计算方式。

(2)计息次数 n

计息次数指投资项目从开始投入资金(开工建设)到项目的寿命周期终结为止的整个期限内计算利息的次数,计息次数通常以"年"为单位。

(3)现值 P

现值表示资金发生在某一特定时间序列始点上的价值。在工程经济分析中,现值常表示在现金流量图中起点的投资数额或期中项目的现金流量折算到起点时的价值。折现计算法是评价投资项目经济效果时经常采用的一种基本方法。

(4)终值 F

终值表示资金发生在某一特定时间序列终点上的价值。它指计算期初投入或计算期中产出的现金流量转换为计算期末的期终值,即期末本利和的价值。

(5)年金 A

年金指各年(期)等额收入或支付的金额,通常以等额序列表示,即在某一特定时间序列期(计算期)内,相同时间间隔收支的等额款项。注意:有时年金支付的时间间隔不一定为"年",从这个意义上讲,"年金"应叫"期金"更准确。

3. 资金时间价值的计算

(1)一次支付类型

一次支付又称整付,指所分析的系统的现金流量,无论是流入还是流出均在某一个时点上一次发生。它又包括两种情况。

①一次支付终值复利计算

如果有一笔资金,按年利率 i 进行投资,n 年后本利和应该是多少?这就是已知 P、i、n,求终值 F。解决此类问题的公式称为一次支付终值公式,即

$$F = P(1+i)^n \tag{3-3}$$

式中：i——利率；
n——计息次数；
P——现值；
F——终值。

在式(3-3)中，$(1+i)^n$ 又称为终值系数，记为 $(F/P,i,n)$，可从附录中查得。

这样，式(3-3)又可写为：

$$F=P(F/P,i,n) \tag{3-4}$$

一次支付终值问题的现金流量图如图 3-2 所示。

【例 3-1】 某人现将 500 元存入银行，银行年利率为 4%，计算 3 年后该笔资金的实际价值。

解 这是一个已知现值求终值的问题，代入式(3-3)可得：
$F=P(1+i)^n=500\times(1+4\%)^3=562.43$（元）

② 一次支付现值复利计算

如果我们希望在 n 年后得到一笔资金 F，在年利率为 i 的情况下，现在应该投资多少？这就是已知 F、i、n，求现值 P。解决此类问题用到的公式称为一次支付现值公式，即

$$P=F(1+i)^{-n} \tag{3-5}$$

在式(3-4)中，$(1+i)^{-n}$ 又称为现值系数，记为 $(P/F,i,n)$，它与终值系数 $(F/P,i,n)$ 互为倒数，可从附录中查得。因此，式(3-5)又可写为：

$$P=F(P/F,i,n) \tag{3-6}$$

一次支付现值问题的现金流量图如图 3-3 所示。

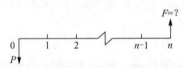
图 3-2 一次支付复利终值现金流量图

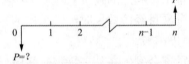
图 3-3 一次支付复利现值现金流量图

【例 3-2】 某企业 6 年后需要一笔 500 万元的资金，以作为某项固定资产的更新款项，若已知年利率为 8%，问现在应存入银行多少钱？

解 这是一个已知终值求现值的问题，根据式(3-5)可得：
$P=F(1+i)^{-n}=500\times(1+8\%)^{-6}=315.1$（万元）

(2) 多次等额支付类型

多次等额支付指所分析的系统中现金流入与现金流出在多个时间点上发生，而不是集中在某一个时间点，即形成一个序列现金流量，并且这个序列现金流量额的大小是相等的。它包括四种类型。

① 等额支付序列年金终值复利

等额支付序列年金终值（又称普通年金终值）问题的含义是：在一个时间序列中，已知利率为 i 的情况下连续在每个计息期的期末支付一笔等额的资金 A，求 n 年后由各年的本利和累计而成的终值 F。也即已知 A、i、n，求 F。

各期期末年金 A 相对于第 n 期期末的本利和可用表 3-2 表示。即

$$F=A(1+i)^{n-1}+A(1+i)^{n-2}+A(1+i)^{n-3}+\cdots+A(1+i)+A$$

上式两边同时乘以$(1+i)$则有：

$$F(1+i)=A(1+i)^n+A(1+i)^{n-1}+A(1+i)^{n-2}+A(1+i)^{n-3}+\cdots+A(1+i)$$

后式减前式得：

$$F(1+i)-F=A(1+i)^n-A$$

即

$$F=A(1+i)^n-1/i \tag{3-7}$$

式中：A——等额的年金；

F——将来值；

n——期数；

i——利率。

也可以表示为：

$$F=A(F/A,i,n) \tag{3-8}$$

式(3-7)中的$(F/A,i,n)$称为普通年金终值系数。它表示在每期末存入银行一元钱，在期数为n，利率为i的情况下，最后一期末时，前面各期全部存款的本利和。年金终值系数可以在本书后的附表中查到。

普通年金复利终值计算表　　　　　　　　　　　　　　　　　　　　　　　　表3-2

期数	1	2	3	…	$n-1$	n
每期末年金	A	A	A	…	A	A
n期末年金终值	$A(1+i)^{n-1}$	$A(1+i)^{n-2}$	$A(1+i)^{n-3}$	…	$A(1+i)$	A

对这个问题的直观表达图见图3-4。

【**例3-3**】　某大型工程项目总投资10亿元，5年建成，每年末投资2亿元，年利率为6%，求5年末的实际累计总投资额。

解　这是一个已知年金求终值的问题，其现金流量图见图3-5。

根据式(3-8)可得：

$F=A(F/A,6\%,5)=2\times5.6371=11.2742$(亿元)

年金终值系数$(F/A,6\%,5)$通过查复利系数表得出，为5.6371。

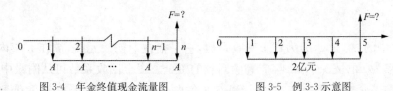

图3-4　年金终值现金流量图　　　图3-5　例3-3示意图

② 等额支付序列积累基金问题

等额支付序列积累基金(又称偿债基金)问题是指在已知年金的终值F(未来要偿还的资金)及利率i和计息期数n的情况下求年金A的问题。它与普通年金是同一计算内容，只是已知数与未知数不同而已。通过普通年金终值公式的逆运算求每一年年末所发生的年金A，这个求出来的年金A就称作等额支付序列积累(偿债)基金。

其现金流量图如图 3-6 所示。

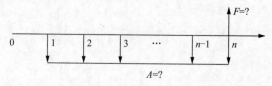

图 3-6　等额支付序列积累基金现金流量图

等额支付序列积累基金计算公式可根据式(3-7)推导得出：

$$A=Fi/[(1+i)^n-1] \tag{3-9}$$

又可写为：

$$A=F(A/F,i,n) \tag{3-10}$$

式(3-10)中的$(A/F,i,n)$称为偿债基金系数，它是普通年金终值系数的倒数，可通过附表查得。

【例 3-4】　某企业 5 年后需要一笔 50 万元的资金用于固定资产的更新改造，如果年利率为 5%，问从现在开始该企业每年应存入银行多少钱？

解　这是一个已知终值求年金的问题，其现金流量图见图 3-7。

根据式(3-9)，并查复利系数表得偿债基金系数$(A/F,5\%,5)$为 0.181，所以：
$A=Fi/[(1+i)^n-1]=50\times(A/F,5\%,5)=50\times0.181=9.05(万元)$

③等额支付资金回收问题

等额支付资金回收问题指已知期初一次投资数额为 P，欲在 n 年内将投资全部收回，在利率为 i 的情况下，求每年应等额回收的资金 A 的问题。也即已知 P、i、n，求 A。其现金流量图如图 3-8 所示。

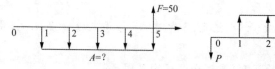

图 3-7　例 3-4 的现金流量图　　　图 3-8　资金回收现金流量图

资金回收公式可根据偿债基金公式和一次支付终值公式来推导，即

$$A=Fi/[(1+i)^n-1]=Pi(1+i)^n/[(1+i)^n-1] \tag{3-11}$$

又可写为：

$$A=P(A/P,i,n) \tag{3-12}$$

式(3-12)中的$(A/P,i,n)$为资金回收系数，它是指在期初一元钱，欲在 n 年内将投资全部收回，在利率为 i 的情况下，每年应等额回收的资金。资金回收系数可从附录中查得。

【例 3-5】　某项目投资 100 万元，计划在 8 年内全部收回投资，若已知年利率为 8%，问该项目每年平均净收益至少应达到多少？

解　这是一个已知现值求年金的问题，其现金流量图见图 3-9。

根据式(3-12)，并查复利系数表得资金回收系数$(A/P,8\%,5)$为 0.174，所以：
$A=P(A/P,i,n)=100\times(A/P,8\%,5)=100\times0.174=17.40(万元)$

即每年的平均净收益至少应达到 17.40 万元，才可以保证在 8 年内将投资全部收回。

④等额支付年金现值问题

等额支付年金现值问题指在 n 年内每年等额收支一笔资金 A，则在利率为 i 的情况下，求此等额年金收支的现值总额的问题。也即已知 A、i、n，求 P。它与等额支付资金回收是同一计算内容，只是已知数与未知数不同而已。通过资金回收公式的逆运算求序列年金现值，故称为等额支付年金现值。

其现金流量图如图 3-10 所示。

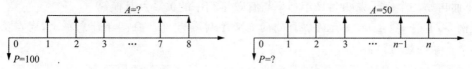

图 3-9　例 3-5 的现金流量图　　　图 3-10　等额支付年金现值现金流量图

等额支付年金现值计算公式可由式(3-11)推导得出，即
$$P=[A(1+i)^n-1]/[i(1+i)^n] \tag{3-13}$$

又可写为：
$$P=A(P/A,i,n) \tag{3-14}$$

式(3-14)中的 $(P/A,i,n)$ 为年金现值系数，它指在利率为 i、期数为 n 的条件下，若每期末要从银行取出一元资金，那么，在期初应一次性存入银行的资金数量。年金现值系数也可以在附表中查得。

【例 3-6】　设立一项基金，计划在从现在开始的 10 年内，每年年末从基金中提取 50 万元，若已知年利率为 10%，问现在应存入基金多少钱？

解　这是一个已知年金求现值的问题，其现金流量图见图 3-11。

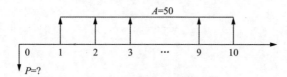

图 3-11　例 3-6 的现金流量图

根据式(3-14)，并查复利系数表得年金现值系数 $(P/A,10\%,10)$ 为 6.1446，所以：
$P=A(P/A,i,n)=A(P/A,10\%,10)=50\times6.1446=307.23$（万元）
即现在应存入基金 307.23 万元，才能够保证在未来 10 年的每年末提取 50 万元。

3.2.3　名义年利率与实际年利率

所谓名义年利率，指按年计息的利率，即计息周期为一年的利率。它是以一年为计息基础，等于每一计息期的利率与每年的计息期数的乘积。例如，每月存款月利率为 3‰，则名义年利率为 3.6%，即 3‰×12 个月/每年＝3.6%。

实际年利率又称有效年利率，是把各种不同计息期的利率换算成以年为计息期的利率。例如，每月存款月利率为 3‰，则实际（有效）年利率为 3.66%，即
$$(1+3‰)^{12}-1=3.66\%$$

可见,名义年利率与实际年利率之间存在联系,将名义年利率换算为有效年利率的公式为:

$$i=(1+r/m)^m-1 \tag{3-15}$$

式中:r——名义年利率;

m——计息次数;

i——实际年利率。

下面再举一个例子说明名义年利率与有效年利率的关系及其换算。

【例 3-7】 一项 1000 美元存款计划的名义年利率为 8%,每半年计息一次,则在第一年年末,该存款的终值为:

$$F=1000[1+(0.08/2)]^2=1081.6(美元)$$

该存款的实际年利率(有效年利率)i 为:

$$i=[1+(0.08/2)]^2-1=8.16\%$$

可见,当计息期短于一年时,有效年利率会高于名义年利率。

需要进一步说明的是,"名义利率"与"实际利率"这两个术语还有另外的含义,在经济学中,有的情况下,名义利率是指各种标明的利率,而实际利率是在名义利率的基础上扣除通货膨胀率后的利率,其表达式为:

$$实际利率=名义利率-通货膨胀率 \tag{3-16}$$

这个公式由于最早是由美国杰出的经济学家费雪在 20 世纪 30 年代提出的,故有人将其称为费雪方程。可见,相同的术语在不同情况下所包含的意思是截然不同的,要注意区分。

3.3 等值计算

3.3.1 等值的概念

在工程实践中,建成投产前的资金投入耗费一般都不是一次性的,而是分批进行的,我们要问:这些不同时点上投入的资金是否可以直接加起来算作总的投资呢?答案应该是否定的。如前面所述,资金具有时间价值即尽管数量相等但处于不同时点的资金的价值是不相等的,换言之,在不同时点上数量不等的资金其价值却可能是相等的。这引出了工程经济学中被广泛运用的"等值"概念。

"等值"是指在时间因素的作用下,在不同的时间点上绝对值不等的资金却具有相同的价值。

利用等值的概念,可以把在一个(或一系列)时间点上发生的资金金额换算成另一个(或一系列)时间点的等值的资金金额,这样的一个转换过程就称为资金的等值计算。

资金等值的特点是,在利率大于零的条件下,资金的数额相等,发生的时间不同,其价值肯定不等;资金的数额不等,发生的时间也不同,其价值却可能相等。

决定资金等值的三个因素为:资金数额、资金额发生的时间、利率。

把将来某一时点的资金金额换算成现在时点的等值金额称为"折现"或贴现"。将来时点上的资金折现后的资金金额称"现值";与现值等价的将来某时点的资金金额称为"终值"或"将来值"。

一般地说,将第 $t+k$ 个时点上发生的资金折现到第 t 个时点,所得的等值金额就是第 $t+k$ 个时点上资金金额在第 t 个时点上的现值。进行资金等值计算时使用的反映资金时间价值的参数叫折现率或贴现率。

下面谈谈不同计息周期下等值的计算。

3.3.2 计息周期等于支付周期的计算

计息周期等于支付周期的计算见下例说明。

【例 3-8】 年利率为 12%,每半年计息一次,从现在起,连续 3 年,每半年作 100 万元的等额支付,问与其等值的现值为多少?

解 据题所知,每计息期的利率 $i=12\%/2=6\%$,计息次数 $n=3\times2=6$。

现值 $P=A(P/A,i,n)=100\times(P/A,6\%,6)=100\times4.9173=491.73(万元)$

3.3.3 计息周期小于支付周期的计算

计息周期小于支付周期的计算见下例说明。

【例 3-9】 年利率为 10%,每半年计息一次,从现在起连续 3 年的等额年末支付为 500 万元,与其等值的第 0 年的现值是多少?

解 此题有三种解法,求解如下。

方法一:先求出支付期的有效利率,支付期为 1 年,则实际年利率为:
$i=(1+r/m)^m-1=(1+10\%/2)^2-1=10.25\%$

则:
$P=A[(1+i)^n-1]/[i(1+i)^n]=1237.97(万元)$

方法二:可把等额支付的每一个支付看作为一次支付,利用一次支付现值公式计算。如图 3-12 所示。

$P=500\times(1+10\%/2)^{-2}+500\times(1+10\%/2)^{-4}+500\times(1+10\%/2)^{-6}=1237.97(万元)$

方法三:取一个循环周期,使这个周期的年末支付变成等值的计息期末的等额支付序列,从而使计息期和支付期完全相同,则可将有效利率直接代入公式计算。如图 3-13 所示。

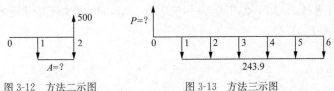

图 3-12 方法二示图   图 3-13 方法三示图

在年末存款 500 万元的等效方式是在每半年末存入:
$A=500\times(A/F,i,n)=500\times(A/F,5\%,2)=243.9(万元)$

则：
$$P = A(P/A, i, n) = 243.9 \times (P/A, 5\%, 6) = 1237.97(万元)$$

3.3.4 计息周期大于支付周期的计算

计息周期大于支付周期的计算见下例说明。

【例 3-10】 某项目现金流量图如图 3-14 所示,年利率为 12%,每季度计息一次,问年末终值 F 为多少?

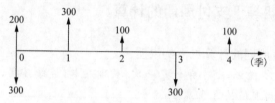

图 3-14 例 3-10 的现金流量图

解 将每一个现金流入、流出看作一次性支付,采用一次性支付终值公式计算,求年末终值:
$$\begin{aligned}F =& (-300+200) \times (1+12\%/4)^4 + 300 \times (1+12\%/4)^3 + 100 \times \\ & (1+12\%/4)^2 - 300 \times (1+12\%/4) + 100 \\ =& 112.36(万元)\end{aligned}$$

3.4 使用内插法计算未知利率与未知计息次数

3.4.1 未知利率计算

在实践中,利率会有不是整数的情况,在已知其他变量求利率的情况下,一般使用内插法。下面举例说明。

【例 3-11】 某公司于第一年年初借款 20000 元,每年年末还本付息额均为 4000 元,连续 9 年还清。问借款利率为多少?

解 根据题意,已知 $P=20000, A=4000, n=9$,利率 i 和普通年金现值系数两者的关系为线性关系,即直线关系。

该题属于普通年金现值问题:$20000 = 4000(P/A, i, 9)$,通过计算普通年金现值系数为:
$$20000/4000 = (P/A, i, 9)$$
即
$$5 = (P/A, i, 9)$$

查复利系数表不能查到 $n=9$ 时对应的系数 5,但可以查到和 5 相邻的两个系数 5.328(对应的利率为 12%)和 4.946(对应的利率为 14%)。假设普通年金现值系数 5 对应的利率为 i, i 应在 12% 与 14% 之间,用内插法计算之,则有:

$i = 12\% + [(5.328-5)/(5.328-4.946)] \times (14\%-12\%) = 13.7\%$

【例3-12】 当利率为多大时,现在的300元等值于第9年年末的525元?

解 $F = P(F/P, i, n)$
     $525 = 300(F/P, i, 9)$
     $(F/P, i, 9) = 525/300 = 1.750$

查复利终值系数表可知:在期数为9的情况下,6%与7%的利率对应的复利终值分别为1.689和1.838,用内插法计算如下:

$i = 6\% + [(1.75-1.689)/(1.838-1.689)] \times 1\% = 6.41\%$

3.4.2 未知计息年数计算

未知计息年数也可以通过已知年金 A、终值 F 和年利率 i 的情况下求得。见下例说明。

【例3-13】 某投资项目每年有10万元的投资收益,在年投资收益率在10%的条件下,企业希望最后一次年末回收资金100万元,则该投资项目投资年限不得少于多少年?

解 由题意可知,年金 $A=10$ 万元,年利率 $i=10\%$,终值 $F=100$ 万元,根据年金终值公式:

$(F/A, 10\%, n) = 100/10 = 10$

查复利系数表可知:$(F/A, 10\%, 7) = 9.4872$,$(F/A, 10\%, 8) = 11.4359$。

求年限:

$(n-7)/(10-9.4872) = (8-7)/(11.4359-9.4872)$

$n = 7.26$(年)

则该投资项目投资年限不得少于7.26年。

内插法可以概括为:求利率时,利率差之比等于系数差之比;求年限时,年限差之比等于系数差之比。

本章小结

本章主要是学习现金流、年金、资金时间价值、等值的概念及其应用。要求重点掌握工程项目的现金流量的概念、资金时间价值概念和常用计算公式、资金等值的基本思想和计算方法。另外,使用内插法计算未知利率与未知计息次数(计息期)是本章的难点。

现金流量是指工程项目的现金与现金等价物的流入与流出量。现金流量图是用横轴表示时间,在上面标出现金流入流出的时点及相应的数量的示图。

现金流入由营业收入、补贴收入、回收固定资产余值和回收流动资金四项构成。现金流出由建设投资、流动资金、经营成本、营业税金及附加、维持营运投资五部分构成。所得税后现金流量是当年的所得税前的净现金流量减去以现金缴纳的所得税的余额。累计所得税后现金流量为本年及以前年度现金流量的累计数额。资金时间价值指资金随着时间的推移在生产经营活动中所增加(减少)的价值。资金时间价值的常用计算有一次支付终值、一次支付现值、年金终值、等额支付序列积累(偿债)基金、资金回收和年金现值问题及公式。由于计息期与利率期不相等而出现了名义年利率与实际(有效)年利率的区别,当计息期短于利率期时,实际年利率会高于名义年利率。资金等值指在不同时点上数量不等的资金其价值可能是相等的。

复习思考题

1. 什么是现金流量?
2. 构成现金流量的基本经济要素有哪些?
3. 现金流量图具有哪些特点?
4. 什么叫资金的时间价值?产生资金时间价值的原因是什么?
5. 单利与复利的区别是什么?
6. 分别解释现值、终值、年金的含义。
7. 什么是名义利率、实际利率?它们的关系是什么?
8. 什么是资金等值?决定资金等值的特点和要素有哪些?
9. 向银行借款 1000 元,借期 6 年,分别用 8% 单利和 8% 复利计算借款的利息和本利和。
10. 某人以 10% 单利借出 1500 元,借期为 3 年。到期后以 8% 复利把所得的款额(本金加利息)再借出,借期为 10 年。求此人在第 13 年年末可获得的本利和为多少?
11. 在年利率为 10% 的情况下,向银行借款 8000 元,借期 8 年,求 8 年后应偿还的本利和为多少?
12. 年利率为 8%,每年年末借款 500 元,连续借款 10 年,求等额支付的年金终值和年金现值各为多少?
13. 年利率为 12%,每年年末等额支付一次,连续支付 8 年,8 年末积累金额 25000 元,求该终值的等额支付为多少?
14. 在银行存入 800 元,年利率为 5%,求 3 年后现金终值为多少?
15. 在年利率为 6% 的情况下,每年末向银行借款 500 元,连续借款 10 年后,求第 10 年末借款的终值是多少?
16. 某企业为了发展,在今年存入 200 万利润作为某项目的预备金,在年利率为 6% 的情况下,7 年后该企业总共获得多少本息?
17. 为了在 5 年末取得 1000 元的银行存款本息,在银行利率为 4% 的情况下,现在应该存入多少钱?
18. 年利率为 9%,每年初借款 1000 元,连续借款 10 年,求与借款等额的现值和第 10 年末的终值是多少?
19. 某投资项目总投资为 20 亿,4 年建成,公司计划每年末投资 5 万元,年利率为 6%,那么在第 4 年末该项目累计投资额为多少?
20. 某企业 10 年后需要对厂内设备进行一次大修,预计费用为 200 万元,如果年利率为 5%,那么从现在开始每年末应存款多少钱?
21. 某公司希望在未来 10 年中每年末拿出 15 万元来作为员工的福利发放,在年利率为 6% 的情况下,现在需要存入银行多少钱?
22. 某电力工程项目初期投资为 2000 万元,预计年收益率为 12%,问每年至少要等额收回多少资金,才能保证在 6 年内回收全部投资?

23. 某工程建设期为3年,在第1、2、3年末的投资金额分别为100万元、110万元、120万元,若年利率为10%,求投资总额的终值和现值是多少?

24. 银行年利率为12%,每半年计息一次,某企业从现在起连续3年每年等额每半年期末存款200万元,请问这笔资金的现值为多少?

25. 某公司希望在3年后取得500万元的存款,银行年利率为10%,每半年计息一次,则每年末应存款多少钱?

26. 如果工程2年建成并投产,寿命10年(投产后),每年收益为10万元,按10%的折现率计算,恰好能够在寿命期内把期初投资全部回收。问该工程期初所投入的资金为多少?

27. 兴建一座水电站,计划10后建成发电。工程初始投资100万元,5年初时再投资200万元,10年初时再投资250万元。投资由银行贷款,设定利率为6%;这笔贷款在发电后20年中等额偿还。则每年应偿还多少钱?

28. 某新建项目,建设期为3年,共向银行贷款1300万元,贷款时间为:第一年初300万元,第二年初600万元,第三年初400万元,年利率为6%,试计算建设期贷款利息。若该项目投产后每年有500万元的还款能力,问在投产后的第几年能够将贷款本息还清?

29. 某公司购买了一台设备,估计能使用20年,每5年要大修一次(假定20年末也大修),每次大修费假定为2000元,现在应存入银行多少钱才能足以支付20年寿命期间的大修费支出?按年利率12%,每半年计息一次。

30. 某厂向外商订购设备,有两家银行可以提供贷款,甲银行年利率为8%,按月计息;乙银行年利率为9%,按半年计息,均为复利计算。问哪家银行贷款的条件优越?

31. 某机械加工厂计划购入一台价值200万元的设备。企业流动资金不足,故选择分期付款方式,在合同签定时支付了40万元,余款分期支付。第一年末付款10万元,从第2年开始,每半年支付5万元。设年利率为12%,每半年计息一次,问多少年可以付清余款?

32. 某公司拟租赁一间厂房,期限是10年,假设年利率是10%,出租方提出以下几种付款方案:(1)立即付全部款项共计20万元;(2)从第4年开始每年年初付款4万元,至第10年年初结束;(3)第1~8年每年年末支付3万元,第9年年末支付4万元,第10年年末支付5万元。问该公司应选择哪一种付款方案比较合算?

33. 某公司拟进行一项投资。目前有甲、乙两种方案可供选择。如果投资于甲方案其原始投资额会比乙方案高60000元,但每年可获得的收益比乙方案多10000元。假设该公司要求的最低报酬率为12%,方案的持续年限为n年,分析n处于不同取值范围时应当选择哪一种方案?

34. 某集团公司以1000万元购得一商业大厦的经营权,预计该商业大厦的使用年限为20年,为保证大厦的良好运转,在期初进行一次装修,总共花费200万元,预计每4年进行一次大修,每2年进行一次小修,大修所花费用为50万元,小修费用为15万元。问该公司的等值费用为多少?问现在应准备多少资金才能保证今后20年的正常维修之用?折现率取12%(费用发生在年末,结果保留两位小数)。

第 4 章
工程经济评价方法

本章概要

　　工程技术方案或工程项目的评价指标是工程经济分析的重要依据,工程经济评价方法是人们分析和衡量技术方案和项目的手段。本章首先介绍了工程经济评价指标体系和静态、动态评价方法;其次介绍了工程项目方案经济评价类型,并针对性地阐述了单一方案、互斥方案、独立方案等多方案类型的评价方法。通过本章学习,要求读者熟练掌握工程经济评价的各种计算方法。

4.1 工程项目经济评价指标

工程项目或投资方案的经济评价是保证项目决策科学性的基础,而工程项目经济评价的质量直接取决于评价指标选择的正确性和计算方法选择的合理性。下面分别讨论工程项目经济评价的指标体系与评价方法。

4.1.1 经济评价指标体系

由于工程项目和投资方案的多样性,任何单一的评价指标都只能反映项目的某些方面,难以达到全面评价项目经济效果的目的。此外,不同项目所欲达到的经济目标不尽相同,也应采用不同的指标予以反映。在项目经济评价中常用指标见图 4-1。

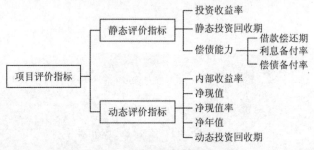

图 4-1 项目经济评价指标

根据是否考虑资金时间价值,项目经济评价指标可分为静态评价指标和动态评价指标两类。前者不考虑资金时间价值,后者考虑资金时间价值。

静态评价指标的特点是计算简便、直观,因而被广泛用来对投资效果进行粗略估计。它的主要缺点是没有考虑资金的时间价值和不能反映项目整个寿命周期的资金流动的全面情况,因此,在对项目进行经济评价的时候,应以动态分析为主,有时可以用静态评价指标进行辅助分析。

值得注意的是,项目寿命期的确定对项目经济分析有较大的影响。项目寿命期也称为项目的计算期,它是指对拟建项目进行现金流量分析时应确定的项目服务年限。对建设项目来说,项目寿命期分为建设期和生产期两个阶段。

项目建设期指从开始投资施工至全部建成投产所需要的时间。项目建设期内只有投资,很少有收入,建设期长短是由投资规模、行业性质与建设方式等综合确定的。

项目生产期指项目从建成到固定资产报废为止所经历的时间。项目生产期不能等同于项目投资后的服务期(物理寿命期),而应根据项目的性质、行业的特点、工艺技术水平、技术进步等因素合理确定。

在项目经济评价中,项目寿命期(计算期)的确定是否合理,有时候会影响项目最终的评价结果。若寿命期确定得太短,则有可能无法真实反映项目的投资与收益,甚至否定一些具有赢利机会的方案;若寿命期确定得太长,虽然从时间上保证了项目的最终盈利,但投资收益水平远远低于同行业的水平,同样是一个不合格的工程项目或投资方案。

综上所述,参考行业的情况,合理确定项目的计算期对项目经济评价也是十分重要的。

4.1.2 静态评价方法

1. 盈利能力分析指标

(1)静态投资回收期(P_t)

投资回收期指项目投产后年收益回收总投资的年限。对投资者来说,投资回收期越短越好。静态投资回收期的表达式如下:

$$\sum_{t=0}^{P_t}(CI-CO)_t = 0 \tag{4-1}$$

式中:P_t——静态投资回收期;

CI——第 t 年的现金流入量;

CO——第 t 年的现金流出量。

静态投资回收期一般以年为单位。对建设项目来说,投资回收期一般自项目建设开始年算起,即包括建设期;也可以自项目建成投产年算起,但应加以说明。

计算静态投资回收期的方法有以下两种。

①项目建成投产后各年的净收益均相同时,计算公式如下:

$$P_t = \frac{I}{A} \tag{4-2}$$

式中:I——项目投入的全部资金;

A——每年的净现金流量,即 $A=(CI-CO)_t$。

例如,某项目投资 1000 万元,当年产生收益,以后每年的净现金收入为 200 万元,则静态投资回收期为 $P_t=1000\div200=5$ 年。

②项目建成投产后各年的净收益不相同时,计算公式为:

$$P_t = \left(\begin{array}{c}\text{累计净现金流量} \\ \text{开始出现正值的年份}\end{array}\right) - 1 + \frac{|\text{上年累计净现金流量}|}{\text{当年的净现金流量}} \tag{4-3}$$

该方法通常用现金流量表计算方案的各年净现金流量,从投资开始时刻(即零时点)依次求出以后各年的现金流量之和(即累计净现金流量),直至累计净现金流量等于零的时刻为止。对应于累计净现金流量等于零的时刻,即为该方案从投资开始年算起的静态投资回收期。

【例 4-1】 某项目数据如表 4-1 所示,计算该项目的静态投资回收期。

某项目的投资及净现金收入(单位:万元) 表 4-1

年数 项目	0	1	2	3	4	5	6
1. 总投资	600	400	—	—	—	—	—
2. 收入	—	—	500	600	800	800	750
3. 支出	—	—	200	250	300	350	350
4. 净现金流量(2−3−1)	−600	−400	300	350	500	450	400
5. 累计净现金流量	−600	−1000	−700	−350	150	600	1000

解 由表 4-1 可知,静态投资回收期在 3 年和 4 年之间,按照式(4-3),该项目的静态投资回收期为:

$$P_t = 4 - 1 + \frac{|-350|}{500} = 3.7(年)$$

采用投资回收期进行单方案评价时,应该将计算的投资回收期 P_t 与所确定的标准投资回收期 P_c 进行比较,若 $P_t \leqslant P_c$,表明项目投入的总资金能在规定的时间内收回,则方案可以接受;若方案 $P_t > P_c$,则方案不可行。标准投资回收期 P_c 可以是国家或部门制定的标准,也可以是企业自己的标准,其确定的主要依据是全社会或全行业投资回收期的平均水平,或者是企业根据自己的目标期望的投资回收期水平。

投资回收期的经济意义十分明确,具有直观、简单的特点,在一定程度上反映了方案经济效果的优劣和项目风险的大小。但是,投资回收期指标没有反映投资回收期后方案的经营情况,因而不能全面反映项目在整个寿命期内真实的经济效果。

(2)总投资收益率(ROI)

总投资收益率表示总投资的盈利水平,指项目达到设计能力后正常年份的年息税前利润或运营期内年平均息税前利润(EBIT)与项目总投资(TI)的比率。总投资收益率应按下式计算:

$$ROI = \frac{EBIT}{TI} \times 100\% \tag{4-4}$$

式中:ROI——总投资收益率;

$EBIT$——项目正常生产年份的年息税前利润或运营期内年平均息税前利润;

TI——项目总投资。

项目的总投资收益率高于同行业的投资收益率水平,表明用总投资收益率表示的项目盈利能力满足要求。

(3)项目资本金净利润率(ROE)

项目资本金净利润率表示项目资本金的盈利水平,指项目达到设计能力后正常年份的年净利润或运营期内年平均净利润(NP)与项目资本金(EC)的比率。项目资本金净利润率应按下式计算:

$$ROE = \frac{NP}{EC} \times 100\% \tag{4-5}$$

式中:ROE——项目资本金净利润率;

NP——项目正常年份的年净利润或运营期内年平均净利润;

EC——项目资本金。

项目资本金净利润率高于同行业的资本金净利润率水平,表明用项目资本金净利润率表示的项目的盈利能力满足要求。

2.清偿能力分析指标

举债经营是现代企业经营的一个普遍现象,企业偿债能力是项目投资者和债权人共同关心的问题,也是评价项目风险的重要方面,因而企业偿债能力指标已成为判断和评价项目经济效果的重要指标。

(1) 借款偿还期

借款偿还期指在国家财税制度范围内,项目投产后可以用作还款的项目收益(税后利润、折旧、摊销及其他收益等)来偿还项目投资借款本金和利息所需要的时间。它是反映项目借款偿债能力的重要指标。借款偿还期的计算公式为:

$$I_d = \sum_{t=1}^{P_d}(R_p + D' + R_0 - R_r)_t \tag{4-6}$$

式中:I_d——建设投资借款本金和利息(不包括已用自有资金支付的部分)之和;

P_d——借款偿还期(从借款开始年计算,当从投产年算起时,应予注明);

R_p——第 t 年可用于还款的利润;

D'——第 t 年可用于还款的折旧;

R_0——第 t 年可用于还款的其他收益;

R_r——第 t 年企业留利。

实际计算时,计算数据可取自项目的财务平衡表或借款的还本付息计划表,以年表示,计算公式为:

$$P_d = (借款偿还后出现盈余的年份数 - 1) + \frac{当年应偿还借款额}{当年可用于还款的收益额} \tag{4-7}$$

借款偿还期满足贷款机构要求的期限时,即可认为项目具备借款偿还能力。

当项目预先给定借款偿还期的时候,借款偿还期指标就不适用了,这时应采用利息备付率和偿债备付率指标分析项目的偿债能力。

(2) 利息备付率

利息备付率也称已获利息倍数,指项目在借款偿还期内各年可用于支付利息的税息前利润与当期应付利息费用的比值。其计算式为:

$$利息备付率 = \frac{税息前利润}{当期应付利息费用} \tag{4-8}$$

式中: 税息前利润——利润总额与计入总成本费用的利息费用之和;

当期应付利息费用——计入总成本费用的全部利息。

利息备付率表示使用项目利润偿付利息的保证倍率,可以按年计算,也可以按项目整个借款期计算。分析项目的偿债能力时,用利息备付率指标评价的准则为:当利息备付率大于 2 时,认为项目的付息能力有保障。否则,表示项目的付息能力保障程度不足。

(3) 偿债备付率

偿债备付率指项目在借款偿还期内各年可用于还本付息的资金与当期应还本付息金额的比值。其计算式为:

$$偿债备付率 = \frac{可用于还本付息资金}{当期应还本付息金额} \tag{4-9}$$

式中:可用于还本付息资金——包括可用于还款的折旧和摊销、成本中列支的利息费用,可用于还款的税后利润等;

当期应还本付息金额——包括当期应还贷款本金额及计入成本的利息。

偿债备付率表示可用于还本付息的资金偿还借款本息的保证倍率,可以按年计算,也可以按项目整个借款期计算。当用该指标分析项目的偿债能力时,正常情况下该指标应当大于1,且越高越好。当指标小于1时,表示当年资金来源不足以偿付当期债务,需要通过短期借款偿付已到期债务。

4.1.3 动态评价方法

考虑了资金时间价值的项目经济评价方法称为动态评价方法。与静态评价方法相比,动态评价方法更加注重考察投资项目或技术方案在其计算期内各年现金流量的实际情况,因此更加科学和全面,得到更为广泛的应用。在介绍动态评价方法之前,先介绍一下基准投资收益率,它是动态评价方法的重要因素。

1. 基准投资收益率

基准投资收益率,又称基准收益率、基准贴现率、目标收益率、最低期望收益率等,指建设项目经济评价中对可货币化的项目费用与收益采用折现方法计算净现值的基准折现率,它同时又是衡量项目内部收益率的基准值,因此,它是项目财务可行性和方案比选的主要判据。基准收益率反映投资者对具体项目上占用资金的时间价值的判断,应是投资者在相应项目上最低可接受的收益率。

基准收益率是方案经济评价的主要经济参数之一。影响基准收益率的主要因素有企业或行业的平均投资收益率、产业政策、资金成本和机会成本、投资风险、通货膨胀、资金限制等因素,因此,国家分行业确定并颁布基准收益率,并以此作为投资调控的手段。比如政府鼓励发展的行业的基准收益率定得低些,这样才能吸引资金流向这些行业,有利于国家产业结构调整和建设节约型环境友好的社会。反之,则可将基准收益率定得高些,指导投资少流向那些技术落后的行业。

2. 动态投资回收期

动态投资回收期指在给定的基准收益率下,用项目各年净收益的现值来回收全部投资的现值所需的时间。其计算表达式如下:

$$\sum_{t=0}^{P'_t}(CI-CO)_t(1+i_c)^{-t}=0 \qquad (4-10)$$

式中:P'_t——动态投资回收期;
CI——第 t 年的现金流入量;
CO——第 t 年的现金流出量;
i_c——基准收益率。

实际计算时,通常是根据方案的现金流量采用表格计算的方法,并用下列公式:

$$P'_t = \left(\begin{array}{c}\text{累计净现金流量折现值}\\\text{开始出现正值的年份}\end{array}\right) - 1 + \frac{|\text{上年累计净现金流量折现值}|}{\text{当年的净现金流量折现值}} \qquad (4-11)$$

【例 4-2】 某项目数据见表 4-2,折现率 $i_c=10\%$,计算项目动态投资回收期。

解 根据表 4-2 和式(4-11),该项目的动态投资回收期为:

$$P'_t = 5 - 1 + \frac{|-111|}{279} = 4.4(\text{年})$$

某项目的累计现金流量折现值(单位：万元) 表 4-2

年数 项目	0	1	2	3	4	5	6
1.总投资	600	400	—	—	—	—	—
2.收入	—	—	500	600	800	800	750
3.支出	—	—	200	250	300	350	350
4.净现金流量(2−3−1)	−600	−400	300	350	500	450	400
5.净现金流量折现值($i=10\%$)	−600	−364	248	263	342	279	226
6.累计净现金流量折现值	−600	−964	−716	−453	−111	168	394

动态投资回收期表明，在给定的折现率 $i_c=10\%$ 的情况下，经过 4.4 年可以使累计的现金流入折现值抵消累计的现金流出折现值，动态投资回收期反映了投资回收的快慢。用动态投资回收期指标评价单方案的准则为：用计算的动态投资回收期 P'_t 与标准投资回收期 P_c 进行比较，只有当 $P'_t \leqslant P_c$ 时才认为该方案是可行的；反之，则不可行。

3. 净现值（NPV——Net Present Value）

项目的净现值指项目在寿命期(计算期)内各年的净现金流量按照设定的折现率折现到期初时的现值之和。净现值是反映方案获利能力的动态指标，其计算表达式为：

$$NPV = \sum_{t=0}^{n}(CI-CO)_t(1+i_c)^{-t} \tag{4-12}$$

式中：NPV——净现值；
  CI——第 t 年的现金流入量；
  CO——第 t 年的现金流出量；
  n——该方案的计算期；
  i_c——设定的折现率(同基准收益率)。

净现值表示在设定的折现率 i_c 的情况下，方案在不同时点发生的净现金流量折现到期初时，整个寿命期内所能得到的净收益折现值。如果方案的净现值等于零，表示方案正好达到了基准收益率水平；如果方案的净现值大于零，则表示方案除能达到基准收益率外，还能得到超过期望的收益；如果净现值小于零，则表示方案达不到基准收益率水平。

因此，用净现值指标评价单个方案的准则是：采用基准收益率作为折现率时，若 $NPV \geqslant 0$，则方案可行；若 $NPV < 0$，则方案应被否定。

【例 4-3】 某工程项目总投资为 5000 万元，投产后每年的运营收入为 1500 万元，年运营支出为 500 万元，产品的经济寿命期为 10 年，在第 10 年末，还能回收资金 200 万元。若基准收益率 $i_c=15\%$，问此项目是否值得投资？

解 依题所知，项目计算期为 10 年，按净现值公式计算：
$NPV = -5000 + (1500-500)(P/A, 15\%, 10) + 200(P/F, 15\%, 10)$
  $= -5000 + 1000 \times 5.019 + 200 \times 0.2472$
  $= 68.44$(万元)

由于 $NPV>0$，故项目可行。

【例 4-4】 在例 4-3 中，若其他情况相同，但基准收益率 $i_c=20\%$，问此项目是否可行？

解 计算此时的净现值：

$$NPV=-5000+(1500-500)(P/A,20\%,10)+200(P/F,20\%,10)$$
$$=-5000+1000\times4.192+200\times0.1615$$
$$=-775.7(万元)$$

由于 $NPV<0$，这意味着在基准收益率 $i_c=20\%$ 的情况下，此投资在经济上是不合理的。

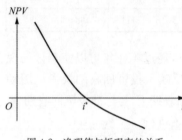

图 4-2 净现值与折现率的关系

显然，净现值的大小与折现率 i 有很大的关系，当 i 变化时，NPV 也随之变化，对于具有常规现金流量（即在计算期内，开始时有支出而后才有收益，且方案的净现金流量序列的符号只改变一次的现金流量）的投资项目方案，其净现值的大小随着折现率的增大而单调减小，两者的关系如图 4-2 所示。

按照净现值的评价准则，只要是 $NPV(i)\geqslant0$，方案就可以被接受，但由于 $NPV(i)$ 是 i 的递减函数，故基准收益率定得越高，方案被接受的可能性也就越小。例 4-3 和例 4-4 可以清楚地表明这一点。在图 4-2 中，在某一个 i^* 值上，净现值曲线和横坐标相交，表示该折现率下的净现值 $NPV(i^*)=0$，且当 $i<i^*$ 时，$NPV(i)>0$；$i>i^*$ 时，$NPV(i)<0$。i^* 是一个具有重要经济意义的折现率临界值，称为内部收益率。

NPV 之所以随着 i 的增大而减小，是因为具有常规现金流量的投资项目正的现金流入总是发生在负的现金流出之后，使得随着折现率的增加，正的现金流入折现到期初的值比负的现金流出折现到期初的值折减得更多，这样现值的代数和就随着 i 的增加而不断减小。

净现值指标是反映项目投资盈利能力的一个重要动态指标，广泛应用于项目的经济评价中。其优点是考虑了资金的时间价值，并全面考虑了项目在整个计算期内的经济状况，即可直接用货币表示项目的盈利水平，评价标准简单易行；净现值指标的不足之处是必须首先确定一个符合经济现实的基准收益率，如基准收益率的确定不合理，则净现值不能说明项目运营期间的经营效果；此外，净现值指标也不能直接反映项目投资中单位投资的使用效率。

4. 内部收益率（IRR——Internal Rate of Return）

内部收益率（IRR），简单地说就是净现值为零时的折现率。也就是说，在这个折现率时，项目的现金流入的现值和等于其现金流出的现值和。内部收益率又称为内部报酬率。

内部收益率可以通过解下述方程求出：

$$\sum_{t=0}^{n}(CI-CO)_t(1+IRR)^{-t}=0 \tag{4-13}$$

式中：IRR——内部收益率；

其余符号意义同前。

IRR 的值域是 $(-1,+\infty)$。对于多数方案来说，IRR 的值域是 $(0,+\infty)$。式(4-13)是一个高次方程，不容易直接求解，通常用试算内插法求 IRR 的近似解，其原理如图 4-3 所示。

计算过程如下：

(1)首先,试用 i_1 计算 NPV_1(i_1 可以根据给出的基准收益率作为试算的第一步的依据来确定);

(2)若得 $NPV_1=0$,对应的 i_1 即为内部收益率,计算结束。则若得 $NPV_1 \neq 0$,则根据 NPV_1 是否大于零,再设 i_2。

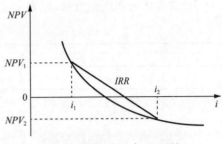

图 4-3 试算内插法求 IRR 图解

若 $NPV_1>0$,则设 $i_2>i_1$;计算 NPV_2 的值,若 $NPV_2=0$,对应的 i_2 即为内部收益率,计算结束;若 $NPV_2>0$,则将 i_2 的值赋给 i_1,即 $i_1=i_2$,设下一个 $i_2>i_1$,直到计算得出 $NPV_2<0$ 为止。

若 $NPV_1<0$,则设 $i_2<i_1$,计算 NPV_2 的过程和上述步骤类似,直到找到一个 $NPV_2>0$ 的值为止。

i_1 和 i_2 的取值差距取决于 NPV_1 绝对值的大小,较大的绝对值可以取较大的差距;反之则取较小的差距。

(3)通过多次计算,得出 $NPV_1>0$,$NPV_2<0$ 或者 $NPV_1<0$,$NPV_2>0$,由图 4-3 可知,$NPV=0$ 所对应的 IRR 必然在 i_1 和 i_2 之间,将 i_1 和 i_2 对应的点用直线连起来,将其和横坐标的交点来近似曲线和横坐标的交点,此时可以用线性内插法求出直线和横坐标交点的横坐标值,以此作为 IRR 的近似值:

$$IRR = i_1 + \frac{NPV_1}{NPV_1 + |NPV_2|} \times (i_2 - i_1) \tag{4-14}$$

采用线性内插法计算 IRR 时,其计算精度与 $|i_2-i_1|$ 有关,因为折现率和净现值不是线性关系,因此 i_1 和 i_2 之间的差距越小,则内部收益率计算的精度就越高。故为了保证 IRR 的精度,i_1 和 i_2 之间的差距一般控制在 5% 以内。

若给定基准收益率 i_c,用内部收益率指标评价单方案的判定准则为:

若 $IRR \geq i_c$,则项目在经济效果上是可以接受的;

若 $IRR < i_c$,则项目在经济效果上应予以否定。

【例 4-5】某设备购买价格为 20000 元,寿命期 3 年,每年能产生收益 12000 元,第 1 年的运行费用为 2000 元,第 2 年的运行费用为 4000 元,第 3 年的运行费用为 6000 元,寿命期结束后无残值。若基准收益率 $i_c=10\%$,试计算内部收益率并判断是否购买该设备。

解 根据题意,绘出项目现金流量图(图 4-4)。

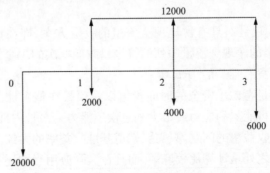

图 4-4 项目现金流量图

计算各年的净现金流量,见表4-3。

各年的净现金流量 表4-3

年数	0	1	2	3
$CI-CO$(元)	-20000	10000	8000	6000

令 $i_1=i_c=10\%$,计算 i_1 所对应的 NPV_1 值,可得:

$$NPV_1 = -20000+10000\times(1+i_1)^{-1}+8000\times(1+i_1)^{-2}+6000\times(1+i_1)^{-3}$$
$$=210(元)$$

令 $i_2>i_1$,$i_2=12\%$,计算 i_2 对应的 NPV_2 的值,可得:

$$NPV_2 = -20000+10000\times(1+i_2)^{-1}+8000\times(1+i_2)^{-2}+6000\times(1+i_2)^{-3}$$
$$=-423(元)$$

将 i_1、i_2、NPV_1、NPV_2 的值带入式(4-14),得:

$$IRR=10\%+\frac{210}{210+|-423|}\times(12\%-10\%)=10.66\%$$

即此项目内部收益率为10.66%。

由于 $IRR=10.66\%>i_c=10\%$,故可以购买该设备。

内部收益率被普遍认为是项目投资的盈利率,反映了投资的使用效率,它由项目现金流量决定,即项目内生决定。但是,内部收益率反映的是项目寿命期内没有回收的投资的盈利率,而不是初始投资在整个寿命期内的盈利率。因为在项目的整个寿命期内始终存在未被回收的投资,而在项目寿命期结束时,投资恰好被全部收回。

比如,某方案初期投资100万元,IRR 为10%,第1年净收入为20万元,第2年净收入为40万元。由于初期投资在第1年末的等值为110(即100×1.1)万元,所以第1年末未被回收的资金为90(即110-20)万元。根据 IRR 的经济含义,10%是未被回收资金的收益率,因此第1年末未被回收的资金90万元到第2年年末的等值为99(即90×1.1)万元,减去第2年的净收入40万元,到第2年年末未被回收的资金为59万元,依次类推,到寿命期结束,使得未回收的资金正好等于零。

由此可以看出,在项目计算期内,项目始终处于"偿付"未被回收投资的状况,内部收益率指标正是项目占用的尚未回收资金的获利能力,能反映项目自身的盈利能力,其值越高,方案的经济性越好。因此,在工程经济分析中内部收益率是考察项目盈利能力的主要动态评价指标。

以上讨论的 IRR 仅仅针对具有常规现金流量的投资方案,即在计算期内,开始时有支出而后才有收益,且方案的净现金流量序列的符号只改变一次的现金流量,也称为常规投资方案,可以证明,此类方案有唯一的 IRR 解。

内部收益率的优点是考虑了资金的时间价值以及项目在整个计算期内的收支状况,能直观地反映投资的最大可能盈利能力或最大利息偿还能力。而且内部收益率避免了净现值指标需要事先确定基准收益率的问题,只需要知道基准收益率的大致范围即可。

内部收益率的不足之处是计算比较麻烦,而且在实际应用当中还有一定的局限性:①对于非常规投资方案,也就是方案寿命期内净现金流量的正负号不只变化一次时,就可能出现多个解,这时内部收益率指标不能使用;②只有现金流入或现金流出的方案,此时不存在有明确经济意义的 IRR;③如果只根据 IRR 指标大小进行多方案投资决策,可能会使那些投资大、IRR 小,但收益总额大的方案落选。

因此,IRR 指标往往和 NPV 指标结合起来使用,因为 NPV 指标大的方案,IRR 指标未必大,反之亦然。

5. 净现值率($NPVR$)

净现值指标在用于多个方案比较的时候,没有考虑各方案投资额的大小,因而不能直接反映资金的利用效率。为了考察资金的利用效率,通常用净现值率($NPVR$)作为净现值的辅助指标。

净现值率($NPVR$)是项目净现值与项目全部投资现值之比,是一种效率型的指标,其经济含义是单位投资现值所能带来的净现值。其计算公式为:

$$NPVR = \frac{NPV}{K_P} = \frac{NPV}{\sum_{t=0}^{m} K_t (1+i_c)^{-t}} \tag{4-15}$$

式中:$NPVR$——净现值率;

　　　K_P——项目总投资现值;

　　　K_t——第 t 年项目投资额;

　　　m——项目建设期。

对于单一方案评价而言,若 $NPV \geqslant 0$,则 $NPVR \geqslant 0$(因为 $K_P > 0$);若 $NPV < 0$,同理 $NPVR < 0$;故对单方案评价,净现值率与净现值是等效的评价指标,其评价准则为:若 $NPVR \geqslant 0$,则方案可行;若 $NPVR < 0$,则方案应该被否定。

6. 净年值(NAV——Net Annual Value)

净年值是根据基准收益率将项目计算期内净现金流量换算而成的等额年值。其计算公式为:

$$NAV = NPV \cdot (A/P, i_c, n) \tag{4-16}$$

式中:　NAV——净年值;

　　　$(A/P, i_c, n)$——资本回收系数。

从上式可以看出,净年值(NAV)和净现值(NPV)之间仅相差一个资本回收系数,而且$(A/P, i_c, n) > 0$,因此 NAV 和 NPV 总是同正负,故 NAV 和 NPV 两个指标在评价同一个项目时结论总是一致的。其评价准则是:若 $NAV \geqslant 0$,则方案可行;若 $NAV < 0$,则方案应该被否定。

4.2　工程项目方案经济评价方法

工程项目方案经济评价,除了采用上述的评价指标(如投资回收期、净现值、内部收益率等)对单个方案进行评价外,决策者往往还需要在多个备选方案之间进行比选。多方案比选的方法与备选方案之间的关系有关。根据备选方案之间不同的关系,可将备选方案划分为不同的类型,下面就不同类型的备选方案分别讨论其经济评价方法。

4.2.1 项目方案经济评价类型

工程项目从投资机会研究开始,经过立项、设计、建设等阶段,最后竣工运营,无不面临很多的决策问题。程序化决策过程一般包括两个主要阶段,一个是拟订备选方案,另一个就是在若干备选方案中进行选优。备选方案一般由参与项目前期研究的相关人员(技术人员、管理人员等)制订。备选方案的提出首先要确定方案须达到的目标,在目标确定的情况下,可以通过多种途径提出和拟订备选方案。

通常项目业主方的专业技术人员根据自己的经验提出备选方案,也可以是企业委托咨询机构根据自身发展的需要,通过各种方式,有偿或无偿地向社会公开征集、请专家提出建议,从而获得备选方案等。如果企业需要获得某项技术方案,也可以通过技术合作、技术转让、技术引进等方式得到。企业还可以通过技术招标、方案竞选等方式得到自己想要的方案。总之,获得备选方案的途径很多,方法也不少,对投资项目决策者来说,有高质量的备选方案才是做出科学决策的基础。

选择备选方案不仅要探讨技术的先进性和经济上的合理性,还要考虑实施上是否可行。本章主要讨论工程项目方案的经济评价,其目的就是在多个备选方案中选择经济效果最好的一个或多个方案作为最佳方案。一般按照方案组合的数量可以把备选方案分为单一方案和多方案两大类型。多方案就是一个方案的集合,如何按照一定的准则选择集合中的元素,这需要考察这些元素之间的关系。按照多方案之间的经济关系,又可以将多方案分为互斥型方案、独立型方案、混合型方案以及其他类型方案。

1. 互斥型方案

在若干备选方案中,各个方案之间具有排他性,即各方案当中只能选择一个。这种择此就不能择彼的多方案组合就叫作互斥方案。比如,同一建筑的结构类型选择就是互斥方案,是用砖混结构、框架结构还是钢结构,只能选一个;工厂的选址一般也是互斥方案选择问题;新建公路的选线,是修盘山公路,还是开凿隧道,这也是互斥方案选择问题。

2. 独立型方案

备选方案中各个方案的现金流量是独立的,不具有相关性,任一方案的采用与否都不影响其他方案的采用。比如个人投资,可以购买股票,也可以购买债券,还可以投资房地产等。可以选择其中一个方案,也可选择其中两个或三个方案,方案之间的效果与选择不受影响,互相独立。单一方案是独立方案的特例。

独立方案的特点是具有"可加性"。具有"可加性"的方案组可认为是独立方案。比如,A 与 B 两个方案,只选择 A 方案时,投资 20 万元,净收益现值 30 万元;只选择 B 方案时,投资 30 万元,净收益现值 40 万元。当资金允许,同时选择 A、B 两个方案,共需投资 20+30=50 万元,得到净收益现值共为 30+40=70 万元。那么,A、B 两个方案具有可加性,可认为

A、B两方案之间相互独立。

在若干可采用的独立方案中,如果有资源的限制条件,最常见的就是资金的限制,则只能在众多方案中选择一个或多个方案的组合实施。比如,现有A、B、C、D四个独立方案,它们所需的投资分别为20万元、30万元、40万元、50万元。若资金总量为80万元,则可能选择的方案共有A、B、C、D、A+B、A+C、A+D、B+C、B+D和不投资共十个方案组合,这些方案组合之间的关系是互斥的,上述将独立方案转化为互斥方案的过程叫作独立方案互斥化,我们又称这样的方案组合为组合-互斥型方案。

3. 混合型方案

在备选方案中,方案之间有些具有互斥关系,有些具有独立关系,则称这一组合方案为混合方案。混合方案在结构上又可组织成两种基本形式。

(1)第一种基本形式是在一组独立多方案中,每个独立方案下又有若干个互斥方案的形式。比如建筑企业投标,有A、B、C三个工程可以参与投标,如果没有资源和其他条件的限制,则A、B、C三个方案是独立方案。企业针对这三个工程分别制作了不同报价的标书,共计A_1、A_2、B_1、B_2、B_3、C_1、C_2七个方案,则A_1、A_2之间,B_1、B_2、B_3之间,C_1、C_2之间分别都是互斥的关系。

(2)第二种基本形式是在一组互斥方案中,每个互斥方案下又有若干个独立方案的形式。比如某房地产开发商获得一块地的开发权,按照当地城市规划的规定,这块地只能作为开发小区(A方案)或商业物业(B方案)之用,A、B两个方案之间是互斥的关系,不能建设商居混合物业或工业。具体来说,如果开发商建居民小区,可有多个户型方案(A_1、A_2、A_3、A_4)可供选择,这些方案之间是独立的关系;如果开发商建商业物业,也可以在商场(B_1)、写字楼(B_2)、餐饮酒楼(B_3)、娱乐休闲服务(B_4)等方案间选一个或多个组合来实施,这些方案之间也是独立的关系。

4. 其他类型方案

(1)互补型方案

在多方案中,出现技术经济互补的方案称为互补型方案。互补方案之间往往存在相互依存的关系,比如建设一个机场,就必须建设与机场相配套的机场与城市之间的公路,它们无论在建设时间、建设规模、建设等级上都一定要彼此适应,这样才能充分发挥各自的功能,在经济上来说它们既是互相补充,也是互为条件的,缺一不可的。

(2)现金流量相关型方案

现金流量相关指各方案的现金流量之间存在着相互影响。方案之间的关系既不是完全互斥,也不是完全互补,但如果若干方案中任一方案的取舍会导致其他方案现金流量的变化,这些方案之间也存在相关性。比如某地区,既可以建设火电厂(A方案),也可以建设水电站(B方案),在资金没有限制的条件下,两个方案都有条件实施。但是考虑到供求关系和电价问题,任一方案的实施或放弃都会影响到另一个方案的规模和现金流量。再比如投资者在相邻不远的两个地址上投资建设大型商场,显然这两个方案之间的关系既非完全排斥,也不是完全独立的,因为一个方案的实施必然会影响到另一个方案的收入。

从上面的论述可以看出，经济评价前分清楚工程项目方案属于何种类型是非常重要的，因为方案类型不同，其评价方法、评价标准和评价结论就可能会有相当大的差距。但是我们也应该看出，一组方案之间的结构类型并不是一成不变的。这是由于方案之间的关系既由内部因素(方案自身特点)决定，也由外部因素(环境制约因素)决定。内部因素一般难以改变，但外部条件的变化却是非常常见的。比如某个投资者将资金投入两个不相关的行业当中，这两个项目在资金足够的条件下是独立的关系；如果外部条件变化了，资金最多只能保证投资一个项目，那么在评价选择这两个项目的时候，完全可以将它们当作互斥方案来处理。所以，方案之间的关系有时候会发生转化，独立关系可能转化为互斥关系，互斥关系也可能转化为独立关系。

4.2.2 单一方案经济评价

单一方案可以看作独立方案的特例。单一方案评价实质是在"可行"与"不可行"之间进行选择。单一方案在经济上是否可行，取决于方案自身的经济性，即方案的经济效果是否达到预先确定的评价标准。具体的方法就是计算方案的经济效果指标，并按照指标的判别准则进行判断即可。这种对方案自身经济性的检验叫作"绝对经济效果检验"。

1. 静态评价

对单一方案进行经济效果静态评价，主要是对投资方案的静态投资回收期(P_t)和投资收益率(E)指标进行计算，并与相应的标准投资回收期(P_c)或行业平均投资利润率进行比较，以此判断方案经济效果的优劣。

2. 动态评价

对单一方案进行经济效果动态评价，可以用动态投资回收期、净现值、内部收益率、净现值率、净年值等指标进行评价。

应用动态投资回收期指标评价项目，同样应该用标准投资回收期(P_c)作为评价标准，当$P_t'\leqslant P_c$时，项目可行；反之，项目不可行。

前面已经讨论过，净现值和净现值率、净年值两个指标在评价单一方案的时候结论总是一样的，因为它们总是同正负。对于常规投资方案来说，从图4-3可知：

当$IRR>i_1=i_c$时，根据IRR评价原理，方案是可以接受的；此时i_1对应的$NPV(i_1=i_c)>0$，根据NPV评价原理，方案也是可行的。

当$IRR<i_2=i_c$时，根据IRR评价原理，方案是不能接受的；此时i_2对应的$NPV(i_2=i_c)<0$，根据NPV评价原理，方案也是不可行的。

由此可见，对于常规投资方案，用净现值、内部收益率、净现值率、净年值指标评价单一方案的经济效果，其评价的结论是一致的。

4.2.3 互斥方案经济评价

投资方案的互斥关系决定了我们只能在若干方案中选择一个方案作为最佳方案实施。

由于每一个方案都具有相同的被选择的可能性,为了使资金发挥最大的效益,这就需要进行比选,以确定一个最优的方案。该类型方案的经济效果评价包括以下几点。

(1)绝对效果检验:考察备选方案中各方案自身的经济效果是否满足评价准则的要求。

(2)相对效果检验:考察备选方案中哪个方案最优。

绝对效果检验实际上和上述的单一方案经济效果评价方法相同,而相对效果检验是在绝对效果检验的基础上选择最优方案。两种检验的目的和作用不同,通常情况下缺一不可,以确保所选方案不但可行而且最优。

此外,参与比选的方案还应该具有的一个特点就是方案的可比性。方案可比性主要包括计算时间、收益和费用的计算范围、计算口径、计算的价格、生产规模、产品质量可比等。在具备可比性的基础上,互斥方案的比选才可以采用不同的评价方法进行择优。

尽管可供选择的评价方法有很多,但是计算互斥方案的时间、费用、效率的增量是评价互斥方案的基础,增量分析法也是评价互斥方案的基本方法之一。

1. 增量投资回收期法

增量投资回收期,也叫追加投资回收期,或差额投资回收期,是指两个互斥方案相比较而出现的成本的节约额来回收增加的投资的期限。增量投资回收期是一个静态评价指标。该方法是通过计算增加的投资是否能在期望的时间内回收,以此来判断投资额不等的两个方案的优劣。

现有甲、乙两个投资额不等的互斥方案,不妨假定甲方案的投资额 I_1 小于乙方案的投资额 I_2,如果甲方案相比乙方案成本少或净收益高,显然甲方案就是最理想的方案。但常见的情况是,投资少的方案往往经营成本较高或净收益较少,而投资大的方案,经营成本却较省或者净收益较高。针对这种情况,设甲方案的经营成本为 C_1,乙方案为 C_2,此时有 $C_1 > C_2$;或者设甲方案的年净收益为 A_1,乙方案为 A_2,此时有 $A_1 < A_2$。

乙方案在甲方案基础上增量的投资为 $(I_2 - I_1)$,所带来的效果为经营成本的节约 $(C_1 - C_2)$,或者年净收益的增加 $(A_2 - A_1)$。增量的投资什么时候能够收回来,这是投资者关心的问题,当各年经营成本的节约基本相同,或者各年净收益基本相同时,计算增量投资回收期的表达式为:

$$\Delta P_t = \frac{I_2 - I_1}{C_1 - C_2} = \frac{I_2 - I_1}{A_2 - A_1} \tag{4-17a}$$

式中:ΔP_t——增量投资回收期。

如果各年经营成本的节约差异较大,或者各年净收益差异较大时,计算增量投资回收期的表达式为:

$$(I_2 - I_1) = \sum_{t=1}^{P_t}(C_1 - C_2) \tag{4-17b}$$

或

$$(I_2 - I_1) = \sum_{t=1}^{P_t}(A_2 - A_1) \tag{4-17c}$$

计算出来的增量投资回收期,若小于标准投资回收期,则投资大的方案为优;反之,则选投资小的方案。

【例 4-6】 某项目建设有两个设计方案,第一方案采用比较先进的技术设备,投资额为

2000万元,年成本为300万元;第二方案投资额为1500万元,年成本为400万元,两个方案的年销售收入均为600万元。如果标准投资回收期为10年,试用增量投资回收期指标比较两个方案。

解 首先进行绝对效果检验,分别计算两个方案的投资回收期。

第一方案:

$$P_{t1} = \frac{I_1}{A_1} = \frac{2000}{600-300} = 6.67 \text{ 年} < 10 \text{ 年}$$

第二方案:

$$P_{t2} = \frac{I_2}{A_2} = \frac{1500}{600-400} = 7.5 \text{ 年} < 10 \text{ 年}$$

两个方案的投资回收期均小于标准投资回收期10年,故就单方案而言,均可行。

然后,进行相对效果检验,计算增量投资回收期:

$$\Delta P_t(1-2) = \frac{I_1 - I_2}{C_2 - C_1} = \frac{2000-1500}{400-300} = 5 \text{ 年} < 10 \text{ 年}$$

或 $$\Delta P_t(1-2) = \frac{I_1 - I_2}{A_1 - A_2} = \frac{2000-1500}{300-200} = 5 \text{ 年} < 10 \text{ 年}$$

即第一方案较第二方案增加的投资500万元,在5年内就能回收,低于标准投资回收期10年,故增加投资可行,即第一方案优于第二方案。

2. 增量投资收益率法

增量投资利润率指增量投资所带来的经营成本上的节约与增量投资之比。假定甲方案的投资额 I_1 小于乙方案的投资额 I_2,甲方案的经营成本为 C_1,乙方案为 C_2,此时有 $C_1 > C_2$;或者设甲方案的净收益为 A_1,乙方案为 A_2,此时有 $A_1 < A_2$;增量投资利润率表达式为:

$$\Delta R = \frac{C_1 - C_2}{I_2 - I_1} = \frac{A_2 - A_1}{I_2 - I_1} \tag{4-18}$$

式中:ΔR——增量投资收益率。

不难看出,增量投资收益率和增量投资回收期两个指标互为倒数,即 $\Delta R = 1/\Delta P_t$。

若计算出来的增量投资收益率大于基准投资利润率,则投资大的方案可行,它表示投资的增量($I_2 - I_1$)完全可以由经营费用的节约($C_1 - C_2$)或增量净收益($A_2 - A_1$)来得到补偿。反之,投资小的方案为优。

式(4-18)仅适用于对比方案的产出量(或生产率、年营业收入)相同的情形。当对比方案产出量不同时,尤其是两方案产量差异较大时,上述方法计算出的结果就会产生较大偏差,此时要作产量等同化处理之后再计算增量投资收益率。但需要注意的是,产量等同化处理过后算得的增量投资收益率是两个处理后新方案的增量投资收益率,而不再是两个原方案的增量投资收益率。

产量等同化处理的方法有两种。

(1)用单位生产能力投资和单位产品经营成本计算

即用甲、乙两方案的产量 Q_1,Q_2,分别除以对应的投资或经营成本,得到单位能力投资或单位产品经营成本。增量投资收益率计算式为:

$$\Delta R = \frac{C_1/Q_1 - C_2/Q_2}{I_2/Q_2 - I_1/Q_1} = \frac{A_2/Q_2 - A_1/Q_1}{I_2/Q_2 - I_1/Q_1} \tag{4-19a}$$

(2)用扩大系数计算

以两个方案年产量的最小公倍数作为方案的年产量,使得产量等同化。设 b_1、b_2 分别为方案甲、乙的产量扩大倍数,扩大后的产量为 $Q_1 b_1 = Q_2 b_2$。此时增量投资收益率计算式为:

$$\Delta R = \frac{C_1 b_1 - C_2 b_2}{I_2 b_2 - I_1 b_1} = \frac{A_2 b_2 - A_1 b_1}{I_2 b_2 - I_1 b_1} \tag{4-19b}$$

以上两种产量等同化处理方法计算的结果是一致的。

当对比方案不是同时投入使用时,由于提前投入使用会产生提前的收益,因此应该为提前投入的方案做出投资补偿之后再进行比较。若甲方案提前投入使用,年净收益为 A_1,提前时间为 T_1 年,则补偿额为 $\Delta k_1 = A_1 T_1$;若乙方案提前投入使用,年净收益为 A_2,提前时间为 T_2 年,则补偿额为 $\Delta k_2 = A_2 T_2$。

同样,假定甲方案的投资额 I_1 小于乙方案的投资额 I_2,其增量投资收益率 $\Delta R'$ 的计算式为:

$$\Delta R' = \frac{C_1 - C_2}{I_2 - I_1 \pm \Delta k} = \frac{A_2 - A_1}{I_2 - I_1 \pm \Delta k} \tag{4-20}$$

式中:Δk——某方案提前投入使用的投资补偿额。

当甲方案提前使用时,取 $+\Delta k = +\Delta k_1 = +A_1 T_1$;

当乙方案提前使用时,取 $-\Delta k = -\Delta k_2 = -A_2 T_2$。

3. 年折算费用法

当互斥方案个数较多时,用增量投资回收期和增量投资收益率法比较均要两两进行,逐个淘汰,比较烦琐。而用年折算费用法,将投资额用基准投资回收期分摊到各年,再与各年的年经营成本相加,构成年折算费用,则可将多方案同时比较。年折算费用的计算式为:

$$Z_j = \frac{I_j}{P_{tj}} + C_j \tag{4-21}$$

式中:Z_j——第 j 方案的年折算费用;

I_j——第 j 方案的总投资;

P_{tj}——第 j 方案的投资回收期;

C_j——第 j 方案的年经营成本。

比选方案时,可将各方案的年折算费用大小作为评价标准,选择年折算费用最小的方案作为最优方案。

4. 综合总费用法

方案的综合总费用是方案的投资与基准投资回收期内年经营成本的总和,也就是基准投资回收期内年折算费用的总和。其计算式为:

$$S_j = I_j + P_{tj} \times C_j = P_{tj} \times Z_j \tag{4-22}$$

式中:S_j——第 j 方案的综合总费用。

同理,比选方案时,可将各方案的综合总费用大小作为评价标准,选择综合总费用最小的方案作为最优方案。

5. 净现值法

用净现值指标评价互斥方案,首先进行方案的绝对效果检验,即分别计算各个方案的净现值,剔除 $NPV<0$ 的方案;然后对所有 $NPV\geqslant0$ 的方案比较其净现值,选择净现值最大的方案为最优方案。因此,净现值评价互斥方案的判断准则为:净现值最大且大于等于零的方案为最优方案。

下面我们通过一个例题来说明上述判断准则的来由。

【例 4-7】 现有 A、B 两个互斥方案,寿命期均为 8 年,无残值,各年的现金流量如表 4-4 所示,试评价选择方案。($i_c=10\%$)

解 分别计算 A、B 两个方案和增量投资的 NPV 和 IRR,计算结果列于表 4-4 中。
$NPV_A=-40+10(P/A,10\%,8)=13.35(万元)$
$NPV_B=-65+15(P/A,10\%,8)=15.03(万元)$

互斥方案 A、B 的净现金流量及评价指标结果　　　　表 4-4

年数	0 年(万元)	1~8 年(万元)	NPV(万元)	IRR
方案 A 的净现金流量	−40	10	13.35	18.7%
方案 B 的净现金流量	−65	15	15.03	16.2%
增量净现金流量(B−A)	−25	5	1.68	11.8%

由方程式:
$-40+10(P/A,IRR_A,8)=0$
$-65+15(P/A,IRR_B,8)=0$

可求得 $IRR_A=18.7\%$,$IRR_B=16.2\%$。

由于 NPV_A、NPV_B 均大于 0,IRR_A、IRR_B 均大于基准收益率 10%,所以方案 A、B 均达到了标准要求,就单一方案而言,都是可行的。

方案 A、B 为互斥方案,只能选择一个,按 NPV 最大准则,由于 $NPV_A<NPV_B$,应该选择 B 方案为最优;但是我们又发现,方案 A 的内部收益率高于方案 B,即 $IRR_A>IRR_B$,方案 A 资金的效率高于方案 B,那么是不是 A 优于 B 呢?

实际上,投资额不等的互斥方案比选的实质是判断增量投资的经济效果,即投资大的方案相对于投资小的方案多投入的资金能否带来满意的增量收益。显然,若投资额小的方案达到了标准的要求,增量投资又能带来满意的增量收益,那么增加投资是有利的,投资额大的方案为优;反之,增量投资没有达到标准的要求,则投资额小的方案为优。

表 4-4 也给出了方案 B 相对于方案 A 的增量现金流,可以将此增量现金流看作一个单一方案,即可以用前述单一方案的评价方法对该现金流进行评价,此时该现金流的净现值和内部收益率分别称为增量净现值(ΔNPV)与增量内部收益率(ΔIRR)。

$\Delta NPV_{B-A}=-25+5(P/A,10\%,8)=1.68(万元)$

由方程式:
$-25+5(P/A,\Delta IRR_{B-A},8)=0$

可解得 $\Delta IRR_{B-A}=11.8\%$。

由此可见，$\Delta NPV_{B-A}>0$，$\Delta IRR_{B-A}>i_c=10\%$，因此增加投资有利，投资额大的 B 方案优于 A 方案。用 ΔNPV 与 ΔIRR 的判别准则进行评价时，其结论总是一致的。

实际上，ΔNPV 的判别准则可以简化。设 A、B 为投资额不等的两个互斥方案，B 方案的投资额大于 A 方案。则：

$$\Delta NPV_{B-A}=\sum_{t=0}^{n}[(CI_B-CO_B)_t-(CI_A-CO_A)_t](1+i_c)^{-t}$$
$$=\sum_{t=0}^{n}(CI_B-CO_B)_t(1+i_c)^{-t}-\sum_{t=0}^{n}(CI_A-CO_A)_t(1+i_c)^{-t}$$
$$=NPV_B-NPV_A$$

当 $\Delta NPV_{B-A}\geq 0$ 时，$NPV_B\geq NPV_A$，则 B 方案优于 A 方案；当 $\Delta NPV_{B-A}<0$ 时，$NPV_B<NPV_A$，则 A 方案优于 B 方案。即净现值指标评价互斥方案的判断准则为：净现值最大且大于等于零的方案为最优方案。

6. 增量内部收益率法

所谓增量内部收益率（ΔIRR），简单说就是增量净现值等于 0 时的折现率。

增量净现值根据两个方案的增量现金流量计算。设 A、B 为投资额不等的两个互斥方案，B 方案的投资额大于 A 方案。则增量内部收益率的计算表达式为：

$$\Delta NPV_{B-A}=\sum_{t=0}^{n}[(CI_B-CO_B)_t-(CI_A-CO_A)_t](1+\Delta IRR)^{-t}=0 \qquad (4-23)$$

将式(4-22)变换，得：

$$\sum_{t=0}^{n}(CI_B-CO_B)_t(1+\Delta IRR)^{-t}=\sum_{t=0}^{n}(CI_A-CO_A)_t(1+\Delta IRR)^{-t} \qquad (4-24)$$

即 $NPV_B(\Delta IRR)=NPV_A(\Delta IRR)$。

因此，增量内部收益率的另一个表达式为：两个方案的净现值相等时的折现率。

前面已经讨论过，两个互斥方案的内部收益率并不能作为比选两个方案优劣的标准，即内部收益率大的方案不一定是最优方案。此时除了可以用净现值法比选互斥方案外，还可以用增量内部收益率对投资额不等的互斥方案进行评价选优。

用增量内部收益率比选两个方案的准则是：

若 $\Delta IRR\geq i_c$，则增量投资部分达到了规定的要求，增加投资有利，投资大的方案为优；若 $\Delta IRR<i_c$，则投资小的方案为优。当互斥方案的投资额相等时，ΔIRR 判别准则失效。

此评价准则表明了增量投资资金的效率标准。

【例 4-8】 有 3 个互斥方案，寿命期均为 10 年，$i_c=10\%$，各方案的现金流量如表 4-5 所示，试在 3 个方案中选择最优方案。

互斥方案现金流量表 表 4-5

方　案	初始投资（万元）	年净收益（万元）
A	98	20
B	120	24
C	140	26

解 用增量内部收益率指标比选方案,首先增设一个 0 方案,投资为 0,收益也为 0,将方案从小到大依次排列为 0,A,B,C。

将 A 方案和 0 方案进行比较,增量内部收益率 ΔIRR_{A-0} 满足:

$-98+20(P/A,\Delta IRR_{A-0},10)=0$

则求得 $\Delta IRR_{A-0}=15.6\% > i_c=10\%$,所以 A 方案是当前最优方案。不难发现,实际上 ΔIRR_{A-0} 就是 A 方案的内部收益率。

将 B 方案与当前最优方案 A 进行比较,增量内部收益率 ΔIRR_{B-A} 满足:

$-(120-98)+(24-20)(P/A,\Delta IRR_{B-A},10)=0$

则求得 $\Delta IRR_{B-A}=12.6\% > i_c=10\%$,所以 B 方案是当前最优方案。

下面将 C 方案与当前最优方案 B 进行比较,增量内部收益率 ΔIRR_{C-B} 满足:

$-(140-120)+(26-24)(P/A,\Delta IRR_{C-B},10)=0$

则求得 $\Delta IRR_{C-B}=0.1\% < i_c=10\%$,所以 B 方案仍然是当前最优方案。

所有方案比较完毕,结论是 B 方案最优。

当互斥方案多于两个时,采用 ΔIRR 准则比选方案,其步骤如下。

(1)对多个方案,按投资额大小排序,并计算第一个方案(投资额最小)的 IRR,若 $IRR \geqslant i_c$,则该方案保留;否则,则淘汰,以此类推。

(2)保留的方案与下一个方案进行比较,计算 ΔIRR,若 $\Delta IRR \geqslant i_c$,则保留投资大的方案;否则,保留投资小的方案。

(3)重复步骤(2),直到最后一个方案比较完为止,最后保留的方案即是最优方案。

如果我们将增量现金流量看作一个单一方案,那么增量净现值即是该方案的净现值,增量内部收益率即为该方案的内部收益率。对于单一方案来说,净现值和内部收益率评价标准是相符的,也就是说它们的结论是一致的。那么同理,对于两个投资额不等的互斥方案比选来说,增量内部收益率评价准则和净现值评价准则也总能得到一致的结论。

7. 费用现值和费用年值法

在实际工作中,往往会遇到一些比较特殊的备选方案的比选,这些备选方案的效益基本相同或其具体的数值难以计算或无法用货币衡量,比如环保效果、教育效果、国防效果等,这时可以通过对各方案费用现值或费用年值的比较进行选择。比如,建造一个储存仓库,无论采用钢结构或是砖混结构还是钢筋混凝土结构,其功能是一样的,这时,只需要计算各个方案的费用,就可以比较各个方案的优劣。

费用现值的计算式为:

$$PC=\sum_{i=0}^{n}CO_t(P/F,i_c,t) \qquad (4\text{-}25)$$

式中:PC——费用现值;

CO_t——第 t 年的现金流出。

费用年值的计算式为:

$$AC=PC(A/P,i_c,n)=\sum_{i=0}^{n}CO_t(P/F,i_c,t)(A/P,i_c,n) \qquad (4\text{-}26)$$

式中:AC——费用年值。

费用现值或费用年值实质上是净现值或净年值的特殊形式,在计算时的区别在于其费用一般取正值。费用现值和费用年值之间相差一个系数,可由式(4-25)和式(4-26)看出:

$$\frac{AC}{PC}=(A/P,i_c,n)=常数 \quad (4-27)$$

费用现值和费用年值用于多个互斥方案的比选时,其判别准则是:费用现值或费用年值最小的方案为优。

【例 4-9】 某施工机械设备有 A、B 两种型号可选择,两种型号机械设备的生产能力均相同(即年收益相同),但购置费、年运营成本和残值不同(表4-6)。两种机械的使用寿命均为 5 年,$i_c=10\%$,试选择最经济的机械型号。

A、B 两种型号机械的费用 表 4-6

型号	购置费(元)	年运营成本(元)	残值(元)
A	20000	6000	1000
B	25000	5000	2000

解 (1)费用现值法

A、B 方案的现金流量图如图 4-5 所示。

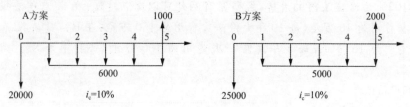

图 4-5 A、B方案的费用流量图

将两方案的费用全部计算到期初,得费用现值:

$PC_A=20000+6000\times(P/A,10\%,5)-1000\times(P/F,10\%,5)$
$\quad\quad =20000+6000\times3.791-1000\times0.621$
$\quad\quad =42125(元)$

$PC_B=25000+5000\times(P/A,10\%,5)-2000\times(P/F,10\%,5)$
$\quad\quad =25000+5000\times3.791-2000\times0.621$
$\quad\quad =42713(元)$

由于 $PC_A<PC_B$,所以 A 型号机械设备比较经济。

(2)费用年值法

将两方案的费用平均分摊到每年,得费用年值:

$AC_A=6000+20000\times(A/P,10\%,5)-1000\times(A/F,10\%,5)$
$\quad\quad =6000+20000\times0.2638-1000\times0.1638$
$\quad\quad =11112.2(元)$

$AC_B=5000+25000\times(A/P,10\%,5)-2000\times(A/F,10\%,5)$
$\quad\quad =5000+25000\times0.2638-2000\times0.1638$
$\quad\quad =11267.4(元)$

由于 $AC_A < AC_B$，所以 A 型号机械设备比较经济。

8. 寿命期无限和寿命期不等的互斥方案评价

(1) 寿命期无限的互斥方案评价

有一些公用事业项目，例如大坝、铁路、桥梁、运河等，可以通过反复维修更新使其寿命延长至很长的年限，甚至可以将其看作永久项目。其现金流量大致呈周期性规律的变化，不难发现寿命期无限方案的现金流量的现值和年值之间存在着一定的关系。

按资金等值原理，可知：

$$P = A(P/A, i, n) = A \frac{(1+i)^n - 1}{i(1+i)^n}$$

对于寿命期无限的项目来说，意味着 $n \to \infty$，这时：

$$P = \lim_{n \to \infty} \left[A \frac{(1+i)^n - 1}{i(1+i)^n} \right] = \frac{A}{i} \lim_{n \to \infty} \left[1 - \frac{1}{(1+i)^n} \right] = \frac{A}{i} \tag{4-28}$$

应用上式可以方便地解决无限寿命期互斥方案的比较问题。方案的初始投资费用再加上假设永久运营所需要的成本支出和维护费用支出的现值，构成了方案的费用现值，此过程称为资本化成本。比较互斥方案的费用现值，较小者为优。

【例 4-10】 为修建某河的大桥，经研究有两处可以选点建造，在 A 点建桥投资为 3000 万元，年维护费用为 10 万元，每 10 年大修一次费用为 150 万元；在 B 点建桥投资为 2800 万元，年维护费用为 15 万元，每 5 年大修一次费用为 100 万元；若利率为 8%，哪个方案更经济？

解 ① 现值法

A 方案的费用现值为：

$$PC_A = 3000 + \frac{10}{8\%} + \frac{150 \times (A/F, 8\%, 10)}{8\%} = 3254.43 (万元)$$

B 方案的费用现值为：

$$PC_B = 2800 + \frac{15}{8\%} + \frac{100 \times (A/F, 8\%, 5)}{8\%} = 3200.58 (万元)$$

由于 $PC_A > PC_B$，所以 B 方案比较经济。

② 年值法

A 方案的年费用为：

$$AC_A = 10 + 3000 \times 8\% + 150 \times (A/F, 8\%, 10) = 260.35 (万元)$$

B 方案的年费用为：

$$AC_B = 15 + 2800 \times 8\% + 100 \times (A/F, 8\%, 5) = 256.05 (万元)$$

由于 $AC_A > AC_B$，所以 B 方案比较经济。

(2) 寿命期不等的互斥方案评价

前面我们讨论的各种方案的比选，在没有特别说明的情况下，实际上都假设了各个参与比选的方案寿命期是相等的。严格地说，如果两个方案的寿命期不等，是不能直接用上述的净现值等方法进行经济性比较的，因为不具备时间可比性。但是，实际工作中又常遇到这类寿命期不等项目之间的比选问题，这时我们必须对方案的服务期做出某种假设，使得备选方案在相同的寿命期基础上进行比较,以保证得到合理的结论。常用的方法有3种。

①最小公倍数法

最小公倍数法又称为方案重复性假设法,是以各备选方案计算期的最小公倍数作为方案比选的共同计算期,并假设各个方案均在这一个共同的计算期内重复进行,即各备选方案在其原计算期结束后,均按照方案原计算期内的现金流量系列重复出现在第2、第3……个重复的计算期内,直到共同的计算期结束。在此基础上计算各个方案的净现值,以净现值最大且大于零的方案为最优方案。

【例4-11】 A、B为两个互斥方案,各年的现金流量如表4-7所示。基准收益率i_c=10%,试比选方案。

A、B方案现金流量　　　　　　　　　　　　　　　　表4-7

方　　案	投资(万元)	年净现金流(万元)	残值(万元)	寿命(年)
A	-10	3	1.5	6
B	-15	4	2	9

解 以寿命期最小公倍数作为计算期,采用方案重复性假设。A、B两方案寿命期的最小公倍数为18,即以18年作为计算期。A方案重复实施3次,B方案重复实施2次。此时,两个方案在18年计算期的基础上的净现值为:

$$NPV_A = -10 \times [1+(P/F,10\%,6)+(P/F,10\%,12)]+3 \times (P/A,10\%,18)+$$
$$1.5 \times [(P/F,10\%,6)+(P/F,10\%,12)+(P/F,10\%,18)]$$
$$=7.37(万元)$$

$$NPV_B = -15 \times [1+(P/F,10\%,9)]+4 \times (P/A,10\%,18)+$$
$$2 \times [(P/F,10\%,9)+(P/F,10\%,18)]$$
$$=12.65(万元)$$

因为$NPV_B > NPV_A > 0$,故B方案为最优方案。

如果根据备选方案的寿命期算得的最小公倍数很大,上述计算比较麻烦,则可以取无穷大计算期法计算NPV,按照前述关于无穷大寿命期方案的评价方法来计算各个方案的净现值,以净现值最大且大于零的方案为最优方案。

利用最小公倍数法能够有效解决寿命期不等的方案之间的净现值的可比性问题,但这种方法并不适用于所有的情况,比如对于某些不可再生资源的开发项目,在进行寿命期不等的互斥方案比选的时候,方案重复性假设就没有什么意义,这种情况下就不能用最小公倍数确定方案的计算期。有的时候最小公倍数求得的计算期过长,甚至远远超过项目所生产产品的市场寿命期,这样就降低了所计算方案经济效果指标的可靠性和真实性,故也不适合采用最小公倍数法。

②研究期法

最小公倍数法存在着不足因而有时不能采用,针对寿命期不等的互斥方案比选,还可以采用另一种方法来确定各备选方案共同的计算期——研究期法。这种方法是根据对方案产品市场前景的预测,直接选取一个适当的分析期作为各个备选方案共同的计算期,这样各个方案就具备时间可比性了。

研究期的选择要视具体情况而定,主要有以下三类。

a. 以寿命期最短方案的寿命为各方案共同的寿命期,令寿命较长的方案在共同寿命期期末保留一定的残值。

b. 以寿命期最长方案的寿命为各方案共同的寿命期,令寿命较短的方案在寿命终止时,以同种固定资产或其他新型固定资产进行更替,直至达到共同寿命期为止,期末可能尚存一定的残值。

c. 规定各个方案统一的计划服务年限,计划服务年限不一定等同于各个方案的寿命。在达到计划服务年限前,有的方案可能需要进行固定资产更替;而在服务期满时,有的方案可能存在残值。

③净年值法

用净年值进行寿命不等的互斥方案经济效果评价,实际上隐含着这样一个假定:各个备选方案在其寿命结束时均可按原方案重复实施或用与原方案的经济效果水平相同的方案接续实施。

对各备选方案的净年值进行比较,评价的标准为:净年值最大且大于零的方案为最优。

【例 4-12】 用净年值法评价例 4-11 中两个互斥方案的优劣。

解 A 方案的净年值:
$$NAV_A = 3 + 1.5 \times (A/F, 10\%, 6) - 10 \times (A/P, 10\%, 6)$$
$$= 0.90(万元)$$

B 方案的净年值:
$$NAV_B = 4 + 2 \times (A/F, 10\%, 9) - 15 \times (A/P, 10\%, 9)$$
$$= 1.54(万元)$$

因为 $NAV_B > NAV_A > 0$,故 B 方案为最优方案。

4.2.4 独立方案经济评价

独立方案的采用与否,只取决于方案自身的经济性,且不影响其他方案的采用与否。独立方案的这一特点,决定了独立方案的现金流量及其效果具有可加性。一般独立方案的选择分为以下两种情况:一是没有资源限制情况。如果独立方案之间共享的资源(通常为资金)足够多,则任何一个方案只要是经济上可行的,都可以采纳并实施;另一种情况是有资源限制的情况。如果独立方案之间共享的资源是有限的,不能满足所有方案的需要,则在不超出资源限制的条件下,在可行方案中选择其中的某一些方案作为最终实施的方案,那么这些被选中的方案组合应该是能够产生最佳经济效果的方案组合。

如何保证能够在资源限制条件下选中最佳的方案组合,常用的评价方法有两种:一种是独立方案互斥化法,另一种是内部收益率或净现值率排序法。

1. 独立方案互斥化法

独立方案互斥化的原理是将独立方案的所有组合列出来,每个组合形成一个组合方案(其现金流量为被组合方案现金流量的叠加),这些组合方案之间是互斥关系,称之为组合-

互斥型方案,由于是所有可能的组合,则最终的选择只可能是其中一种方案组合,因此所有可能的组合方案形成互斥关系,可按互斥方案的比选方法确定最优的方案组合,最优的方案组合即是独立方案的最佳方案选择。

由于每个独立方案都有"选择"和"不选择"两个可能,则 n 个独立方案构成的方案组合有 2^n 个(包括所有方案均不选择)。用净现值指标评价的基本步骤如下。

(1) 分别对各独立方案进行绝对效果检验。即剔除 $NPV<0$,或 $IRR<i_c$ 的方案。

(2) 对通过绝对效果检验的独立方案,列出所有可能的方案组合,将所有的组合按初始投资额从小到大的顺序排序。

(3) 排除投资超过投资资金限制的方案组合。

(4) 对所剩的方案组合按互斥方案的比选方法确定最优的方案组合,可用净现值法确定,即分别计算各方案组合的净现值,以净现值最大者为最佳组合;也可用增量内部收益率法选择最佳方案组合,不过结论和净现值法是一致的。

【例 4-13】 有 3 个独立方案 A、B 和 C,寿命皆为 10 年,现金流量如表 4-8 所示。基准收益率 $i_c=10\%$,投资资金限制为 7000 万元。要求选择最佳方案组合。

独立方案现金流量(单位:万元)　　　　　　　　　　　　　表 4-8

方　案	初 始 投 资	年 净 收 益
A	2500	580
B	3200	640
C	3800	760

解 首先分别计算各独立方案的净现值,剔除单一方案不可行者。按照所有可能方案的投资额的大小排序(包括 0 方案),如表 4-9 所示。

组合-互斥方案现金流量计算　　　　　　　　　　　　　　表 4-9

序号	方案组合	初始投资(万元)	年净收益(万元)	净现值(万元)
1	0	0	0	0
2	A	2500	580	1064.1
3	B	3200	640	732.8
4	C	3800	760	870.2
5	A+B	5700	1220	1796.9
6	A+C	6300	1340	1934.3
7	B+C	7000	1400	1603.0
8	A+B+C	9500	—	—

由于方案组合 A+B+C 的投资额为 9500 万元>7000 万元,故可不计算此组合。

观察对比表 4-9 中各组合的净现值,(A+C)方案的净现值最大且大于 0,所以(A+C)为最优方案组合,A 方案和 C 方案是最优的选择。

在有资金限制条件下运用独立方案互斥化进行方案比选,优点在于此方法能够保证最终得到最佳的组合方案,缺点在于当方案的数目较多时,其计算往往比较烦琐,当独立项目数增加时,其组合方案将几何级数增加。例如,5个独立项目就组合成32个($2^5=32$)互斥方案,而10个独立项目将组合成1024个($2^{10}=1024$)互斥方案。由此可见,当项目数较大时使用这种方法是相当麻烦的。

2. 内部收益率或净现值率排序法

内部收益率排序法是日本千住镇雄等学者提出来的一种方法,首先根据资源效率指标的大小确定独立项目的优先顺序,然后根据资源约束条件确定最优项目组合。

【例4-14】 有6个独立方案的现金流量如表4-10所示,寿命期均为6年,基准收益率$i_c=10\%$,若资金限制为520万元,选择哪些项目最有利?若资金限制为500万元,选择哪些项目更有利?

独立方案现金流量(单位:万元) 表4-10

项 目	初始投资(I)	年净收益(R)
A	120	36.0
B	110	23.8
C	90	30.4
D	160	42.4
E	150	56.6
F	140	34.0

解 首先求出各个项目的内部收益率IRR,内部收益率可按照下式计算:
$$-I+R(P/A,IRR,6)=0$$
因此有:
$IRR_A=20\%,IRR_B=8\%,IRR_C=25\%,IRR_D=16\%,IRR_E=30\%,IRR_F=12\%$
按照内部收益率的顺序绘成图4-6。

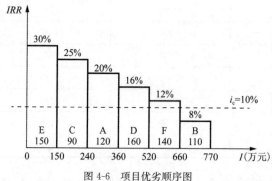

图4-6 项目优劣顺序图

图4-6表示各个项目按照内部收益率高低的排序,纵坐标表示内部收益率IRR,横坐标表示投资额I的累计值,虚线表示基准收益率水平i_c。

(1)若资金限制为520万元,由图4-6可知,按照内部收益率的高低优先选择E、C、A、D,

且 E、C、A、D 四个项目的投资额刚好等于 520 万元。B 项目 $IRR_B=8\%<i_c$，故无论有没有剩余资金都应该被淘汰，F 项目虽然 $IRR_F=12\%>i_c$，但是由于资金有限，不得不放弃。故最终的选择为 A、C、D、E 四个项目。

(2) 若资金限制为 500 万元，则 E、C、A 项目可以首先选择，投资为 360 万元，剩余了 140 万元资金，由于项目的不可分割性，D 项目不能被选中，但是下一个项目 F 的内部收益率 $IRR_F=12\%>i_c$，且资金刚好为 140 万元，故最优的项目组合为 A、C、E、F 四个项目。

净现值率 NPVR 排序法和内部收益率 IRR 排序法具有相同的原理：计算各方案的净现值，排除净现值小于零的方案，然后计算各个方案的净现值率(＝净现值/投资额的现值)，按净现值率从大到小的顺序，依次选取方案，直至所选取方案的投资额之和达到或最大限度地接近投资限制。

关于独立方案比选的排序方法，还可以用净现值 NPV 排序、加权内部收益率排序等方法。值得注意的是，这些方法均不能保证所选的独立方案组合为最佳的方案组合，不过在方案数量较多的时候，排序法能有效提高比选的效率。

4.2.5 其他多方案经济评价

多方案的类型，除了互斥方案与独立方案外，还有混合了互斥关系与独立关系的混合多方案，以及互补型方案与现金流量相关型方案。下面分别讨论这些类型多方案的评价。

1. 混合方案的评价

混合多方案既包含了互斥关系，又包含了独立关系，因此分为两类来讨论。

(1) 第一种基本形式是在一组独立多方案中，每个独立方案下又有若干个互斥方案的形式。这种形式的混合方案也是采用方案组合法进行比较选择。基本方法与独立方法互斥法类似，先排除单一方案不可行者，然后列出可能的方案组合，这些方案组合之间的关系是互斥的，然后用评价互斥方案的方法比选择优。不同的是在方案组合的构成上，其组合的方案数目比独立方案的组合方案数少。如果用 m 代表相互独立的方案数目，n_j 代表第 j 个独立方案下互斥方案的数目($j=1,2,\cdots,m$)，则该混合方案可以组合成的互斥的组合方案数目为(包括 0 方案)：

$$N=\prod_{j=1}^{m}(n_j+1)=(n_1+1)(n_2+1)\cdots(n_m+1) \tag{4-29}$$

比如，A、B 两方案是相互独立的，A 方案下有 2 个互斥方案 A_1、A_2，B 方案下有 3 个互斥方案 B_1、B_2、B_3，上述各方案若都在经济上可行，则可以组合成的互斥的组合方案数目为 $N=3\times4=12$ 个，如表 4-11 所示。

(2) 第二种基本形式是在一组互斥方案中，每个互斥方案下又有若干个独立方案的形式。针对这种情况，可以先将互斥方案下的独立方案互斥化，找出最佳的方案组合；然后比较选出来的最佳方案组合的优劣，最终选出混合方案的最优组合。

比如仍然是上述 A、B 两方案，但是其关系是互斥的。A 方案下有 2 个独立方案 A_1、A_2，B 方案下有 3 个独立方案 B_1、B_2、B_3，若上述单方案均在经济上可行，则可分别对 A 方案下的独立方案互斥化，选择一组最佳的方案组合设为 A'；然后对 B 方案下的独立方案互斥化,选择一组最佳的方案组合设为 B′,A′和 B′两个方案组合之间的关系是互斥的,在它们之间选择一个最佳方案,即为混合方案的最佳方案选择。

混合方案组合成的互斥组合方案列表　　　　　表 4-11

序号	方案组合 A		方案组合 B			组合方案
	A_1	A_2	B_1	B_2	B_3	
1	0	0	0	0	0	0
2	1	0	0	0	0	A_1
3	0	1	0	0	0	A_2
4	0	0	1	0	0	B_1
5	0	0	0	1	0	B_2
6	0	0	0	0	1	B_3
7	1	0	1	0	0	A_1+B_1
8	1	0	0	1	0	A_1+B_2
9	1	0	0	0	1	A_1+B_3
10	0	1	1	0	0	A_2+B_1
11	0	1	0	1	0	A_2+B_2
12	0	1	0	0	1	A_2+B_3

2. 互补型方案的评价

经济上互补的方案评价一般可以将多个方案作为一个综合体来考虑,当方案之间的互补性不是太强时,根据具体的情况,可将方案转化为独立方案或互斥方案评价,应用前面介绍的评价准则即可选出最优方案的组合。

3. 现金流量相关型方案的评价

对现金流量相关型方案的评价,不能简单地按照独立方案或互斥方案的评价方法来分析,而应该首先确定方案之间的相关性,对其现金流量之间的相互影响做出准确的估计,然后根据方案之间的关系,把方案组合成互斥的组合方案。比如某地区,可建设火电厂(A 方案)和水电站(B 方案),可以考虑的方案组合是方案 A、方案 B 和方案(A+B),这三个方案之间是互斥的关系。其中方案(A+B)的现金流量要考虑两种方案共同实施后现金流量的相互影响。最后按照互斥方案的评价方法对组合方案进行比选。

本章小结

工程项目方案评价是项目决策合理化的基础。单一指标往往不能全面反映项目的优劣,对项目的评价需要利用多指标从不同的角度进行分析。

第4章　工程经济评价方法

根据是否考虑资金时间价值，可将项目经济评价指标分为静态评价指标和动态评价指标。前者不考虑资金时间价值，后者考虑资金时间价值。静态评价指标的特点是计算简便、直观，因而被广泛用来对投资效果进行粗略估计。它的主要缺点是没有考虑资金的时间价值和不能反映项目整个寿命周期的全面情况，因此在对项目进行经济评价的时候，应以动态分析为主，必要时可以用静态评价指标进行辅助分析。

静态评价指标包括盈利能力分析指标和清偿能力分析指标两大类。盈利能力分析指标包括静态投资回收期(P_t)指标、总投资收益率(ROI)指标、和项目资本金净利润率(ROE)指标。清偿能力分析指标包括借款偿还期指标、利息备付率指标和偿债备付率指标。

动态评价指标包括动态投资回收期、净现值、内部收益率、净现值率、净年值等指标。动态投资回收期指标评价单方案的准则为：用计算的动态投资回收期 P'_t 与标准投资回收期 P_c 进行比较，当 $P'_t \leqslant P_c$ 时认为该方案是可行的；反之，不可行。净现值指标评价单方案的准则为：若 $NPV \geqslant 0$，则方案可行；若 $NPV < 0$，则方案应该否定。内部收益率指标评价单方案的准则为：若 $IRR \geqslant i_c$，则方案可行；若 $IRR < i_c$，则方案应予否定。净现值、内部收益率、净现值率和净年值指标评价同一个单方案，结论是一致的。

多方案的评价首先要分清楚方案之间的关系。多方案可分为互斥型方案、独立型方案，混合型方案以及其他类型方案。尽管可供选择的评价方法有很多，但是通过计算时间、费用、效率的增量是评价互斥方案的基础，增量分析法也是评价互斥方案的基本方法。

互斥方案的评价方法有很多，总体来说可分为静态分析法和动态分析法。不同的指标在应用时有不同的适用情况。对于一些特殊情况下的互斥方案的比选，比如备选方案的效益基本相同或其具体的数值难以计算或无法用货币衡量时，可用费用现值或费用年值比选方案；如果方案的寿命期无限或寿命期不等，则首先应该考虑时间上的可比性问题。

独立方案比选在没有资源限制条件下只需评价单一方案的经济可行性即可。若资源有限制，则必须在独立方案中选择最佳的方案组合，常用的评价方法有两种：一种是独立方案互斥化法，另一种是内部收益率或净现值率排序法。独立方案互斥化法能够保证得到最佳的方案组合，但是当方案数目较多时，计算量会比较大；内部收益率或净现值率排序法虽不能确保得到最佳方案组合，不过在方案数量较多的时候，能有效提高比选的效率。

混合方案、互补方案和现金流量相关型方案比选的基本思路也是可将多方案互斥化为多个互斥方案组合后再比选，当方案数目较多时，也可以考虑用排序法计算。

复习思考题

1. 动态评价法和静态评价法的区别是什么？
2. 什么是基准投资收益率？其影响因素有哪些？
3. 什么叫净现值，其经济含义和评价准则是什么？
4. 净现值指标的优缺点是什么？
5. 内部收益率的经济含义是什么？
6. 内部收益率的优点和缺陷是什么？
7. 净现值法和净现值率法的区别是什么？
8. 投资方案有哪几种类型？
9. 某公司计划建新车间，有甲、乙两个方案。甲方案采用流水线，总投资 60 万元，年经营成本 10 万元；乙方案采用自动生产线，总投资 80 万元，年经营成本 5 万元。两个方案的年均收入均为 30 万元，设基准投资回收期为 5 年，若采用投资回收期法和增量投资回收期法比选,公司应采用哪个方案?

10. 见表 4-12,A、B 方案均无残值,试进行方案选优。($i_c=10\%$,投资在年初投入)

方案现金流量　　　　　　　　　　　　　　　　　　表 4-12

方案	建设期(年)	第一年投资(万元)	第二年投资(万元)	生产期(年)	投产后年均收益(万元)
A	2	1000	0	16	240
B	2	200	600	12	220

11. 某方案的现金流量如表 4-13 所示,基准折现率为 10%。试计算:动态投资回收期、净现值和内部收益率。

方案现金流量　　　　　　　　　　　　　　　　　　表 4-13

年　　数	0	1	2	3	4	5	6
现金流量(万元)	−400	80	90	100	100	100	100

12. 某工程总投资为 4500 万元,投产后每年经营成本为 600 万元,每年收益为 1400 万元,产品的经济寿命期为 10 年,在第 10 年末还能回收资金 200 万元,年基准收益率为 12%,试用净现值法确定该投资方案是否可行。

13. 用增量内部收益率比选表 4-14 所列三个方案。($i_c=10\%$)

方案现金流量　　　　　　　　　　　　　　　　　　表 4-14

方　　案	投资(万元)	收益(万元)	寿命(年)
A	2000	600	10
B	3000	800	10
C	4000	940	10

14. 修建某永久工事,经研究有甲、乙两个方案。甲:投资 3000 万元,年维护费用为 6 万元,每 10 年要大修一次需 15 万元。乙:投资为 2800 万元,年维护费用为 15 万元,每 3 年小修一次需 10 万元。若利率为 10%。试比较两个方案哪个最优。

15. 某工程计划修建 2 年,第一年初投资 1800 万元,生产期 14 年,若投产后预计年均净受益为 270 万元,无残值,基准收益率为 10%,试用 IRR 来判断项目是否可行。

16. 若 $i_c=10\%$,用净年值法比选表 4-15 所列方案。

方案现金流量　　　　　　　　　　　　　　　　　　表 4-15

方　　案	一次投资(万元)	年均收益(万元)	残　值	寿命(年)
A	20	6	2	10
B	25	9	0	12

17. 一项目的运输有两种方案:铁路运输投资 15 万元,年运营成本 2 万元,计算期为 10 年;公路运输投资为 6 万元,年运营成本 3 万元,计算期为 5 年。基准收益率为 10%,试选

择最优方案。

18. 一设备的进价为 25000 元,寿命期 3 年,每年的收益为 15000 元,第一年的运营费为 3000 元,第二年为 4000 元。第三年为 6000 元,寿命期后无残值。若基准收益率为 10%,试计算内部收益率并判断是否购买该设备。

19. 某种设备有表 4-16 所示的两种型号,生产能力相同,且寿命期均为 5 年,基准收益率为 10%,试选择设备的型号。

设备型号现金流量(单位:元)　　　　　　　　　　　　　　　　表 4-16

型　　号	购 买 价	年运营成本	残　　值
A	30000	5000	2000
B	35000	3000	4000

20. 有 3 个独立方案,甲、乙和丙,寿命期都为 10 年,现金流量如表 4-17 所示。基准收益率为 10%,投资资金限制为 7000 万元,要求选择最佳组合。

方案现金流量(单位:万元)　　　　　　　　　　　　　　　　表 4-17

方　　案	初 始 投 资	年 净 收 益
甲	2600	500
乙	3300	620
丙	3600	780

21. 渡江方案之一是建一座大桥,成本为 500 万元,在 30 年的使用期内每年收益为 100 万元,无残值;另外一个方案是建一渡口,初始成本为 25 万元,年收益为 10 万元,寿命期 10 年末的残值为 2 万元。若基准收益率为 15%,应选哪个方案?

22. 一设备的初始成本为 2000 元,使用 4 年后残值为 500 元,若基准收益率为 20%,其费用年值是多少?

23. 一工程投资 30000 万元,寿命期 10 年,每年净收益 3000 万元,残值 8000 万,基准收益率为 5%,求该项目的 IRR,并判断项目是否可行。

24. 某项目,建设期 2 年,第一年初投资 1000 万元,第二年初投资 1000 万元,第三年当年收益 150 万元,项目生产期 10 年,若从第四年起到生产期末的年均收益为 380 万元。基准收益率为 12%,试计算并判断:(1)项目是否可行?(2)若不可行,从第四年起年收益须为多少才能使基准收益保持为 12%?

25. 某厂新建,建设期 2 年,生产期 18 年,基建投资 700 万元,流动资金 400 万元(在生产期初投入),基建在第一年一次性全部投入,无残值。若期望收益率为 15%,求投产后年均收益为多少?

26. 有两个项目,甲投资 2100 万元,年收入 1000 万元,经营成本为 600 万元;乙投资 3000 万元,年收入 1500 万元,年经营成本为 700 万元。若基准投资回收期为 6 年,则(1)用差额投资回收期法分析方案的优劣;(2)如果两个方案的寿命期均为 6 年,试用投资回收期法评价两方案的可行性。

27. 企业从银行一次性贷款 2000 万元,计划从第 4 年开始的 5 年内还清,问利率为 8% 时,企业每年年初应等额偿还的金额是多少?

28. 某道路建设有两种方案,第一个寿命 20 年,第二个寿命 40 年;初始费用分别为 1 亿元和 1.3 亿元;两者每年的收益都是 0.5 亿,基准收益率为 12%,无残值。应选择哪个方案?

第 5 章
工程项目不确定性分析

本章概要

  项目投资建设与投产运营期外部环境的变化使项目存在较多的不确定性;项目经济评价所采用的数据大部分来自预测和估算,与项目实施后实际情况有偏差,也具有一定程度的不确定性。分析这些不确定因素对项目经济效果指标的影响,就能够估计项目可能面临或承担的风险,确保项目顺利实施并达成预期目标,意义重大。本章介绍了三种不确定分析方法:盈亏平衡分析、敏感性分析和概率分析。盈亏平衡分析是通过计算项目达产年的盈亏平衡点(BEP),分析项目成本与收入的平衡关系,判断项目对产出品数量变化的适应能力和抗风险能力。敏感性分析是通过分析不确定性因素发生增减变化时,对经济评价指标的影响,并计算敏感度系数和临界点,找出敏感因素。概率分析是应用概率论方法,确定风险因素的概率分布,计算项目评价指标相应的概率分布或累计概率、期望值、标准差,以此判断项目面临的风险大小,为项目投资的科学决策服务。

  通过本章的学习,要求读者了解不确定分析的重要意义,掌握工程项目不确定分析的三种分析方法。

5.1 工程项目不确定性概述

5.1.1 项目不确定性的涵义

1. 项目不确定性的概念

项目在整个寿命期内由于外部环境的变化,使其投资与运营条件发生改变,使得最终结果呈现出何种状态确实不能事前准确预知,这种情况称为项目的不确定性。

项目面临的外部环境变化包括通货膨胀、劳动力价格上涨、产品市场需求的变化、原材料及设备价格波动、外汇汇率的变化、技术进步的影响、国际贸易的影响等,这些造成项目投资与运营条件无法确定的因素就称为项目的不确定因素。

值得指出的是:国内有的学者将项目不确定性视为项目风险,其实它们是不可以等同视之的。不确定性是未来项目投资与运营将要面临的无法准确预知的状态,它可能是有利的方面,也可能是不利的方面。风险是人们不愿意看到的事件发生对项目造成不良后果的可能性,这种后果常常导致财产的损失和人身的伤害。可见,风险主要针对项目的不利方面。

项目不确定分析的意义在于工程项目前评估时(可行性研究中),对项目投资建设、生产运营的外部环境做了基本的假设,比如不出现大的通货膨胀,不会出现劳动力短缺,市场供求关系不会出现颠覆,外汇汇率波动不大,不会出现技术创新导致的产品被淘汰和行业衰退等,但随着项目的投产运行,这些外部环境都会发生变化,与项目前评估时对投资、成本、价格等的预测值不符,最终导致项目经济效果的预测值偏离,给项目的投资者经营者带来项目风险。因此,有必要对项目的不确定性问题进行研究,以减小项目风险造成的损失,确保项目投资获得预期的经济效果。

借助于项目不确定性分析可以发现,项目在投资建设、生产运营中将来可能面临的风险,从而为项目风险评估和风险控制服务。

2. 不确定性问题产生原因

如上所述,在项目工程决策前做前评估时(可行性研究中),对项目投资建设与生产营运的外部环境做了一些基本假设,这些假设有的是明示的,有的是暗喻的。然而实际情况是,项目实施过程中,通常都会出现外部环境的变化,那么,引起这些变化的有哪些方面的因素呢?让我们对其进行一次梳理。

一般情况下,产生项目不确定性的主要原因有以下几个方面。

(1)通货膨胀和物价的变动。通货膨胀和物价的变动,会影响项目评价时所选用的价格,从而导致销售收入、经营成本等数据与实际情况有出入。

(2)技术进步和生产工艺的变革。项目实施过程中由于技术进步和生产工艺变革,使得根据原有技术条件和生产水平所估算的年销售收入等指标与实际值发生偏差,新产品的快速升级换代也会对老产品构成威胁,降低老产品的市场竞争力,影响到项目的销售收入。

(3)市场情况的变化。产品市场的供求状况发生变化,会对评价指标产生影响。

(4)国家宏观经济政策、法规的变化。随着国家经济形势的发展变化,不同时期会产生不同的经济政策及法规,未来的经济政策、法规等因素的变化是评估人员无法预测和控制的,比如环境保护的标准的提升使得项目运行中要加大环保的投入,这也会给项目带来很大的不确定性。

(5)国际贸易环境的变化。国际市场的供求关系改变,汇率的波动,外国政府的反倾销措施等都会导致技术引进与设备、原材料进口的价格变化,从而制约项目产品出口,造成项目投资、生产成本和收益等的变化。

(6)项目数据的统计偏差。即由于存在原始统计上的误差、计算失误等不足,从而影响项目经济效果预测与评价结果。

5.1.2 项目不确定性分析的类型

项目不确定性分析包括盈亏平衡分析、敏感性分析和概率分析三种类型。这三者的使用选择,应综合考虑项目的类型、技术经济特点、决策者的要求、相应的财力资源等因素。一般而言,盈亏平衡分析只适用于财务评价,敏感性分析和概率分析可同时适用于财务评价和国民经济评价。

盈亏平衡分析分为单方案线性、单方案非线性和互斥方案线性盈亏平衡分析;敏感性分析又分为单因素敏感性分析和多因素敏感性分析;概率分析又有随机现金流期望值与方差分析及蒙特卡洛分析两种。下面分别给予详细介绍。

5.2 盈亏平衡分析

工程项目各种不确定因素(投资、生产成本、产品价格、销售量等)的变化会影响到投资方案的经济效果,特别是当某些因素的变化达到某一临界值后,就会直接影响方案的取舍。

盈亏平衡点(Break-Even Point,简称 BEP)指项目正常生产年份的产品销售收入等于生产总成本的临界点。盈亏平衡分析的目的就是找到这种临界点,从而判断项目方案对不确定因素变化的承受能力,也就反映了项目方案抵抗风险的能力,从而为项目投资决策服务。

5.2.1 单方案线性盈亏平衡分析

1. 线性盈亏平衡假设

线性盈亏平衡分析的基本假设如下。

(1)项目生产产品的产量等于销售量。

(2)项目正常生产年份的总成本可划分为固定成本和可变成本,且总成本是产量的线性函数。

(3)项目在计算期内,产品市场价格、生产工艺、技术装备、管理水平等保持不变,销售收入与产量呈线性关系。

(4)项目方案只生产单一产品,或生产多种产品但可以换算为单一产品。

2. 线性盈亏平衡分析数学模型

根据线性盈亏平衡分析的基本假设,可以得到销售收入与产量的函数关系为:

$$R = P \cdot Q - T = P \cdot Q - t \cdot Q = (P-t)Q \tag{5-1}$$

式中:R——年销售收入;
P——单位产品销售价格;
Q——年销售量或年产量;
T——年销售税金;
t——单位产品营业税金及附加。

项目投产后,正常生产年份的总成本可划分为固定成本和变动成本(又称可变成本)两部分。固定成本指在一定的生产规模内不随产量的变动而变动的费用,变动成本指随产品产量的变动而变动的费用。在经济分析中一般可近似认为变动成本与产品产量成正比,总成本是固定成本与变动成本之和,所以总成本与产品产量的关系也可以近似地认为是线性关系,总成本与产量的函数关系为:

$$C = C_1 + C_2 \cdot Q \tag{5-2}$$

式中:C——年总成本费用;
C_1——总成本中的固定成本;
C_2——单位产品变动成本;
Q——年销售量或年产量。

当利润为 B 时,则:

$$B = R - C = (P - t - C_2) \cdot Q - C_1 \tag{5-3}$$

当出现盈亏平衡时,$B=0$,由式(5-3)得盈亏平衡时的年产量 Q_0,即线性盈亏平衡计算公式:

$$Q_0 = \frac{C_1}{P - C_2 - t} \tag{5-4}$$

以上分析可用图 5-1 表示。

图 5-1 中的横坐标为年产量或年销售量,纵坐标为总收入或总成本。图中销售收入曲线 R 与总成本曲线 C 的交点即盈亏平衡点,表明项目的销售收入与总成本相等,既没有利润,也不发生亏损。盈亏平衡点对应的产量称为盈亏平衡点产量(Q_0)。

在此基础上,如果项目增加年产量,在盈亏平衡点 BEP 的右边,销售收入曲线高于总成本曲线,项目盈利,收入曲线与成本曲线之间的距离为利润值,形成盈利区;如果年产量减少,在 BEP 的左边,总成

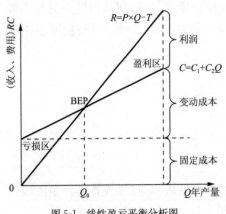

图 5-1 线性盈亏平衡分析图

本曲线高于销售收入曲线,则项目亏损,形成亏损区。简言之,盈亏平衡点产量右边区域是项目盈利区;盈亏平衡点产量左边区域是项目亏损区。

盈亏平衡的销售收入计算公式为:

$$R_0 = P \cdot Q_0 = \frac{P \cdot C_1}{P - C_2 - t} \tag{5-5}$$

3. 线性盈亏平衡分析在不确定性分析中的应用

在项目建成后的生产经营过程中,生产能力利用率、产品销售价格和单位产品变动成本等不确定因素都可能对项目盈亏直接产生影响。因此,有必要进一步讨论这些问题。

(1)生产能力利用率

若项目的设计生产能力为 Q_C,则盈亏平衡的生产能力利用率 f_0 计算公式为:

$$f_0 = \frac{Q_0}{Q_C} \times 100\% = \frac{C_1}{(P - C_2 - t)Q_C} \tag{5-6}$$

式中:Q_C——设计生产能力。

f_0 的值越小,项目适应市场变化的能力强,抵抗风险能力越强。一般认为,当 $f_0 < 70\%$ 时,项目已具备一定的抗风险能力。

(2)设计生产能力盈亏平衡销售价格

若按设计生产能力进行生产和销售,且产品固定成本、变动成本不变,则盈亏平衡销售价格为:

$$P_0 = C_2 + t + \frac{C_1}{Q_C} \tag{5-7}$$

它表明项目建成投产后以设计能力生产与销售,保证不亏损的最低销售价格(包含税费)。

(3)盈亏平衡单位产品变动成本

若按设计生产能力进行生产和销售,且销售价格、固定成本不变,则盈亏平衡单位产品变动成本为:

$$C_2 = P - t - \frac{C_1}{Q_C} \tag{5-8}$$

它表明项目建成投产后以设计能力生产与销售,保证不亏损的最高产品变动成本(包含税费)。

此外,若设定目标年利润为 B,则达到目标利润时的盈亏平衡产量为:

$$Q = \frac{C_1 + B}{P - C_2 - t} \tag{5-9}$$

【例 5-1】 某厂建设方案预计单位产品的变动成本 60 元,售价 150 元,年固定成本 120 万元。问该厂盈亏平衡时的年产量和年销售额是多少?若年产量达到 30000 件,则盈亏平衡时的生产能力利用率是多少?每年可获利多少?假如再扩建一条生产线,每年增加固定成本 40 万元,但可降低单位变动成本 30 元,市场产品售价下降 10%,问该扩建方案是否可行?营业税金及附加忽略不计。

解 (1)求盈亏平衡时的年产量 Q_0,由式(5-4)得:

$$Q_0 = \frac{C_1}{P - C_2} = \frac{1200000}{150 - 60} = 13333(件)$$

(2)求盈亏平衡时的销售额 R_0,由式(5-5)得:
$R_0 = P \cdot Q_0 = 150 \times 13333 = 200$(万元)

(3)求盈亏平衡时生产能力利用率 f_0,由式(5-6)得:
$f_0 = \dfrac{13333}{30000} \times 100\% = 44.4\%$

(4)达到设计生产能力每年可获利 B,由式(5-3)得:
$B = (P - C_2)Q - C_1 = (150 - 60) \times 30000 - 1200000 = 150$(万元)

(5)扩建方案分析。当市场价格降低10%后的单位产品售价为135元/件,减少30元后的变动成本为30元/件,年固定成本 $C_1 = 120 + 40 = 160$ 万元。扩建后盈利 $B_1 = 30000 \times (135 - 30) - 1600000 = 155$ 万元,即扩建后比扩建前每年增加利润 $155 - 150 = 5$ 万元,故扩建方案可行。

5.2.2 单方案非线性盈亏平衡分析

对于一个现有企业或拟建生产项目,在实际生产经营过程中,产品的销售收入与销售量之间、总成本与产量之间,并不一定呈现出线性的关系。当产量不同或市场供求关系变化时,产品价格不再是一个不变的值,例如:在市场垄断竞争条件下,随着项目产量的增加,市场上单位产品的价格就会下降,这将导致产品的销售收入与产量之间呈现出非线性关系。此外,当产量不同时,总成本中的固定成本在一定时期内不随产量变化,但变动成本将随产量呈非线性变化,因为在产品的生产过程中一些辅助性的生产费用随着产量的变化而呈现梯形分布。因此,销售收入、产品总成本应看作是产量的非线性函数,即 $R = R(Q)$、$C = C(Q)$。

假设销售收入、产品总成本与产量的关系为二次函数,如图5-2所示,则在盈亏平衡时应有 $R(Q) = C(Q)$。由此方程可求得两个盈亏平衡点的产量:Q_{01} 与 Q_{02},Q_{01} 与 Q_{02} 之间为盈利区的产量范围。其他区域为亏损区域。盈利函数式为:$B(Q) = R(Q) - C(Q)$,由极值原理,令 $B'(Q) = R'(Q) - C'(Q) = 0$,可求得一解 Q_1,若存在 $B''(Q_1) \leqslant 0$,则 Q_1 就是最大盈利时的最优产量 Q_{max}。

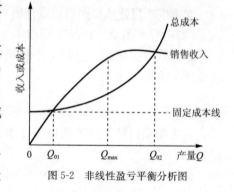

图5-2 非线性盈亏平衡分析图

【例5-2】 某企业生产某种产品,年固定成本为50000元,当原材料为批量采购时,可使单位产品成本在原来每件48元的基础上降低产品产量的0.4%,产品售价在原来每件75元的基础上降低产品产量的0.7%,试求企业在盈亏平衡点的产量及最优产量。

解 由题意,销售收入、产品总成本分别可表示为产量 Q 的函数:
$R(Q) = (75 - 0.007Q)Q = 75Q - 0.007Q^2$
$C(Q) = 50000 + (48 - 0.004Q)Q = 50000 + 48Q - 0.004Q^2$
盈亏平衡时有 $R(Q) = C(Q)$,即
$75Q - 0.007Q^2 = 50000 + 48Q - 0.004Q^2$

化简得：

$0.003Q^2 - 27Q + 50000 = 0$

解以上方程得两个盈亏平衡点的产量为：$Q_{01} = 2607$（件），$Q_{02} = 6393$（件）。

盈利函数为：

$B(Q) = R(Q) - C(Q) = -0.003Q^2 + 27Q - 50000$

欲求得最优产量，只需对盈利函数求导，并令 $\dfrac{dB(Q)}{dQ} = 0$ 即可，所以：

$B'(Q) = -0.006Q + 27 = 0$

解得 $Q_1 = 4500$（件）。

因为 $B''(Q_1) = -0.006 < 0$，故 $Q_1 = 4500$ 件为盈利最大时的产量，即最优产量。

针对非线性盈亏平衡分析，在对方案进行选择时应优先选择平衡点较低者，盈亏平衡点低意味着项目的抗风险能力较强，承受意外风险的能力也较强。

5.2.3 互斥方案线性盈亏平衡分析

盈亏平衡分析不但可用于对单个投资方案进行分析，还可用于对多个方案进行比较和选择。在需要对若干个互斥方案进行比选的情况下，如果是某一个共有的不确定因素影响这些方案的取舍，可以先分别求出两方案的盈亏平衡点，再根据盈亏平衡点进行方案的取舍。

【例 5-3】 某工程建设项目，有三种技术方案可供采纳，每一方案的产品成本见表 5-1，试比较三个方案。

三种互斥方案产品成本表　　　　　　　表 5-1

方案	A	B	C
产品可变成本（元/件）	50	20	10
产品固定成本（元）	1500	4500	16500

解 设 x 为预计产量，它是影响三个互斥方案取舍的共同因素，各方案的成本函数为：

$C = C_2 x + C_1$

$C_A = 50x + 1500$

$C_B = 20x + 4500$

$C_C = 10x + 16500$

令 $C_A = C_B, C_B = C_C, C_A = C_C$

解得 $x_{AB} = 100, x_{AC} = 375, x_{BC} = 1200$。

现以横轴表示产量，纵轴表示成本，画出盈亏平衡分析图，如图 5-3 所示。

从图中可以看出，当产量小于 100 件时，A 方案为最优；当产量为 100～1200 件时，B 方案为最优；当产量大于 1200 件时，C 方案为最优。

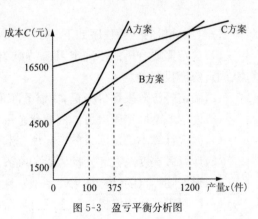

图 5-3 盈亏平衡分析图

决策时可结合市场预测结果及投资条件进行方案取舍。

【例 5-4】 某公司一项目的开发有两种方案,方案一的初始投资为 800 万元,预期年净收益为 150 万元;方案二的初始投资为 1600 万元,预期年净收益为 250 万元。该项目的市场寿命具有较大的不确定性,如果不考虑期末固定资产回收,基准折现率为 10%,问该公司如何决策?

解 设项目寿命为 x 年。

$NPV_1 = -800 + 150(P/A, 10\%, x)$

$NPV_2 = -1600 + 250(P/A, 10\%, x)$

当 $NPV_1 = NPV_2$ 时,有:

$-800 + 150(P/A, 10\%, x) = -1600 + 250(P/A, 10\%, x)$

$(P/A, 10\%, x) = 8$

$$\frac{(1+10\%)^x - 1}{10\% \times (1+10\%)^x} = 8$$

$x \approx 17 (年)$

这就是以项目寿命期为共有变量时,两个方案的盈亏平衡点,由于方案二的预期年净收益比方案一高,寿命期延长对方案二有利。因此,如果根据市场调查和预测知项目寿命期小于 17 年,则应采用方案一;如果项目寿命期大于 17 年,则应采用方案二。

5.3 敏感性分析

敏感性分析是分析一个或多个不确定性因素在一定幅度变化时,对项目方案经评价指标的影响,根据影响的大小找出敏感因素。通过敏感性分析,了解到各种不确定因素变化对实现项目预期经济目标的影响程度,从而对外部环境因素发生不利变化时项目方案的承受能力做出判断。敏感性分析是不确定分析中最常见的分析方法。

敏感性分析分为单因素敏感性分析和多因素敏感性分析。

5.3.1 敏感性分析一般程序

敏感性分析的一般程序如下。

(1)选定需要分析的不确定因素,如产品产量、产品售价、可变成本、建设期贷款利率、汇率、固定资产投资等。

(2)确定经济效果评价指标,如财务净现值、财务内部收益率、投资回收期等。

(3)设定各不确定因素可能的变化范围和增减量,如±5%、±10%、±20%。

(4)列表计算不确定因素的变化所引起的评价指标的变动值。如编制敏感性分析表。

(5)计算敏感度系数和变动因素的临界点。

(6)根据临界点的计算结果绘制敏感性分析图,找出敏感性强的因素。

(7)针对敏感性因素提出规避项目风险的建议。

5.3.2 单因素敏感性分析

在分析不确定性因素影响项目经济效果时,假设其他不确定因素均保持不变,仅考察一个因素变化对项目经济效果的影响,这种分析方法称为单因素敏感性分析。在单因素敏感性分析中,可用敏感度系数和临界点来表示敏感性分析的结果。

1. 敏感度系数

敏感度系数可以用来表示项目评价指标对不确定因素的敏感程度,其表达式为:

$$S_{AF} = \frac{\Delta A/A}{\Delta F/F} \tag{5-10}$$

式中:S_{AF}——评价指标 A 对不确定性因素 F 的敏感系数;

$\Delta F/F$——不确定因素 F 的变化率(%);

$\Delta A/A$——不确定因素 F 发生 ΔF 变化时,评价指标 A 的相应变化率(%)。

$S_{AF}>0$,表示评价指标与不确定性因素同方向变化;$S_{AF}<0$,表示评价指标与不确定性因素反方向变化。$|S_{AF}|$ 较大者敏感度系数高。

2. 临界点

临界点(转换值 Switch Value)指项目容许不确定因素向不利方向变化的极限值,超过此极限,项目的经济效果评价指标将不可行。例如,当产品价格下降到某一值时,内部收益率刚好等于行业基准收益率,此点称为产品价格下降的临界点。临界点可以用临界点百分比或临界值表示,临界点百分比表示某一不确定因素的变化达到一定的百分比时,项目的经济效果评价指标将从可行变为不可行;临界值指某一不确定因素的变化达到一定的数值时,项目的经济效果评价指标将从可行变为不可行。

【例 5-5】 某一项目计划投资 2930 万元,当年建成并投产,预计该项目主要设备寿命为 10 年,基准收益率为 12%,有关数据见表 5-2,假定基准收益率不变,试对投资、销售收入、销售成本、寿命逐一进行敏感性分析。

项 目 数 据 表　　　　　表 5-2

投资(万元)	年销售收入(万元)	年销售成本(万元)	寿命期(年)	NPV
2930	9500	8200	10	4415.3

解 根据表 5-2 可计算得到项目净现值为:

$NPV = -2930 + (9500 - 8200)(P/A, 12\%, 10) = 4415.3 (万元)$

设投资变化 x 时,项目的净现值变为:

$NPV = -2930(1+x) + (9500 - 8200)(P/A, 12\%, 10)$

当 x 在表 5-2 的基础上按 ±5%、±10%、±20% 的变化取值时,则可算得相应的项目净现值。同理,可求得其他因素(销售收入、销售成本、寿命)变化对净现值的影响。其结果见表 5-3、图 5-4 和表 5-4。

不确定因素变化对净现值的影响表（单位：万元） 表 5-3

NPV 变化率 参数	−20%	−10%	−5%	0	5%	10%	20%
投资	5001.3	4708.3	4561.8	4415.3	4268.3	4122.3	3829.3
销售收入	−6320.1	−952.4	1731.4	4415.3	7099.1	9783.0	15150.6
销售成本	13681.6	9048.4	6731.8	4415.3	2098.7	−217.9	−4851.1
寿命	3527.9	3996.7	4206.0	4415.3	4602.1	4789.0	5122.7

图 5-4 中每一条斜线的斜率反映净现值对该不确定因素的敏感程度，斜率越大，敏感度越高。每条斜线与横坐标轴的相交点是该不确定因素变化的临界点。由图 5-4 可以看出，净现值指标对销售收入及销售成本两个参数最为敏感，a、b 即为销售收入与销售成本两因素各自变化的临界点。

各因素的敏感性分析见表 5-4。由表 5-4 得出，当销售收入下降 8.23% 时，其他不确定因素不变，$NPV=0$，即销售收入下降超过 8.23% 时，项目方案将不可接受。同样，当销售成本上升到 9.53% 时，其他不确定因素不变，$NPV=0$，即销售成本上升超过 9.53%，项目方案将不可接受。

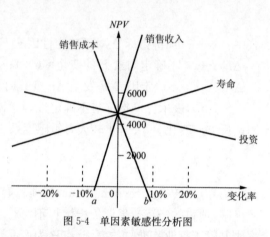

图 5-4 单因素敏感性分析图

敏感性分析表 表 5-4

不确定因素	变化率(%)	基本方案	敏感度系数	临界点	临界值
净现值		4415.3（万元）			
投资	±5,±10,±20	2930（万元）	−0.664	+150.69%	7345.2（万元）
销售收入	±5,±10,±20	9500（万元）	12.16	−8.23%	8718.15（万元）
销售成本	±5,±10,±20	8200（万元）	−10.49	+9.53%	8981.46（万元）
寿命	±5,±10,±20	10（年）	1(−20%,S 最大)	−72.07%	2.79（年）

5.3.3 多因素敏感性分析

单因素敏感性分析，是假定一个因素变动的同时其他因素保持不变，这种方法虽然简单但忽视了因素间的相关性，实际上，一个因素的变动往往引起其他相关因素的同时变动，也会出现几个不确定因素同时变动的情况。多因素敏感性分析考虑到这种相关性，能更全面地揭示环境因素的变化对项目经济评价指标的影响。

1. 双因素敏感性分析

双因素敏感性分析是假定其他因素不变,仅考察两个因素同时变化时,对项目经济效果的影响程度。

【例 5-6】 在例 5-5 中,经单因素敏感性分析得知销售收入与销售成本是两个最敏感的因素,为进一步评估项目的风险,须对这两个因素进行双因素敏感性分析。

解 用 x 表示销售收入的变化率,y 表示销售成本的变化率,则分析步骤如下。

(1)计算净现值为零时的分界线。由净现值的计算公式得:

$$NPV = -2930 + [9500(1+x) - 8200(1+y)](P/A, 12\%, 10)$$
$$= 4415.3 + 53676.9x - 46331.6y$$

当 $NPV = 0$ 时,由上式得净现值为零的分界线方程为:

$$y = 1.159x + 0.095$$

(2)作双因素敏感性分析图。图 5-5 是两个因素同时变化的敏感性分析图。在该图中分界线以上的任何一点的净现值为负,分界线以下的任何一点的净现值为正。正方形中分界线以上面积占该正方形总面积的比例大小,说明销售收入与销售成本两参数在正方形内变化时,项目发生亏损风险的可能性大小。例如,在±10%的正方形内,销售收入与销售成本这两个参数的变化幅度均不超过±10%时,项目发生亏损的可能性约为13%(1/8)。

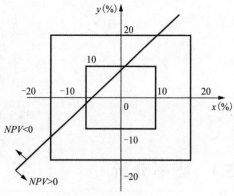

图 5-5 双因素敏感性分析图

2. 多因素敏感性分析

多因素敏感性分析要考虑可能发生的多个不确定因素不同变动幅度的多种组合,所以计算起来要复杂得多。以例 5-5 为例,考虑投资(z 表示变化率)、年销售收入、年销售成本三个因素同时变化,分析对净现值影响的计算公式为:

$$NPV = -2930(1+z) + [9500(1+x) - 8200(1+y)](P/A, 12\%, 10)$$
$$= 4415.3 + 53676.9x - 46331.6y - 2930z$$

用不同投资标的幅度代入上式,可求得一组 $NPV = 0$ 的临界方程:

当 $z = +20\%$ 时,$y = 1.159x + 0.0826$
当 $z = +10\%$ 时,$y = 1.159x + 0.089$
当 $z = -10\%$ 时,$y = 1.159x + 0.1016$
当 $z = -20\%$ 时,$y = 1.159x + 0.1079$

在坐标图上,这是一组平行线(如图 5-6 所示)。

这一组平行线描述了投资(z 表示变化率)、年销售收入、年销售成本三个因素同时变化时,对净现值的影响程度。斜线右下部分区域是 $NPV \geq 0$ 的区域。当 $z = 0$ 时,等同于图 5-5 的情况;投资额增加 10%($z = +10\%$)时,$NPV \geq 0$ 的区域向右下平行移动;投资额增加

20%（$z=+20\%$）时,呈现相同变化趋势,即 $NPV\geqslant0$ 的区域缩小。而投资额减少 10%（$z=-10\%$）时,$NPV\geqslant0$ 的区域向左上平行移动;投资额减少 20%（$z=-20\%$）时,呈现相同变化趋势,即 $NPV\geqslant0$ 的区域扩大。

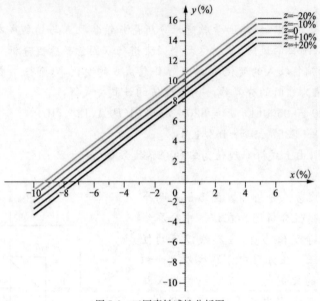

图 5-6　三因素敏感性分析图

5.4　概率分析

敏感性分析研究各种不确定因素的变化对经济效果评价指标的影响,但不能说明产生这种影响的可能性有多大,而且,敏感性分析回避了不确定性因素变化发生的概率问题。实际上,各个不确定性因素在未来发生某一幅度变动的概率并不相同。可能出现这种情况,通过敏感性分析确定的某一强敏感性因素,发生的概率可能较小,对项目的影响不大;而另一不太敏感的因素未来发生变动的概率可能较大,给项目带来的风险远远大于前一因素,因此,为了正确地判断项目的风险,还需要进行概率分析。

概率分析是通过研究各种不确定因素发生变动的概率分布及其对方案经济效果的影响,即对方案的净现金流及经济效果评价指标做出某种概率描述,从而对项目方案的风险情况做出比较准确的判断。

5.4.1　随机现金流的概率描述

严格意义上讲,影响项目经济效果的绝大多数因素（如总投资、经营成本、销售收入、产量、寿命等）都是随机变量,我们可以预测其未来的取值范围并估计各种取值的概率,但不能确切地知道具体的取值。所以,投资方案的各期现金流都是随机变量,在概率分布中我们称之为随机现金流。

随机变量的概率分布类型很多,常见的有均匀分布、二项分布、泊松分布、指数分布、β分布、正态分布等。在经济分析中使用最普遍的是均匀分布和正态分布。各种分布类型的条件、特征及参数的计算方法,可参阅有关概率统计方面的教材与论著。

通常情况下,建设项目的随机现金流会受到许多因素的影响,可以看成是多个独立随机变量之和,在许多情况下近似地服从正态分布,此时描述随机变量的主要参数是期望值和方差。

若某项目的计算期为 n,设第 t 期的随机净现金流 y_t 的各离散取值为 $y_{t1},y_{t2},y_{t3}\cdots,y_{tk}$,对应发生的概率分别为 $P_{t1},P_{t2},P_{t3},\cdots,P_{tk}$,则该期随机现金流的期望值 $E(y_t)$ 及方差 $D(y_t)$ 分别为:

$$E(y_t)=\sum_{j=1}^{k}y_{tj}P_{tj} \tag{5-11}$$

$$D(y_t)=\sum_{j=1}^{k}[y_{tj}-E(y_t)]^2 P_{tj} \tag{5-12}$$

由此可以进一步引申出方案净现值的期望值与方差。

以净现值为例讨论方案经济效果评价指标的概率描述。由于各期的现金流都是随机变量,把各期的随机现金流的现值汇总得到方案的净现值也是随机变量,称为随机净现值。在多数情况下,随机净现值也近似地服从正态分布。期望值反映了平均最有可能达到的值,方差反映了平均的离散程度。这样就可以根据期望净现值及其标准离差计算出项目净现值小于零时的概率,投资者可以根据自己对风险的态度,由这一概率值来做出投资决策。

设各期的随机现金流为 $y_t(t=0,1,2,\cdots,n)$,则随机净现值的计算公式:

$$NPV=\sum_{t=0}^{n}y_t(1+i_c)^{-t} \tag{5-13}$$

设方案计算期 n 为一常数,各期的随机现金流的期望值为 $E(y_t)(t=0,1,2,\cdots,n)$,则可求得方案净现值的期望值:

$$E(NPV)=\sum_{t=0}^{n}E(y_t)\cdot(1+i_c)^{-t} \tag{5-14}$$

在方案计算期内任意两个随机现金流之间相互独立时,方案净现值的方差:

$$D(NPV)=\sum_{t=0}^{n}D(y_t)\cdot(1+i_c)^{-2t} \tag{5-15}$$

由于净现值的方差与净现值具有不同的量纲,为了便于分析,通常使用与净现值具有相同量纲的参数——标准差来反映随机净现值取值的离散程度。方案净现值的标准差可由下式求得:

$$\sigma(NPV)=\sqrt{D(NPV)} \tag{5-16}$$

5.4.2 概率分析方法

概率分析的具体步骤如下。

(1)选择需要分析的不确定因素及其可能的变动范围。这些因素的选择方法与进行敏感性分析时一样,要根据经验和统计资料来确定,且假定这些因素是相互独立的。

(2)预测各不确定因素发生变化的概率,每个不确定因素可能发生变化的概率之和等于1。

(3)分别求出各不确定因素发生变化时,方案净现金流在各状态发生的概率和相应状态下的净现值,然后求出净现值的期望值。

(4)求出净现值大于或等于零的累计概率。

(5)对概率分析结果做出说明。

【例 5-7】 某房地产公司一个开发项目的现金流见表 5-5,根据预测,开发成本与租售收入两个不确定因素的可能变化及其概率见表 5-6。若计算期为 10 年,行业基准收益率为 10%,试求:净现值大于等于零的概率;净现值大于等于 1000 万元的概率。

某房地产开发项目现金流表(单位:万元)　　　　　表 5-5

年　数	开发成本	租售收入	期末残值	净现金流
0	4500			−4500
1~9		800		800
10		800	400	1200

某房地产开发项目开发成本和租售收入变化的概率表　　　　　表 5-6

变动幅度	−20%	0	+20%
开发成本	0.1	0.6	0.3
租售收入	0.3	0.5	0.2

解 利用概率分析图,列出本项目净现金流序列的全部可能状态,共 9 种状态,如图 5-7 所示。

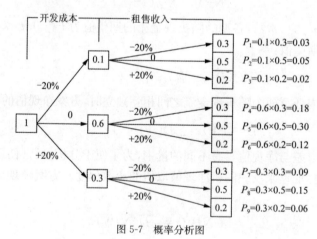

图 5-7 概率分析图

然后分别计算各状态的概率 $P_j(j=1,2,\cdots,9)$,填入图 5-7 和表 5-7 中。

接着计算各状态下的项目净现值 $NPV^{(j)}(j=1,2,\cdots,9)$。令开发成本的变动幅度为 x,租售收入的变动幅度为 y,则有:

$NPV = -4500(1+x) + 800(1+y)(P/A, 10\%, 10) + 400(P/F, 10\%, 10)$

根据 x、y 的不同取值,可分别算得各状态下的 $NPV^{(j)}$,填入表 5-7 中。

再计算加权净现值 $NPV^{(j)} \times P_j(j=1,2,\cdots,9)$,填入表 5-7 中。

各状态下的概率与净现值（单位：万元）　　　　　　　　　　表 5-7

状态 j	概率 P_j	净现值 $NPV^{(j)}$	加权净现值 $NPV^{(j)} \times P_j$
1	0.03	486.74	14.60
2	0.05	1469.88	73.49
3	0.02	2453.02	49.06
4	0.18	−413.26	−74.39
5	0.30	569.88	170.96
6	0.12	1553.02	186.36
7	0.09	−1313.26	−118.19
8	0.15	−330.12	−49.52
9	0.06	653.02	39.18
合计	1.00		291.55

根据式(5-11)，计算净现值的期望值：

$$E(NPV) = \sum_{j=1}^{9} NPV^{(j)} \cdot P_j = 291.55 (\text{万元})$$

根据式(5-12)，计算净现值的方差：

$$D(NPV) = \sum_{j=1}^{9} [NPV^{(j)} - E(NPV)]^2 P_j = 773584.03$$

根据式(5-16)，计算净现值的标准差：

$$\sigma(NPV) = \sqrt{D(NPV)} = 879.54$$

由表 5-9 可知，项目净现值大于或等于零的累计概率为：

$$\begin{aligned}
P(NPV \geqslant 0) &= P_1 + P_2 + P_3 + P_5 + P_6 + P_9 \\
&= 1 - (P_4 + P_7 + P_8) \\
&= 1 - (0.18 + 0.09 + 0.15) \\
&= 0.58
\end{aligned}$$

同理，项目净现值大于或等于 1000 万元的累计概率为：

$$\begin{aligned}
P(NPV \geqslant 1000) &= P_2 + P_3 + P_6 \\
&= 0.05 + 0.02 + 0.12 \\
&= 0.19
\end{aligned}$$

最后可得出如下结论：

(1) 由于净现值期望值 $E(NPV) = 291.55 > 0$，故本项目可以通过。

(2) 由于净现值标准差 $\sigma(NPV) = 879.54$，数值较大，故期望值不一定能反映项目实施后的净现值。

(3) 由于净现值 $NPV \geqslant 0$ 的累计概率 $P(NPV \geqslant 0) = 0.58$，数值较小，故项目存在很大的风险，决策者必须对此有足够的思想准备。

【例 5-8】 某项目在寿命期内可能出现的五种状态的净现金流及其发生的概率见表 5-8。假定各年净现金流之间不相关，方案净现值服从正态分布，行业基准收益率为 10%。试计算：

净现值大于或等于零的概率;净现值小于-75万元的概率;净现值大于1500万元的概率。

某项目各状态净现金流量及发生概率表(单位:百万元)   表 5-8

状态	1	2	3	4	5
概率	$P_1=0.1$	$P_1=0.2$	$P_1=0.4$	$P_1=0.2$	$P_1=0.1$
第 0 年	-22.5	-22.5	-22.5	-24.75	-27
第 1 年	0	0	0	0	0
第 2~10 年	2.445	3.93	6.9	7.59	7.785
第 11 年	5.445	6.93	9.9	10.59	10.935

解 (1)计算方案净现值的期望值和标准差

①计算各状态下的净现值 $NPV^{(j)}$

$NPV^{(1)} = -22.5 + 2.445(P/A,10\%,9)(P/F,10\%,1) + 5.445(P/F,10\%,11)$
$\qquad = -7.791(百万元)$

$NPV^{(2)} = -22.5 + 3.93(P/A,10\%,9)(P/F,10\%,1) + 6.93(P/F,10\%,11)$
$\qquad = 0.504(百万元)$

$NPV^{(3)} = -22.5 + 6.9(P/A,10\%,9)(P/F,10\%,1) + 9.9(P/F,10\%,11)$
$\qquad = 17.1(百万元)$

$NPV^{(4)} = -24.5 + 7.59(P/A,10\%,9)(P/F,10\%,1) + 10.59(P/F,10\%,11)$
$\qquad = 18.699(百万元)$

$NPV^{(5)} = -27 + 7.785(P/A,10\%,9)(P/F,10\%,1) + 10.935(P/F,10\%,11)$
$\qquad = 18.377(百万元)$

②计算净现值的期望值、方差、标准差

$E(NPV) = \sum_{j=1}^{5} NPV^{(j)} \cdot P_j$
$\qquad = 0.1 \times (-7.791) + 0.2 \times 0.504 + 0.4 \times 17.1 + 0.2 \times 18.669 + 0.1 \times 18.377$
$\qquad = 11.739(百万元)$

$D(NPV) = \sum_{j=1}^{5} [NPV^{(j)} - E(NPV)]^2 P_j$
$\qquad = [(-7.791) - 11.739]^2 \times 0.1 + (0.504 - 11.739)^2 \times 0.2 +$
$\qquad\quad (17.1 - 11.739)^2 \times 0.4 + (18.669 - 11.739)^2 \times 0.2 +$
$\qquad\quad (18.377 - 11.739)^2 \times 0.1$
$\qquad = 88.977$

$\sigma(NPV) = \sqrt{D(NPV)} = 9.433(百万元)$

(2)概率分析

由于项目净现值为连续变量,且 $\mu = E(NPV) = 11.739$,$\sigma = \sigma(NPV) = 9.433$,则根据:

$P(X < x) = \Phi\left(\dfrac{x-\mu}{\sigma}\right) = \dfrac{NPV - 11.739}{9.433}$

可以求出各项待求概率,Φ 值可由标准正态分布表中查出。

①净现值大于或等于零的概率

$$P(NPV \geqslant 0) = 1 - P(NPV < 0) = 1 - \Phi\left(\frac{0 - 11.739}{9.433}\right) = 1 - 1 + \Phi(1.24) = \Phi(1.24) = 0.8925$$

②净现值小于−0.75 百万元的概率

$$P(NPV < -0.75) = \Phi\left(\frac{-0.75 - 11.739}{9.433}\right) = 1 - \Phi(1.32) = 1 - 0.90658 = 0.0924$$

③净现值大于 15 百万元的概率

$$P(NPV \geqslant 15) = 1 - P(NPV < 15) = 1 - \Phi\left(\frac{15 - 11.739}{9.433}\right) = 1 - \Phi(0.35) = 1 - 0.6368 = 0.3632$$

由计算结果可知：该项目有 89.25% 的盈利可能性，且盈利在 1500 万元以上的可能性有 36.32%，亏损在 75 万元以上的可能性只有 9.24%，故风险不大，建议采用此项目方案。

5.4.3 蒙特卡洛模拟法

在前面的风险分析中，涉及的参数只有一到两个是随机变量，且经济效果评价指标是净现值。当项目比较大，涉及的不确定因素较多且是非独立时，或经济效果评价指标是内部收益率时，采用前面的计算方法十分复杂，而蒙特卡洛模拟法则能很方便地解决这类问题。

1. 蒙特卡洛模拟法原理

蒙特卡洛（Monte-Carlo）模拟法是以概率统计原理为基础，模拟事物的形成过程，以认识事物特征及其变化规律的方法。这种方法的前提是假设不确定性因素可以用概率分布来描述。

蒙特卡洛模拟法可以看成是对实际可能发生情况的模拟，它是根据各随机变量的概率分布，并利用随机数表或计算机上的专门程序来产生具有与原随机变量的概率分布相同的一组数值，然后把该组数值分别赋值给各相应随机变量，并根据经济效果评价指标 W（如净现值、内部收益率、投资回收期等）的计算公式算出一个指标值，这就实现了对实际可能发生情况的一次模拟。这样如此反复 m 次，一般当 $m = 50 \sim 300$ 时，评价指标 W 的分布规律基本上趋于稳定，于是由 m 个评价指标值就可求得关于评价指标的具体概率分布及累计概率分布、期望值、方差、标准差，通过计算项目可行或不可行的概率，从而估计项目投资所面临的风险。

2. 蒙特卡洛模拟法实施步骤

蒙特卡洛模拟法实施步骤如下。
(1) 通过敏感性分析，确定随机变量。
(2) 构造随机变量的概率分布模型。
(3) 为各输入随机变量抽取随机数。
(4) 将抽得的随机数转化为各输入随机变量的抽样值。
(5) 将抽样值组成一组项目评价基础数据。
(6) 根据基础数据计算评价指标值。
(7) 整理模拟结果所得的评价指标的期望值、方差、标准差和它的概率分布及累计概率，绘制累计概率分布图,计算项目可行或不可行的概率。

【例 5-9】 某项目全部固定资产投资为 10000 万元,流动资金 1000 万元,项目两年建成,第三年投产,当年达产,不含增值税,年销售收入为 5000 万元,经营成本 2000 万元,附加税及营业外支出年 50 万元,项目计算期 12 年,项目要求达到的财务内部收益率为 15%,求内部收益率低于 15% 的概率。

由于蒙特卡洛模拟的计算量非常大,必须借助计算机来进行。本案例通过手工计算,模拟 20 次,主要是演示模拟过程。

解 应用蒙特卡洛模拟法进行计算的具体步骤如下。

(1)确定随机变量即风险变量。

通过敏感性分析得知,建设投资、产品销售收入、经营成本为主要随机变量。流动资金需要量与经营成本线性相关,不作为独立的输入变量。

(2)构造概率分布模型。

假设建设投资变化概率服从三角形分布,其悲观值为 13000 万元、最大可能值为 10000 万元、乐观值为 9000 万元,如图 5-8 所示。年销售收入服从期望值为 5000 万元、标准差为 300 万元的正态分布。年经营成本服从期望值为 2000 万元、标准差为 100 万元的正态分布。

建设投资变化的三角形分布的累计概率见表 5-9、图 5-9。

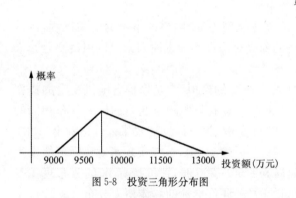

图 5-8 投资三角形分布图

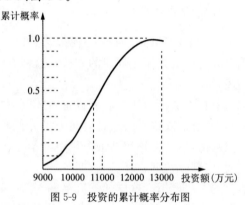

图 5-9 投资的累计概率分布图

(3)对投资、销售收入和经营成本分别抽取随机数。

随机数可以由计算机产生,或从随机数表中任意确定起始数后,顺序抽取。本例从随机数表中抽取随机数。假定模拟次数定为 $k=20$,从随机数表中任意抽取三组 20 个一组的随机数,见表 5-10。

投资额三角形分布图累计概率表 表 5-9

投 资 额	预定投资额的面积	累 计 概 率
三角形面积=$4000H\times 0.5=2000H$		
9000	0	0
9250	$250\times 0.25H\times 0.5$	0.0156
9500	$500\times 0.5H\times 0.5$	0.0625
9750	$750\times 0.75H\times 0.5$	0.1406
10000	$1000\times H\times 0.5$	0.25

续上表

投资额	预定投资额的面积	累计概率
	三角形面积＝4000H×0.5＝2000H	
10300	1000×0.5H+300×(H+0.9H)/2	0.3925
10600	500H+600×(H+0.8H)/2	0.52
10900	500H+900×(H+0.7H)/2	0.6325
11200	500H+1200×(H+0.6H)/2	0.73
11500	500H+1500×(H+0.5H)/2	0.8125
11800	500H+1800×(H+0.4H)/2	0.88
12100	500H+2100×(H+0.3H)/2	0.9325
12400	500H+2400×(H+0.2H)/2	0.97
12700	500H+2700×(H+0.1H)/2	0.9925
13000	500H+3000×H/2	1.000

输入变量随机抽样取值表 表5-10

模拟顺序	投资		销售收入		经营成本	
	随机数	投资取值	随机数	收入取值	随机数	成本取值
1	48867	10526	06242	4540	66903	2043
2	32267	10153	84601	5306	31484	1952
3	27345	10049	51345	5010	61290	2029
4	55753	10700	09115	4600	72534	2057
5	93124	12093	65079	5116	39507	1973
6	98658	12621	88493	5360	66162	2042
7	68216	11053	04903	4503	63090	2033
8	17901	9838	26015	4910	48192	1995
9	88124	11807	65799	5122	42039	1980
10	83464	11598	04090	4478	36293	1965
11	91310	11989	27684	4822	56420	2016
12	32739	10162	39791	4922	92710	2145
13	07751	9548	79836	5251	47929	1995
14	55228	10686	63448	5103	43793	1982
15	89013	11585	43011	4947	09746	1870
16	51828	10596	09063	4599	18988	1912
17	59783	10808	21433	4762	09549	1869
18	80267	11464	04407	4489	56646	2017
19	92919	11574	38960	4916	17226	1905
20	77017	11346	19619	4744	68855	2049

(4)将抽得的随机数转化为各随机变量的抽样值。

这里以第一组模拟随机变量产生作说明。

①服从三角形分布的随机变量产生方法。

根据随机数在累计概率表(表 5-9)或累计概率图(图 5-9)中查取。投资的第一个随机数为 48867，查找累计概率 0.48867 所对应的投资额，从表 5-9 中查得投资额在 10300 与 10600 之间，通过线性插值，第一个投资抽样值为 10300＋300×(48867－39250)/(52000－39250)＝10526 万元。

②服从正态分布的随机变量产生方法。

从正态分布表中查找累计概率与随机数相等的数值。例如销售收入的第一个随机数为 0.06242，查找累计概率 0.06242 所对应的销售收入，查标准正态分布表得销售收入的随机离差在－1.53 与－1.54 之间，经线性插值得－1.5348。

第一个销售收入抽样值为 5000－1.5348×300≈4540 万元。

同样，经营成本的第一个随机数 66903 相应的随机变量离差为 0.4328，第一个经营成本的抽样值为 2000＋100×0.4328＝2043 万元。

③服从离散型分布的随机变量的抽样方法。

本例中没有离散型随机变量，另举例如下，据专家调查获得的某种产品售价的概率见分布表 5-11。

某产品售价的概率分布 表 5-11

售价(元)	105	115	125	135	145	155	平均	130.5
概率	0.05	0.15	0.25	0.35	0.15	0.05	合计	1.00
累计概率	0.05	0.2	0.45	0.80	0.95	1.00		

根据表 5-11 绘制累计概率如图 5-10 所示。

若抽取的随机数为 43252，从累计概率图纵坐标上找到累计概率为 0.43252，划一水平线与累计概率折线相交的交点的横坐标值为 125 元，即是售价的抽样值。

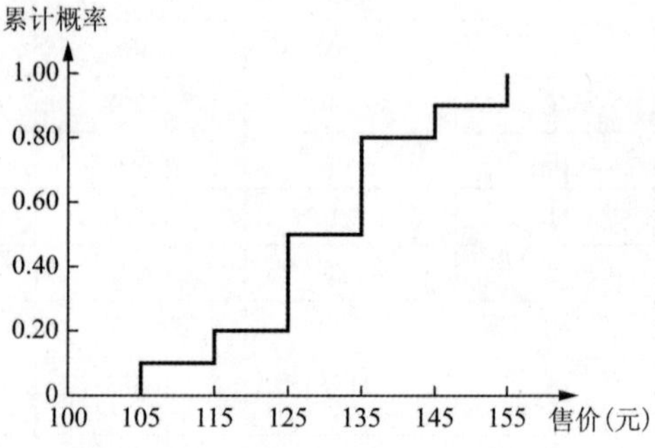

(5)投资、销售收入、经营成本的各 20 个抽样值组成 20 组项目评价基础数据。

(6)根据 20 组项目评价基础数据，计算出 20 个计算项目评价指标值。

(7)模拟结果达到预定次数后，整理模拟结果，按内部收益率从小到大排列并计算累计概率，见表 5-12。

图 5-10 净现金流量累计概率分布图

蒙特卡洛模拟累计概率计算表 表 5-12

模拟顺序	模拟结果		概　率	累计概率
	内部收益率(%)	净现值(15%)		
18	13.9	－487.46	0.05	0.05
10	14.05	－423.37	0.05	0.10
7	14.60	－173.12	0.05	0.15

续上表

模拟顺序	模拟结果		概　　率	累计概率
	内部收益率(%)	净现值(15%)		
11	15.78	364.58	0.05	0.20
1	15.83	346.23	0.05	0.25
4	15.89	377.41	0.05	0.30
20	15.99	443.56	0.05	0.35
16	17.48	1048.10	0.05	0.40
19	18.25	1502.52	0.05	0.45
15	18.26	1537.80	0.05	0.50
5	18.26	1572.00	0.05	0.55
9	18.56	1797.47	0.05	0.60
6	18.78	1793.74	0.05	0.65
17	18.84	1673.41	0.05	0.70
12	19.00	1667.60	0.05	0.75
14	21.00	1632.16	0.05	0.80
8	21.09	2491.37	0.05	0.85
3	21.14	2564.63	0.05	0.90
2	34.11	3919.66	0.05	0.95
13	24.81	4022.47	0.05	1.00
期望值	19.37	1433.54		
方差	20.38			
离散系数	23.43%			

从累计概率表可知内部收益率低于15%的概率约为0.15,内部收益率高于15%的概率约为0.85。

本章小结

工程项目不确定性分析是项目评价的重要组成部分,通过分析项目的不确定性因素,可以发现对项目经济效果影响较大的不确定性因素,在项目实施前就制定相应的对策措施,提高项目抵御外部环境变化给项目实施运营带来风险的能力,也可以为项目的科学决策提供依据。

盈亏平衡分析通过计算项目盈亏平衡点,进而分析项目抗风险能力。此方法一般仅适用于财务评价。

敏感性分析通过计算不确定性因素的敏感度,找出对项目影响大的因素加以重点监控,保证项目顺利实施,达到规避风险,实现财务目标的目的。

概率分析是项目风险分析的一种形式,通过估计不确定因素发生变动的概率分布,计算或模拟计算项目经济效果评价指标,以此判断项目风险大小。

敏感性分析和概率分析既适用于财务评价,又适用于国民经济评价。

复习思考题

1. 已知某化工项目,设计年产量为 5800 千克,估计产品售价为 72 元/千克,固定成本为 60000 元/年,变动成本为 32 元/千克,其销售收入和总成本费用与产量皆呈线性关系,销售税金及附加和增值税共为 10 元/千克,求以产量、生产能力利用率、销售价格、单位产品这几项变动成本表示的盈亏平衡点。

2. 某化工厂生产某种化工产品,年销售收入(扣除销售税及附加、增值税)为 $400Q-0.04Q^2$ 元,年总固定成本为 260000 元,年总可变成本为 $200Q-0.02Q^2$ 元。求盈亏平衡点产量和最大盈利点产量。

3. 某工程方案设计生产能力 1.5 万吨/年,产品销售价格为 3200 元/吨,销售税金及附加为 160 元/吨,增值税为 70 元/吨,年总成本为 3600 万元,其中固定成本为 1500 万元。试求以产量、销售收入、生产能力利用率、销售价格的单位产品这几项变动成本表示的盈亏平衡点。

4. 某项目所生产的产品的总固定成本为 10 万元,单位变动成本为 1000 元,产品销售收入(扣除销售税金及附加、增值税)为 $21000Q^{1/2}$(Q 为产品产销量),试确定该产品的经济规模区和最优规模。

5. 新建一钢厂,如果设计能力为年产钢 5000 吨,预计每吨售价 7800 元,总固定成本为 1000 万元,单位产品变动成本为 4000 元。试通过盈亏平衡分析,对该方案进行评价。

6. 某项目生产能力 2.8 万件/年,产品售价 3000 元/件,总成本费用 7800 万元,其中固定成本 3000 万元,总变动成本与产量呈线型关系。请进行盈亏平衡分析。

7. 某家具制造厂生产一种书柜,售价 150 元,年固定费用为 20 万元,每生产一个书柜的材料费为 52 元,支付工人工资 20 元,其他变动费用为 8 元,要使工厂不亏本,每年至少要生产多少台书柜?

8. 第 7 题中,若该工厂第一年内只能生产 2000 台书柜,按这一产量进行生产,企业能获利吗?如果是考虑在第一年允许亏损 3 万元的情况下进行生产,企业该如何操作?如果企业要获得 10 万元/年的利润,至少应该生产多少书柜?如果企业最大生产能力为 5000 台/年,那么企业最高可获得多少利润?

9. 某厂生产钢材的设计能力为 1.8 万吨/年,每吨钢材价格为 5500 元,单位产品变动成本为 3200 元/吨,总固定成本为 4160 万元,使用期限为 6 年,按平均年限法分摊。试求以生产能力利用率表示的盈亏平衡点。

10. 某厂生产一种产品,售价为 21 元,单位产品成本 16 元,固定成本总额为 240000 元,目前生产能力为 60000 件。求盈亏平衡点产量和销售量为 60000 件时的利润额。

11. 第 10 题中,该厂通过市场调查后发现该产品需求量将超过目前的生产能力,因此准备扩大生产规模。扩大生产规模后,当产量不超过 100000 件时,固定成本将增加 80000 元,单位产品变动成本将下降到 15.5 元,求此时的盈亏平衡点。

12. 假定某公司计划修一个小工厂,估计寿命期为 15 年,计划年初一次性投资 200 万元,第二年年初投产,每天生产产品 100 立方米,每年可利用 250 天时间,每立方米产品售价估计为 40 元,每立方米产品生产成本估计为 10 元。估计到期时设备残值为 20 万元,基准贴现率为15%,试就产品价格、投资额、产量三个影响因素对投资方案进行敏感性分析。

13. 某投资方案的基础数据如表 5-13 所示,试对该方案中的投资额和产品价格进行双因素敏感性分析。

投资方案基础数据　　　　　　　　　　　　　　　　表 5-13

项目	初始投资	寿命期	残值	价格	年经营费	贴现率	年生产能力
参数	1200 万元	10 年	80 万元	35 元/台	140 万元	10%	10 万台

14. 某投资方案的基础数据如表 5-14 所示,试进行初始投资和年销售收入双因素敏感性分析。

双因素敏感性分析基础数据　　　　　　　　　　　　表 5-14

项目	初始投资	寿命期	残值	年销售收入	年经营费用	折现率
参数	10000 万元	5 年	2000 万元	5000 万元	2200 万元	8%

15. 某工业项目,其产品年产量为 150 万件,产品销售价格、销售量与经营成本相互独立。投资、产品售价和年经营成本可能发生的数值及其概率见表 5-15～表 5-17。试计算其净现值的期望值。

项目投资可能发生的数值及其概率　　　　　　　　　表 5-15

年数	1		2	
可能发生情况	Ⅰ	Ⅱ	Ⅰ	Ⅱ
数值	1000 万元	1200 万元	2000 万元	2400 万元
概率	0.75	0.25	0.65	0.35

项目产品售价可能发生的数值及其概率　　　　　　　表 5-16

年数	3～12		
可能发生情况	Ⅰ	Ⅱ	Ⅲ
数值	5 元/件	6 元/件	7 元/件
概率	0.3	0.5	0.2

项目年经营成本可能发生的数值及其概率　　　　　　表 5-17

年数	3～12		
可能发生情况	Ⅰ	Ⅱ	Ⅲ
数值	150 万元	200 万元	250 万元
概率	0.2	0.6	0.2

16. 某项目须投资 20 万元,建设期 1 年。根据预测,项目生产期的年收入(各年相同)为 5 万元、10 万元和 12.5 万元的概率分别为 0.3、0.5 和 0.2。在每一收入水平下生产期为 2 年、3 年、4 年和 5 年的概率分别为 0.2、0.2、0.5 和 0.1,折现率为 10%。试进行概率分析。

17. 某电网供电地区缺电严重,而该电网挖潜后其供电设备可多供电能以满足需要,由于燃料供应原因,有以下两个方案可供选择:(1)本地区低质燃料方案。固定成本4800万元,单位变动成本8元/MW·h,电价146元/MW·h,交纳税金32.17元/MW·h。(2)外地购进高质燃料方案。固定成本1000万元,单位变动成本55元/MW·h,电价192元/MW·h,交纳税金48.17元/MW·h。注:1kW·h等于1度电,1MW等于1000kW;kW·h即千瓦时,MW即兆瓦,试用盈亏平衡分析法进行项目方案决策。

18. 某投资项目有两个方案,一个是建大厂,另一个是建小厂。建大厂须投资300万元,建小厂须投资160万元,使用年限均为10年,估计在此期间产品销路好的概率为0.7,销路差的概率是0.3,$i=6\%$,两方案年净收益如表5-18。试以概率分析法决策。

方案年净收益　　　　　　　　　　　　　　　表5-18

自然状态	概率	大厂方案	小厂方案
销路好	0.7	100万元	40万元
销路不好	0.3	−20万元	10万元

19. 某电话公司对电话线杆更换率进行了调查。结果见表5-19。

电话线杆更换率调查表　　　　　　　　　　　表5-19

寿命(年)	5	10	15	20	25	30	35	40
报废率(%)	3	10	18	24	16	8	4	1

按照会计部门的统计,安装一个电话线杆要花费420元,基准收益率为10%。通过经济分析这个公司用在一个电话线杆上的费用应是多少?

20. 航空公司计划引入一架新飞机,表5-20是在三种市场下运营的现金流量和它们相关的概率,如基准收益率为10%,投资净现值的期望值是多少?

三种市场下运营的现金流量和相关概率　　　　表5-20

年数	现金流量(万元)		
	1(P=0.5)	2(P=0.3)	3(P=0.2)
0	−10	−10	−10
1	2	3	4
2	4	4	4
3	6	5	4
4	8	6	4
5	10	7	4

21. 为加工某零件有三种实施方案。A方案固定总成本费用为4000元,单位总变动费用为30元;B方案固定总成本费用为8000元,单位总变动费用为20元;C方案固定总成本费用为16000元,单位总变动费用为10元。试求在不同的产量需求下方案的选择。

22. 某项目设计生产能力为年产50万件,每件产品价格为120元,单位产品变动成本为

100元,年固定成本为700万元。试计算:

(1)产品销售税金及附加忽略不计,盈亏平衡点的生产能力利用率。

(2)产品销售税金及附加占销售收入的3%,盈亏平衡点的生产能力利用率。

23. 某项目所生产的产品的总固定成本为16万元,单位变动成本为1500元,产品销售收入为 $26000Q^{1/2}+500Q$(Q 为产品产销量)。试确定该产品的盈利区域和最大盈利产量。

24. 某投资方案用于确定性分析的现金流量如表 5-21 所示,表中数据是通过对未来最可能出现的情况预测估算得到的。由于未来影响经济环境的某些因素的不确定性,预计投资额、年收益、年支出参数的最大变化范围为 $-20\%\sim+20\%$,基准折现率为10%。试对各参数分别进行敏感性分析。

(1)利用相对测定法进行单因素敏感性分析。

(2)从五个因素中选两个最敏感因素进行多因素敏感性分析。

现 金 流 量 表 表 5-21

参数	投资额(R)	年收益(AR)	年支出(AC)	残值(L)	寿命期(N)
预测值	150000元	32000元	2000元	20000元	10年

25. 某中型钢厂投资方案,年产钢12万吨,每吨钢售价500元,单位产品变动费用250元,单位产品税金64元,年固定总成本1500万元,试对产量、售价、单位变动费用、生产能力利用率进行盈亏平衡分析。

第 6 章
工程项目财务评价

本章概要

将有限的资源投入经济效益最佳的工程项目是各类企业、社会组织和各级政府投资的出发点。要实现这一目标，需要对拟建项目进行财务评价，即预先估算项目的投资与效益，避免盲目决策所导致的投资失误。财务评价既是工程项目经济评价的核心内容，也是工程项目可行性研究的组成部分。本章主要介绍了工程项目可行性研究；财务评价的内容、方法和基本步骤；财务预测；财务基本报表与辅助报表；财务评价指标体系和项目财务评价案例。

通过本章的学习，要求读者熟悉财务评价的内容、指标体系和步骤，并掌握工程项目财务评价的基本方法。

6.1 工程项目可行性研究简介

6.1.1 项目可行性研究的概念

可行性研究(Feasibility Study)又称为可行性分析(Feasibility Analysis),是在项目预投资期对拟建项目的技术先进性、经济合理性、生态环境保护和实施的可能性进行综合分析与评价,以此得出项目是否可行的结论。可行性研究报告可以为项目投资决策提供科学依据。

国内的现行投资体制都要求无论是政府投资项目还是非政府投资项目,在建设前期都需要进行项目的可行性研究。可行性研究已经应用于常见的工程项目:城市基础设施建设项目(供水、电、气、污水处理、垃圾焚烧等);交通运输项目(高铁、轻轨、高速公路、机场、码头等);能源项目(水电工程、火电厂、风能电站、太阳能电站、水利水电等);城镇房地产项目(住宅、商业、服务业等);工业生产项目(钢铁、有色金属、材料、石油、化工、机械、纺织、电子、食品、医药、烟草等)。在建设项目的新建工程、迁建工程、技改工程、恢复重建工程中都需要项目可行性研究,以为各类投资项目的业主、投资人、决策者对项目可行性的判断提供科学依据。此外,项目可行性研究的做法也是符合国际惯例的做法。

按联合国工业发展组织(UNIDO)的工作规程,项目可行性研究的工作包括四个阶段:机会研究、初步可行性研究、详细可行性研究及项目评估,其研究成果常以项目建议书、可行性研究报告和项目评估报告的形式呈现。由于建设前期的各研究工作阶段的研究性质、工作目标、工作要求及作用不同,因而可研各阶段的工作时间与费用也各不相同,如表 6-1 所示。

可行性研究各阶段工作的目的和要求 表 6-1

研究阶段	机会研究	初步可行性研究	可行性研究	项目评估决策
研究性质	项目设想	项目初选	项目准备	项目评估
研究目的和内容	鉴别投资方向,寻求投资机会(含地区、行业、资源和项目的机会研究),选择项目,提出项目投资建议	对项目作初步评价,进行专题辅助研究,广泛分析、筛选方案,确定项目的初步可行性	对项目进行深入细致的技术经济论证,重点对项目的技术方案和经济效益进行分析评价,进行多方案比选,提出结论性意见	综合分析各种效益,对可行性研究报告进行全面审核和评估,分析判断可行性研究的可靠性和真实性
研究要求	编制项目建议书	编制初步可行性研究报告	编制可行性研究报告	提出项目评估报告
研究作用	为初步选择投资项目提供依据,批准后列入建设前期工作计划,作为国家对投资项目的初步决策	判定是否有必要进行下一步详细可行性研究,进一步判明建设项目的生命力	作为项目投资决策的基础和重要依据	为投资决策者提供最后的决策依据,决定项目取舍和选择最佳投资方案
估算精度	±30%	±20%	±10%	±10%
研究费用(占总投资的百分比)	0.2%~1.0%	0.25%~1.25%	大项目 0.2%~1%;中小项目 1%~3%	—
需要时间(月)	1~3	4~6	8~12 或更长	—

由于各阶段研究的内容由浅入深,故项目投资和成本估算的精度要求由粗到细,研究工作量由小到大,研究的目标和作用逐步提升,随之研究工作时间和费用也逐渐增加。

1. 投资机会研究

机会研究的主要任务是为工程项目的投资方向和设想提出建议。国内常根据国民经济社会发展的长远规划、地区经济社会发展规划、产业转型与发展规划、企业自身的发展战略,在某一确定地区、企业或部门内部,结合资源情况、市场预测和建设布局等条件,选择建设项目,寻找最有利的投资机会。

机会研究可分为一般机会研究和项目的机会研究。一般机会研究即针对某个指定的地区、行业或部门鉴别各种投资机会,或识别以某种自然资源或工农业产品为基础的投资机会。此研究一般由政府研究机构和社会研究机构进行,作为制定经济发展计划的基础。在对这些投资机会作出最初鉴别之后,再进行项目的机会研究,即将项目的设想转变为概略的项目投资建议,以引起投资者的关注,使其作出投资响应,并从几个有投资机会的项目中迅速而经济地作出抉择。随后编制项目建议书,为初步选择投资项目提供依据。经有关部门批准立项后,列入项目建设前期工作计划,作为国家、地方政府对投资项目的初步决策。企业投资项目的机会研究方法与政府相同,仅是项目的审批二者是企业高层决策者或风险投资人等非政府人士。

机会研究阶段的工作较粗略,常根据条件和背景类似的工程项目来估算投资额与生产成本,初步分析建设投资效果,提供一个或一个以上可能进行建设的投资项目和投资方案。该阶段所估算的投资额和生产成本的精确程度控制在 $\pm 30\%$ 上下,大中型项目的机会研究所需时间在 $1\sim 3$ 个月,所需费用占投资总额的 $0.2\%\sim 1\%$。若投资者对此项目感兴趣,则可再进行下一步的可行性研究工作。

2. 初步可行性研究

项目建议书经政府有关部门审定同意后,对于投资规模较大、工艺技术较复杂的大中型骨干建设项目,仅靠机会研究还不能决定取舍,在开展全面研究工作前,常须先进行初步可行性研究,进一步判明建设项目的生命力。故此阶段的目标如下:

(1)分析投资机会研究的结论,并在具有详细资料的基础上作出初步投资估价。该阶段工作须深入弄清项目的规模、原材料资源、工艺技术、厂址、组织机构和建设进度等情况,从而进行经济效果初步评价,以判定项目是否有前途,有无必要进行下一步的详细可行性研究。

(2)确定对某些关键性问题做专题辅助研究,如市场需求预测和竞争能力分析、原料辅助材料和燃料动力等供应和价格预测、工厂中间试验、厂址选择、合理经济规模,以及主要设备选型等。在经过了广泛的方案分析和比较论证后,对各类技术方案进行筛选,选择效益最佳方案,排除一些不利方案,缩小下一阶段的工作范围和工作量,尽量节省时间和费用。

(3)鉴定项目的选择依据和标准,确定项目的初步可行性。根据初步可行性研究结果,编制初步可行性研究报告,决定是否有必要继续进行研究,如通过所获资料的研究确定该项目设想不可行,则应立即停止工作。该阶段是项目的初选阶段,研究结果应作出是否投资的初步决定。

(4)初步可行性研究是介于机会研究和可行性研究之间的中间阶段,其研究内容和结构与可行性研究的内容和结构基本相同。主要区别是所获资料的详尽程度不同,研究的深度不一样。两者对建设投资和生产成本的估算精度要求一般控制在±20%的范围,投资估算可采用0.6指数估算法、因子法、工程系数法和投资比例法等,研究所需时间为4~6个月,所需费用占投资总额的0.25%~1.25%。

3. 详细可行性研究

详细可行性研究也叫可行性研究(简称可研),是建设项目投资决策的基础,它为项目决策提供技术、经济、社会和财务、环境影响等方面的评价依据,为项目的具体实施(进行建设和生产经营)提供科学依据。该阶段是进行详细深入的技术经济分析的论证阶段,其目标主要有五个。

(1)项目的市场需求

详细可行性研究进一步分析项目存在基础的市场需求来源,初步研究和规划出一个该项目未来的市场营销管理方案,以作为对项目进行投资的市场选择依据。

(2)项目建设方案

深入研究有关产品方案、生产流程、资源供应、厂址选择、工艺技术、设备选型、工程实施进度计划、资金筹措计划,以及组织管理机构和定员等各种可选的技术方案,做全面深入的技术经济分析和比选工作,并推荐一个可行的投资建设方案。

(3)经济效果与社会效益

着重对投资总体建设方案进行企业财务效益、国民经济效益和社会、环境影响效益的分析与评价,对各投资方案进行多方案比选,确定一个能使项目综合投资费用和生产成本降到最低限度,以取得最佳经济效益和社会与环境影响效果的建设方案。

(4)可行性研究的最终结论

确定项目投资的最终可行性和选择依据标准。对拟建投资项目提出结论性意见。可行性研究的结论,可推荐一个认为最好的建设方案;也可提出可供选择的几个方案,说明各方案的利弊和可能采取的措施,或者也可提出"不可行"的结论。按照可行性研究结论编制出可行性研究报告,作为项目投资决策的基础和重要依据。

(5)可行的方案是工程设计的依据

可行性研究是决定项目性质的阶段(定性阶段),是项目决策研究的关键环节,该阶段为下一步的工程设计提供基础资料和设计依据。

由于可行性研究在投资前期的重要作用,可研阶段要求建设投资和生产成本计算的精度控制在±10%的范围内;研究工作所花费的时间为8~12个月;所需费用中,大项目占总投资的0.2%~1.0%,中小型项目占总投资的1.0%~3.0%。

4. 项目评估

项目评估是由投资决策部门组织和授权给诸如国家开发银行、建设银行、投资银行、国防工程咨询公司或有关专家,让其代表国家或投资方(主体)对上报的建设项目可行性研究报告进行全面的审核和再评价。项目评估的主要任务是对拟建项目的可行性研究报告提出评价意见,对该项目投资的可行与否作出最终决策(取舍),确定出最佳的投资方案。

通常应在可行性研究报告基础上进行的项目评估,其内容主要有:该可行性研究报告中反映的各项情况是否确实;分析项目可行性研究中各项指标计算是否正确,包括各种参数、基础数据、定额费率的选择;从市场、企业、国家、社会和环境等方面综合分析和判断工程项目的市场需求、经济效益和社会与环境效益;分析和判断项目可研的可靠性、真实性和客观性,对项目作出最终投资决策;最后写出项目的评估报告。

6.1.2 可行性研究的依据与意义

1. 可行性研究的依据

可行性研究报告的编制一般依据以下文件和资料进行。
(1)项目建议书及其批复文件

项目建议书是工程建设项目在投资决策前项目的总体设想,主要论证项目建设的必要性,并对项目的可行性进行了初步分析论证,提出了项目建设的建议,因此,项目建议书是项目可行性研究报告编制的主要依据。项目建议书必须经过有关部门的批准,才能有效,一般基础性和公益性项目的建议书需要经各级发展和改革委员会同意,并列入建设前期的工作计划后,方可开展项目的可行性研究工作。可行性研究确定的规模和标准原则上不应突破批复的项目建议书提出的指标。

(2)国家和地区国民经济经济和社会发展规划

国家和地区国民经济和社会发展规划是一个时期国民经济发展的纲领性文件,对项目建设具有指导作用,并为项目的建设提供了依据。另外,行业或部门发展规划对项目的可行性研究同样可作为项目建设的依据,如江河流域开发治理规划、铁路公路路网规划、电力电网规划、土地利用规划、城市规划等。

(3)项目业主方的决定与委托合同要求

按照我国现行投资体制,企业的投资主体地位已经确立。绝大多数的工业建设项目都是由企业自主决策的,投资企业的决策层做出的进行项目可行性研究的决定是开展可行性研究工作的依据。自行进行可行性研究的项目业主单位编制可行性研究报告的依据是本单位的有关决定。而受托进行项目可行性研究的咨询机构开展此项工作并编制可行性研究报告的依据是业主方可行性研究的委托合同。

(4)有关技术规范、标准、定额和经济评价方法

技术规范、标准是工程建设项目在技术方案制定时应考虑或遵守的规则,例如《水利水电工程可行性研究报告编制规程》《泵站设计规范》《建设项目经济评价方法与参数》等,有些规范为"强制性规范",必须严格遵守。有关定额,如预算定额,是进行工程投资估算和进行方案技术经济比较的依据。又如钢铁联合企业单位生产能力投资指标、饭店单位客房投资能力指标等,都是进行技术经济分析的重要依据。

国家发展和改革委员会和原建设部颁布的《建设项目经济评价方法与参数》(第三版)是

项目经济评价的基本依据。

(5) 其他基础资料

基础资料是进行可行性研究报告编制的基础,是进行工程位置(厂址)选择、工程设计、技术经济分析等工作的依据。基础资料的内容视工程建设项目的性质而定,一般包括项目所在区域的自然、地理、水文、气象、地质、社会等。有些基础资料必须通过专业机构现场勘探或从有关行业部门获得。如地形图的测量、地质情况勘测等。

(6) 国家有关法律、法规和政策

国家有关法律法规是工程建设项目应严格遵守的制度,可行性研究报告编制人员必须认真阅读并了解相关规定,保证项目的建设不违背国家的有关规定。如税收制度、环境保护的法律与政策、一定时期内国家产业发展的指导性政策文件等。

2. 可行性研究报告的作用

可行性研究不仅要得出项目是否可行的结论,更重要的是要构造出项目建设的方案,并对方案所涉及的各方面问题进行分析研究,从而解决上什么样的项目、规模多大、采用何方案、如何融资、如何组织实施等问题。具体来讲,工程建设项目的可行性研究报告主要有以下几个方面的作用。

(1) 可行性研究报告是工程项目决策的基本依据

可行性研究对项目进行深入细致的研究,有助于决策者认识和分析工程建设项目的各个影响因素,从而为项目决策提供科学、可靠的信息,使决策者有据可依,避免主管臆断。同时,通过可行性研究可以构造和分析多种投资方案,决策者据此可以了解投资活动所涉及的各方面问题,做到心中有数,并在此基础上进行比较与选择,降低投资风险,提高项目投资效益。

(2) 可行性研究报告是编制项目初步设计的依据

按照工程项目建设程序,可行性研究阶段之后为初步设计阶段,初步设计必须依批准的可行性研究报告为依据。因此,可行性研究中确定的目标、规模、地点,以及构造的技术方案等,应作为项目进一步规划和设计的基础。同时,可行性研究报告中提出的产品设计方案、建设规模、厂址、工艺流程、主要设备选型和总图布置等方面,可直接作为初步设计的准则和依据,而且不能随意改动。

(3) 可行性研究报告作为向银行等金融组织、风险投资机构和向社会筹集资金的依据

一般的金融机构在进行工程项目的贷款时,不仅要看贷款主体本身的资产、信用以及效益情况,而且还要考察项目自身的情况,可行性研究报告是最重要的参考依据。对于世界银行等具有福利性的国际金融组织来讲,可行性研究报告是申请项目贷款必不可少的重要文件。在我国,国家开发银行、建设银行、工商银行等在进行大额长期贷款时,一般也要审查项目的可行性研究报告。风险投资机构虽然不同于一般的金融机构,它是以项目成果作为贷款回收的担保的,因而需要对贷款的项目进行研究和了解,其了解的内容在很大程度上来自于项目的可行性研究报告。

(4) 可行性研究报告作为政府有关部门审查项目的依据

一方面可行性研究报告作为工程项目的审批依据,另一方面,较大的投资项目在进行投

资时,一般都需要向项目所在地政府有关部门申请各种许可,如规划部门、环保部门、土地管理部门、建设管理部门等,可行性依据报告作为向政府有关部门申请许可的重要材料。

(5)可行性研究报告作为拟建项目与相关协作单位签订合同或协议的依据

根据项目的可行性研究报告,项目业主单位可以与有关协作单位确定供水、供电、供气、运输、通讯、原料、燃料等供应的协议。

(6)可行性研究报告作为工程设计、设备订货、施工准备和项目建设计划制定的依据

可行性研究报告一经批准,即可作为项目工程设计、设备订货、施工准备和项目建设计划制定的依据,还可据此进行施工组织和进度安排。

(7)可行性研究报告作为项目科研试验、机构设置、职工培训和生产组织的依据

根据项目的可行性研究报告,对一些重大和疑难技术问题进行科学研究,解决技术难题,使技术方案更合理。同时,根据批准的可行性研究报告,进行与项目有关的生产组织工作,包括进行职工技术培训、设置相应的组织机构以及合理地组织生产等工作安排。

(8)可行性研究报告作为签订投资合同或项目融资协议的依据

有些工程项目需要寻求其他社会组织与民间资本的加入。这时,可行性研究报告就是必不可少的文件,并且可行性研究的科学性与可靠性还是项目融资成功的关键因素。

(9)可行性研究报告作为项目后评价的依据

工程项目的后评价是在工程项目建成竣工验收并运行一段时间以后,对该项目的决策、实施和运营,以及项目的产出效益、发挥的作用和产生的影响所做的系统客观的分析总结。后评价的主要之一是考查项目预期投资目标的实现程度,故可行性研究报告就是项目后评价的重要依据。

6.1.3 可行性研究的内容

根据联合国工业发展组织制定《工业可行性研究编制手册》和我国国家发展计划委员会审定发行的《投资项目可行性研究指南》(2002年版)中"可行性研究报告编制步骤与要求"中的规定,工业项目可行性研究报告的内容包括以下方面。

1. 总论

总论是对拟建项目概况性的论述,主要包括以下内容:
(1)项目提出的背景与概况;
(2)项目研究的意义;
(3)可行性研究报告编制的依据;
(4)简述结论与问题。

2. 市场预测

包括市场调查和预测,是可行性研究的重要环节,主要内容包括:
(1)市场现状调查;
(2)产品供需预测;

(3)价格预测;
(4)竞争力与营销策略;
(5)市场风险分析。

3. 资源条件分析

资源是工程建设项目的重要条件,对其分析主要包括以下内容:
(1)资源的可利用量;
(2)资源的品质情况;
(3)资源的赋存条件;
(4)资源的开发价值。

4. 建设规模与产品方案

主要内容包括:
(1)建设规模与产品方案的构成;
(2)建设规模与产品方案的比较;
(3)推荐的建设规模与产品方案;
(4)技术改造项目推荐方案与原企业设施利用的合理性。

5. 场(厂)址选择

(1)场(厂)址现状及建设条件描述;
(2)场(厂)址方案比较;
(3)推荐场(厂)址方案;
(4)技术改造项目场(厂)址与原企业的关系。

6. 技术设备工程方案

(1)技术方案选择;
(2)主要设备方案选择;
(3)工程方案选择;
(4)技术改造项目技术设备方案与改造前方案比较。

7. 原材料燃料供应

(1)主要原材料供应方案选择;
(2)燃料、能源供应方案选择;
(3)供水条件与供水设施方案选择。

8. 总图、运输方案与公用辅助设施

(1)总图布置方案;
(2)场(厂)内外运输方案;

(3)公用工程与辅助工程方案;
(4)技术改造项目与原企业设施的协助配套。

9. 节能、节水措施

(1)节能技术措施;
(2)能耗指标分析(技术改造项目应与原企业能耗比较);
(3)节水技术措施;
(4)水耗指标分析(技术改造项目应与原企业水耗比较)。

10. 环境影响评价

(1)环境推荐调查;
(2)影响环境因素分析;
(3)环境保护措施;
(4)技术改造项目与原企业环境状况比较。

11. 职业健康安全

(1)项目危险源分析和危害程度分析;
(2)安全防范措施;
(3)卫生保健措施;
(4)消防措施;
(5)技术改造项目与原企业的比较。

12. 组织机构与人力资源配置

(1)组织机构设置及其适应性分析;
(2)人力资源配置;
(3)员工培训。

13. 项目实施进度

(1)建设工期;
(2)实施进度安排;
(3)技术改造项目的建设与生产的衔接。

14. 投资估算

(1)投资估算范围与依据;
(2)建设投资估算;
(3)流动资金估算;
(4)总投资额及分年投资计划。

15. 融资方案

(1)融资组织形式选择;
(2)资本金筹措;
(3)债务资金筹措;
(4)融资方案分析。

16. 财务评价

(1)财务评价基础数据与评价参数选取;
(2)销售收入与成本费用估算;
(3)编制财务评价报表;
(4)盈利能力分析;
(5)偿债能力分析;
(6)不确定性分析;
(7)财务评价结论。

17. 国民经济评价

(1)影子价格与评价参数选取;
(2)效益与费用调整范围;
(3)效益与费用数值调整;
(4)编制国民经济评价报表;
(5)计算国民经济评价指标;
(6)国民经济评价结论。

18. 社会评价

(1)项目对社会影响因素分析;
(2)项目对所在地的生态、资源、人文的影响;
(3)社会风险分析;
(4)社会评价结论。

19. 风险分析

(1)项目主要风险因素;
(2)风险程度分析;
(3)防范与降低风险措施。

20. 研究结论与建议

(1)推荐方案总体描述;
(2)推荐方案的优缺点描述;

(3)最终结论与建议。

应该指出的是,由于工程建设项目的类型繁多,且每一类项目各有特点,因此,可行性研究的具体内容也有区别,在具体编制各类项目的可行性研究报告时,应按照各行业项目的现行可行性研究报告编制规定进行,如《水利水电工程可行性研究报告编制规程》《农业综合开发土地治理项目可行性研究报告提纲》《公路建设项目可行性研究报告编制办法》等。

6.2 工程项目财务评价概述

6.2.1 工程项目财务评价的概念与内容

1. 工程项目财务评价的概念

工程项目财务评价,又称财务分析,指根据国家现行财税制度、价格体系和项目评价的有关规定,分析测算拟建项目直接发生的费用与收益,编制财务报表,计算财务分析指标,考察项目的盈利能力、偿债能力和财务生存能力,以此判断项目在财务上的可行性。工程项目财务评价是工程项目可行性研究的重要内容之一。

财务评价明确项目对财务主体的价值以及对投资者的贡献,为工程项目投资决策、融资决策以及银行审贷提供科学的依据。财务评价既是经济评价的重要核心内容,又为项目的国民经济评价奠定了基础。

项目类型的不同会影响财务分析内容的选择。对于经营性项目,应按本章内容进行全面的财务分析;对于非经营性项目,财务分析主要分析项目的财务生存能力。

2. 工程项目财务评价的目的

(1)测算项目的经济效果

从企业或项目业主角度出发,分析投资的经济效果,预测计算拟建项目的净现值、内部利润率、投资回收期等评价指标,评价项目竣工投产后的获利能力。

(2)制定资金规划

估算项目实施所需要的全部资金数量,拟定项目所需资金来源,适当制定资金的筹措方案与资金使用计划,确保项目实施过程中资金的供给。

(3)估算项目的贷款偿还能力

通过估算拟建项目的投资数量,分析融资方式,预测项目建成投产后的年收益与利润,评估项目贷款的偿还能力与偿还年限。

(4)为协调企业利益和国家利益提供依据

对于具有公益性特征的项目来说,工程项目财务评价不是项目可行与否的唯一标准。此类项目常常是财务评价不可行,国民经济评价可行。这种情况下财务评价主要是考察项目的财务生存能力,财务评价的结果,如价格、税收、利率的变化对项目经济效果的影响,可以作为政府提供补贴、使用经济杠杆调节的依据。以求达到项目企业的利益与社会效益相结合的目的。

3. 工程项目财务评价的主要内容

判断一个工程项目财务上可行的主要因素是：项目盈利能力、债务清偿能力、承受风险能力和项目生存能力。项目财务评价过程中是通过编制财务报表和计算相应的评价指标来进行分析和判断的。因此，项目财务评价有如下的内容。

(1) 识别财务效益与费用

项目的财务效益与费用是评价项目经济效果的基础，是项目投入与产出的具体体现。这里所说的财务效益(又称财务收益)与费用是针对特定项目而言的，不是企业的财务效益与费用。换言之，项目的财务效益是指项目的直接收入；项目的财务费用是指项目的直接支出，不包括项目建设与运营所引起的外部费用与收益。项目的财务效益主要指项目建成投产之后产品(服务)的销售收入，财务费用主要指项目建设固定资产投资、流动资金投资、生产期的经营成本和税费等。此外，项目寿命期的固定资产余值、流动资金回收、政府补贴等也视为项目的效益。

(2) 收集与预测财务评价所需的数据

这些基础数据也分为收益与费用两类。需要收集预测的收益方面数据包括：投产后年生产量、销售价格以及这些价格的可能变动幅度。费用方面数据包括：预测的生产期生产成本(原材料成本、人工成本、燃料动力费)、税金、其他管理费等；估算的项目固定资产投资、流动资产、无形资产和递延资产。可见，上述数据都是预测估算值，故又称财务预测。财务预测是编制财务报表的前提，若要财务收益与费用的估算较为客观准确，则要求估算的口径要统一。项目财务评价中都是使用财务价格即现行价格为基准的各项预测值的。

(3) 编制财务报表

项目财务评价所需财务报表包括基本报表和辅助报表。其中，分析项目盈利能力的有现金流量表、损益表及辅助报表；分析项目清偿能力的有资产负债表、资金来源与运用表及辅助报表；如果涉及国际贸易、引用外资的项目还会有外汇平衡表及辅助报表等。

(4) 计算财务评价的指标

财务指标是评估项目投资收益水平的基础数据。最主要的财务指标有：分析盈利能力的净现值、内部利润率、投资回收期，有时也采用投资利税率、投资利润率、资本金利润率等；分析清偿能力的流动比率、速动比率、资产负债率、借款偿还期等。

(5) 评估项目财务可行性

利用所计算的项目财务评价指标与项目设定的财务目标值进行比较，以此评判项目的财务可行性。例如，项目的投资回收期与基准投资回收期的比较、项目内部利润率与行业基准收益率的比较、项目投资利润率与行业平均投资利润率的比较等，满足设定的财务目标的，则说明项目具有财务可行性，或项目财务上合理可行。

6.2.2　工程项目财务评价的基本步骤

工程项目财务评价大致可分为以下三大基本步骤。

1. 预测财务基础数据,编制财务评价的辅助报表

通过项目的市场调查、预测分析和技术与投资方案分析,确定产品方案和合理的生产规模,选择生产工艺方案、设备选型、工程技术方案、建设地点和投资方案,拟定项目实施进度计划等,据此进行财务数据预测,获得项目投资、生产成本、营业收入和利润等一系列财务基础资料。在对这些财务资料进行分析、审查、鉴定和评估的基础上,完成财务评价辅助报表的编制工作,为编制项目财务基本报表奠定基础。

2. 编制项目财务评价的基本报表

将上述辅助报表中的基础资料进行汇总,编制出现金流量表、利润与利润分配表、财务计划现金流量表、资产负债表和借款还本付息估算表五类主要的财务基本报表,并对这些报表进行分析评估。一是要审查基本报表的格式是否符合规范要求,二是要审查所填列的资料是否准确。为了保证辅助报表与基本报表间资料的一致性,可使用专门的制表工具,完成各表格之间的数据链接。

3. 计算财务评价的各项指标,分析项目的财务可行性

利用各基本报表可直接计算出一系列财务评价的指标,包括反映项目的盈利能力、偿债能力和财务生存能力等的静态和动态指标,将这些指标值与国家有关部门规定的基准值进行对比,由此得出项目在财务上是否可行的评价结论。

6.3 工程项目财务预测

工程项目的经济分析与项目决策所依据的数据资料是通过对项目投资和收益进行预测而获得的。科学的财务预测是正确项目决策的前提条件之一。任何预测都是对未来事件进行预先的估计和推测。工程经济分析离不开项目财务预测,工程项目可行性研究更是依靠项目财务预测去判断财务可行性的。

6.3.1 工程项目财务预测概述

1. 工程项目财务预测分类

常用的经济预测方法有不同角度的分类,如按预测结果分类有定性、定量与定时预测。这三种适合于工程项目财务预测。

(1) 定性预测

定性预测主要是研究和探讨预测对象在未来的演变与发展。预测者通过对历史资料的分析、加工和整理,结合对未来条件的研究,凭借主观经验和逻辑推理能力去推测事物未来的发展。如一项新技术的应用何时实现市场化(太阳能汽车何时上市),常用的定性预测的

技术有市场调查法、专家调查法等。

(2)定量预测

定量预测是应用数量方法预测对象事物的未来发展。如对项目投资额、总产值、销售量、利润额的预测等。定量预测是在历史资料和统计资料的基础上,运用数学或其他分析手段,通过建立模型来计算得出预测对象在未来可能的数量。常用的定量技术有回归法、时间序列法、趋势外推法等。

(3)定时预测

定时预测是对预测对象未来的表现时间进行推测。如预测某项技术、某项产品更新换代的时间等。常用的定时预测的主要方法有趋势外推法、包络曲线法、替代曲线法和动态模拟法等。

工程项目财务预测主要应用定量预测,有时也应用其他预测方法。

2. 工程项目财务预测的步骤

一般工程项目财务预测的工作步骤具体如下。

(1)确定预测目标

预测是为决策服务的,因此要根据决策目标来规定预测目标、预测内容、精度要求以及计算期限。例如项目建议书、初步可行性研究、详细可行性研究对投资估算精度就差别化的要求。

(2)搜集分析基础数据

数据资料是预测的依据,因此首先要根据预测目标来搜集预测对象本身的数据以及有关影响因素的历史资料。务必做到搜集的资料数据系统、全面。此外还要对数据资料进行分析、加工,剔除那些不可靠的(异常的)和无用的数据资料,有时还要补充缺失的必要资料。

(3)选择预测方法

预测方法有很多,对某一特定预测项目常可用不同方法得出预测结果。由于预测方法各有特点,有的适用于长期预测,有的则适用于短期预测,对资料的要求以及预测结果的精度也各不相同,应当从预测目标的要求和具体的工作条件出发,选择简单、实用和有效的预测方法。

(4)选择预测模型

应用数学模型预测事物发展规律是常用做法,例如运用时间序列或因果分析数学模型进行预测。值得一提的是:不少预测都利用历史资料去推测未来,因此要对模型加以分析检验,如用回归方程预测时需要通过相关性检验,评价其是否与实际经济现象相吻合,从而判断对该模型进行预测的科学性。

(5)利用模型进行预测

将已采集的数据代入数学模型中,进行实际预测。

(6)分析情况作出预测

通过经济活动及有关经济理论的对比分析,对预测结果作出经济合理性分析,必要时还应对用不同方法和不同模型预测所得的结果加以对比,作出可信度的判断。

当然,工程项目财务预测不一定都需要应用数学模型,要依据预测对象的实际情况而定。类比方法与经验判断也是项目财务预测中对投资、收益估算的常用方法之一。

6.3.2 项目财务效益与费用

1. 项目财务效益与费用估算的原则

财务效益与费用是项目财务分析的重要基础,其估算的准确性与可靠程度直接影响财务分析的结论。

财务效益与费用的识别和估算应遵循以下原则。

(1)识别和估算应注意遵守现行财务、会计以及税收制度的规定。由于财务效益与费用的识别和估算是对将来情况的预测,经济评价中允许作有别于财会制度的处理,但是要求财务效益与费用的识别和估算在总体上与会计准则和会计以及税收制度相适应。

(2)识别和估算应遵守有无对比的原则。"有无对比"是国际上项目评价中通用的效益与费用识别的基本原则。所谓"有项目"是指实施项目后的将来状况,"无项目"是指不实施项目时的将来状况。在识别项目的效益和费用时,须注意只有"有无对比"的差额部分才是由于项目的建设增加的效益和费用。采用有无对比的方法,是为了识别那些真正应该算作项目效益的部分,即增量效益,排除那些由于其他原因产生的效益;同时也要找出与增量效益相对应的增量费用,只有这样才能真正体现项目投资的净效益。

(3)识别和估算范围应体现效益和费用对应一致的原则。即在合理确定的项目范围内和时限内,对等地估算财务主体的直接效益以及相应的直接费用,避免高估或低估项目的净效益,避免计算期限的不统一。

(4)识别和估算应根据项目的行业特点进行。这些特点包括行业性质、类别和技术经济特点。明确相关的政策和其他依据,选取适宜的方法,进行文字说明,并编制相关表格。财务效益与费用估算表格应该满足这些要求。

2. 财务效益与费用估算采用的价格

(1)选取财务效益与费用价格时应正确处理价格总水平变动因素,原则上盈利能力分析应考虑相对价格变化,而偿债能力分析应同时考虑相对价格变化和价格总水平变动的影响。为简化起见,可做如下处理。

①在建设期间既要考虑价格总水平变动,又要考虑相对价格变化。在建设投资估算中价格总水平变动是通过涨价预备费来体现的。

②项目运营期内,一般情况下盈利能力分析和偿债能力分析可以采用同一价格,即预测的运营期价格。

③项目运营期内,可根据项目的具体情况,选用固定价格(项目经营期内各年价格不变)或考虑相对价格变化的变动价格(项目运营期内各年价格不同,或某些年份价格不同)。

④当有要求或价格总水平变动较大时,项目偿债能力分析采用的价格应考虑价格总水平变动因素。

(2)项目投资估算应采用含增值税价格,包括建设投资、流动资金和运营期内的维持运营投资。

(3)项目运营期内投入与产出采用的价格可以是含增值税的价格,也可以是不含增值税的价格。为与企业实际财务报表数字相匹配,本章的表格编制统一采用不含增值税价格。采用含增值税价格时,需要正确调整部分表格(主要是利润与利润分配表、财务计划现金流量表和项目投资现金流量表与项目资本金现金流量表)的相关科目,以不影响项目净效益的估算。但无论采用哪种价格,项目效益估算与费用估算所采用的价格体系应当协调一致。

(4)在计算期内同一年份,无论是有项目还是无项目的情况,原则上同种(质量、功能无差异)产出或投入物的价格应取得一致。

3. 财务效益和费用的估算期限

项目的财务评价离不开一个明确的计算期限,这就是财务费用与效益的估算年限。

一般情况,工程项目财务评价的计算期都考虑建设完工后,投入运营(生产经营)的10~15年。特殊情况的项目计算期还可能更长。具体做法可以参考各行业投资项目评价的惯例来确定。

4. 财务效益

(1)项目的财务效益与项目目标有关,不同项目目标的财务效益有不同的内容。

(2)以营利为目的的经营性项目,其财务效益主要是指所获取的营业收入。对于某些政府鼓励发展的经营性项目,可以获得税收的优惠。按照有关会计及税收制度,先征后返的增值税应记作补贴收入,作为财务效益进行核算。对这种先征后返的增值税,财务分析中不考虑"征"和"返"的时间差。

(3)向社会提供公共产品或服务的非经营性项目往往没有直接的营业收入,也就没有直接的财务效益。这类项目需要政府提供补贴才能维持正常运转,应将补贴作为项目的财务收益,通过预算平衡计算所需要补贴的数额。

(4)对于为社会提供准公共产品或服务,且运营维护采用经营方式的项目,如市政公用设施项目、交通、电力项目等,其产出价格往往受到政府管制,营业收入可能基本满足或不能满足补偿成本的要求,有些需要在政府提供补贴的情况下才具有财务生存能力。因此,这类项目的财务效益除了营业收入还要添加补贴收入。

5. 营业收入

营业收入指项目建成投产以后销售产品或者提供服务所获得的收入,是现金流量表中现金流入的主体,也是利润表的主要科目。

在估算营业收入时应对市场预测的相关结果以及建设规模、产品或服务方案进行描述或确认,特别应对采用价格的合理性进行说明。工业项目建成投产以后的主副产品(或不同等级产品)的销售收入应全部计入营业收入;其他行业提供的不同类型服务收入也应同时计入营业收入。

工业项目投产以后通常前几年生产负荷不能够达到设计产能,有一个逐年提高的过程,销售收入也是逐渐达到满负荷生产水平的,故营业收入的估算需要做相应调整。同样,有些项目寿命期临近结束的阶段,出现产量逐年递减的状况,营业收入也相应递减,其估算值需要做相应调整。

6. 补贴收入

某些项目还应该按有关法律法规估算企业可能得到的补贴收入(仅包括与收益相关的政府补助,不包括与资产相关的政府补助)。

补贴收入具体包括先征后返的增值税、按销量或工作量等依据国家规定的补助定额计算并按期给予的定额补贴,以及属于财政扶持而给予的其他形式的补贴等。补贴收入同营业收入一样,应列入利润与利润分配表、财务计划现金流量表和项目投资现金流量表与项目资本金现金流量表。

7. 工程建设投资

工程建设投资估算应在拟建项目设计建设规模、产品方案和工程技术方案的基础上,估算项目建设所需的全部费用。工程建设投资是项目财务分析的基础数据,可根据项目前期研究的不同阶段、对投资估算精度的要求及相关规定选用估算方法。

工程建设投资常用的估算方法有概算法和形成资产法两类。

(1) 概算法指工程建设投资由工程费用、工程建设其他费用和预备费三部分构成。其中工程费用又由建筑工程费、设备购置费(含工具、器具及生产家具购置费)和安装工程费构成;工程建设其他费用随行业和项目的不同而有所区别;预备费包括基本预备费和涨价预备费。

(2) 形成资产法是指建设投资由固定资产的费用、无形资产的费用、流动资产的费用组成(详见本书第 2 章 2.1 节)。

对于土地使用权的特殊处理:按照有关规定,在尚未开发或建造自用项目前,土地使用权作为无形资产核算,房地产开发企业开发商品房时,将其账面价值转入开发成本;企业建造自用项目时将其账面价值转入在建工程成本。因此,为了与以后的折旧和摊销计算相协调,在建设投资估算表中通常可将土地使用权直接列入固定资产其他费用中。

8. 经营成本

经营成本是财务分析的现金流量分析中所使用的特定概念,它是项目现金流量表中运营期现金流出的主体部分。经营成本与融资方案无关。因此在完成建设投资和营业收入估算后,就可以估算经营成本,为项目融资前分析提供数据。其构成和估算可采用下式表达:

$$\text{经营成本} = \text{外购原材料、燃料和动力费} + \text{工资及福利费} + \text{修理费} + \text{其他费用} \tag{6-1}$$

式中,其他费用是指从制造费用、管理费用和营业费用中扣除了折旧费、摊销费、修理费、工资及福利费以后的其余部分。

经营成本估算的行业性很强,不同行业在成本构成科目和名称上都可能有较大的不同。估算应按行业规定,没有规定的也应注意反映行业特点。

9. 流动资金

流动资金指运营期内长期占用并周转使用的营运资金,不包括运营中需要的临时性营运资金。

流动资金估算方法可采用扩大指标估算法或分项详细估算法。

(1) 扩大指标估算法

扩大指标估算法是参照同类企业流动资金占营业收入或经营成本的比例，或者单位产量占用营运资金的数额估算流动资金。在项目建议书阶段一般可采用扩大指标估算法，某些行业在可行性研究阶段也可采用此方法。其具体的估算方法有以下四种。

① 按建设投资的一定比例估算。例如，国外化工企业的流动资金，一般是按建设投资的15%～20%计算。

② 按经营成本的一定比例估算。

③ 按年销售收入的一定比例估算。

④ 按单位产量占用流动资金的比例估算。

(2) 分项详细估算法

分项详细估算法是利用流动资产与流动负债估算项目占用的流动资金的方法。一般先对流动资产和流动负债的主要构成要素即存货、现金、应收账款、预付账款以及应付账款和预收账款等几项内容分项进行估算，进而估算流动资金。一般项目的流动资金宜采用分项详细估算法。其计算公式为：

$$流动资金 = 流动资产 - 流动负债 \tag{6-2}$$

$$流动资产 = 应收账款 + 预付账款 + 存货 + 现金 \tag{6-3}$$

$$流动负债 = 应付账款 + 预收账款 \tag{6-4}$$

$$流动资金本年增加额 = 本年流动资金 - 上年流动资金 \tag{6-5}$$

流动资金估算的具体步骤是首先确定各分项最低周转天数，计算出周转次数，然后进行分项估算。

① 周转次数的计算

$$周转次数 = 360 天 / 最低周转天数 \tag{6-6}$$

各类流动资产和流动负债的最低周转天数参照同类企业的平均周转天数并结合项目特点确定，或按部门(行业)规定，在确定最低周转天数时应考虑储存天数、在途天数，并考虑适当的保险系数。

② 流动资产估算

a. 存货的估算。存货指企业在日常生产经营过程中持有以备出售，或者仍然处在生产过程，或者在生产或提供劳务过程中将消耗的材料或物料等，包括各类材料、商品、在产品、半成品和产成品等。为简化计算，项目评价中仅考虑外购原材料、燃料、其他材料、在产品和产成品，并分项进行计算。计算公式为：

$$存货 = 外购原材料、燃料 + 其他材料 + 在产品 + 产成品 \tag{6-7}$$

$$外购原材料、燃料 = \frac{年外购原材料、燃料费用}{分项周转次数} \tag{6-8}$$

注意：对外购原材料、燃料应按种类分项确定最低周转天数进行估算。

$$其他材料 = \frac{年其他材料费用}{其他材料周转次数} \tag{6-9}$$

$$在产品 = \frac{年外购原材料、燃料动力费 + 年工资及福利费 + 年修理费 + 年其他制造费}{在产品周转次数}$$

(6-10)

$$产成品 = \frac{年经营成本 - 年营业费用}{产成品周转次数}$$

(6-11)

b. 应收账款估算。应收账款指企业对外销售商品、提供劳务尚未收回的资金。计算公式为：

$$应收账款 = \frac{年经营成本}{应收账款周转次数}$$

(6-12)

c. 预付账款估算。预付账款指企业为购买各类材料、半成品或服务所预先支付的款项。计算公式为：

$$预付账款 = \frac{外购商品或服务年费用金额}{预付账款周转次数}$$

(6-13)

d. 现金估算。项目流动资金中的现金指为维持正常生产运营必须预留的货币资金。计算公式为：

$$现金 = \frac{年工资及福利费 + 年其他费用}{现金周转次数}$$

(6-14)

年其他费用 = 制造费用 + 管理费用 + 营业费用 −
（以上三项费用中所含的工资及福利费、折旧费、摊销费、修理费）　(6-15)

③流动负债估算

流动负债指将在一年（含一年）或者超过一年的一个营业周期内偿还的债务，包括短期借款、应付票据、应付账款、预收账款、应付工资、应付福利费、应付股利、应交税金、其他暂收应付款项、预提费用和一年内到期的长期借款等。在项目评价中，流动负债的估算可以只考虑应付账款和预收账款两项。计算公式为：

$$应付账款 = \frac{外购原材料、燃料动力及其他材料年费用}{应付账款周转次数}$$

(6-16)

$$预收账款 = \frac{预收的营业收入年金额}{预收账款周转次数}$$

(6-17)

(3) 流动资金估算需要注意的问题

①在项目评价中，最低周转天数取值对流动资金估算的准确程度有较大影响。在确定最低周转天数时应根据项目所在行业的特点、项目投入和产出性质、供应来源以及各分项的属性，并考虑保险系数分项确定。

②当投入物和产出物采用不含税价格时，估算中应注意将销项税额和进项税额分别包括在相应的年费用金额中。

③流动资金一般应在项目投产前开始筹措。为了简化计算，流动资金可在投产第一年开始安排，并随生产运营计划的不同而有所不同，因此流动资金的估算应根据不同的生产运营计划分年进行。

④用分项详细估算法计算流动资金，须以经营成本及其中的某些数据为基数，故流动资金估算应在经营成本估算之后进行。

10. 建设期利息

建设期利息的估算需要根据项目进度计划,提出项目建设投资年度计划,列出各年投资额,并明确其中人民币和外汇的数量。在建设投资分年计划的基础上可设定初步融资方案,对采用债务融资的项目应估算建设期利息。建设期利息指筹措债务资金时在建设期内发生并按规定允许在投产后计入固定资产原值的利息,即资本化利息。建设期利息包括银行借款和其他债务资金的利息,以及其他融资费用。

估算项目建设期利息,应根据不同情况选择名义年利率或实际年利率,注意名义年利率和实际年利率的换算。将名义年利率折算为实际年利率的计算公式为:

$$i = \left(1 + \frac{r}{m}\right)^m - 1 \tag{6-18}$$

式中:i——实际年利率;

r——名义年利率;

m——每年计息次数。

当建设期用自有资金按期支付利息时,可不必进行换算,直接采用名义年利率计算建设期利息。

计算建设期利息时,为了简化计算,通常假定均在每年的年中支用借款,当年按半年计息,其余各年份按全年计息,计算公式如下。

采用自有资金付息时,按单利计算:

$$各年应计利息 = (年初借款本金累计 + 本年借款额/2) \times 名义年利率 \tag{6-19}$$

采用复利方式计息时:

$$各年应计利息 = (年初借款本息累计 + 本年借款额/2) \times 实际年利率 \tag{6-20}$$

对有多种借款资金来源,每笔借款的年利率各不相同的项目,既可分别计算每笔借款的利息,也可先计算出各笔借款加权平均的年利率,并以加权平均利率计算全部借款的利息。

在项目评价中,对于分期建成投产的项目,应注意按各期投产时间分别停止借款费用的资本化,即投产后继续发生的借款费用不作为建设期利息计入固定资产原值,而是作为运营期利息计入总成本费用。

11. 总投资形成的资产

工程项目财务评价中总投资指项目建设和投入运营所需要的全部投资(其估算范围与现行的投入总资金一致),即为建设投资、建设期利息和全部流动资金之和(详见本书第 2 章 2.1 节)。

12. 总成本费用

工程项目总成本费用指在运营期内为生产产品或提供服务所发生的全部费用,等于经营成本与折旧费、摊销费和财务费用之和(详见本书第 2 章 2.2 节)。

关于利息支出,按照会计法规,企业为筹集所需资金而发生的费用称为借款费用,又称财务费用,包括利息支出(减利息收入)、汇兑损失(减汇兑收益)以及相关的手续费等。在大多数项目的财务分析中,通常只考虑利息支出。利息支出的估算包括长期借款利息、流动资金借款利息和短期借款利息三部分。

(1)长期借款利息

它指对建设期间借款余额(含未支付的建设期利息)应在生产期支付的利息,项目评价中可以选择等额还本付息方式或者等额还本利息照付方式来计算长期借款利息。

①等额还本付息方式

等额还本付息的计算公式为:

$$A = I_c \frac{i(1+i)^n}{(1+i)^n - 1} \tag{6-21}$$

式中： A——每年还本付息额(等额年金);

I_c——还款起始年年初的借款余额(含未支付的建设期利息);

i——年利率;

n——预定的还款期;

$\frac{i(1+i)^n}{(1+i)^n - 1}$——资金回收系数,可以自行计算或查复利系数表。

其中,每年支付利息＝年初借款余额×年利率

每年偿还本金 ＝ A － 每年支付利息

年初借款余额 ＝ I_c － 本年以前各年偿还的借款累计

②等额还本利息照付方式

设 A_t 为第 t 年的还本付息额,则有:

$$A_t = \frac{I_c}{n} + I_c \times \left(1 - \frac{t-1}{n}\right) \times i \tag{6-22}$$

其中,每年支付利息＝年初借款余额×年利率

第 t 年支付的利息 ＝ $I_c \times \left(1 - \frac{t-1}{n}\right) \times i$

每年偿还本金 ＝ $\frac{I_c}{n}$

(2)流动资金借款利息

项目评价中估算的流动资金借款从本质上来说应归类为长期借款,但目前企业往往有可能与银行达成共识,按期末偿还、期初再借的方式处理,并按一年期利率计息。流动资金借款利息可以按下式计算:

$$\text{年流动资金借款利息＝年初流动资金借款余额×流动资金借款年利率} \tag{6-23}$$

财务分析中对流动资金的借款可以在计算期最后一年偿还,也可在还完长期借款后安排。

(3)短期借款

项目评价中的短期借款指运营期间由于资金的临时需要而发生的短期借款,短期借款的数额应在财务计划现金流量表中得到反映,其利息计入总成本费用表的利息支出中。短期借款利息的计算同流动资金借款利息,短期借款的偿还按照随借随还的原则处理,即当年借款尽可能于下年偿还。

此外，在项目盈亏平衡分析中，还用到两个基本参数：固定成本和可变成本。根据总成本费用与产量的关系可以将总成本费用分解为可变成本和固定成本。固定成本是指不随产品产量变化的各项成本费用。固定成本一般包括折旧费、摊销费、修理费、工资及福利费(计件工资除外)和其他费用等，通常把运营期发生的全部利息也作为固定成本。长期借款利息应视为固定成本，流动资金借款和短期借款利息可能部分与产品产量相关，为简化计算，一般也将其作为固定成本。变动成本(又称可变成本)指随产品产量变化而变化的各项费用。变动成本主要包括外购原材料、燃料及动力费和计件工资等。

实际经营中，有些成本费用属于半固定半可变成本，必要时可进一步分解为固定成本和变动成本。项目评价中可根据行业特点进行简化处理。例如不能熄灭的工业炉的燃料费用等。工资、营业费用和流动资金利息等也都可能既有变动因素，又有固定因素。必要时须将半可变(或半固定)成本进一步分解为变动成本和固定成本，使产品成本费用最终划分为变动成本和固定成本。

13. 税费

项目评价涉及的税费主要包括关税、增值税、营业税、消费税、所得税、资源税、城市维护建设税和教育费附加等，有些行业还包括土地增值税。税种和税率的选择，应根据相关税法和项目的具体情况确定。如有减免税优惠，应说明依据及减免方式并按相关规定估算(详见本书第2章2.3节)。

14. 非经营性项目的估算

对于非经营性项目，无法估算营业收入，但需要估算投资与费用，估算方法同上所述。投资估算是为资金筹措和投资决策服务的；费用估算可以为项目营运期获得政府补贴提供依据。项目费用效益法是常见的非经营性项目的评价方法，估算投资与费用是项目评价的基础要求。

6.3.3 工程项目财务预测的相关问题

1. 资金结构与财务杠杆

资金结构指工程项目全部资金的数量构成。换句话说，资金结构是项目自有资金(资本金)与借贷资金在数量上的相对关系。人们常用负债比例来描述资金结构，负债比例是指项目所使用的借贷资金与全部资金的数量比例。财务杠杆指负债比例对资本金收益率的放大作用。不同资金结构给项目带来不同的财务效果，当项目负债时，由于要支付固定的利息和偿还本金，如果项目收益不确定，可能对项目的自有资金收益率产生有利或不利的影响，甚至给项目带来风险。因此，有必要对项目资金结构和财务杠杆加以研究。

一般说来，在有借贷资金的情况下，全部资金的效果与资本金的效果是不同的。以投资利润率指标为例，项目全部资金的投资利润率一般不等于资本金利润率，这两种利率差额的后果将被资本金所承担，从而使资本金利润率上升或下降。

设全部资金为 K，资本金为 K_0，借款为 K_L，项目投资利润率为 R，借款利率为 R_L，资本金利润率为 R_0，由资金利润率公式，可得：

$$K = K_0 + K_L \tag{6-24}$$

$$\begin{aligned} R_0 &= \frac{K \times R - K_L \times R_L}{K_0} \\ &= \frac{(K_0 + K_L) \times R - K_L \times R_L}{K_0} \\ &= R + \frac{K_L}{K_0} \times (R - R_L) \end{aligned} \tag{6-25}$$

由式(6-25)可知，当 $R > R_L$ 时，$R_0 > R$；当 $R < R_L$ 时，$R_0 < R$。而且资本金利润率与全部资金利润率的差别被负债比例所放大。这种放大效应就称为财务杠杆效应。借款与资本金的比率 K_L/K_0 称为负债比。杠杆效应是向两个方向作用的，即获得高利润的潜力放大或遭受项目亏损的风险放大。下面举例说明。

【例 6-1】 某项工程有三种方案，全部资金利润率 R 分别为 8%、12%、15%，借款利息率为 12%，试比较负债比分别为 0、1、2、3 时的资本金利润率。

解 利用上述式(6-24)进行计算，结果列于表 6-2。

方案 A，$R < R_L$，负债比率越大，R_0 越低，甚至为负值；方案 B，$R = R_L$，R_0 不随负债比例改变；方案 C，$R > R_L$，负债比例越大，R_0 越高。由此可以看出负债比例的放大作用。

不同负债比例下的资本金利润率 表 6-2

资本金利润率＼负债比＼方案	$K_L/K_0 = 0$ ($K_L/K = 0$)	$K_L/K_0 = 1$ ($K_L/K = 0.5$)	$K_L/K_0 = 2$ ($K_L/K = 0.67$)	$K_L/K_0 = 3$ ($K_L/K = 0.75$)
方案 A ($R = 8\%$)	8%	4%	0	−4%
方案 B ($R = 12\%$)	12%	12%	12%	12%
方案 C ($R = 15\%$)	15%	18%	21%	24%

假设投资在 100~500 万元的范围内，上述三个方案的投资利润率不变，借款利息率为 12%，若有一企业拥有资本金 100 万元，现在来分析该企业在以上三种情况下如何选择负债比例。

对于方案 A，如果全部资金等于资本金 100 万元，则项目的获利就是投资者的获利，为每年利润 8 万元；如果资本金和借款各为 100 万元，则可得总利润 16 万元。在借款偿还之前，每年要付利息 12 万元，投资者获利 4 万元；如果除资本金 100 万元以外，项目又借款 200 万元，则项目总利润为 24 万元，每年应付利息 24 万元，投资者无盈利。如果除资本金 100 万元以外，项目又借款 300 万元，则项目总利润为 32 万元，每年应付利息 36 万元，亏损 4 万元。显然，在这种情况下，项目是不宜借款的，借款越多，损失越大。

对于方案 B，借款多少对投资者的利润都没有影响。

对于方案 C，如果仅用资本金 100 万作全部资金，项目的获利就是投资者的获利，为 15 万元；如果除资本金外，项目又借款 100 万元，则在偿付利息后，投资者可获利 18 万元；如果项目除资本金外借款 200 万元，在付利息后投资者可获利达 21 万元，如果项目除资本金外借款 300 万元,在付利息后投资者可获利达 24 万元。显然,在这种情况下,项目有借款比无借款有利,且负债比例越大越有利。

可见,选择不同的资金结构(负债比例)对项目的投资收益会产生很大的影响。

2. 运营期还款付息方式与利息计算

运营期借款利息支出指建设投资借款利息和流动资金借款利息之和。

建设投资借款的利息计算方式与建设投资借款的还本付息方式密切相关。建设投资借款的还本付息方式有以下几种。

(1)等额利息法:每期付息额相等,期中不还本金,最后一期归还本期利息和本金。

(2)等额本金法:每期偿还相等的本金和相应的利息。

(3)等额摊还法:每期偿还本利相等。

(4)一次性偿付法:最后一次偿还本利。

(5)量入偿付法(气球法):根据项目的盈利大小,任意偿还本利,到期末全部还清本息。

在以上建设投资借款的还本付息方式中,最常用的是量入偿付法。对于量入偿付法,建设投资借款在生产期发生的利息计算公式为:

$$每年支付利息 = 年初本金累计额 \times 年利率 \qquad (6-26)$$

为简化计算,还款当年按年末偿还,全年计息。

流动资金利息计算公式为:

$$年初流动资金借款利息 = 年初流动资金借款余额 \times 流动资金借款年利率 \qquad (6-27)$$

根据上述分析,可以编制贷款偿还计划。具体格式见"借款还本付息表",见表 6-15。

3. 项目财务预测价格的确定

财务评价是对拟建项目未来效益和费用进行分析,财务评价的价格是一种预测值,即由项目评价人员根据项目的实际情况,实事求是地以现行市场价格为基础确定的预测价格。

项目投入物和产出物的价格,是影响方案比选和经济评价结果最重要、最敏感的因素之一。对于建设期的投入物,由于需要预测的年限较短,评估时一般采用实际价格,价格波动采取涨价预备费来处理。对运营期的投入物和产出物价格,一般只预测到经营期初价格,运营期各年采用同一的不变价格。

6.4 工程项目财务评价的指标体系

工程项目财务评价不能够使用单一指标而需要使用一系列指标,这一系列指标通常称为项目财务评价指标体系。项目财务评价的指标体系详见表 6-3。

由于敏感性分析本书第 5 章中已做详细介绍,本章就不再重述。

这些指标又分为静态指标与动态指标两大类,这里分别进行介绍。

财务评价指标体系一览表　　　　表6-3

评价内容	基本报表	财务评价指标	
		静态指标	动态指标
盈利能力分析	项目投资现金流量表	项目投资静态投资回收期	财务内部收益率 财务净现值 动态投资回收期
	资本金现金流量表	资本金静态投资回收期	财务内部收益率 财务净现值 动态投资回收期
	利润及利润分配表	投资收益率 投资利税率 资本金利润率	
偿债能力分析	资产负债表 利润及利润分配表 借款还本付息计划表	资产负债率 偿债备付率 利息备付率 流动比率 速动比率 借款偿还期	
财务生存能力分析	财务计划现金流量表		
不确定性分析	盈亏平衡分析	盈亏平衡点 生产能力利用率	
	敏感性分析		敏感度系数 财务内部收益率 财务净现值

6.4.1 工程项目财务评价静态指标

工程项目财务评价静态指标是在不考虑资金的时间价值前提下,对项目或方案的经济效果所进行的经济计算与度量。财务评价中主要的静态指标有盈利能力分析指标和偿债能力分析指标两类。

1. 盈利能力分析

(1) 投资回收期 (P_t)

投资回收期是以项目的净收益抵偿全部投资(包括固定资产投资和流动资金)所需的时间。它是反映项目财务上投资回收能力的重要指标。投资回收期自项目建设开始年算起,如从投产开始年算起,应予注明。

投资回收期(以年表示)的表达式为:

$$NPV=\sum_{t=0}^{P_t}(CI-CO)_t=0 \qquad (6-28)$$

项目评价,需求出投资回收期(P_t)与部门或行业的基准投资回收期(P_c)作比较,当 $P_t \leqslant P_c$ 时,表明项目投资能在规定的时间内收回。

应由国家根据各工业部门各行业生产企业的特点,在总结过去建设经验和大量统计资料的基础上,考虑不同工业部门各行业的技术与经济发展特点,统一确定一个较为切合实际的合理的基准投资回收期。基准投资回收期不是一成不变的,它随技术、经济发展水平的不同而不断变化。

项目的全部投资包括自有资金投资部分和债务资金(包括借款、债券发行收入和融资租赁)的投资。对应的投资收益是税后利润、折旧与摊销以及利息。其中利息可以看作是债务资金的盈利。在研究全部投资的盈利能力时,按前面介绍的全部投资现金流量表计算投资回收期,根据基准投资回收期做出方案可行与否的判断。全部投资的盈利能力指标基本上不受融资方案的影响,可以反映项目方案本身的盈利水平。

(2)总投资收益率(ROI)

总投资收益率表示总投资的盈利水平,指项目达到设计能力后正常年份的年息税前利润或运营期内年平均息税前利润($EBIT$)与项目总投资(TI)的比率;总投资收益率应按下式计算:

$$总投资利润率=\frac{年息税前利润或运营期内年平均息税前利润}{项目总投资}\times100\% \qquad (6-29)$$

投资收益率可根据"利润与利润分配估算表"中的有关资料求得,在财务评价中,将投资收益率与行业平均投资收益率对比,以判别项目的单位投资盈利能力是否达到本行业的平均水平。

(3)投资利税率

投资利税率指项目达到生产能力后的一个正常生产年份的利税总额或项目生产期内的年平均利税总额与项目总资金的比率。其计算公式为:

$$投资利税率=\frac{年利税总额或年平均利税总额}{项目总投资}\times100\% \qquad (6-30)$$

其中,年利税总额=年利润总额+销售税金及附加
         =年销售收入-年总成本费用

投资利税率可由"损益与利润分配估算表"中有关资料求得,在财务评价中,将投资利税率与行业平均投资利税率对比,以判别项目的单位投资对国家积累的贡献水平是否达到本行业的平均水平。

(4)项目资本金净利润率(ROE)

资本金指设立企业时在工商行政管理部门登记注册的注册资金。

项目资本金净利润率表示项目资本金的盈利水平,指项目达到设计能力后正常年份的年净利润或运营期内年平均净利润(NP)与项目资本金(EC)的比率;项目资本金净利润率应按下式计算:

$$项目资本金净利润率=\frac{年净利润或年平均净利润}{项目资本金}\times100\% \qquad (6-31)$$

项目资本金净利润率高于同行业的净利润率参考值,表明用项目资本金净利润率表示的盈利能力满足要求。

项目资本金净利润率是衡量投资者投入项目的资本金的获利能力。在市场经济条件下,投资者关心的不仅是项目全部资金所提供的利润,更关心投资者投入的资本金所创造的利润。项目项目资本金净利润率指标越高,反映投资者投入项目资本金的获利能力越大。

项目资本金净利润率还是向投资者分配股利的重要参考依据,一般情况下,向投资者分配的股利率要低于资本金净利润率。

2. 偿债能力分析

(1) 借款偿还期(P_d)

借款偿还期指在国家财政规定及项目财务条件下,以项目投产后使用可用作还款的利润、折旧、摊销及其他资金(当年税前提取的弥补亏损额)偿还固定资产投资借款本金和建设期利息(不包括已用自有资金支付的建设期利息)所需要的时间。

固定资产投资国内借款偿还期的计算公式为:

$$I_d = \sum_{t=0}^{P_d} R_t \tag{6-32}$$

式中:I_d——固定资产投资借款本金和建设期利息之和;

P_d——固定资产投资借款偿还期(从建设期开始年算起,当从投产年算起,应予注明);

R_t——第 t 年可用于还款的资金,一般可考虑用所有偿债资金来还款(包括税后利润、折旧费、摊销费及其他还款资金)。

借款偿还期可由"资金来源与运用表"及国内"借款还本付息计算表"直接推算,通常用"年"表示。其实用计算式为:

$$贷款偿还期 = 借款偿还后出现盈余年份数 - 开始借款年份数 + \frac{当年应偿还借款本金额}{当年可用于还款的资金额}$$

当借款偿还期满足贷款机构的要求期限时,即认为项目是有偿债能力的。

(2) 资产负债率($LOAR$)

资产负债率指各期末负债总额(TL)同资产总额(TA)的比率。它用于衡量项目利用债权人提供资金进行经营活动的能力,能够反映项目各年所面临的财务风险程度及债务偿债能力,并反映债权人发放贷款的安全程度。资产负债率可由资产负债表获得,其应按下式计算:

$$资产负债率 = \frac{期末负债总额}{期末资产总额} \times 100\% \tag{6-33}$$

适度的资产负债率,表明企业经营安全、稳健,具有较强的筹资能力,也表明企业和债权人的风险较小。对该指标的分析,应结合国家宏观经济状况、行业发展趋势、企业所处竞争环境等具体条件判定。由于财务杠杆效应的存在,权益的所有者从盈利出发,希望保持较高的债务比,赋予资本金较高的杠杆力,用较少的资本来控制整个项目。但是,资产负债比越高,项目风险也越大。当资产负债率太高时,可通过增加自有资金出资和减少利润分配等途径来调节。项目财务分析中,在长期债务还清后,可不再计算资产负债率。

一般认为资产负债率为 0.5~0.7 是合适的。

(3) 流动比率

流动比率是反映项目各年偿付流动负债能力的指标,衡量项目流动资产在短期债务到期以前可以变为现金用于偿还流动负债的能力。流动比率可由资产负债表求得,其计算公式为:

$$流动比率 = \frac{流动资产}{流动负债} \times 100\% \tag{6-34}$$

一般认为,流动比率为200%较适当。

存货是一类不易变现的流动资产,所以流动比率不能确切反映项目的瞬时偿债能力。

(4)速动比率

速动比率是反映项目快速偿付(用可以立即变现的货币资金偿付)流动负债的能力。速动比率可由"资产负债表"求得,其计算公式为:

$$速动比率 = \frac{流动资产 - 存货}{流动负债} \times 100\% \tag{6-35}$$

一般认为速动比率为100%较适当。

一般认为,流动比率应不小于1.2~2.0;速动比率应不小于1.0~1.2。

(5)利息备付率(ICR)

利息备付率表示项目的利润偿付利息的保证倍率,是指项目在借款偿还期内的息税前利润(EBIT)与应付利息(PI)的比值,它从付息资金来源的充裕性角度反映项目偿付债务利息的保障程度,应按下式计算:

$$利息备付率 = \frac{税息前利润}{计入总成本费用的应付利息} \tag{6-36}$$

其中

$$税息前利润 = 利润总额 + 计入总成本费用的应付利息$$

利息备付率应分年计算。利息备付率高,表明利息偿付的保障程度高。

利息备付率应当大于1,不宜低于2,并结合债权人的要求确定。

(6)偿债备付率(DSCR)

偿债备付率表示可用于还本付息的资金偿还借款本息的保证倍率,指在借款偿还期内,用于计算还本付息的资金($EBITDA - T_{AX}$)与应还本付息金额(PD)的比值,它表示可用于还本付息的资金偿还借款本息的保障程度,应按下式计算:

$$偿债备付率 = \frac{可用于还本付息资金}{当期应还本付息金额} \tag{6-37}$$

可用于还本付息资金指息税前利润加折旧和摊销扣除企业所得税后的金额。当期应还本付息金额包括还本金额和计入总成本费用的全部利息。融资租赁费用可视同借款偿还。

运营期内的短期借款本息也应纳入计算。如果项目在运行期内有维持运营的投资,可用于还本付息的资金应扣除维持运营的投资。

偿债备付率应分年计算,偿债备付率高,表明可用于还本付息的资金保障程度高。

偿债备付率应大于1,但不宜低于1.3,并结合债权人的要求确定。

6.4.2 工程项目财务评价动态指标

工程项目财务评价动态指标是在考虑资金的时间价值情况下,对项目或方案的经济效益所进行的计算与度量。与静态指标相比,它的特点是能够动态地反映项目在整个计算期内的资金运动情况,包括投资回收期以后若干年的经济效益、项目结束时的固定资产余值及流动资金的回收等。

动态指标的计算是建立在资金等值的基础上的,即将不同时点的资金流入与资金流出换算成同一时点的价值。它为不同方案和不同项目的经济比较提供了同等的基础,并能反映出未来时期的发展变化情况。对投资者和决策者树立资金周转观念,提高项目经济效益等都具有十分重要的意义。

常用的财务评价动态指标有如下几个。

(1)财务净现值(FNPV)

财务净现值指按设定的折现率(一般采用基准收益率 i_c)计算的项目计算期内净现金流量的现值之和,可按下式计算:

$$FNPV=\sum_{t=1}^{n}\frac{(CI-CO)_t}{(1+i_c)^t} \qquad (6-38)$$

式中:i_c——设定的折现率(同基准收益率),取部门或行业的基准收益率或根据资金的来源和构成确定的某数值;

n——计算期年限,一般取 10~20 年。

净现值可以理解为投资项目在计算期限内净收益的现值,由此可以判断项目获得的净收益大小。折现的意义在于以计算期初为基准,扣除掉由于资金的时间价值所带来的那一部分收益,剩余部分才真正反映了投资该项目的收益。因此,净现值的大小,可以作为判别该项目经济上是否可行的依据。

一般情况下,财务盈利能力分析只计算项目投资财务净现值,可根据需要选择计算所得税前净现值或所得税后净现值。利用财务现金流量表可以计算出财务的净现值,按照设定的折现率计算的财务净现值大于或等于零时,项目方案在财务上可考虑接受。

(2)财务内部收益率(FIRR)

财务内部收益率指项目在计算期内各年净现金流量现值累计等于零时的折现率,它反映项目所占用资金的盈利率,见下式:

$$\sum_{t=1}^{n}\frac{(CI-CO)_t}{(1+FIRR)^t}=0 \qquad (6-39)$$

式中: CI——现金流入量;

CO——现金流出量;

$(CI-CO)_t$——第 t 期的净现金流量;

n——项目计算期。

项目投资财务内部收益率、项目资本金财务内部收益率和投资各方财务内部收益率都依据式(6-39)计算,但所用的现金流入和现金流出不同。

从财务净现值的计算中可以看出,计算期限确定后,一个项目的净现值大小与计算时采用的折现率大小有关。折现率越大,被看作由于时间变化而产生的资金增值则越大,而被看作由项目本身所产生的资金增值则越小,即净现值越小;反之,折现率越小,净现值则越大。因此,我们可以定性地看出,对于确定的各年净现金流量而言,其财务净现值与财务内部收益率之间存在对应的关系。即若在折现率 i_c 下,计算出的 $FNPV$ 大于零,由从财务内部收益率的定义出发,为使 $FNPV$ 等于零,就必然存在 $FIRR>i_c$;反之,若在 i_c 下,有 $FNPV$ 小于零,必然存在 $FIRR<i_c$;若在 i_c 下 $FNPV$ 等于零,则按照定义有 $FIRR=i_c$。由于 $FNPV$ 可作为判别一个项目经济上是否可行的标志,因此 $FIRR$ 也能作为项目经济性的判别指标,

两者的判别结果应是一致的。即

若 $FNPV \geq 0$，则有 $FIRR \geq i_c$，项目可行；

若 $FNPV < 0$，则有 $FIRR < i_c$，项目不可行。

财务内部收益率可根据"财务现金流量表"（"项目全部投资现金流量表""项目资本金现金流量表"和"投资各方财务现金流量表"）中的净现金流量资料，用线性插值法计算求得（详见本书第4章4.1节）。

(3) 财务净现值率（FNPVR）

财务净现值率是财务净现值与全部投资现值之比，亦即单位投资现值的净现值。其表达式为：

$$FNPVR = \frac{FNPV}{I_p} \tag{6-40}$$

式中：I_p——投资（包括固定资产投资和流动资金）的现值。

净现值率是在净现值基础上发展起来的，可作为净现值的补充指标，它反映了净现值与投资现值的关系。净现值率的最大化，有利于实现有限投资的净现值贡献最大化，它在多方案选择中有重要作用。

还可以根据行业或部门的特点，计算其他的价值指标或实物指标。

6.5 财务评价的辅助报表和基本报表

在财务评价前，必须进行财务预测。即事先收集、估计和测算一系列财务资料，作为企业评价所需的基本资料。财务预测的结果主要汇集于辅助报表中，有了这些辅助报表，就可以编制财务评价的基本报表和计算一系列财务评价的指标，以此考察项目的盈利能力、偿债能力以及抗风险能力等财务状况。

6.5.1 财务评价所需的基础资料

财务资料资料的收集、预测和整理工作是财务分析成败的关键所在。进行财务分析的基础资料，大部分来自可行性研究报告及有关资料，特别是来自可行性研究报告中的"投资结算""资金筹措"部分。基础资料主要包括下述内容。

(1) 生产规模及产品方案。

(2) 营业收入、包括产品价格及其依据。

(3) 总投资估算：包括固定资产投资估算和流动资金估算；按资金来源的分项构成及总投资的分年度使用计划。

(4) 资本金构成及资金筹措：资本金数量级组成、资金筹措方案、贷款数量及条件，包括贷款利率及偿还条件。

(5) 产品经营成本费：包括总成本和单位生产成本，固定资产折旧、维修费、借贷利息等费用估算。

(6)职工人数、工资及福利费。
(7)项目实施进度,即项目建设时间及投产、达到设计生产能力进度。
(8)财政、金融、税务、环保及其他有关法律法规。

6.5.2 财务评价的辅助报表

根据上述基础资料,可以编制一系列辅助报表,具体表格如下。

(1)建设投资估算表(概算法)(表6-4)。

建设投资估算表(概算法)(人民币单位:万元,外币单位:万美元) 表6-4

序号	工程或费用名称	建筑工程费	设备购置费	安装工程费	其他费用	合计	其中:外币	比例(%)
1	工程费用							
1.1	主体工程							
1.1.1	×××							
	……							
1.2	辅助工程							
1.2.1	×××							
	……							
1.3	公用工程							
1.3.1	×××							
	……							
1.4	服务性工程							
1.4.1	×××							
	……							
1.5	厂外工程							
1.5.1	×××							
	……							
1.6	×××							
2	工程建设其他费用							
2.1	×××							
	……							
3	预备费							
3.1	基本预备费							
3.2	涨价预备费							
4	建设投资合计							
	比例(%)							100%

注:①"比例"分别指各主要科目的费用(包括横向和纵向)占建设投资的比例。
②本表适用于新设法人项目与既有法人项目的新增建设投资的估算。
③"工程或费用名称"可依不同行业的要求调整。

(2)项目总投资使用计划与资金筹措表(表6-5)。

项目总投资使用计划与资金筹措表(人民币单位:万元,外币单位:万美元) 表6-5

序号	项目	合计			1			…		
		人民币	外币	小计	人民币	外币	小计	人民币	外币	小计
1	总投资									
1.1	建设投资									
1.2	建设期利息									
1.3	流动资金									
2	资金筹措									
2.1	项目资本金									
2.1.1	用于建设投资									
	××方									
	……									
2.1.2	用于流动资金									
	××方									
	……									
2.1.3	用于建设期利息									
	××方									
	……									
2.2	债务资金									
2.2.1	用于建设投资									
	××借款									
	××债券									
	……									
2.2.2	用于建设期利息									
	××借款									
	××债券									
	……									
2.2.3	用于流动资金									
	××借款									
	××债券									
	……									
2.3	其他资金									
	×××									
	……									

注:①本表按新增投资范畴编制。
②本表建设期利息一般可包括其他融资费用。
③对既有法人项目,项目资本金中可包括新增资金和既有法人货币资金与资产变现或资产经营权变现的资金,可分别列出或加以文字说明。

(3)项目流动资金估算表(表6-6)。

项目流动资金估算表(人民币单位:万元)　　　　表6-6

序号	项 目	最低周转天数	周转次数	计算期					
				1	2	3	4	…	n
1	流动资产								
1.1	应收账款								
1.2	存货								
1.2.1	原材料								
1.2.2	燃料								
1.2.3	在产品								
1.2.4	产成品								
1.2.5	×××								
	……								
1.3	现金								
1.4	预付账款								
2	流动负债								
2.1	应付账款								
2.2	预收账款								
3	流动资金(1−2)								
4	流动资金当期增加额								

注:①本表适用于新设法人项目与既有法人项目的"有项目""无项目"和增量流动资金的估算。
　　②表中科目可视行业变动。
　　③如发生外币流动资金,应另行估算后予以说明,其数额应包含在本表数额内。
　　④不发生预付账款和预收账款的项目可不列此两项。

(4)营业收入、营业税金及附加和增值税估算表(表6-7)。

营业收入、营业税金及附加和增值税估算表(人民币单位:万元)　　　　表6-7

序号	项 目	合计	计算期					
			1	2	3	4	…	n
1	营业收入							
1.1	产品A营业收入							
	单价							
	数量							
	销项税额							
1.2	产品B营业收入							
	单价							
	数量							
	销项税额							

续上表

序号	项 目	合计	计算期					
			1	2	3	4	...	n
	……							
2	营业税金与附加							
2.1	营业税							
2.2	消费税							
2.3	城市维护建设税							
2.4	教育费附加							
3	增值税							
	销项税额							
	进项税额							

注：①本表适用于新设法人项目与既有法人项目的"有项目""无项目"和增量的营业收入、营业税金与附加和增值税估算。

②根据行业或产品的不同可增减相应税收科目。

(5)总成本费用估算表(生产要素法)(表6-8)。

总成本费用估算表(生产要素法)(人民币单位：万元)　　　　表6-8

序号	项 目	合计	计算期					
			1	2	3	4	...	n
1	外购原材料费							
2	外购燃料及动力费							
3	工资及福利费							
4	修理费							
5	其他费用							
6	经营成本(1+2+3+4+5)							
7	折旧费							
8	摊销费							
9	利息支出							
10	总成本费用合计(6+7+8+9)							
	其中：可变成本							
	固定成本							

注：本表适用于新设法人项目与既有法人项目的"有项目""无项目"和增量成本费用的估算。

上述辅助报表编制有的还需要若干基础表格，例如在编制总成本费用估算表前，需要外购原材料费估算表、外购燃料和动力费估算表、固定资产折旧费估算表、无形及其他资产估算表和工资及福利费估算表。

6.5.3 财务评价的基本报表

下面我们讨论几个主要的财务评价报表。

财务评价的基本报表主要有:项目全部投资现金流量表、项目资本金现金流量表、投资各方财务现金流量表、利润与利润分配表、财务计划现金流量表、资产负债表及借款还本付息估算表。

1. 财务现金流量表

财务现金流量表反映项目计算期内各年的现金收支情况(现金流入、现金流出和净现金流量),用以计算各项动态和静态评价指标(如财务内部收益率、财务净现值等),进行项目财务盈利能力分析。按投资计算基础的不同,现金流量表又分为项目全部投资现金流量表、项目资本金现金流量表和投资各方财务现金流量表。

(1)项目全部投资现金流量表(表 6-9)

项目全部投资现金流量表(人民币单位:万元) 表 6-9

序号	年份 科目	合计	计算期					
			1	2	3	4	…	n
1	现金流入							
1.1	营业收入							
1.2	补贴收入							
1.3	回收固定资产余值							
1.4	回收流动资金							
2	现金流出							
2.1	建设投资							
2.2	流动资金							
2.3	经营成本							
2.4	营业税金及附加							
2.5	维持运营投资							
3	所得税前净现金流量(1−2)							
4	累计所得税前净现金流量							
5	调整所得税							
6	所得税后净现金流量(3−5)							
7	累计所得税后净现金流量							

计算指标:
项目投资财务内部收益率(%)(所得税前)
项目投资财务内部收益率(%)(所得税后)
项目投资财务净现值(所得税前)($i=$%)
项目投资财务净现值(所得税后)($i=$%)
项目投资回收期(年)(所得税前)
项目投资回收期(年)(所得税后)

注:①本表适用于新设法人项目与既有法人项目的增量和"有项目"的现金流量分析。
②调整所得税为以息税前利润为基数计算的所得税,区别于"利润与利润分配表""项目资本金现金流量表"和"财务计划现金流量表"中的所得税。

项目全部投资现金流量表不分投资资金来源,以全部投资作为计算基础,用以计算项目投资所得税前及所得税后财务内部收益率、财务净现值及投资回收期等评价指标,考察项目全部投资的盈利能力。该表计算的基本假设是:项目全部投资均为自有资金条件下的项目现金流量。因此,没有计算项目利息支出。

(2)项目资本金财务现金流量表(表6-10)

项目资本金现金流量表从投资者角度出发,以投资者自有资金作为计算基础,把国内外借款本金偿还和利息支付作为现金流出(由于现金流入是全部投资所获得的),用以计算自有资金投资财务内部收益率、财务净现值和投资回收期等评价指标,考察项目自有资金的盈利能力。

①现金流入各项和资料来源与"项目全部投资现金流量表"相同。

②现金流出项中自有资金数额取自"总投资使用计划与资金筹措表"中资金筹措项下的自有资本金分项。借款本金偿还由两部分组成:一部分为借款还本付息计算表中本年还本额,一部分为流动资金借款本金偿还,一般发生在计算期最后一年。借款利息支付数额来自总成本费用估算表中的利息支出项。现金流出中其他各项与全部投资现金流量表中相同。

项目资本金现金流量表(人民币单位:万元) 表6-10

序号	科目 年份	合计	计算期					
			1	2	3	4	…	n
1	现金流入							
1.1	营业收入							
1.2	补贴收入							
1.3	回收固定资产余值							
1.4	回收流动资金							
2	现金流出							
2.1	项目资本金							
2.2	借款本金偿还							
2.3	借款利息支付							
2.4	经营成本							
2.5	营业税金及附加							
2.6	所得税							
2.7	维持运营投资							
3	净现金流量(1—2)							
计算指标: 资本金财务内部收益率(%)								

注:①项目资本金包括用于建设投资、建设期利息和流动资金的资金。
②对外商投资项目,现金流出中应增加职工奖励及福利基金科目。
③本表适用于新设法人项目与既有法人项目"有项目"的现金流量分析。

(3)投资各方财务现金流量表(表6-11)。

投资各方财务现金流量表分别以投资各方的出资额作为计算基础,编制各方的财务现金流量表,用于计算投资各方的内部收益率。

投资各方财务现金流量表(人民币单位:万元)　　　　表 6-11

序号	项目	合计	计算期			
			1	2	…	n
1	现金流入					
1.1	实分利润					
1.2	资产处置收益分配					
1.3	租赁费收入					
1.4	技术转让或使用收入					
1.5	其他现金流入					
2	现金流出					
2.1	实缴资本					
2.2	租赁资产支出					
2.3	其他现金流出					
3	净现金流量(1-2)					

注:①本表可按不同投资方分别编制。
②"投资各方现金流量表"既适用于内资企业也适用于外商投资企业;既适用于合资企业也适用于合作企业。
③"投资各方现金流量表"中现金流入是指出资方因该项目的实施将实际获得的各种收入;现金流出是指出资方因该项目的实施将实际投入的各种支出。表中科目应根据项目具体情况调整。
④实分利润指投资者由项目获取的利润。
⑤资产处置收益分配指对有明确的合营期限或合资期限的项目,在期满时对资产余值按股比或约定比例的分配。
⑥租赁费收入指出资方将自己的资产租赁给项目使用所获得的收入,此时应将资产价值作为现金流出,列为租赁资产支出科目。
⑦技术转让或使用收入指出资方将专利或专有技术转让或允许该项目使用所获得的收入。

2. 利润与利润分配表(表 6-12)

利润与利润分配表,反映项目计算期内各年营业收入、总成本费用、利润总额等情况,以及所得税后利润的分配,用于计算总投资收益率、项目资本金利润率等指标。

利润与利润分配估算表(人民币单位:万元)　　　　表 6-12

序号	年份　　科目	合计	计算期					
			1	2	3	4	…	n
1	营业收入							
2	营业税金及附加							
3	总成本费用							
4	补贴收入							
5	利润总额(1-2-3-4)							
6	弥补以前年度亏损							
7	应纳税所得额(5-6)							

续上表

序号	科目＼年份	合计	计算期					
			1	2	3	4	…	n
8	所得税							
9	净利润(5－8)							
10	期初未分配利润							
11	可供分配的利润(9＋10)							
12	提取法定盈余公积金							
13	可供投资者分配的利润(11－12)							
14	应付优先股股利							
15	提取任意盈余公积金							
16	应付普通股股利(13－14－15)							
17	投资各方利润分配 其中：××方 　　　××方							
18	未分配利润(13－14－15－17)							
19	息税前利润(利润总额＋利息支出)							
20	息税折旧摊销前利润(息税前利润＋折旧＋摊销)							

注：①对于外商出资项目由第11项减去储备基金、职工奖励与福利基金和企业发展基金后，供投资者分配的利润。
②第14～16项根据企业性质和具体情况选择填列。
③法定盈余公积金按净利润计提。

3. 财务计划现金流量表(表6-13)

反映项目计算期各年的投资、融资及经营活动的现金流入和流出，用于计算累计盈余资金，分析项目的财务生存能力。

财务计划现金流量表(人民币单位：万元)　　　　表6-13

序号	项目	合计	计算期				
			1	2	3	4	…	n
1	经营活动净现金流量(1.1－1.2)							
1.1	现金流入							
1.1.1	营业收入							
1.1.2	增值税销项税额							
1.1.3	补贴收入							
1.1.4	其他流入							
1.2	现金流出							
1.2.1	经营成本							
1.2.2	增值税进项税额							

续上表

序号	项 目	合计	计 算 期					
			1	2	3	4	...	n
1.2.3	营业税金及附加							
1.2.4	增值税							
1.2.5	所得税							
1.2.6	其他流出							
2	投资活动净现金流量(2.1−2.2)							
2.1	现金流入							
2.2	现金流出							
2.2.1	建设投资							
2.2.2	维持运营投资							
2.2.3	流动资金							
2.2.4	其他流出							
3	筹资活动净现金流量(3.1−3.2)							
3.1	现金流入							
3.1.1	项目资本金投入							
3.1.2	建设投资借款							
3.1.3	流动资金借款							
3.1.4	债券							
3.1.5	短期借款							
3.1.6	其他流入							
3.2	现金流出							
3.2.1	各种利息支出							
3.2.2	偿还债务本金							
3.2.3	应付利润(股利分配)							
3.2.4	其他流出							
4	净现金流量(1+2+3)							
5	累计盈余资金							

注:①对于新设法人项目,本表投资活动的现金流入为零。
②对于既有法人项目,可适当增加科目。
③必要时,现金流出中可增加应付优先股股利科目。
④对外商投资项目应将职工奖励与福利基金作为经营活动现金流出。

4. 资产负债表(表6-14)

资产负债表用于综合反映项目计算期内各年年末资产、负债和所有者权益的增减变化及对应关系,用以计算资产负债率,进行偿债能力和资金流动性分析。

资产负债表(人民币单位:万元)　　　　　　　　　　　　　　　表 6-14

序号	科目 \ 年份	计算期					
		1	2	3	4	...	n
1	资产						
1.1	流动资产总额						
1.1.1	货币资金						
1.1.2	应收账款						
1.1.3	预付账款						
1.1.4	存货						
1.1.5	其他						
1.2	在建工程						
1.3	固定资产净值						
1.4	无形资产及其他资产净值						
2	负债及所有者权益(2.4+2.5)						
2.1	流动负债总额						
2.1.1	短期借款						
2.1.2	应付账款						
2.1.3	预收账款						
2.1.4	其他						
2.2	建设投资借款						
2.3	流动资金借款						
2.4	负债小计(2.1+2.2+2.3)						
2.5	所有者权益						
2.5.1	资本金						
2.5.2	资本公积						
2.5.3	累计盈余公积金						
2.5.4	累计未分配利润						
计算指标: 资产负债率(%)							

注:①对外商投资项目,第 2.5.3 项改为"累计储备基金和企业发展基金"。
②对既有法人项目,一般只针对法人编制,可按需要增加科目,此时表中资本金指企业全部实收资本,包括原有和新增的实收资本。必要时,也可针对"有项目"范围编制。此时表中资本金仅指"有项目"范围的对应数值。
③货币资金包括现金和累计盈余资金。

5.借款还本付息计划表(表 6-15)

借款还本付息计划表用于反映项目计算期内各年的借款本金偿还和利息支付情况,用于计算借款偿还期或者偿债备付率和利息备付率等指标。

按现行财税制度,偿还人民币借款的资金来源主要有未分配利润、折旧费、摊销费及其他资金。

借款还本付息计划表(人民币单位:万元)　　　　　表 6-15

序号	项目		合计	计算期				
				1	2	3	…	n
1	借款1							
1.1	期初借款余额							
1.2	当期还本付息							
	其中:还本							
	付息							
1.3	期末借款余额							
2	借款2							
2.1	期初借款余额							
2.2	当期还本付息							
	其中:还本							
	付息							
2.3	期末借款余额							
3	债券							
3.1	期初债务余额							
3.2	当期还本付息							
	其中:还本							
	付息							
3.3	期末债务余额							
4	借款和债券合计							
4.1	期初余额							
4.2	当期还本付息							
	其中:还本							
	付息							
4.3	期末余额							
计算指标	利息备付率(%)							
	偿债备付率(%)							

注:①本表与财务分析辅助表中的"建设期利息估算表"可合二为一。
②本表直接适用于新设法人项目,如有多种借款或债券,必要时应分别列出。
③对于既有法人项目,在按"有项目"范围进行计算时,可根据需要增加项目范围内原有借款的还本付息计算;在计算企业层次的还本付息时,可根据需要增加项目范围外借款的还本付息计算。当简化直接进行项目层次新增借款还本付息计算时,可直接按新增资料进行计算。
④本表可另加流动资金借款的还本付息计算。

6.5.4　辅助报表与基本报表的关联

以上各表,大致可归纳为以下三类。

第一类：反映项目的总投资及投资使用计划与资金筹措情况，如辅助报表的表6-4～表6-6。

第二类：反映项目投产后的产品成本和费用、营业收入、营业税金、利润总额及税后的利润分配情况，如表6-7、表6-12所示。

第三类：反映项目投资盈利能力、偿还能力、项目全过程的资金活动情况以及各年资金平衡情况，如基本报表的表6-9～表6-15。

在具体的计算过程中，通过各报表间的数据链接，才能使计算准确、快捷。注意以下几点：

(1)"建设投资估算表"(表6-4)是源头表格。表中的建设投资或固定资产投资各项内容，可以根据工艺过程设计、技术与设备的选择以及施工安装的具体情况、事先估算出各投资费用，并按建筑工程费、设备工具、器具购置费、安装工程费，其他费用进行分类，合并得到建设投资总估算值。

有了建设投资总估算值或固定资产投资数额，就可以按投资作用计划进行建设期逐年的投资安排和相应的资金筹措，并进行"项目总投资使用计划与资金筹措表"(表6-5)的填写。接下来，利用"项目总投资使用计划与资金筹措表"估算建设期利息，并把计算出的建设期利息填入"建设投资估算表"中，这样固定资产投资估算表才全部编制结束。

固定资产投资总额也由此得出，并据此完成对固定资产折旧费估算和无形及其他资产摊销估算。

(2)外购原材料估算和外购燃料和动力费用估算是另一源头估算，它为"总成本费用估算表"(表6-8)及"营业收入、营业税金及附加和增值税估算表"(表6-7)提供了计算基础。表中的资料应根据市场调研、生产负荷及物料消耗情况作出估算。(篇幅原因省略了外购原材料估算和外购燃料和动力费用估算表格。)

(3)有了上述报表的编制基础，"总成本费用估算表"(表6-8)中的经营成本就可得出，它为流动资金的分项详细估算提供了依据，从而可完成"项目流动资金估算表"(表6-6)的填写。继而可以按生产负荷要求安排流动资金的逐年投放，最终完成"项目总投资使用计划与资金筹措表"的填写。

(4)"总成本费用估算表"(表6-8)、利润与利润分配表(表6-12)和借款还本付息计算表(表6-15)是形成资料回路的三张表。其中，"总成本费用估算表"中的"利息支出"包括长期借款与流动资金借款利息，它们取决于生产期每年年初的长期借款余额以及流动资金的借款数额。在具体编制报表时，只能逐年地在三张表间循环直到长期借款还清为止。

6.6　项目财务评价案例

6.6.1　项目简介

为了保障城市燃气供应稳定、加强G市燃气应急储备及提高紧急情况下燃气供应保障能力，市政府决定采用LNG的低温储存用于本市的燃气应急储备，启动LNG储备项目。该项目对促进该市天然气供应体系的逐步完善、确保城市安全平稳供气以及下游LNG终端供应有着十分重要的现实意义。

本项目建成后,将具备以下功能:在极端异常情况下的应急储备气源;冬季用气高峰季节,上游气源调度无法平衡时,可对出现的巨大天然气缺口起到补差的作用,稳定市区天然气供应,提高市区天然气供应可靠性;为区域LNG汽车加气站提供液源配送;向周边卫星城镇LNG调峰气化站提供LNG配送;向重要的不可中断的用户自备LNG气化站提供LNG配送;向周边管道天然气不能到达的偏远区域和用户提供非管网天然气。同时,将带来良好的社会效益、节能环保效益。

项目由G市主城区城市燃气运营企业负责建设和运营,该公司拥有主城区天然气和市域范围内LNG加气站的经营权利。

1. 项目建设必要性

(1) 符合国家对城市天然气应急和储备的政策要求

国家发展和改革委员会颁布实施的《天然气利用政策》指出:"为保障稳定供气,国家鼓励建设调峰设施和建立特大型城市天然气储备机制。"

《城镇燃气管理条例》国务院令第583号第二章"燃气发展规划与应急保障"第十二条指出:"县级以上地方人民政府应当建立健全燃气应急储备制度,组织编制燃气应急预案,采取综合措施提高燃气应急保障能力。"国家能源局《天然气基础设施建设与运营管理条例》中也规定,城市燃气运营企业应当建立储存天然气的基础设施或委托有关企业进行储备,建立不低于供气范围区平均7~10天的需求量的天然气储备,满足城市日、小时用气调峰、应急的需求。

(2) 建设天然气应急储备,是城市规划发展所需

为"十二五"期间实现该市城市发展的规划目标,城市能源安全供应是一个重要基础条件,启动该城市天然气储备项目是城市发展所需。

(3) 该市天然气应急储备和调峰储备能力不足

近年来,该市冬夏之间的用气峰谷差很大。从现状来看,中心城市燃气运营单位已建成的储气设施和输储气高压管线实际调峰能力并不能满足该城市约100万立方米的现状调峰需求;一旦出现极端恶劣的天气或气源管线或者单位突发事件,直接影响到全市天然气的供应,存在很大的供应安全风险。

(4) 城市天然气应急储备是解决城市天然气供需矛盾、提高用气安全的重要手段

为有效缓解城市天然气供需矛盾,减少城市燃气运营对上游供给环节的过分依赖,建立天然气储备系统是保障城市供气稳定安全、缓解天然气供应问题带来的社会矛盾、保障民生的重要手段。

(5) 按照目前的供需结构和现状,国内很多城市已经开展建设应急储备气源

长期以来,由于供给体制、管理模式、成本等方面的因素,下游终端用气城市均希望由上游气源单位来解决城市燃气的储备,实现调峰和突发事件的应急处理,但实际上由上游来解决城市储气存在许多先天的不足。

由此,为现实该市在"十二五"规划提出的新目标,稳步发展城市天然气供应,进一步完

善城市燃气的供应系统,促进该城市供气的安全平稳,维护城市的稳定,该市根据自身燃气供需情况,在突破上游供气条件、完善现有储气设施的情况下,建设城市储备气源系统。目前,国内已建设了 LNG 应急储备库的几个主要城市有上海、杭州、南京等,且应急调峰功能效果明显,其经验值得借鉴。

2. 建设规模

本项目建成后储存总规模为 5 万立方米,一期建设 1 万立方米,共设 4 台子母罐,以及相应的生产管理设施、库外闪蒸天然气(Boil Off Gas,简称 BOG)回收站、应急调峰输气连接管线等。二、三期各建设 2 万立方米全防罐 1 座及配套生产和调度管理设施等。

3. 工期安排

分三期建设。一期工程拟于 2016 年 12 月完成,二、三期工程视一期建设运行情况确定建设工作的安排。

4. 投资估算

项目总建设资金:94658.478 万元(不含建设期利息和铺底流动资金)。一期建设资金:35890.01 万元(不含建设期利息和铺底流动资金),其中:建筑工程 4648.0 万元,设备 16120.0 万元,安装工程费 4849.0 万元,其他费用 10273.01 万元。

5. 资金来源

本项目采用业主单位通过国内银行贷款和企业自筹的资金来源方式。其中银行贷款 70%,企业自筹 30%。

6. 主要技术经济指标(表 6-16)

一期工程主要技术经济指标表　　　　　　　表 6-16

序号	项目	单位	数量	备注
1	LNG 储存容积	立方米	50000	LNG(远期)
1.1	一期储存容积	立方米	10000	LNG
1.2	气化能力	标立方米/时	72000	NG(远期)
1.3	一期气化能力	标立方米/时	50000	NG
1.4	一期配送能力	吨/日	500	LNG
1.5	一期市场规模	万吨/年	17.6	含调峰部分和市场配送部分
2	电力、燃料消耗			
2.1	电力	万度/年	410	
2.2	水	万吨/年	1.0	正常年份正常使用量
2.3	车用燃料(柴油)	吨/年	280	
2.4	自用气	万立方米/年	56	

续上表

序号	项目	单位	数量	备注
3	建筑物			
3.1	储备库总建筑面积	平方米	7244	含办公楼、站房、控制室、压缩机房、门卫室、配电房、泵房等
3.2	BOG回收站、LNG加气站总建筑面积	平方米	813	
3.3	消防站总建筑面积	平方米	2700	
3.4	绿地面积	平方米	29468	
3.5	绿地率	%	24.57	
4	项目用地	亩	192.8	
4.1	储备库征地面积	亩	178.0	
4.2	消防站用地(库外)	亩	7.0	和当地联建
4.3	库外(连接)道路	亩	7.8	
5	岗位定员	人	65	不含消防站
6	工程总投资	万元	101180.16	含建设期利息和铺底流动资金
6.1	一期工程投资	万元	39050.17	含建设期利息和铺底流动资金
6.2	一期建设投资	万元	35890.01	
6.3	一期流动资金	万元	2274.58	
6.4	一期贷款利息	万元	885.59	
7	LNG进气价	元/吨	5000	3.37元/立方米
	LNG销售价	元/吨	5650	3.82元/立方米
8	财务评价指标			
8.1	财务内部收益率(税后)	%	10.90	以站养库
8.2	投资回收期(税后)	年	9.65	含建设期一年
8.3	财务净现值($i_c=10\%$)	万元	2771	

6.6.2 投资估算

1. 投资估算范围

根据项目建设周期、对社会效应的需求，以及市场的诸多不确定性，本项目分为三期建设，一期2500立方米的LNG子母罐4座，二、三期各设置20000立方米的LNG预应力钢混全防罐1座。本次估算范围为：一期工程从工程开始筹建至达到设计生产能力所需的建筑安装工程费，设备及工具、器具购置费，工程建设其他费、基本预备费、建设期贷款利息、铺底流动资金等全部投资(不含二、三期的投资估算)。

2. 编制依据

依据所在省市相关政策文件,设备价格参考厂家询价确定,其他费用的计取根据建标[2007]164号文件《市政工程投资估算编制办法》的有关规定,计算各项费用计算项目及结果见表6-17。

项目一期工程投资估算总表　　　　　　　　表6-17

序号	估算书编号	工程和费用名称	估算价值(万元)				
			建筑工程	设备工程	安装工程	其他费用	合计
1	Ⅰ	第一部分　工程费用	4648.000	16120.000	4849.000	403.000	26020.000
2	Ⅰ-(一)	平面土建工程	1298.000				1298.000
3	Ⅰ-(二)	建构筑物工程	2296.000				2296.000
4	Ⅰ-(三)	工艺工程		13200.000	1978.000		15178.000
5	(三)-1	装卸单元		738.000	126.000		864.000
6	(三)-2	储存单元		10890.000	481.000		11371.000
7	(三)-3	BOG单元		35.000	24.000		59.000
8	(三)-4	气化单元		665.000	147.000		812.000
9	(三)-5	分输单元		295.000	186.000		481.000
10	(三)-6	LNG加液单元		250.000	6.000		256.000
11	(三)-7	火炬单元		27.000	3.000		30.000
12	(三)-8	LCNG单元		200.000	5.000		205.000
13	(三)-9	工艺配套工程		100.000	1000.000		1100.000
14	Ⅰ-(四)	电气工程		340.000	370.000		710.000
15	Ⅰ-(五)	给排水及消防工程		380.000	450.000		830.000
16	Ⅰ-(六)	供热工程		230.000	165.000		395.000
17	Ⅰ-(七)	CNG标准站工程(1座)	200.000	240.000	86.000		526.000
18	Ⅰ-(八)	消防站工程	600.000	270.000	80.000		950.000
19	Ⅰ-(九)	自控、安保及通信系统		180.000	20.000		200.000
20	Ⅰ-(十)	维护管理及抢修抢险设施		180.000			180.000
21	Ⅰ-(十一)	库外工程	254.000		1700.000		1954.000
22	Ⅰ-(十二)	备品备购置费				161.000	161.000
23	Ⅰ-(十三)	工具、器具及生产家具购置费				242.000	242.000
24	Ⅰ-(十四)	汽车槽车		1100.000			1100.00
25	Ⅱ	第二部分　其他费用				6607.280	6607.280
26	Ⅱ-1	征地费				3470.400	3470.400
27	Ⅱ-2	建设单位管理费				317.330	317.330
28	Ⅱ-3	联合试运转费				314.540	314.540
29	Ⅱ-4	生产人员培训费				65.000	65.000

续上表

序号	估算书编号	工程和费用名称	估算价值(万元)				
			建筑工程	设备工程	安装工程	其他费用	合计
30	Ⅱ-5	办公及生活家具购置费				13.000	13.000
31	Ⅱ-6	建设工程监理费				493.110	493.110
32	Ⅱ-7	劳动安全卫生评审费				130.100	130.100
33	Ⅱ-8	场地准备费及临时设施费				260.200	260.200
34	Ⅱ-9	工程保险费				78.060	78.060
35	Ⅱ-10	招标代理服务费				38.560	38.560
36	Ⅱ-11	环境影响咨询服务费				25.570	25.570
37	Ⅱ-12	压力容器监检费				6.000	6.000
38	Ⅱ-13	地质灾害评价费				52.040	52.040
39	Ⅱ-14	勘察费				260.200	260.200
40	Ⅱ-15	设计费				829.280	829.280
41	Ⅱ-16	预算编制费				82.930	82.930
42	Ⅱ-17	竣工图编制费				66.340	66.340
43	Ⅱ-18	建设项目前期工程咨询费				91.640	91.640
44	Ⅲ	基本预备费[(Ⅰ)+(Ⅱ)]×10%				3262.730	3262.730
45	Ⅳ	建设投资	4648.000	16120.000	4849.000	10273.010	35890.010
46	Ⅴ	建设期贷款利息				885.590	885.590
47	Ⅵ	铺底流动资金(自有资金)				2274.580	2274.580
48	Ⅶ	建设项目总投资	4648.000	16120.000	4849.000	13433.176	39050.170

(1)征地费:按18万元/亩左右估算。

(2)建设单位管理费:根据财政部财建[2002]394号文计算。

(3)生产人员培训费:按设计定员的60%,培训期半年,培训费20000元/人计取。

(4)办公及生活家具购置费:按设计定员每人2000元计取。

(5)联合试运转费:按第一部分设备、安装费用之和的1.5%计取(表6-17)。

(6)场地准备费及临时设施费:按第一部分工程费用的1%计取(表6-17)。

(7)工程保险费:按第一部分工程费用的0.3%计算(表6-17)。

(8)压力容器监检费:按压力容器安装费的3%计算。

(9)勘察费:按第一部分费用的1.0%计取(表6-17)。

(10)预算编制费:按设计费的10%计取。

(11)竣工图编制费:按设计费的8%计取。

(12)基本预备费:按第一、第二部分费用的10%计算(表6-17)。

(13)建设期贷款利息:按建设投资的70%贷款,建设期1年,贷款利率为7.05%。

(14)铺底流动资金:按流动资金额的30%计算。

6.6.3 项目财务评价

1. 评价依据

(1)《建设项目经济评价方法与参数》(第三版),国家发展和改革委员会、原建设部,2006年8月颁布。
(2)《城市燃气项目可行性研究报告编写指南》,中研普华公司,2013版。
(3)《市政公用设施建设项目经济评价方法与参数》,住房和城乡建设部,2008年颁布。
(4)《投资项目可行性研究指南》(试用版),国家发展计划委员会、中国国际工程咨询公司,2002年。
(5)国家及地方现行相关财税管理政策。

2. 评价原则

财务评价的原则是:
(1)内容尽可能作出全面、详细、完整的评价;
(2)按照已确定的工程规模和设计方案进行计算编制;
(3)对各种经济因素进行调查、研究、预测、计算及论证;
(4)财务评价使用现行价格。

3. 评价方法

财务分析是在国家现行财税制度和价格体系下,预测估计项目的财务费用和效益,编制财务分析报表,计算财务指标,进行财务盈利能力、偿债能力和生存能力分析,判断项目的财务可接受性。本建设项目属于市政基础设施建设,财务评价方法采用净现值法和内部收益率法,采用"有、无对比"的方式确定项目的效益和费用,进而进行评价指标的计算,分析项目投资的经济效率和对社会福利所做出的贡献,评价项目的经济合理性。在没有本项目的情况下,对应的经济效益、社会效益、环境效益均不能体现。同时,其他的煤炭等项目会对社会环境有更多的污染。本次主要对有本项目的情况进行评价。

4. 评价期及基准收益率

根据项目建设周期、对社会效应的需求,以及项目性质和市场特点,本次仅对一期投资进行经济分析。

本项目经济评价的计算期,包括建设期和运营期。建设期为2年,生产服务期为19年,计算期为21年。根据工程建设进度计划,项目在第1年开始建设,3年达到设计规模的25%,4年达到设计规模的50%,5年达到设计规模的75%,6年达到设计规模的100%。

参照《建设项目经济评价方法与参数》(第三版),结合燃气行业特点,本工程基准收益率取为10%(税后)。

第6章 工程项目财务评价

5.基础数据

(1)建设总投资及资金使用

一期建设按照一年建设期计算,第一年全部投入,其总投资39050.17万元,其中:建筑工程费4648.00万元,设备购置费16120.00万元,安装工程费4849.00万元,其他工程费13433.18万元(含建设期利息和铺底流动资金)。

(2)流动资金

流动资金按分项详细估算法进行估算。

流动资金70%由银行贷款,贷款利率为6.55%,30%作为企业铺底流动资金,分五年投入进行周转使用,详见表6-24~表6-26("流动资金估算表""原材料费用估算表""外购原料和动力费估算表")。

(3)资金筹措

项目总投资为101180.16万元(含建设期利息和铺底流动资金)。

其中,一期建设投资为39050.17万元(含建设期利息和铺底流动资金),70%从国内银行贷款,贷款率为7.05%;30%企业自筹。详见表6-18。

项目总投资使用计划与资金筹措表 表6-18

序号	项目	合计	1—2	3	4	5	6
1	总投资(万元)	44358	36776	2056	1842	1842	1842
1.1	建设投资(万元)	35890	35890	0	0	0	0
1.2	建设期利息(万元)	886	886	0	0	0	0
1.3	流动资金(万元)	7582	0	2056	1842	1842	1842
2	资金筹措(万元)	44358	36776	2056	1842	1842	1842
2.1	项目资本金(万元)	13042	10767	617	553	553	553
2.1.1	用于建设投资(万元)	10767	10767	0	0	0	0
2.1.2	用于流动资金(万元)	2275	0	617	553	553	553
2.1.3	用于建设期利息(万元)	0	0	0	0	0	0
2.1.4	其中:注册资金(万元)	12463	10289	589	528	528	528
2.1.5	资本金占总投资的比例(%)	33					
2.2	长期借款(万元)	31316	26009	1439	1289	1290	1290
2.2.1	建设投资借款(万元)	25123	25123	0	0	0	0
2.2.2	流动资金借款(万元)	5307	0	1439	1289	1290	1290
2.2.3	建设期利息借款(万元)	886	886	0	0	0	0

(4)固定资产折旧和无形资产、其他资产摊销

固定资产原值为建设投资扣除生产培训费、办公和生活家具购置费再加上建设期利息后的金额,即36697.6万元;生产培训费及办公和生活家具购置费为无形资产和其他资产,

即84.0万元,无形资产和其他资产按5年摊销。

(5)销售价格预测

目前车用天然气市场价格尚待调整,在车用天然气市场价格未达到调整目标前,市场销售价格的确定既须有利于市场拓展,又要能保障企业具有一定的效益以促进滚动发展。

按照项目运作需求和市场承受分析,预测销售价格为5650元/吨。

6. 财务评价

(1)营业收入

本工程一期建设期为2年,生产期为19年,整个计算期为21年。

从规划实施进度分析,预计6年以后实现17.6万吨/年的供应规模,以此作为本项目测算的满负荷计算规模。正常年供销差按1%考虑。经分析各年生产负荷见表6-19。

各年生产负荷　　　　　表6-19

年数	3	4	5	6	7	8	9	10	11	12	13～21
负荷(%)	25	50	75	100	100	100	100	100	100	100	100

进气单价为5000元/吨(含税),综合销售价格确定为5650元/吨(含税)。增值税按13%计算,损耗按1%计算,则在整个生产期19年内平均年营业收入为80586.00万元。

(2)营业收入及税金和利润计算

税金计算和税率按照我国现行有关税收政策的规定计算。

①增值税

销项税:根据国家有关规定,天然气按不含税营业收入的13%计算。

进项税:外购天然气进项税率按13%,电力及其他材料进项税率按17%计算。

②城市维护建设税

根据国家有关规定,按增值税的7%计算。

③教育费附加

根据国家有关规定,按增值税的3%计算。

④所得税

根据我国现行有关税收政策的规定,按利润的25%执行。营业收入扣除总成本、所得税后,即为税后净利润。经测算年均上缴营业税金及附加105.62万元,年均上缴增值税1056.20万元,详见表6-31"利润与利润分配表"和表6-32"财务计划现金流量表"。

(3)年基本折旧费与固定资产净残值及无形资产其他资产摊销费

①固定资产折旧按平均年限法计算

正常年基本折旧费=[固定资产原值×(1－净残值率)]/折旧年限=2348.65(元)

式中,折旧年限以生产期计,即19年,净残值率为4%。

②净残值=固定资产原值×4%

③无形资产和其他资产按5年摊销

(4)总成本费用计算

总成本及年经营费用的计算,详见表6-20及表6-25～表6-27。

生产成本计算表——基本数据　　　　　　　　　　　表6-20

序号	名　称	单　位	基本数据
1	LNG 销售规模	万吨/年	17.424
2	年耗电量	万度	410
3	电费单价	元/度	1.00
4	年耗水量(正常年份平均使用量)	万吨	1.00
5	水费单价	元/吨	4.30
6	外购 LNG	万吨/年	17.6
7	年耗柴油 0#	吨/年	280
8	柴油单价	元/吨	8420
9	NG 自用气	万立方米/年	56
10	职工定员	人	65
11	人均年工资及福利	万元/(人·年)	50000
12	折旧年限	年	15
13	残值率	%	4
14	大修费(折旧额)的	%	40
15	无形资产摊销年	年	5
16	垫底气	吨	3780
17	购气单价	元/吨	5000(含税)
18	LNG 销售价	元/吨	5650(含税)
19	LNG 输差	%	1

(5)项目投资现金流量分析

各指标的计算结果详见表6-21。

项目投资现金流量计算结果　　　　　　　　　　　表6-21

序号	指标名称	单　位	数　据
1	税后累计财务净现金流量	万元	78030
2	税后财务净现值($i_c=10\%$)	万元	2771
3	税后财务内部收益率	%	10.90
4	税后投资回收期(含建设期1年)	年	9.65

根据已确定的销售价5650元/吨,求得平均年营业收入80560.00万元,进而求得年均利润总额为3284.14万元,年均交纳税金总额2150.91万元,正常年固定资产折旧费为2348.65万元。

①平均投资收益率 $=\dfrac{\text{平均年利润}+\text{年固定资产折旧}}{\text{项目总投资}}\times 100\%=12.70\%$

②平均投资利润率 $=\dfrac{\text{平均年利润}}{\text{项目总投资}}\times 100\%=7.40\%$

③平均投资利税率 = $\dfrac{\text{平均年利润}+\text{平均年纳税}}{\text{项目总投资}} \times 100\% = 12.25\%$

通过以上三项静态指标的分析,可以看出项目投资有一定的效益,可为企业提供一定的利润,同时为地方增加税收。

(6)偿还能力分析

本工程一期建设投资为 35890.01 万元(不含建设期利息及铺底流动资金)。其中:25123.01 万元由银行贷款,贷款年利率为 7.05%,计复息。

通过贷款偿还分析,本工程有一定贷款偿还能力。还款来源为未分配利润和可用于还款的折旧费,贷款偿还期为 8.52 年(含建设期 1 年)。还贷后尚有 104183 万元的盈余资金,因此本工程的经济效益是明显的,同时也是合理的,详见表 6-31。

(7)不确定性分析

①盈亏平衡分析

a. 以销售率表示的盈亏平衡点

以盈亏平衡点表明不发生亏损的销售量的最低限度,它与预测实现规模之间的差距越大,风险就越小。

盈亏平衡点 X_1 =(平均年固定总成本×100%)÷(平均年销售收入-平均年增值税-平均年可变成本)= 43.48%

计算表明:本工程只需要达到预测销售规模的 43.48%,即供气量为 7.65 万吨/年时,企业就能够保本自给,不会发生亏损。

b. 以销售价格表示的盈亏平衡点

盈亏平衡点 X_2 = 平均单位成本×100%÷[售气价-(平均年增值税/销售气量)]= 94.44%

计算表明:本工程在其他条件不变的情况下,销售价格为 94.44% 时,即综合销售价格为 5335.86 元/吨时,企业能够保本自给,不会发生亏损。

详见图 6-1。

②敏感性分析

对建设投资、销售价格及原材料价格,分别按 ±5%、±10%、±15% 作了敏感性分析。从敏感性看:本项目对销售价格、原料成本变化最为敏感,特别是负面变化,波动超过 5% 即可能导致项目效益恶化。本项目应对风险能力不强。详见表 6-22 及图 6-2。

税前财务内部收益率敏感性分析表　　　　　　表 6-22

序号	敏感因素	变化幅度	项目财务分析指标		
			FIRR	FNPV	P_t
		基本方案	10.90%	2771	9.65
1	建设投资	15%	9.58%	−1459	10.50
		10%	9.99%	−49	10.21
		5%	10.42%	1361	9.93
		−5%	11.41%	4181	9.36
		−10%	11.97%	5591	9.08
		−15%	12.59%	7001	8.80

续上表

序号	敏感因素	变化幅度	项目财务分析指标		
			FIRR	FNPV	P_t
		基本方案	10.90%	2771	9.65
2	产出价格	15%	27.72%	66891	5.29
		10%	22.71%	45607	6.00
		5%	17.18%	24189	7.21
		−5%	2.99%	−18826	17.51
		−10%	—	−45120	0.00
		−15%	—	−73381	0.00
3	原材料价格	15%	—	−66005	0.00
		10%	—	−40202	0.00
		5%	3.83%	−16993	15.99
		−5%	16.73%	22395	7.32
		−10%	21.96%	42019	6.11
		−15%	26.75%	61521	5.38
4	负荷	15%	12.60%	8365	8.87
		10%	12.05%	6500	9.10
		5%	11.48%	4636	9.36
		−5%	10.30%	907	9.96
		−10%	9.68%	−958	10.31
		−15%	9.04%	−2822	10.70

(8) 财务评价指标及结论

综合上述分析,本项目税后财务内部收益率10.90%、税后投资回收期9.65年(含建设期),评价指标均能满足行业的基本要求,项目具有良好的盈利能力。本项目可取得较好的直接经济效益,同时本项目的环境保护意义以及社会效益也是十分显著的。本工程的建成能大大改善当地人民的生活条件,提高人民的生活水平,对保护当地的自然环境起到重要作用,对经济发展有重要意义,其间接经济效益远远大于工程的直接经济效益,因此本工程在经济上是可行。详见表6-23。

主要经济数据及评价指标表 表6-23

序号	项目	单位	数据	备注
1	经济数据			
1.1	项目总投资	万元	44357.52	含流动资金
	其中:规模总投资	万元	39050.17	含铺底流动资金
1.2	建设投资	万元	35890.01	

续上表

序号	项 目	单位	数据	备注
1.3	建设期利息	万元	885.59	
1.4	流动资金	万元	7581.93	
	其中:铺底流动资金	万元	2274.58	
1.5	资金筹措	万元	44357.52	
	其中:债务资金	万元	31315.93	
	项目资本金	万元	13041.59	
	资本金比例	%	33.40%	
1.6	年平均营业收入	万元	80586.00	
1.7	年平均营业税金及附加	万元	105.62	
1.8	年平均总成本费用	万元	76101.53	
1.9	年平均利润总额	万元	4378.85	
1.10	年平均所得税	万元	1094.71	
1.11	年平均净利润	万元	3284.14	
1.12	年平均息税前利润	万元	5202.60	
1.13	年平均增值税	万元	1056.20	
1.14	购气价	元/吨	5000	含税
1.15	售气价	元/吨	5650	含税
1.16	规模	万吨/年	17.60	
2	财务评价指标			
2.1	总投资收益率	%	11.73	
2.2	项目资本金净利润率	%	25.18	
2.3	项目投资财务内部收益率(所得税前)	%	13.47	
2.4	项目投资财务净现值(所得税前)	万元	4198	$i_c=10\%$
2.5	项目投资回收期(所得税前)	年	8.51	
2.6	项目投资财务内部收益率(所得税后)	%	10.90	
2.7	项目投资财务净现值(所得税后)	万元	2771	$i_c=10\%$
2.8	项目投资回收期(所得税后)	年	9.65	
2.9	项目资本金财务内部收益率	%	14.15	
2.10	盈亏平衡点(生产能力利用率)	%	43.48	

7. 项目财务分析相关表与图（表6-24~表6-32，图6-1，图6-2）

流动资金估算表（单位：万元）

表6-24

序号	项目	最低周转天数	周转次数	计算期 1	2	3	4	5	6	7	8	9	10	11	12	13	14	15	16	17	18	19	20	21
1	流动资产			0	2047	3758	5609	7459	7459	7459	7459	7459	7459	7459	7459	7459	7459	7459	7459	7459	7459	7459	7459	7459
1.1	应收账款	30	12	0	1982	3823	5666	7508	7508	7508	7508	7508	7508	7508	7508	7508	7508	7508	7508	7508	7508	7508	7508	7508
1.2	存货		0	0	1973	3806	5639	7472	7472	7472	7472	7472	7472	7472	7472	7472	7472	7472	7472	7472	7472	7472	7472	7472
1.2.1	原材料（含外购件等）	30	12	0	1833	3667	5500	7333	7333	7333	7333	7333	7333	7333	7333	7333	7333	7333	7333	7333	7333	7333	7333	7333
	LNG垫底气	30	12	0	139	139	139	139	139	139	139	139	139	139	139	139	139	139	139	139	139	139	139	139
1.2.2	燃料			0	9	18	27	35	35	35	35	35	35	35	35	35	35	35	35	35	35	35	35	35
	燃油	30	12	0	5	10	15	20	20	20	20	20	20	20	20	20	20	20	20	20	20	20	20	20
	LNG自用	30	12	0	4	8	12	16	16	16	16	16	16	16	16	16	16	16	16	16	16	16	16	16
1.2.3	在产品	0	0	0	0	0	0	0	0	0	0	0	0	0	0	0	0	0	0	0	0	0	0	0
1.2.4	产成品	0	0	0	0	0	0	0	0	0	0	0	0	0	0	0	0	0	0	0	0	0	0	0
1.3	现金	15	24	0	18	18	18	18	18	18	18	18	18	18	18	18	18	18	18	18	18	18	18	18
	预付账款			0	0	0	0	0	0	0	0	0	0	0	0	0	0	0	0	0	0	0	0	0
	小计			0	4047	7599	11292	14985	14985	14985	14985	14985	14985	14985	14985	14985	14985	14985	14985	14985	14985	14985	14985	14985
2	流动负债			0	1991	3702	5553	7403	7403	7403	7403	7403	7403	7403	7403	7403	7403	7403	7403	7403	7403	7403	7403	7403
2.1	应付账款	30	12	0	1991	3702	5553	7403	7403	7403	7403	7403	7403	7403	7403	7403	7403	7403	7403	7403	7403	7403	7403	7403
	预收账款			0	0	0	0	0	0	0	0	0	0	0	0	0	0	0	0	0	0	0	0	0
3	流动资金			0	2056	3898	5740	7582	7582	7582	7582	7582	7582	7582	7582	7582	7582	7582	7582	7582	7582	7582	7582	7582
4	流动资金当期增加额			0	2056	1842	1842	1842	0	0	0	0	0	0	0	0	0	0	0	0	0	0	0	0
5	流动资金借款额	30	12	0	1439	2728	4018	5307	5307	5307	5307	5307	5307	5307	5307	5307	5307	5307	5307	5307	5307	5307	5307	0
6	流动资金借款利息			0	94	179	179	264	348	348	348	348	348	348	348	348	348	348	348	348	348	348	348	348
7	自有流动资金			0	644	1229	1813	2398	2398	2398	2398	2398	2398	2398	2398	2398	2398	2398	2398	2398	2398	2398	2398	7992

表 6-25

外购原材料费估算表

序号	项目	单位	生产负荷																				
			0%	25%	50%	75%	100%	100%	100%	100%	100%	100%	100%	100%	100%	100%	100%	100%	100%	100%	100%	100%	100%
1	外购原材料费	元	0	19469	38938	58407	77876	77876	77876	77876	77876	77876	77876	77876	77876	77876	77876	77876	77876	77876	77876	77876	77876
1.1	LNG																						
	单价	元	4425	4425	4425	4425	4425	4425	4425	4425	4425	4425	4425	4425	4425	4425	4425	4425	4425	4425	4425	4425	4425
	数量	吨	0	44000	88000	132000	176000	176000	176000	176000	176000	176000	176000	176000	176000	176000	176000	176000	176000	176000	176000	176000	176000
	进项税额	13%	0	2531	5062	7593	10124	10124	10124	10124	10124	10124	10124	10124	10124	10124	10124	10124	10124	10124	10124	10124	10124
1.2	垫底气																						
	单价	元	4425	1673	0	0	0	0	0	0	0	0	0	0	0	0	0	0	0	0	0	0	0
	数量	吨	0	4425	0	0	0	0	0	0	0	0	0	0	0	0	0	0	0	0	0	0	0
	进项税额	13%	0	3780	0	0	0	0	0	0	0	0	0	0	0	0	0	0	0	0	0	0	0
2.1	辅助材料及外购件																						
2.2	进项税额	17%																					
3	外购原材料费、辅料费合计		0	21142	38938	58407	77876	77876	77876	77876	77876	77876	77876	77876	77876	77876	77876	77876	77876	77876	77876	77876	77876
4	进项税合计		0	2531	5062	7593	10124	10124	10124	10124	10124	10124	10124	10124	10124	10124	10124	10124	10124	10124	10124	10124	10124

表 6-26

外购燃料和动力费估算表

序号	项目	单位	计算期																				
			1	2	3	4	5	6	7	8	9	10	11	12	13	14	15	16	17	18	19	20	21
1	燃料费	元	0	106	212	319	425	425	425	425	425	425	425	425	425	425	425	425	425	425	425	425	425
1.1	柴油0号																						
	单价	元	0	59	118	177	236	236	236	236	236	236	236	236	236	236	236	236	236	236	236	236	236
	数量	吨	8420	8420	8420	8420	8420	8420	8420	8420	8420	8420	8420	8420	8420	8420	8420	8420	8420	8420	8420	8420	8420
	单价		0	70	140	210	280	280	280	280	280	280	280	280	280	280	280	280	280	280	280	280	280
	进项税额	0%	0	0	0	0	0	0	0	0	0	0	0	0	0	0	0	0	0	0	0	0	0

续上表

序号	项目		单位	计算期																		
				1	2	3	4	5	6	7	8	9	10	11	12	13	14	15	16	17	18	19	20	21
1.2	LNG自用	单价	元	0	47	95	142	189	189	189	189	189	189	189	189	189	189	189	189	189	189	189	189	189
		数量	吨	5000	5000	5000	5000	5000	5000	5000	5000	5000	5000	5000	5000	5000	5000	5000	5000	5000	5000	5000	5000	5000
		进项税额	0%	0	95	189	284	378	378	378	378	378	378	378	378	378	378	378	378	378	378	378	378	378
2	动力费			0	0	0	0	0	0	0	0	0	0	0	0	0	0	0	0	0	0	0	0	0
2.1	电	单价	元	0	100	179	267	354	354	354	354	354	354	354	354	354	354	354	354	354	354	354	354	354
		数量	万度	0	88	175	263	350	350	350	350	350	350	350	350	350	350	350	350	350	350	350	350	350
		进项税额	0%	8547	8547	8547	8547	8547	8547	8547	8547	8547	8547	8547	8547	8547	8547	8547	8547	8547	8547	8547	8547	8547
2.2	水	单价	元	0	103	205	308	410	410	410	410	410	410	410	410	410	410	410	410	410	410	410	410	410
		数量	万吨	0	15	30	45	60	60	60	60	60	60	60	60	60	60	60	60	60	60	60	60	60
		进项税额	0%	0	12	4	4	4	4	4	4	4	4	4	4	4	4	4	4	4	4	4	4	4
3	其他燃料动力费		万元	40566	40566	40566	40566	40566	40566	40566	40566	40566	40566	40566	40566	40566	40566	40566	40566	40566	40566	40566	40566	40566
	进项税额		17%	0	3	1	1	1	1	1	1	1	1	1	1	1	1	1	1	1	1	1	1	1
4	外购燃料和动力费合计			0	0	0	0	0	0	0	0	0	0	0	0	0	0	0	0	0	0	0	0	0
				0	206	392	585	779	779	779	779	779	779	779	779	779	779	779	779	779	779	779	779	779
5	外购燃料和动力进项税额合计			0	16	30	45	60	60	60	60	60	60	60	60	60	60	60	60	60	60	60	60	60

总成本费用估算表（单位：万元）

表 6-27

序号	项目	合计	计算期																		
			2	3	4	5	6	7	8	9	10	11	12	13	14	15	16	17	18	19	20	21
			生产负荷																			
			25%	50%	75%	100%	100%	100%	100%	100%	100%	100%	100%	100%	100%	100%	100%	100%	100%	100%	100%	100%
1	外购原材料费	1442381	21142	38938	58407	77876	77876	77876	77876	77876	77876	77876	77876	77876	77876	77876	77876	77876	77876	77876	77876	77876
2	外购燃料及动力费	14430	206	392	585	779	779	779	779	779	779	779	779	779	779	779	779	779	779	779	779	779
3	工资及福利费	5200	260	260	260	260	260	260	260	260	260	260	260	260	260	260	260	260	260	260	260	260
4	修理费	4697	235	235	235	235	235	235	235	235	235	235	235	235	235	235	235	235	235	235	235	235
5	其他费用	3539	177	177	177	177	177	177	177	177	177	177	177	177	177	177	177	177	177	177	177	177
6	经营成本	1470248	22019	40002	59664	79327	79327	79327	79327	79327	79327	79327	79327	79327	79327	79327	79327	79327	79327	79327	79327	79327
7	折旧费	35230	2349	2349	2349	2349	2349	2349	2349	2349	2349	2349	2349	2349	2349	2349	2349	0	0	0	0	0
8	摊销费	78	16	16	16	16	16	0	0	0	0	0	0	0	0	0	0	0	0	0	0	0
9	利息支出	16475	1928	2147	2030	1862	1556	1240	925	610	348	348	348	348	348	348	348	348	348	348	348	348
	其中：流动资金借款利息	6287	94	179	179	264	348	348	348	348	348	348	348	348	348	348	348	348	348	348	348	348
	长期借款利息	9168	1834	1834	1572	1310	1048	786	524	262	0	0	0	0	0	0	0	0	0	0	0	0
	短期借款利息	1021	0	134	279	288	160	106	53	0	0	0	0	0	0	0	0	0	0	0	0	0
10	不予抵扣或退税的税额	0	0	0	0	0	0	0	0	0	0	0	0	0	0	0	0	0	0	0	0	0
11	总成本费用	1522031	26312	44513	64058	83553	83247	82916	82601	82286	82024	82024	82024	82024	82024	82024	82024	79675	79675	79675	79675	79675
	其中：可变成本	1456811	21348	39330	58993	78655	78655	78655	78655	78655	78655	78655	78655	78655	78655	78655	78655	78655	78655	78655	78655	78655
	固定成本	65220	4964	5183	5066	4898	4592	4261	3945	3631	3369	3369	3369	3369	3369	3369	3369	1020	1020	1020	1020	1020

第6章 工程项目财务评价

项目投资现金流量表（单位：万元） 表6-28

序号	项目	合计	1	2	3	4	5	6	7	8	9	10	11	12	13	14	15	16	17	18	19	20	21
1	现金流入	1620734	0	21780	43560	65340	87120	87120	87120	87120	87120	87120	87120	87120	87120	87120	87120	87120	87120	87120	87120	87120	96134
1.1	营业收入	1611720	0	21780	43560	65340	87120	87120	87120	87120	87120	87120	87120	87120	87120	87120	87120	87120	87120	87120	87120	87120	87120
1.2	补贴收入	0	0	0	0	0	0	0	0	0	0	0	0	0	0	0	0	0	0	0	0	0	0
1.3	回收固定资产余值	1432																					1432
1.4	回收流动资金	7582																						7582
2	现金流出	1515832	35890	24104	41900	61592	81284	79441	79441	79441	79441	79441	79441	79441	79441	79441	79441	79441	79441	79441	79441	79441	79441
2.1	建设投资	35890	35890																				
2.2	流动资金	7582	0	2056	1842	1842	1842																
2.3	经营成本	1470248	0	22019	40002	59664	79327	79327	79327	79327	79327	79327	79327	79327	79327	79327	79327	79327	79327	79327	79327	79327	79327
2.4	营业税金及附加	2112	0	28	57	86	114	114	114	114	114	114	114	114	114	114	114	114	114	114	114	114	114
2.5	维持运营投资	0																						
3	所得税前净现金流量(1−2)	104902	−35890	−2324	1660	3748	5836	7679	7679	7679	7679	7679	7679	7679	7679	7679	7679	7679	7679	7679	7679	7679	16693
4	所得税前累计净现金流量		−35890	−38214	−36554	−32806	−26970	−19291	−11613	−3934	3745	11423	19102	26780	34459	42138	49816	57495	65173	72852	80531	88209	104902
5	调整所得税	26872	0	0	299	821	1343	1343	1347	1347	1347	1347	1347	1347	1347	1347	1347	1347	1920	1920	1920	1920	1920
6	所得税后净现金流量(3−5)	78030	−35890	−2324	1361	2927	4494	6336	6332	6332	6332	6332	6332	6332	6332	6332	6332	6332	5759	5759	5759	5759	14773
7	所得税后累计净现金流量		−35890	−38214	−36853	−33926	−29432	−23096	−16765	−10433	−4101	2231	8562	14894	21226	27558	33890	40221	45980	51739	57498	63257	78030

计算指标：

所得税前财务内部收益率 = 13.47%；

所得税前财务净现值（$i_c = 12\%$）= 4198；

所得税前财务投资回收期 = 8.51；

所得税后财务内部收益率 = 10.90%；

所得税后财务净现值（$i_c = 12\%$）= 2771；

所得税后投资回收期 = 9.65。

表6-29

项目资本金现金流量表（单位：万元）

序号	项 目	合计	1	2	3	4	5	6	7	8	9	10	11	12	13	14	15	16	17	18	19	20	21
1	现金流入	1620770	0	21780	43560	65340	87120	87120	87120	87120	87120	87120	87120	87120	87120	87120	87120	87120	87120	87120	87120	87120	96170
1.1	营业收入	1611720	0	21780	43560	65340	87120	87120	87120	87120	87120	87120	87120	87120	87120	87120	87120	87120	87120	87120	87120	87120	87120
1.2	补贴收入	0	0	0	0	0	0	0	0	0	0	0	0	0	0	0	0	0	0	0	0	0
1.3	回收固定资产余值	1468																					1468
1.4	回收流动资金	7582		0	0	0	0	0	0	0	0	0	0	0	0	0	0	0	0	0	0	0	7582
2	现金流出	1555087	10767	24593	46474	66048	85571	85422	85420	85183	84947	81035	81035	81035	81035	81035	81035	81035	81622	81622	81622	81622	86930
2.1	项目资本金	13042	10767	617	553	553	553	0	0	0	0	0	0	0	0	0	0	0	0	0	0	0	0
2.2	长期借款本金偿还	26009	0	0	3716	3716	3716	3716	3716	3716	3716	0	0	0	0	0	0	0	0	0	0	0	0
2.3	流动资金借款偿还	5307		0	0	0	0	0	0	0	0	0	0	0	0	0	0	0	0	0	0	0	5307
2.4	借款利息支付	16475	0	1928	2147	2030	1862	1556	1240	925	610	348	348	348	348	348	348	348	348	348	348	348	348
2.5	经营成本	1470248	0	22019	40002	59664	79327	79327	79327	79327	79327	79327	79327	79327	79327	79327	79327	79327	79327	79327	79327	79327	79327
2.6	营业税金及附加	2112	0	28	57	86	114	114	114	114	114	114	114	114	114	114	114	114	114	114	114	114	114
2.7	所得税	21894	0	0	0	0	0	709	1022	1101	1180	1245	1245	1245	1245	1245	1245	1245	1833	1833	1833	1833	1833
2.8	维持运营投资		0	0	0	0	0	0	0	0	0	0	0	0	0	0	0	0	0	0	0	0	0
2.9	其他现金流出	0																					
3	净现金流量	65683	-10767	-2813	-2914	-708	1549	1698	1700	1937	2173	6085	6085	6085	6085	6085	6085	6085	5498	5498	5498	5498	9240

计算指标：
资本金内部收益率(IRR) = 14.15%；
资本金净现值(i_c = 12%) = 3288。

利润与利润分配表（单位：万元）

表 6-30

序号	项目	合计	计算期																			
			1	2	3	4	5	6	7	8	9	10	11	12	13	14	15	16	17	18	19	20	21
1	营业收入	1611720	0	21780	43560	65340	87120	87120	87120	87120	87120	87120	87120	87120	87120	87120	87120	87120	87120	87120	87120	87120	87120
2	营业税金及附加	2112	0	28	57	86	114	114	114	114	114	114	114	114	114	114	114	114	114	114	114	114	114
3	总成本费用	1522031	0	26312	44513	64058	83553	83247	82916	82601	82286	82024	82024	82024	82024	82024	82024	79675	79675	79675	79675	79675
4	营业利润	87577	0	-4560	-1010	1196	3453	3759	4090	4405	4720	4982	4982	4982	4982	4982	4982	7330	7330	7330	7330	7330
5	补贴收入	0	0	0	0	0	0	0	0	0	0	0	0	0	0	0	0	0	0	0	0	0
6	利润总额	87577	0	-4560	-1010	1196	3453	3759	4090	4405	4720	4982	4982	4982	4982	4982	4982	7330	7330	7330	7330	7330
7	弥补以前年度亏损	5570	0	0	0	1196	3453	921	0	0	0	0	0	0	0	0	0	0	0	0	0	0
8	应纳税所得额	87577	0	0	0	0	0	2838	4090	4405	4720	4982	4982	4982	4982	4982	4982	7330	7330	7330	7330	7330
9	所得税	21894	0	0	0	0	0	709	1022	1101	1180	1245	1245	1245	1245	1245	1245	1833	1833	1833	1833	1833
10	净利润	65683	0	-4560	-1010	1196	3453	3049	3067	3304	3540	3736	3736	3736	3736	3736	3736	5498	5498	5498	5498	5498
11	期初未分配利润		0	0	-4560	-5570	-4493	-1386	535	2467	4549	6779	4430	2082	0	0	0	0	0	0	0	0
12	可供分配的利润	70516	0	-4560	-5570	-4374	-1041	1663	3602	5771	8089	10515	8167	5818	3736	3736	3736	5498	5498	5498	5498	5498
13	提取法定盈余公积金	6575	0	0	0	120	345	305	307	330	354	374	374	374	374	374	374	550	550	550	550	0
14	可供投资者分配的利润	63940	0	-4560	-5570	-4493	-1386	1358	3296	5441	7735	10142	7793	5444	3363	3363	3363	4948	4948	4948	4948	5498
15	未分配利润		0	-4560	-5570	-4493	-1386	535	2467	4549	6779	4430	2082	0	0	0	0	0	0	0	0	0
16	息税前利润	104052	0	-2632	1137	3226	5314	5314	5330	5330	5330	5330	5330	5330	5330	5330	5330	7679	7679	7679	7679	7679
17	息税折旧摊销前利润		0	-268	3501	5590	7679	7679	7679	7679	7679	7679	7679	7679	7679	7679	7679	7679	7679	7679	7679	7679

借款还本付息计划表（单位：万元）

表 6-31

序号	项目	合计	1	2	3	4	5	6	7	8	9
1	借款偿还										
1.1	年初借款本息累计		0	26009	26009	22293	18578	14862	11147	7431	3716
	本金	25123	0	25123	26009	22293	18578	14862	11147	7431	3716
	建设期利息	886	0	886	0	0	0	0	0	0	0
1.2	本年借款	25123	25123	0	0	0	0	0	0	0	0
1.3	本年应计利息	10054	886	1834	1834	1572	1310	1048	786	524	262
	计入建设期利息	886	886	0	0	0	0	0	0	0	0
	计入生产期利息	9168	0	1834	1834	1572	1310	1048	786	524	262
1.4	本年还本付息										
	还本	26009	0	0	3716	3716	3716	3716	3716	3716	3977
	付息	9168	0	1834	1834	1572	1310	1048	786	524	262
1.5	年末借款本息累计		26009	26009	22293	18578	14862	11147	7431	3716	0

财务计划现金流量表（单位：万元）

表 6-32

序号	项目	合计	1	2	3	4	5	6	7	8	9	10	11	12	13	14	15	16	17	18	19	20	21
1	经营活动净现金流量	117465	0	−268	3501	5590	7679	6969	6656	6577	6499	6433	6433	6433	6433	6433	6433	6433	5846	5846	5846	5846	5846
1.1	现金流入	1821244	0	24611	49223	73834	98446	98446	98446	98446	98446	98446	98446	98446	98446	98446	98446	98446	98446	98446	98446	98446	98446
1.1.1	营业收入	1611720	0	21780	43560	65340	87120	87120	87120	87120	87120	87120	87120	87120	87120	87120	87120	87120	87120	87120	87120	87120	87120
1.1.2	增值税销项税额	209524	0	2831	5663	8494	11326	11326	11326	11326	11326	11326	11326	11326	11326	11326	11326	11326	11326	11326	11326	11326	11326
1.1.3	补贴收入	0																					
1.1.4	其他流入	0																					
1.2	现金流出	1703778	0	24879	45721	68244	90767	91476	91789	91868	91947	92012	92012	92012	92012	92012	92012	92012	92600	92600	92600	92600	92600
1.2.1	经营成本	1470248	0	22019	40002	59664	79327	79327	79327	79327	79327	79327	79327	79327	79327	79327	79327	79327	79327	79327	79327	79327	79327
1.2.2	增值税进项税额	188400	0	2547	5092	7638	10184	10184	10184	10184	10184	10184	10184	10184	10184	10184	10184	10184	10184	10184	10184	10184	10184
1.2.3	营业税金及附加	2112	0	28	57	86	114	114	114	114	114	114	114	114	114	114	114	114	114	114	114	114	114

第6章 工程项目财务评价

续上表

序号	项目	合计	1	2	3	4	5	6	7	8	9	10	11	12	13	14	15	16	17	18	19	20	21
1.2.4	增值税	21124	0	285	571	856	1142	1142	1142	1142	1142	1142	1142	1142	1142	1142	1142	1142	1142	1142	1142	1142	1142
1.2.5	所得税	21894	0	0	0	0	1142	709	1022	1101	1180	1245	1245	1245	1245	1245	1245	1245	1833	1833	1833	1833	1833
1.2.6	其他流出	0																					
2	投资活动净现金流量	−43472	−35890	−2056	−1842	−1842	−1842	0	0	0	0	0	0	0	0	0	0	0	0	0	0	0	0
2.1	现金流入	0																					
2.2	现金流出	43472	35890	2056	1842	1842	1842	0	0	0	0	0	0	0	0	0	0	0	0	0	0	0	0
2.2.1	建设投资	35890	35890	0	0	0	0																
2.2.2	维持运营投资	0																					
2.2.3	流动资金	7582	0	2056	1842	1842	1842	0	0	0	0	0	0	0	0	0	0	0	0	0	0	0	0
2.2.4	其他流出	0																					
3	筹资活动净现金流量	−63426	35890	2324	−1660	−3748	−5836	−6969	−6656	−6396	−5281	−6060	−6060	−5793	−3711	−3711	−3711	−3711	−5296	−5296	−5296	−5296	−11153
3.1	现金流入	61033	36776	4252	6399	6554	4453	1736	864	0	0	0	0	0	0	0	0	0	0	0	0	0	0
3.1.1.1	项目资本金投入	13042	10767	617	553	553	553	0	0	0	0	0	0	0	0	0	0	0	0	0	0	0	0
3.1.1.2	建设投资借款	26009	26009	0	0	0	0																
3.1.1.3	流动资金借款	5307	0	1439	1289	1290	1290	0	0	0	0	0	0	0	0	0	0	0	0	0	0	0	0
3.1.1.4	债券	0																					
3.1.1.5	短期借款	16675	0	2196	4557	4712	2611	1736	864	0	0	0	0	0	0	0	0	0	0	0	0	0	0
3.1.1.6	其他流入	0																					
3.2	现金流出	124459	886	1928	8058	10302	10289	8705	7520	6396	5281	6060	6060	5793	3711	3711	3711	3711	5296	5296	5296	5296	11153
3.2.1	各种利息支出	17361	886	1928	2147	2030	1862	1556	1240	925	610	348	348	348	348	348	348	348	348	348	348	348	348
3.2.2	偿还长期债务本金	26009	0	0	3716	3716	3716	3716	3716	3716	3716	0	0	0	0	0	0	0	0	0	0	0	0
3.2.3	偿还流动资金借款本金	5307	0	0	0	0	0	0	0	0	0	0	0	0	0	0	0	0	0	0	0	0	5307
3.2.4	偿还短期借款本金	16675	0	0	2196	4557	4712	2611	1736	864	0	0	0	0	0	0	0	0	0	0	0	0	0
3.2.5	利润分配	59107	0	0	0	0	0	823	828	892	956	5711	5711	5444	3363	3363	3363	3363	4948	4948	4948	4948	5498
3.2.6	其他流出	0																					
4	净现金流量	10567	0	0	0	0	0	0	0	181	1217	374	374	641	2722	2722	2722	2722	550	550	550	550	−5307
5	累计盈余资金		0	0	0	0	0	0	0	181	1398	1772	2146	2786	5509	8231	10953	13675	14225	14775	15325	15875	10567

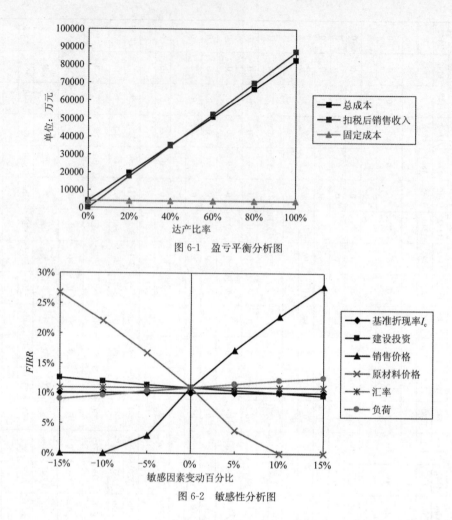

图 6-1 盈亏平衡分析图

图 6-2 敏感性分析图

本章小结

财务评价，又称财务分析，是根据国家现行财税制度、价格体系和项目评价的有关规定，从项目的财务角度出发，计算项目范围内的财务效益和费用，分析项目的盈利能力、偿债能力和财务生存能力，评价项目在财务上的可行性。财务评价既是工程项目经济评价的重要核心内容，又为国民经济评价提供了计算的基础。

财务分析应在项目财务效益与费用估算的基础上进行。财务分析的内容应根据项目的性质和目标确定。对于经营性项目，财务分析应通过编制财务分析报表，计算财务指标，分析项目的盈利能力、偿债能力和财务生存能力，判断项目的财务可接受性，明确项目对财务主体及投资者的价值贡献，为项目决策提供依据。对于非经营性项目，财务分析应主要分析项目的财务生存能力。

财务效益和费用的估算应该与财务分析的步骤相匹配。在进行融资前分析时，应先估算独立于融资方案的建设投资和营业收入，然后是经营成本和流动资金。在进行融资后分析时，应先确定初步融资方案，然后估算建设期利息，进而完成固定资产原值的估算，通过还本付息计算求得运营期各年利息，最终完成总成本费用的估算。

项目计算期指经济评价中为进行动态分析所设定的期限，包括建设期和运营期。建设期指项目资金从正式投入开始到项目建成投产为止所需要的时间,其长短可根据行业性质、投资规模及建设方式等因素确定。运营期分为投产期和达产期两个阶段。投产期指项目投入生产,但生产能力尚未完全达到设计能力时的过渡阶段。达产期指生产运营达到设计预期水平后的时间。运营期一般应以项目主要设备的经济寿命期确定。

财务评价使用的价格称为财务价格。它是通过项目评价人员根据项目的实际情况,以现行市场价格体系为基础的预测价格。财务评价主要动态指标有财务净现值、财务内部利润率、投资回收期;静态指标有投资回收期、投资收益率、投资利税率、借款偿还期、资产负债率、流动比率、速动比率等。

项目的财务风险分析主要采用不确定性分析(包括盈亏平衡分析、敏感性分析)方法,对项目进行风险估计与评价,分析项目的市场适应能力和抗风险能力。不确定性分析详见本书第5章。

本章较为详细地论述了财务评价的内容及过程,包括评价指标和评价方法,并最后以案例的形式阐述了整个评价过程。由于项目财务评价也是工程项目可行性研究的重要组成部分,本章也简介了可行性研究的内容。

复习思考题

1. 何谓财务评价?简述财务评价的目的。
2. 财务评价的主要内容是什么?
3. 简述财务评价的基本步骤。
4. 如何进行项目融资后的偿债能力分析?
5. 工程项目经济预测的步骤是什么?
6. 某项目在第14年有了盈余资金,在第14年中,未分配利润为5689.52万元,可作为归还借款的折旧和摊销为1563.26万元,还款期间的企业留利为125.36万元。当年归还国内借款本金为1132.68万元,归还国内借款利息为28.96万元。项目开始借款年份为第1年,求借款偿还期。
7. 某项目第8年利润为5698万元,折旧为3521万元,摊销为418万元,所需偿还贷款为4560万元,计算该项目借款偿还期为多少?
8. 某拟建项目设计能力为10万吨/年,据调查,已建成的一条生产能力为8万吨/年的总投资为45000万元,试估算该拟建的固定资产投资额。生产能力提高以增加生产设备数量为主,且P_f为1。
9. 已知建设年产50万吨的乙烯装置的投资额为80000万元,试估算建设年产80万吨乙烯装置的投资额(生产能力指数$e=0.6$,价差系数$P_f=1.2$)。
10. 已知3年前建成的年生产能力为15万吨的化工装置,固定资产投资为3500万元,拟建装置与其生产流程相似,年设计生产能力为20万吨,投资生产能力指数为0.7,价差系数为1.2。试用生产能力指数法估算该拟建项目的固定资产投资费用。
11. 某建设项目拟用于购置设备的费用900万元,建筑工程、安装工程、其他工程费用分别是设备购置费用的120%、50%、30%,3种费用的调整系数分别为1.2,1.3,1.0,其他费用为20万元,试估算此建设项目的总投资额。
12. 某设备资产原值(包括购置、安装、单机调试和筹建期的借款利息)为3000万元,折旧年限为8年,净残值率为5%,按平均年限法计算折旧额。

13. 同第12题,用双倍余额递减法计算该各年固定资产的折旧额。

14. 同第12题,试用年数总和法计算折旧。

15. 假设建设期固定资产借款本息之和为3000万元,借款偿还期为3年,年利率为8%,用等额偿还本金和利息的方法,列表计算各年偿还的本金和利息各是多少?

16. 假设条件同第15题,用等额还本、利息照付的方式,列表计算各年偿还本金和利息各是多少?

17. 现拟建一个工程项目,第1年年末投资1200万元,第2年年末又投资2500万元,第3年再投资1000万元,从第4年起连续7年每年年末获利1500万元。假定项目残值不计,折现率为10%,试画出该项目的现金流量图,并求出项目的净现值和净现值率,判断该项目是否可行。

18. 项目第4年资产总计48562万元,其中流动资产总额5863万元,流动负债总额为3651万元,长期借款为29634万元,另外流动资产中存货为4525万元,试计算资产负债率、流动比率和速动比率。

19. 某项目,第5年资产总计78956万元,其中流动资产总额8956万元,流动负债总额为5692万元,长期借款为11230万元,另外流动资产中存货为2968万元,试计算资产负债率、流动比率和速动比率。

20. 某项目固定投资为38652万元,建设期利息为3626万元,预计达到设计能力生产期正常年份的销售收入为28695万元,年销售税金及附加为1986万元,年总成本费用为19856万元,流动资金为6935万元,试估算投资利润率和投资利税率各为多少?

21. 某项目投产后预计平均年销售收入为1200万元,年总成本费用为600万元,年销售税金及附加为450万元,项目总投资额为1500万元,试求该项目的投资利润率和投资利税率。

22. 某项目建设期为3年,总借款额为26956万元,第1年借款占总借款额的25%,第2年占50%,第3年占25%,资金为分月等额到位,利率为8%,到建设期末时一次性支付本息,计算建设期利息是多少?

23. 某工程项目总成本费用为12000万元,其中折旧费为450万元,摊销费用为320万元,财务费用480万元,计算经营成本为多少?

24. 项目建设期3年,第4年开始投产,第4年达产率为70%,第5年达产率为80%,从第6年到寿命期止达产率为100%,若该项目设计产量为50万吨,单价为600元/吨,试计算项目各年销售收入。

25. 某项目第4年流动资产总额为8000万元,流动负债总额为6000万元,第4年所需流动资金是多少?第5年流动资产总额9000万元,流动负债为7500万元,该年须增加流动资金多少?

第 7 章
工程项目国民经济评价

本章概要

本章主要介绍工程项目国民经济评价的涵义与重要意义、费用与效益的划分原则与方法、国民经济评价的参数、影子价格的计算以及国民经济盈利能力分析的相关知识。

通过本章的学习,读者应了解国民经济评价的基本原理;熟悉国民经济评价中的基本参数、费用效益的识别、影子价格的计算方法;掌握国民经济基本评价指标与报表的运用。

7.1 项目国民经济评价概述

7.1.1 项目国民经济评价的涵义与意义

1. 项目国民经济评价的涵义

工程项目经济评价通常包括两个方面：从企业投资收益角度的财务评价和从社会资源最优配置角度的国民经济评价。前者财务评价仅从企业自身角度来分析项目的财务可行性，后者以经济学的基本观点，即社会资源的合理配置，去考量工程项目经济效果，考察项目对国民经济贡献。

工程项目国民经济评价是按照资源合理配置的原则，从国家整体角度考察项目的效益与费用，用货物影子价格、影子工资、影子汇率和社会折现率等经济参数，分析、计算项目对国民经济带来的净贡献，以评价项目经济上的合理性。

国民经济评价是项目经济评价的重要组成部分。仅采用财务评价不能够全面地反映工程项目对全社会的经济贡献。具体的理由如下：第一，财务评价仅涉及项目内部的直接经济效果，不包括项目以外的间接经济效果，即没有考虑项目的外部费用和效益；第二，项目对于全社会的经济影响可能没有被完整地反映出来；第三，财务分析所采用的价格是当期市场实际交易价格，这种价格有时背离资源的真实价值，即社会资源最优配置下的价格，从而使财务分析的结论有可能背离社会资源合理配置的要求，这是人们不愿意看到的结果。对于任何一个国家来说，资源都是有限的，国家在对人财物、土地和其他自然资源进行分配时，必须按照资源最优配置准则做出合理的选择，力求对整个国民经济的目标贡献最大。所以，对工程项目仅进行财务评价是不够的，还应进行国民经济评价。

事实上，对工程项目同时进行财务评价和国民经济评价时，会出现以下四类情况：

(1) 对于财务评价与国民经济评价的结论均可行的项目，应予通过。

(2) 对于财务评价与国民经济评价的结论均不可行的项目，应予否定。

(3) 对于财务评价的结论可行、而国民经济评价的结论不可行的项目，一般应予否定。

(4) 对于财务评价不可行、而国民经济评价可行的项目，主要是关系公共利益、国家安全和市场不能有效配置资源的经济和社会发展的项目，一般应予通过，或重新考虑方案（如采取某些财务优惠措施）使之具有财务上的生存能力[参见国家发展和改革委员会、原建设部《建设项目经济评价方法与参数》（第三版）]。由此可见，国民经济评价在工程项目评价中具有特别重要的意义。

综上所述，工程项目经济效果评价的合理程序应当是：对为数众多的中小型建设项目，可以先做财务评价，在财务评价可行的基础上可以再做国民经济评价；对少数的对国民经济有重大影响的项目，则应当先进行国民经济评价，在国民经济评价通过后才进行财务评价。

2. 项目国民经济评价的意义

由于国民经济评价用社会资源合理配置的视角，考察项目对国民经济的贡献，所以它在工程项目评价中占有举足轻重的地位,特别是会对重大工程项目的投资决策产生决定性的影响。项目国民经济评价有以下几个方面的意义。

(1)能够客观地估算出工程项目为国民经济做出的贡献和国民经济为其付出的代价

任何工程项目在投资建成后,都会对国民经济产生错综复杂的影响。这些影响,有些是积极的,能为国民经济提供贡献;有些则可能是消极的,对国民经济的持续健康发展有不利影响。这些影响是无法在财务评价中得到体现的;而国民经济评价不仅仅计算项目盈利的大小、资金回收多少,还将各类财政收入的增加、充分就业、环境保护与生态平衡、资源充分利用与合理分配都作为考虑的因素和内容。显然,国民经济评价更加科学、全面,不仅反映项目的直接效益和直接费用,同时也反映它的间接效益和间接费用,从而在整体上衡量出项目对于国民经济的净贡献。

(2)有利于国家有限资源的合理流动与优化配置

对于不断增长的人口及其消费欲望来说,国家资源总是有限的、有些甚至是稀缺的。仅仅从企业财务角度评价项目得失,无法正确反映资源的利用是否合理。在国民经济评价中采用了影子价格和社会折现率。影子价格不仅能起市场信号反馈的作用,而且是在资源最优分配状态下的边际产出价值,因此能够对资源的合理分配加以引导,达到宏观调控的目的。不管哪一行业,都采用统一的社会折现率进行评价,可以使社会资金最终流向投资效率高、资金回收比率大的行业或生产部门,这无疑会促进资源的高效利用,抑制资源流入落后产业与项目,提高社会有限资源利用的整体效益。

(3)有助于实现项目经济评价的科学化合理化

由于国民经济评价不仅统一采用评价的价格体系——影子价格,而且采用统一的评价参数——通用参数(影子汇率、影子工资、社会折现率)。这样,就使不同地区、不同行业的投资项目,在经济评价中都站在同一"起跑线"上,使它们相互之间,在效益费用上具有可比性。

以影子价格代替市场价格,避免了价值的扭曲和变形。由于市场发育的不完善及市场本身的局限性,财务评价采用的市场价格往往不能反映项目投入物与产出物的真实价值,其效益计算也就不完全可靠,而国民经济评价则以影子价格有效地解决了这个问题。

(4)对公益性项目经济评价的重要意义

公益性项目主要指政府为社会、国家和公众利益而投资兴办的非营利性项目,包括交通运输、邮电、水利、减灾防灾等基础设施建设项目;教育、科学、卫生、体育、气象等公共服务基础设施建设项目;城市交通、能源动力、城市绿化等公用事业项目。这类项目一般以谋求社会效益为目的,由政府作为投资、兴办主体而由公众受益,并且这类工程一般具有规模大、投资多、受益面广、服务年限长等特点。显然,对于公益性项目如果仅凭财务评价必然会导致错误的结论。因此要以国民经济评价作为评价的主要依据,把对国家和社会的效益放在首位。

3. 项目国民经济评价的基本步骤

如第6章所述,财务评价仅考虑投资项目对企业自身财务盈利状况的影响,其考察范围非常明确具体,而一个工程项目的建成投产对国家和地区的经济发展、社会进步的影响往往是多方面的,而且非常深远和复杂。例如,它不仅创造了物质财富,增加了经济收入,还会在人民的就业、消费、文化教育、科学技术、资源利用、生态环境、公共安全和社会公平等各个方面造成正面或负面影响。项目国民经济评价是否都涉及这些内容，学术界有不同观点。一种观点认为国民经济评价不仅仅是经济评价还应该包含社会评价的内容；另一种观点认为国民经济评价应与社会评价分开，国民经济评价仅仅分析项目对国民经济产生的影响，而将项目对生态环境和社会进步等其他方面产生的影响放到社会评价中去。从目前的发展趋势看，社会评价已逐渐从原来的国民经济评价中分离出来，而成为一种新的项目评价类型。尤其在大型公共工程投资项目中应用得越来越广泛，其理论和方法也日趋成熟。因此，将国民经济评价的考察范围定义在经济本身是比较恰当的，这样有助于三种评价类型（财务评价、国民经济评价、社会评价）的分工，以免重复或遗漏。

本章的讨论都将国民经济评价的考察范围限于经济方面。

国民经济评价的主要工作内容可以概括为：国民经济费用和效益的识别、影子价格及参数的确定、国民经济报表的编制和指标的计算，最终总结评价结论。

(1) 效益与费用的识别

工程项目国民经济评价从整个国民经济的发展目标出发，考察项目对国民经济发展和资源合理利用的效果。因此，在国民经济评价中的效益和费用指项目对国民经济所做的贡献及国民经济为项目所付出的代价，并综合考察项目的内部经济效果和外部经济效果。工程项目费用与效益的划分要因项目的类型及其评价目标的不同而有所区别。

(2) 影子价格和参数的确定

工程项目国民经济评价的关键是要确定项目产出物和投入物的经济价格。这种价格既能反映资源本身的真实社会价值，又能反映供求关系、稀缺物资的合理利用和符合国家经济政策的经济价格。经济价格是非真实的价格，又称为影子价格。按照国家规定和定价原则，应合理选用和确定投入物与产出物的影子价格和参数，并对其进行鉴定和分析，随后根据已确定的经济效益与费用的范围，采用影子价格、影子工资、影子汇率和社会折现率来替代财务评价中的财务价格、工资、汇率和折现率，才能够计算项目的国民经济效果。因此，影子价格和有关参数的确定是国民经济评价的主要内容。

(3) 效益和费用数值的调整

把项目的效益和费用等各项经济基础数据，按照已确定的经济价格（影子价格）进行调整，重新计算项目的销售收入、投资和生产成本的支出以及项目固定资产残值的经济价值。

(4) 项目国民经济盈利能力分析

在对项目效益和费用等经济数值调整的基础上，编制项目的国民经济效益费用流量表（全部投资），并据此计算全部投资的经济内部收益率和经济净现值指标；对使用国外贷款的项目，还应编制国民经济效益费用流量表（国内投资），并据此计算国内投资的经济内部收益率和经济净现值指标。

(5) 项目外汇效果分析

对涉及外贸及其他影响外汇流入、流出的项目，如产出物全部或部分出口或替代进口的项目，须编制经济外汇流量表、国内资源流量表，并据此计算经济外汇净现值、经济外汇成本或经济节汇成本指标。

(6) 不确定性分析

不确定性分析的评价，一般应包括对盈亏平衡分析和敏感性分析进行鉴定。在有条件时才对所做的概率分析进行鉴定,以确定项目投资在财务上和经济上的可靠性和抗风险能力。

(7)综合评价与结论

按照国家政策,对项目有关的各种经济因素做出综合分析,以国民经济效益评价为主,结合财务评价和社会效益评价,对主要评价指标进行综合分析,形成评价结论。

7.1.2 项目国民经济评价与财务评价的异同

国民经济评价和财务评价是项目经济评价的两个层次,它们相互联系,既有共同点,又有不同点。

1. 国民经济评价与财务评价的共同点

(1)相同的评价的目

国民经济评价和财务评价都属于经济评价范畴,其目的都是要寻求能以最小的投入获得最大的产出的工程项目和建设方案。

(2)相同的评价基础

国民经济评价和财务评价都是可行性研究的组成部分,都是在完成项目的产品需求预测、市场分析、工程技术方案构思、投资估算及资金规划等步骤的基础上进行的。

(3)相同的评价方法和指标

国民经济评价和财务评价都采用相同的经济效果评价方法;同时都要考虑资金的时间价值;采用的评价指标均为净现值、净年值、内部收益率等;评价中都是通过编制相关报表对项目进行经济分析。

(4)相同的计算期

两者的费用和效益计算都涉及包括建设期、生产期全过程的相同的计算期。

2. 国民经济评价与财务评价的不同点

(1)评价的角度不同

财务评价以微观视角,站在企业角度考察项目收支和盈利状况及偿还借款能力,以确定投资项目的财务可行性。国民经济评价则以宏观视角,站在国家的角度考察项目需要国家付出的代价和对国家的贡献,分析项目对国民经济发展、收入分配、资源配置等方面的影响,进而全面确定其在经济上的合理性。

(2)费用、效益的含义不同

财务评价根据项目的直接财务收支,计算项目的直接收入和直接费用。国民经济评价则从全社会的角度,根据项目实际耗费的有用资源及向社会提供的有用产品或服务来考察项目的效益和费用。有些在财务评价中视为费用(如税金、贷款利息等)的财务支出,在国民经济评价中视为转移支付;在财务评价中视为收益(如补贴等)的财务收入,在国民经济评价中也不视为收益。同时,国民经济评价要考虑间接效益和间接费用。

(3)采用的价格不同

财务评价要考察投资项目在财务上的可行性,因而对投入物和产出物均采用现行市场价格或其预测值。国民经济评价使用的则是能够反映资源真实经济价值的影子价格。

(4) 主要参数不同

财务评价中一般都采用当时的官方汇率、实际工资、财务折现率(因行业而异的基准收益率);国民经济评价则采用国家统一测定和颁布的影子汇率、影子工资和社会折现率。

(5) 评价的组成内容不同

财务评价的组成内容主要包括盈利能力分析、清偿能力分析两方面,仅对有外汇收支的项目进行外汇平衡分析;而国民经济评价则只做盈利能力分析和外汇效果分析,不做清偿能力分析。

国民经济评价和财务评价的区别详见表 7-1。

国民经济评价和财务评价的区别一览表　　　　表 7-1

类　　别	财务评价	国民经济评价
评价角度	企业角度	国民经济发展和社会进步角度
评价目标	企业的投资与收益	实现国家、社会发展目标及对资源进行合理配置
评价范围	直接效果	直接效果和间接效果
计算基础	市场价格、基准收益率、官方汇率	影子价格、社会折现率、影子汇率
评价内容	盈利能力、清偿能力、外汇平衡	盈利能力、外汇效果
转移支付的处理	列为费用或效益	不列为费用或效益

7.2　项目国民经济评价的费用与效益

7.2.1　费用与效益的识别原则

确定工程项目经济合理性的基本途径是将项目的费用与效益进行比较,计算项目对国民经济的净贡献。因此,正确地识别费用与效益,是保证国民经济评价正确性的重要条件。

费用与效益是针对项目目标而论的。效益是对目标的贡献,费用是对目标的负贡献。

财务评价从项目自身的利益出发,其系统分析的边界就是项目自身。凡是流入项目的资金,就是财务效益,如销售收入;凡是流出项目的资金,就是财务费用,如投资支出、经营成本、贷款利息和税金。财务收益和费用统称为项目的直接经济效果或内部效果。

国民经济评价以社会资源的最优配置和国民收入的最大化为目标,凡是增加国民收入的就是国民经济效益,凡是减少国民收入的就是国民经济费用。这就是项目国民经济评价中费用与效益的识别原则。国民经济评价系统分析的边界是整个国家,国民经济评价不仅要识别项目自身的直接经济效果,而且需要识别项目对国民经济其他部门和单位产生的间接效果,即外部效果。

7.2.2　直接费用与直接效益

项目的直接费用主要指国家为满足项目投入(包括固定资产投资、流动资金及经常投入)的需要而付出的代价。这些投入物用影子价格计算的经济价值即为项目的直接费用。

项目直接费用的确定分为两种情况:如果拟建项目的投入物来自国内供应量的增加,即增加国内生产来满足拟建项目的需求,其费用就是增加国内生产所消耗的资源价值;如果国内总供应量不变,则:①项目投入物来自国外,即增加进口来满足项目需求,其费用就是所花费的外汇;②项目的投入物本来可以出口,但为满足项目需求,减少了出口量,其费用就是减少的外汇收入;③项目的投入物本来用于其他项目,但由于改用于拟建项目将减少对其他项目的供应,因此而减少的效益,也就是其他项目对该投入物的支付意愿。

项目的直接效益是由项目本身产生,由其产出物提供,并用影子价格计算的经济价值。

项目直接效益的确定也分为两种情况:如果项目的产出物用以增加国内市场的供应量,其效益就是其所满足的国内需求,也就等于消费者支付意愿;如果国内市场的供应量不变,则:①项目产出物增加了出口量,其效益为所获得的外汇;②项目产出物减少了总进口量,即替代了进口货物,其效益为节约的外汇;③项目产出物顶替了原有项目的生产,致使其减少或停产的,其效益为原有项目减产或停产向社会释放出来的资源,其价值也就等于这些资源的支付意愿。

7.2.3 间接费用与间接效益

项目的费用和效益不仅体现在它的直接投入物和产出物中,还会在国民经济相邻部门及社会中反映出来,这就是项目的间接费用和间接效益,也可统称为外部效果。

间接费用指国民经济为项目付出了代价,而项目本身并不实际支付的费用。例如工业项目产出的废水、废气和废渣引起的环境污染及对生态平衡的破坏,项目并不支付任何费用,而国民经济却付出了代价。间接费用在财务评价中未得到反映。

间接效益指项目对社会做出了贡献,而项目本身并未得益的那部分效益。如在建设一个钢铁厂的同时,又修建了一套厂外运输系统,除为钢铁厂服务外,还使当地的产业发展和人民生活得益,这部分效益即为钢铁厂的外部效益。间接效益在财务评价中也未得到反映。

由此可见,间接费用与间接效益都必须同时满足两个条件:一是项目对其他无直接关系的项目产生影响;二是这些费用与效益在项目财务报表中没得到反映。

项目的外部效果(间接费用与间接效益)通常包括以下几个方面。

(1)技术性扩散效果

技术性扩散效果是指项目的投建和运行带给项目外部的实际影响,反映了社会生产和消费的真实变化,这种真实变化必然引起社会资源配置的显著变化。例如:一个水电站的建设带动附近养殖业和旅游业的发展,属于技术性外部效果中的间接效益;一个汽车装配厂项目的建设会带动周边地区汽车零部件生产厂的兴起,促进所在城市的工业化发展。

(2)项目对环境的影响

有些项目会对自然资源和生态环境造成破坏,需要投资改造才能够恢复环境质量。这是一种间接费用,可以参照环境治理工程的花费去计算。例如,化工厂排放污水使附近江河鱼类资源骤减,还威胁下游城镇居民用水的安全,这就属于间接费用。这些外部效果在国民经济评价中应加以考虑,当不能定量计算时,也要做出定性的评价。

(3) 乘数效果

乘数效果指项目的实施使原来闲置的资源得到利用,从而产生一种连锁的外部效果。例如兴建汽车装配厂会带动零部件厂发展,带动各种金属材料和非金属材料生产的发展,进而带动机床生产与维修产业、能源产业、生产性服务业与生活服务业的发展等。在研究项目对经济落后地区的影响时,通常会考虑这种乘数效果,并应注意选择乘数效果大的项目作为扶贫项目。

(4) 无形效果

无形效果是工程项目几乎都有的无形费用和无形效益。它包含了各个方面的因素,诸如收入分配、地区均衡发展、就业、教育、健康、生态平衡、社会安定、国家安全等。这些无形效果是真实存在的,经济分析人员应当努力尝试用货币形态计量无形效果,如果不存在相应的市场和价格,无形效果一般很难被赋予货币价值;当货币化确有困难时,应当尽力采用非货币单位进行计量,如项目的就业人数、受教育人数、受益于劳动条件改善的人数等。对于不能数量化的无形效果,例如建筑物的美学价值,自然风景和名胜古迹的保护效果等,则应尽量定性描述。

7.2.4 转移支付

项目与各种社会实体之间的货币转移,如缴纳的税金、国内贷款利息和补贴等一般并不发生资源的实际增加和耗用,称为国民经济内部的"转移支付",不列为项目的费用和效益。

1. 税金

在财务分析中,税金是一种财务支出。企业纳税减少了项目的净收益,但是并未减少国民收入,并未发生社会资源的变动,只是将企业的这笔货币收入转移到政府手中,是项目收益的再分配。国民经济评价考察整个社会资源的增减情况,税金不反映资源的变动,所以,税金不能作为国民经济分析中的费用。

2. 补贴

补贴是一种货币流动方向与税金相反的转移支付。政府如果对某些产品实行价格补贴,可能会降低项目投入的支付费用,或者会增加项目的收入,从而增加项目的净收益。这是基于项目财务评价的视角。但是,从社会资源变动的角度看,补贴既未增加社会资源,也未减少社会资源,国民收入并未因补贴的存在而发生变化,仅是货币从政府向项目的转移(财政收入减少),因而补贴不被视作国民经济分析中的收益。

3. 国内贷款及其还本付息

从企业(项目)角度看,从银行得到贷款就是货币流入,因而在自有资金的财务效益分析中,贷款被视作收入(现金流入)项。还本付息则是与贷款相反的货币流动过程,因而被视作财务支出(现金流出)项。从整个国民经济角度看,情况则不同。贷款并没有增加国民收入,还本付息也没有减少国民收入,这种货币流动过程仅仅代表资源支配权力的转移,社会实际资源并未增加或减少,因而它们不是国民经济分析意义上的收益和费用,只不过是一种转移支付。

4. 国外贷款及其还本付息

在项目全投资国民经济评价中,国外贷款及其还本付息与国内贷款相同,不能够作为收益也不能够作为费用,仅是一种转移支付。只有工程项目的国民经济评价是以项目所在国的经济利益为出发点,考虑国外贷款及还本付息对国内经济的影响时,国外贷款及还本付息才可能作为收益与费用。

7.3 国民经济评价的参数

工程项目国民经济评价中的参数包括计算、衡量项目的经济费用和效益的各类计算参数和判定项目经济合理性的判据参数。

7.3.1 影子工资

影子工资是劳动力的影子价格,具体指因工程项目使用劳动力而使国家和社会为此付出的代价。影子工资的构成主要包括两部分:①劳动力的机会成本,它指因为该项目使用劳动力,而被迫放弃的在其他项目中可能创造的劳动收益;②新增资源消耗,它指劳动力在本项目新就业或由其他就业岗位转移来本项目所发生的社会资源消耗。这些资源消耗并没有提高劳动力的生活水平。

影子工资的计算,用财务评价所用的财务工资(工资及提取的职工福利基金之和)乘以工资换算系数求得。影子工资计算公式如下:

$$影子工资 = 财务工资 \times 影子工资换算系数 \tag{7-1}$$

为了简便易行,一般可把项目用工分为技术劳动力、非技术劳动力两类,分别进行影子工资的计算调整。技术劳动力的工资报酬一般由市场供给决定,即影子工资可以是财务实际支付工资。非技术劳动力根据我国非技术劳动力就业状况,其影子价格换算系数一般取 0.25~0.8。非技术劳动力富裕地区取较低值,不太富裕地区取较高值,中间状况可取 0.5。

7.3.2 影子价格

影子价格不是真实价格,不能够用于实际的交换,而是一种理论上的虚拟价格。影子价格是基于一种假设:在完善的市场经济条件下,在社会生产最优的组织下,资源的分配和利用达到最优状态——供求平衡时的均衡价格,它真实地反映了产品的市场价值、资源稀缺程度和市场供求状况。同一产品与资源在不同经济状况下有不同的影子价格。

影子价格的概念是 20 世纪 30 年代末到 40 年代初,由荷兰数理经济学、计量经济学创始人之一詹恩·丁伯根和苏联经济学家、诺贝尔奖获得者列·维·康托罗维奇分别提出来的。在西方,影子价格又称为预测价格、计算价格,后来美籍荷兰经济学家普曼首先主张统一将其称为影子价格,并为理论界普遍接受。

影子价格又称为预测价格或计算价格,作为合理利用有限资源、衡量产品社会价值的尺度,是人们获得决策信息、选择最优投资项目、改善项目经营管理的工具。在项目的国民经济评价中,影子价格用于替代市场价格来计算经济效益和经济费用。显然,使用影子价格可以促使社会资源的最优化配置,把最稀缺的资源优先分配给效益好的项目。

影子价格的计算详见本章 7.4 节。

7.3.3 影子汇率

汇率指两个国家不同货币之间的比价或交换比率。在财务评价中,涉及的外汇成本和外汇收益均用官方汇率(OER)进行计算。但实际上官方汇率往往不能反映外币与本国币的真实比价。因此,在国民经济评价中涉及外汇与人民币之间的换算均应采用影子汇率。

影子汇率(SER)也称外汇的影子价格,指能正确反映国家外汇经济价值的汇率(即能反映外汇增加或减少对国民经济贡献或损失的汇率)。它体现了从国家角度对外汇价格的估量,同时又是经济换汇成本或经济节汇成本指标的判据。

工程建设项目国民经济评价中,项目的进口投入物和出口产出物应采用影子汇率换算系数,调整计算进出口外汇收支的价值。影子汇率的计算公式如下:

$$影子汇率 = 外汇牌价(即官方汇率) \times 影子汇率换算系数 \quad (7-2)$$

从式(7-2)看出,影子汇率通过影子汇率换算系数计算,影子汇率换算系数是影子汇率与国家外汇牌价的比值。影子汇率换算系数由国家根据外贸货物比价、加权平均关税率、外贸逆差收入比率及出口换汇成本等指标,在分析和测算后统一发布并定期调整。现阶段,国家发展和改革委员会原建设部 2006 年 7 月发布的《建设项目经济评价参数》中,根据我国外汇收支、外汇供求、进出口结构、进出口关税、进出口增值税及出口退税补贴等情况,统一发布的影子汇率换算系数为 1.08。

作为项目国民经济评价的重要通用参数,影子汇率的取值对于项目决策者有着重要的影响。影子汇率取值的高低,会影响项目评价中的进出口选择,影响采用进口设备还是国产设备的选择,影响产品进口型项目和产品出口型项目的决策。外汇的影子价格越高,产品是外贸出口货物的项目的经济效益就越好,项目就越容易通过;反之,项目就越难通过。当项目要引进国外的技术、设备或要使用进口原材料、零部件时,都要进行引进与不引进之间的方案比较,外汇的影子价格较高时,引进方案的费用较高,评价结论会较不利于引进方案。

由此可见,国家可以利用影子汇率作为杠杆,影响工程项目投资决策,影响项目的选择和项目的取舍。

7.3.4 社会折现率

社会折现率是资金的影子利率,即单位资金的影子价格,它表示从国家角度对资金机会成本和资金的时间价值的估量。

社会折现率是项目经济评价的基本通用参数，在项目国民经济评价中作为计算经济净现值的折现率。同时，它还作为经济内部收益率的判据，只有经济内部收益率大于或等于社会折现率的项目才具有经济可行性。因此它同时兼有判别准则参数和计算参数两种功能，适当的社会折现率有助于合理分配建设资金，引导资金投向对国民经济贡献大的项目，调节资金供需关系，促进资金在短期和长期项目间的合理配置。

社会折现率根据国家的社会经济发展目标、发展战略、发展优先顺序、发展水平、宏观调控意图、社会成员的投资偏好、社会投资收益水平、资金供给状况、资金机会成本等因素综合测定。

考虑上述因素，结合我国当前的实际情况，国家发展和改革委员会与原建设部2006年7月颁布的《建设项目经济评价参数》中，测定我国当前社会折现率为8%；对于不同类型的具体项目，应当视项目性质采取不同的社会折现率，比如，交通运输项目的社会折现率要比水利工程项目高；对于受益期长的工程建设项目，如果远期效益较大，效益实现的风险较小，社会折现率可适当降低，但不应低于6%。国家测定发布的社会折现率供各类建设项目评价统一使用。

7.4 国民经济评价的影子价格计算

对于任何一个投资项目，其投入物和产出物可以分为三类：外贸货物、非外贸货物和特殊投入物。影子价格的计算方法主要有国际价格法、机会成本法和消费者支付意愿法。

7.4.1 市场定价货物的影子价格

在确定影子价格时，必须先将由市场定价的货物分为外贸货物和非外贸货物两类。

外贸货物指其生产、使用将直接或间接影响国家进口或出口的货物，即产出物中直接出口（增加出口）、间接出口（代替其他企业产品使其增加出口）或替代进口（内销产品替代进口使进口减少）的货物；投入物中直接进口（增加进口）、间接进口（挤占其他企业的投入物使其增加进口）或减少出口（挤占原可用于出口的国内产品）的货物。

非外贸货物指其生产、使用将不影响国家进口或出口的货物。其中包括"天然"不能进行外贸的货物或服务，如建筑物、国内运输等，还包括由于地理位置所限，运输费用过高或受国内外贸易政策等限制而不能进行外贸的货物。

1. 外贸货物的影子价格

外贸货物的影子价格以实际可能发生的口岸价格（到岸价格或离岸价格，假定先不考虑运输费用和贸易费用）为基础确定，口岸价格反映了外贸货物的机会成本或消费者支付意愿。计算时用口岸价格先乘以影子汇率（SER）换算成人民币，再适当加减国内运输费用和贸易费用即得到所求影子价格。

下列影子价格（$S.P$）的确定中，各字符的意义为：

$F.O.B$(Free On Board)——离岸价；
$C.I.F$(Cost, Insurance and Freight)——到岸价；
T_{ij}——地点 i 到地点 j 的国内运输费用和贸易费用；
T 的下标：
0——原供应厂；
1——拟建厂（项目）；
2——用户；
4——口岸；
SER——影子汇率。

(1) 出口产出物的影子价格（项目产出物的出厂影子价格）

① 直接出口物（外销产品）：

$$S.P = F.O.B. \times SER - T_{14} \tag{7-3}$$

② 间接出口物（内销产品，替代其他货物使其他货物增加出口）：

$$S.P = F.O.B. \times SER - T_{04} + T_{02} - T_{12} \tag{7-4}$$

③ 替代进口物（内销产品，以产顶进，减少进口）：

$$S.P = C.I.F. \times SER + T_{42} - T_{12} \tag{7-5}$$

具体用户难以确定时，可按到岸价格 $C.I.F.$ 计算。

(2) 进口投入物的影子价格（项目投入物的到厂影子价格）

① 直接进口物（国外产品）：

$$S.P = C.I.F. \times SER + T_{41} \tag{7-6}$$

② 间接进口物（国内产品，如木材、钢铁、铁矿、铬矿等，以前进口过，现在也大量进口。挤占其他企业的投入物使其增加进口）：

$$S.P = C.I.F. \times SER + T_{42} - T_{02} + T_{01} \tag{7-7}$$

原供应厂和用户难以确定时，可按直接进口考虑。

③ 减少出口物（国内产品如石油、可出口的煤炭和有色金属等，以前出口过，现在也能出口。挤占原可用于出口的国内产品）：

$$S.P = F.O.B. \times SER - T_{04} + T_{01} \tag{7-8}$$

原供应厂难以确定时，可按离岸价格 $F.O.B.$ 计算。

需要评价人员自行确定影子价格的外贸货物仅限于项目的主要产出物和主要投入物，对其他须采用影子价格的产出物和投入物可直接选用国家发布的《建设项目经济评价方法与参数》中给出的影子价格。

(3) 贸易费用率

项目国民经济评价中的贸易费用是指物资系统、外贸公司和各级商业批发站等商贸部门花费在生产资料流通过程中以影子价格计算的除去长途运输以外的费用。

贸易费用包括货物的经手、储存、再包装、短距离倒运、装卸、保险、检验等流通领域中所有环节上的费用支出，也包括流通中的丢失、破损等损耗以及资金占用的机会成本，但不包括流通中的长途运费。

在国民经济评价中，贸易费用是由货物的出厂价或是口岸价格乘以一定的系数而求得的,这个系数称为贸易费用率。它反映的是贸易费用的一个综合比例。

贸易费用率的高低与货物本身的价格、货物流通的特性有关,不同种货物,在不同的场合,其流通费用是不一样的。贸易费用率的测定类似于其他一般非外贸货物分解成本的测定。首先从商贸部门的财务上的流通费用构成入手,选用影子价格调整各项费用,再用资金机会成本调整流动资金利息及固定资产折旧。如采用简化办法,可只对流动资金利息和折旧进行调整。国家测定一般性的贸易费用率,要兼顾国内各商品流通部门和各外贸部门的费用水平,一般可将各内外贸商品流通部门的贸易费用率按商品流通额加权平均。国家发展和改革委员会和原建设部根据测算和综合分析,公布贸易费用率取值为6%。对于少数价格高、体积与重量较小的货物可适当降低贸易费用率。

对于进口货物、出口货物或非外贸货物,当需要计算贸易费用时,采用下列方法:

①进口货物的贸易费用＝到岸价×影子汇率×贸易费用率　　　　　　　　　　(7-9)
②出口货物的贸易费用＝(离岸价×影子汇率－国内运费)÷(1＋贸易费用率)×
　　贸易费用率　　　　　　　　　　　　　　　　　　　　　　　　　　　　(7-10)
③非外贸货物的贸易费用＝出厂影子价格×贸易费用率　　　　　　　　　　　(7-11)

不经商贸部门流转而由生产单位直供的货物,不计算贸易费用。

【例7-1】 某工程项目使用进口材料A,到岸价格为500美元/吨,项目离口岸1000千米,货物A运费为0.2元/(吨·千米),贸易费用为货价的6%,影子汇率为1美元＝9元人民币,试求货物A的影子价格。

解 材料A属直接进口货物,根据式(7-6)、式(7-9),货物A的影子价格为:
$$S \cdot P = 500 \times 9 + 1000 \times 0.2 + 500 \times 9 \times 6\% = 4970(元/吨)$$

【例7-2】 山东某家具厂所用木材由东北林场供应,现在河北某地新建一家具厂,其所用木材也由东北林场供应,于是东北林场供给山东家具厂的货要靠从上海口岸进口来满足。木材进口价格为200美元/立方米。上海距山东家具厂200千米,东北林场距山东家具厂800千米,东北林场距河北家具厂300千米。木材运费为0.1元/(立方米·千米),影子汇率为1美元＝9元人民币,贸易费用为货价的6%。试求河北新建的家具厂耗用木材的影子价格。

解 河北家具厂耗用的木材属间接进口产品,根据式(7-7)、式(7-9),其影子价格为:
$$S \cdot P = 200 \times 9 + (200 \times 0.1 + 200 \times 9 \times 6\%) - (800 \times 0.1 + 200 \times 9 \times 6\%) + (300 \times 0.1 + 200 \times 9 \times 6\%) = 1878(元/立方米)$$

【例7-3】 A厂钢材原可出口,现供B厂项目使用,原口岸在C地,钢材离岸价格为50美元/吨。A距C200千米,A距B700千米。运费0.10元/(吨·千米),影子汇率为1美元＝9元人民币,贸易费用为货价的6%。试求B厂项目耗用钢材的影子价格。

解 B厂使用钢材属于减少出口(占用出口)货物,根据式(7-8)、式(7-9),其影子价格为:
$$S \cdot P = 50 \times 9 - (200 \times 0.1 + 50 \times 9 \times 6\%) + (700 \times 0.1 + 50 \times 9 \times 6\%) = 500(元/吨)$$

【例7-4】 某厂矿石为出口产品,离岸价格为300美元/吨,矿厂距口岸200千米,运费为0.5元/(吨·千米),影子汇率为1美元＝9元人民币,贸易费用为货价的6%。试求出口矿石的影子价格。

解 此例中矿石为直接出口产品,根据式(7-3)、式(7-10),其影子价格为:
$S \cdot P = 300 \times 9 - 200 \times 0.5 - (300 \times 9 - 200 \times 0.5) \times 0.06 \div 1.06 = 2305.66(元/吨)$

【例 7-5】 石家庄铝制品厂所用铝锭原由济南铝厂供应,现在太原新建铝厂,改由太原铝厂供应,使济南铝厂铝锭增加出口。铝锭离岸价格为 2000 美元/吨,铝锭铁路运费为 0.1 元/(吨·千米),济南离青岛口岸 400 千米,济南离石家庄 300 千米,太原离石家庄 250 千米。影子汇率为 1 美元=9 元人民币,贸易费用率为 6%,试求太原铝厂项目铝锭的影子价格。

解 此例中太原铝厂项目铝锭为间接出口货物,根据式(7-4)、式(7-10),其影子价格为:
$S \cdot P = 2000 \times 9 - [400 \times 0.1 + (2000 \times 9 - 400 \times 0.1 + 300 \times 0.1 - 250 \times 0.1) \times 0.06 \div 1.06] +$
$[300 \times 0.1 + (2000 \times 9 - 400 \times 0.1 + 300 \times 0.1 - 250 \times 0.1) \times 0.06 \div 1.06] -$
$[250 \times 0.1 + (2000 \times 9 - 400 \times 0.1 + 300 \times 0.1 - 250 \times 0.1) \times 0.06 \div 1.06]$
$= 16948.1132(元/吨)$

【例 7-6】 常州机械厂原用进口钢材,在南京新建钢厂后,改用南京钢厂生产钢材。进口钢材到岸价格为 400 美元/吨,常州离上海口岸 150 千米,南京离常州 120 千米,钢材运费为 0.10 元/(吨·千米),影子汇率为 1 美元=9 元人民币,贸易费用率为 6%。试求南京钢厂项目钢材的影子价格。

解 南京钢厂项目钢材属于替代进口货物,根据式(7-4)、式(7-10),其影子价格为:
$S \cdot P = 400 \times 9 + [150 \times 0.1 + (400 \times 9 + 150 \times 0.1 - 120 \times 0.1) \times 0.06 \div 1.06] -$
$[120 \times 0.1 + (400 \times 9 + 150 \times 0.1 - 120 \times 0.1) \times 0.06 \div 1.06] = 3603(元/吨)$

在实际具体计算时,由于贸易费用是按口岸价格计算的,而且费率也是统一的,按公式计算时可能会出现贸易费用相互抵消的情况。为避免计算过于烦琐,在对计算结果影响不大的情况下,贸易费用有时可以简略不计。

2. 非外贸货物的影子价格

非外贸货物的影子价格应按其对国民经济的实际价值和供求关系来确定。
(1)产出物的影子价格
①增加国内供应量的产出物,在所取财务价格下供求均衡的,可仍按财务价格定价;供不应求的,参照国内市场价格并考虑价格变化趋势定价,但要注意一般不应高于相同质量产品的进口价格;对供求情况判别不清时,应按稳妥原则,取上述价格中较低者。
②对于不增加国内供应数量、只是挤占国内已有企业的产品市场,致使该企业减产或停产的,如果质量与被替代产品相同,应按该企业同种产品的可变成本分解定价。此时说明国内市场有限,该产品不应扩大再生产。如果产出物质量比被替代产品质量高,国内又没有同样的产品,则可参照该产出物的国际市场价格定价。
③按上述原则定价后,再适当增减运输费用和贸易费用,换算为出厂价格。
(2)投入物的影子价格
①现有生产该投入物的企业生产能力有余,不须新增投资扩大生产能力即可增加国内供应的,按可变成本分解定价。
②国内无富余生产能力,须新增投资扩大生产规模满足拟建项目需求的,按全部成本(包括可变成本和固定成本)分解定价。难以取得资料时,也可参照国内市场价格定价。

③无法通过扩大生产规模增加供应,即必须减少对原用户的供应量时,参照国内市场价格和国家统一价格加补贴(如有的话)中较高者定价。

④按上述原则定价后,再适当增减运输费用和贸易费用,换算为到厂价格。

7.4.2 政府调控价格货物的影子价格

现实中尚有部分产品或服务不具有市场价格或市场价格难以真实反映其经济价值的情况,此时对项目的产品或服务的影子价格则需要重新测算。

例如,政府调控价格的做法:政府定价、指导价、政府限价等。这些产品或服务的价格不能完全反映其真实的经济价值。在国民经济评价中,这些产品或服务的影子价格不能简单地以市场价格确定,而要采取特殊的方法测定。这些影子价格的测定方法主要有:消费者支付意愿和机会成本。

1. 消费者支付意愿

消费者支付意愿指消费者愿意为产品与服务支付的价格,这种愿意支付的价格可以视为影子价格。

消费者支付意愿可以通过意愿调查评估法,按照"陈述偏好"的原则进行间接估算。一般通过对被评估者的直接调查,直接评价调查对象的支付意愿或接受补偿的意愿,从中推断出项目造成的有关外部影响的影子价格。

2. 机会成本

机会成本指为了得到某种东西而所要放弃另一些东西的最大价值;也可以理解为在面临从多方案中选择一个较优方案的决策时,被舍弃的选项中的最高价值者是本次决策的机会成本。机会成本还指厂商把相同的生产要素投入到其他行业当中去可以获得的最高收益。

讨论以下两种受到政府调控价格产品及服务的影子价格情况。

(1)电力的影子价格

作为项目的投入物时,电力的影子价格可以按成本分解法测定。一般情况下应当按当地的电力供应完全成本口径的分解成本定价。有些地区,存在阶段性的电力过剩,可以按电力生产的边际成本分解定价。

作为项目的产出物,电力的影子价格应当按照电力对于当地经济的边际贡献确定。

(2)铁路运输的影子价格

铁路运输作为项目投入时,一般情况下按完全成本分解定价,在铁路运输紧张地区,应当按照被挤占用户的支付意愿定价。

铁路建设项目中,铁路运输作为产出物,其国民经济效益的计算采取专门的方法,即按替代运输量运输成本的节约、诱发运输量的支付意愿等测算。

7.4.3 特殊投入物的影子价格

特殊投入物包括土地、人力资源、自然资源等。

1. 土地的影子价格

按照《中华人民共和国国土法》，我国城镇土地所有权均归国有，任何企事业单位只拥有使用权。因此，土地的影子价格，实际上指土地使用权的影子价格。工程项目占用土地的支出，从国民经济角度来看，这笔支出除居民搬迁费等系社会为项目增加的资源消耗应计作项目的费用外，其他支出都为国民经济内部的转移支付。因此，在工程项目国民经济效益评价时不应列为项目的费用。但土地也是一项投入，它被项目占用以后，就不能再作其他用途。同时，也不能从其他供应来源得到替代。基于这一点，土地的影子价格应包括两项：土地的机会成本（即土地用于该工程项目而使社会放弃的原有效益）和土地用于该工程项目而使社会增加的资源消耗（如居民搬迁费等）。

$$土地影子价格 = 土地机会成本 + 新增资源消耗 \tag{7-12}$$

在项目的国民经济评价中，占用土地的机会成本和新增资源消耗应当充分估计。项目占用的土地位于城镇与农村，具有不同的机会成本和新增资源消耗构成，要采取不同的估算方法。

(1) 城镇土地影子价格的确定

城市土地影子价格应根据项目占用土地所处地理位置、项目情况以及取得方式的不同分别确定，具体应符合下列规定。

① 通过招标、拍卖和挂牌出让方式取得使用权的国有土地，其影子价格应按财务价格计算。

② 通过划拨、双方协议方式取得使用权的土地，应分析价格优惠或扭曲情况，参照公平市场交易价格，对价格进行调整。

③ 对经济开发区优惠出让使用权的国有土地，其影子价格应参照当地土地市场交易价格类比确定。

④ 当难以用市场交易价格类比方法确定土地影子价格时，可采用收益现值法或以开发投资应得收益加土地开发成本确定。

⑤ 当采用收益现值法确定土地影子价格时，应以社会折现率对土地的未来收益及费用进行折现。

(2) 农村土地影子价格的确定

建设项目如需占用农村土地，应以土地征用费调整计算土地影子价格。具体应符合下列规定。

① 项目占用农村土地时，土地征收补偿费中的土地补偿费及青苗补偿费应视为土地机会成本，地上附着物补偿费及安置补助费应视为新增资源消耗，征地管理费、耕地占用税、耕地开垦费、土地管理费、土地开发费等其他费用应视为转移支付，不列为费用。

② 土地补偿费、青苗补偿费、安置补助费的确定，如与农民进行了充分的协商，能够充分保证农民的应得利益，土地影子价格可按土地征收补偿费中的相关费用确定。

③ 如果存在征地费用优惠，或在征地过程中缺乏充分协商，导致土地征收补偿费低于市场定价，不能充分保证农民利益，土地影子价格应参照当地正常土地征收补偿费标准进行调整。

国民经济评价对土地费用有两种常用的具体处理方式:一种是把占用土地在整个占用期间逐年效益的现值之和作为土地费用计入项目建设投资中;二是将逐年净效益的现值之和换算为年等值效益,作为项目每年的投入。一般采取第一种方式。

2. 人力资源的影子价格

项目占用的人力资源是项目实施所付出的代价。

在工程项目财务评价中,名义工资(财务工资及职工福利费之和)作为费用计入成本。国民经济评价中,劳动力作为一种资源,看作是建设项目的特殊投入物,应采用影子工资即人力资源的影子价格计量,它反映的是项目使用人力资源时,国家和社会为此付出的代价。如果名义工资与人力资源影子价格之间存在差异,就需要进行调整,以反映真实的经济价值。

$$人力资源投入影子价格 = 劳动力机会成本 + 新增资源消耗 \tag{7-13}$$

影子工资一般由两部分组成:一是由于项目使用劳动力而导致别处被迫放弃的原有净效益,从这方面来看,影子工资体现了劳动力的机会成本;二是因劳动力的就业或转移增加的社会资源消耗,如交通运输费用、城市管理费用、培训费用等,这些资源的消耗维持了职工的原有生活水平。

在国民经济评价中,为方便起见,将名义工资(财务工资及提取的职工福利费之和)乘以影子工资系数作为影子工资。

$$影子工资 = 名义工资 \times 工资换算系数 \tag{7-14}$$

影子工资的大小与国家的社会经济状况、就业状况、劳动力结构、劳动力充裕程度以及采用的评价方法等因素密切相关。影子工资的计算见本章7.1节。

3. 自然资源的影子价格

以往的国民经济评价中没有把自然资源消耗计入项目费用,但矿产、水、森林等自然资源是有限的,而且多是不可再生的。在满足社会需要的前提下,努力节约资源是人类经济活动的长期目标之一。不将资源消耗列为项目费用,既容易造成资源的浪费,又会使采掘工业在采用合理价格时得到偏高的虚假纯收入。因此,在工程项目国民经济效益评价中必须把自然资源消耗作为一项社会费用。矿产资源消耗的社会费用,应包括:(1)勘探成本;(2)资源本身的价值。勘探成本可根据矿产储量和探明矿产储量单位成本的历史资料算得,资源本身的价值则根据它的潜在价值确定,矿产等不可再生资源的影子价格应当按资源的机会成本计算,水和森林等可再生资源的影子价格可以按资源再生费用计算。

7.5 国民经济评价的指标与报表

7.5.1 国民经济评价指标

国民经济评价通常采用费用效益分析方法。对于效益和费用可以货币化的项目应采用经济费用效益分析方法;对于效益难以货币化的项目,应将项目目标转化为一个或几个具体的可量化的效果指标来进行费用效果分析;对于效益和费用均难以量化的项目,应进行定性经济费用效益分析。费用效益分析体现项目的盈利能力,投资项目的国民经济评价中的经济效果主要靠经济盈利能力来体现。费用效益分析主要采用动态计算方法,其基本评价指标是经济净现值,此外还要计算经济内部收益率和经济效益费用比。经济净现值和经济效益费用比计算中的折现率和经济内部收益率判据的基准收益率都采用社会折现率。在进行项目初选时,也可采用投资净收益率(也即投资利税率)等静态指标;当进行多方案比选时,也可采用差额投资内部收益率进行排序。

1. 经济净现值(ENPV)

经济净现值是反映项目对国民经济净贡献的绝对效果指标。它指用社会折现率将项目计算期内各年的净收益流量折算到建设期初的现值之和,是经济费用效益分析的主要评价指标。其表达式为:

$$ENPV = \sum_{t=1}^{n}(B-C)_t(1+i_s)^{-t} \tag{7-15}$$

式中:$ENPV$——经济净现值;
  B——经济效益流量;
  C——经济费用流量;
  $(B-C)_t$——第 t 期的经济净效益流量;
  n——项目计算期;
  i_s——社会折现率。

判别准则:经济净现值等于零表示国家为拟建项目付出代价后,可以得到符合社会折现率的社会盈余;经济净现值大于零表示除了得到符合社会折现率的社会盈余外,还可以得到以现值计算的超额社会盈余。经济净现值大于或等于零时,认为项目是可以考虑接受的。

有时也可以计算经济净现值率,即经济净现值与项目总投资现值之比,用于比较多个项目的国民经济效益。

2. 经济内部收益率(EIRR)

经济内部收益率是反映项目对国民经济所做净贡献的相对经济效果指标。它是使项目计算期内的经济净效益流量的折现值累计等于零时的折现率,是经济费用效益分析的辅助指标。其表达式为:

$$\sum_{t=1}^{n}(B-C)_t(1+EIRR)^{-t} = 0 \tag{7-16}$$

式中:$EIRR$——经济内部收益率;
  B——经济效益流量;
  C——经济费用流量;
  $(B-C)_t$——第 t 期的经济净效益流量;
  n——项目计算期。

经济内部收益率可用试算内差法手算求解,也可利用计算机程序求解。

判别准则:当经济内部收益率等于或大于社会折现率时,表明项目对国民经济的净贡献能力达到或超过了其要求的水平,应认为项目是可以考虑接受的。

3. 经济效益费用比(R_{BC})

经济效益费用比指项目在计算期内效益流量的现值与费用流量的现值之比,是经济费用效益分析的辅助指标。其表达式为:

$$R_{BC}=\frac{\sum_{t=1}^{n}B_t(1+i_s)^{-t}}{\sum_{t=1}^{n}C_t(1+i_s)^{-t}} \tag{7-17}$$

式中:B_t——第 t 期的经济效益;
C_t——第 t 期的经济费用;
i_s——社会折现率。

判别准则:如果经济效益费用比大于1,表明项目资源配置的经济效率达到了可以被接受的水平。

7.5.2 国民经济评价报表

国民经济评价采用一种基本报表:项目投资经济费用效益流量表;五种辅助报表:经济费用效益分析投资费用估算调整表、经济费用效益分析经营费用估算调整表、项目直接效益估算调整表、项目间接费用估算表、项目间接效益估算表。

1. 基本报表——项目投资经济费用效益流量表(表7-2)

项目投资经济费用效益流量表(人民币单位:万元) 表7-2

序号	项目	合计	计算期(年)								
			1	2	3	4	5	6	7	8	...	n
1	效益流量										
1.1	项目直接效益										
1.2	资产余值回收										
1.3	项目间接效益										
2	费用流量										
2.1	建设投资										
2.2	维持运营投资										
2.3	流动资金										
2.4	经营费用										
2.5	项目间接费用										
3	净效益流量(1-2)										
计算指标: 经济内部收益率(%) 经济净现值($i_s=$%)											

该表用以计算经济内部收益率、经济净现值等指标,考察项目投资对国民经济的净贡献,衡量项目的盈利能力,并据此判别项目的经济合理性。其编制方法,可以按照经济费用效益识别和计算的原则和方法直接进行,也可以在财务分析的基础上将财务现金流量转换为反映真正资源变动状况的经济费用效益流量,然后再编制。

直接进行经济费用效益流量的识别和计算的,基本步骤如下。

(1)对于项目的各种投入物,应按照机会成本的原则计算其经济价值。

(2)识别项目产出物可能带来的各种影响效果。

(3)对于具有市场价格的产出物,以市场价格为基础计算其经济价值。

(4)对于没有市场价格的产出效果,应按照支付意愿及接受补偿意愿的原则计算其经济价值。

(5)对于难以进行货币量化的产出效果,应尽可能地采用其他量纲进行量化。难以量化的,进行定性描述,以全面反映项目的产出效果。

在财务分析基础上进行经济费用效益流量的识别和计算的,基本步骤如下。

(1)剔除财务现金流量中的通货膨胀因素,得到以实价表示的财务现金流量。

(2)剔除运营期财务现金流量中不反映真实资源流量变动状况的转移支付因素。

(3)用影子价格和影子汇率调整建设投资各项组成,并剔除其费用中的转移支付项目。

(4)调整流动资金,将流动资产和流动负债中不反映实际资源耗费的有关现金、应收、应付、预收、预付款项,从流动资金中剔除。

(5)调整经营费用,用影子价格调整主要原材料、燃料及动力费用、工资及福利费等。

(6)调整营业收入,对于具有市场价格的产出物,以市场价格为基础计算其影子价格;对于没有市场价格的产出效果,以支付意愿或接受补偿意愿的原则计算其影子价格。

(7)对于可货币化的外部效果,应将货币化的外部效果计入经济效益费用流量;对于难以进行货币化的外部效果,应尽可能地采用其他量纲进行量化。难以量化的,进行定性描述,以全面反映项目的产出效果。

2.辅助报表1——经济费用效益分析投资费用估算调整表(表7-3)

经济费用效益分析投资费用估算调整表(人民币单位:万元;外币单位:万美元) 表7-3

序号	项 目	财 务 分 析			经济费用效益分析			经济费用效益分析比财务分析增减
		外币	人民币	合计	外币	人民币	合计	
1	建设投资							
1.1	建筑工程费							
1.2	设备购置费							
1.3	安装工程费							
1.4	其他费用							
1.4.1	其中:土地费用							
1.4.2	专利及专有技术费							
1.5	基本预备费							

续上表

序号	项目	财务分析			经济费用效益分析			经济费用效益分析比财务分析增减
		外币	人民币	合计	外币	人民币	合计	
1.6	涨价预备费							
1.7	建设期利息							
2	流动资金							
	合计(1+2)							

注：若投资费用是通过直接估算得到的，本表应略去财务分析的相关栏目。

3. 辅助报表 2——经济费用效益分析经营费用估算调整表（表 7-4）

经济费用效益分析经营费用估算调整表　　　　　　　　表 7-4

序号	项目	单位	投入量	财务分析		经济费用效益分析	
				单价(元)	成本	单价(元)	费用
1	外购原材料						
1.1	原材料 A						
1.2	原材料 B						
1.3	原材料 C						
1.4	……						
2	外购燃料及动力						
2.1	煤						
2.2	水						
2.3	电						
2.4	重油						
2.5	……						
3	工资及福利费						
4	修理费						
5	其他费用						
	合计						

注：若经营费用是通过直接估算得到的，本表应略去财务分析的相关栏目。

4. 辅助报表 3——项目直接效益估算调整表（表 7-5）

项目直接效益估算调整表　　　　　　　　表 7-5

产出物名称		投产第一期负荷(%)				投产第二期负荷(%)				…	正常生产年份(%)			
		A产品	B产品	…	小计	A产品	B产品	…	小计		A产品	B产品	…	小计
年产出量	计算单位													
	国内													
	国际													
	合计													

续上表

产出物名称			投产第一期负荷(%)				投产第二期负荷(%)				…	正常生产年份(%)			
			A产品	B产品	…	小计	A产品	B产品	…	小计		A产品	B产品	…	小计
财务分析	国内市场	单价(元)													
		现金收入													
	国际市场	单价(美元)													
		现金收入													
经济费用效益分析	国内市场	单价(元)													
		直接效益													
	国际市场	单价(美元)													
		直接效益													
合计(万元)															

注：若直接效益是通过直接估算得到的，本表应略去财务分析的相关栏目。

5. 辅助报表4——项目间接费用估算表（表7-6）

项目间接费用估算表（人民币单位：万元） 表7-6

序号	项目	合计	计算期					
			1	2	3	4	…	n

6. 辅助报表5——项目间接效益估算表（表7-7）

项目间接效益估算表（人民币单位：万元） 表7-7

序号	项目	合计	计算期					
			1	2	3	4	…	n

本章小结

国民经济评价是按照资源合理配置的原则，从国家整体角度考察和确定项目的效益和费用，用货物影子价格、影子工资、影子汇率和社会折现率等经济参数，计算、分析项目对国民经济带来的净贡献，以评价项目经济上的合理性。

由于国民经济评价不仅采用统一的评价价格体系——影子价格，而且采用统一的评价参数——通用参数(影子汇率、影子工资、社会贴现率)，使不同地区、不同行业的投资项目在经济评价中都站在同一"起跑线"上，达到统一标准的目的。同时，国民经济评价能够宏观地估算出投资项目为社会做出的贡献和国民经济为其付出的代价,有助于实现投资决策的科学化。此外,运用国民经济评价方法对投资项目进行评价能够对社会资源的有效利用起导向作用。总之,国民经济评价用全局观点来分析项目的盈利状况,将国民经济效益和社会效益放在首位。国民经济评价在工程项目评价中举足轻重,对于重大工程项目的投资决策更具有决定性的意义。

在工程项目经济评价中,都采用影子价格计算项目投入物、产出物的经济价值。所谓影子价格,是指在完善的市场经济条件下,在社会最优的生产组织情况下,资源的分配和利用达到最优状态——供求平衡时的均衡价格,它真实地反映了社会必要劳动消耗、资源稀缺程度和市场供求状况,能实现资源配置的最优化,把最稀缺的资源优先配给效益好的项目。

影子价格不是真实的交换价格,而是一种理论上的虚拟价格。它是为实现一定的社会经济发展目标而人为确定的,比交换价格更能准确反映利用社会资源的效率的,能更好地反映出产品的社会价值和资源的稀缺程度,在西方国家,又称为预测价格、计划价格等。为了比较准确地计算投入物和产出物的经济价值,有必要根据工程项目国民经济评价的要求,将投入物和产出物分为市场定价货物、政府指导价货物和土地等特殊投入物,并将市场定价的投入物和产出物分为外贸货物和非外贸货物来分别计算其影子价格。

国民经济评价采用费用效益分析方法或者费用效果分析方法。对于效益和费用可以货币化的项目应采用经济费用效益分析方法;对于效益难以货币化的项目,应将项目目标转化为一个或几个具体的可量化的效果指标来进行费用效果分析;对于效益和费用均难以量化的项目,应进行定性经济费用效益分析。费用效益分析体现项目的盈利能力,主要采用动态计算方法,要编制项目投资经济费用效益流量表,其基本评价指标是经济净现值,此外还要计算经济内部收益率和经济效益费用比。

复习思考题

1. 国民经济评价的含义是什么?简述进行国民经济评价的必要性。
2. 国民经济评价与财务评价有什么异同?
3. 国民经济评价的出发点是什么?国民经济评价有哪些主要参数?
4. 简述国民经济评价的范围和步骤。
5. 国民经济评价的意义是什么?
6. 简述国民经济评价与财务评价结论的关系。
7. 某投资项目,第5年产品外销收入4000万美元,进口原料用汇1500万美元,进口设备用汇75万美元,偿还出口信贷资本金265万美元,商贷本金45万美元,短贷本金120万美元,偿还出口信贷利息100万美元,商贷利息18万元,外汇贷款利息15万美元。试求该投资项目的外汇流量是多少?
8. 某项目投入物为进口货物,其到岸价格为100美元/吨,影子汇率为8.7元/美元,项目位于港口附近,已知贸易费用率为6%,试求该货物的影子价格为多少?
9. 某项目产出物可以直接出口,其离岸价格为150美元/吨,影子汇率为8.7元/美元,国内运输费用为80元/吨,贸易费用率为6%,求该产出物的影子价格。
10. 某项目产品为内销产品,替代其他货物,使其他货物增加出口,该产品的离岸价格为185美元/立方米,已知原供应厂到港口的运输费用及贸易费用为68元/立方米,原供应厂到用户的运输费用及贸易费用为75元/立方米,拟建项目到用户的运输费用及贸易费用可以忽略不计。影子汇率为8.7元/美元,试求该产品的影子价格为多少?
11. 某一出口产品,其影子价格为1200元/吨,国内现行价格为800元/吨,试求其价格换算系数。

12. 某产品共有三种原料，A、B 两种原料为非外贸品，其国内市场价格总额每年分别为 150 万元和 50 万元，影子价格与国内市场价格的换算系数分别为 1.2 和 1.5。C 原料为进口货物，其到岸价格总额每年为 100 万美元。影子汇率换算系数为 1.08，外汇牌价为 8.6335 元/美元，在不考虑国内运费和贸易费的情况下，求该产品国民经济评价的年原料成本总额。

13. 已知某进口产品，其国内现行价格为 350 元/吨，价格系数为 2.36，国内运输费用及贸易费用为 68 元/吨，影子汇率为 6.0，求该产品的到岸价格。

14. 某项目的外汇流入和流出见表 7-8，根据以下数据计算外汇净现值。已知基准折现率为 10%。

项目外汇流入和流出(单位:万美元)　　　　　　　　表 7-8

项目	1	2	3	4	5	6	7	8
外汇流入	200	500	750	3600	5700	5700	5700	5700
外汇流出	200	500	600	2000	3500	3500	3500	3500
净外汇流量	0	0	150	1600	2200	2200	2200	2200

15. 已知某项目建设期为 3 年，第一年末投入 1200 万元，第二年末投入 800 万元，第三年末投入 900 万元，第 4 年开始投产，从第 4 年起，连续 10 年每年年末获利 1200 万元。项目残值不计，基准社会折现率为 10%，求出该项目的经济净现值和经济净现值率，并判断该项目是否可行。

16. 已知项目产品总投资为 5600 万元，年销售收入为 1500 万元，年外部效益为 150 万元，年经营成本 800 万元，年折旧费按 10 万元计算，不考虑项目的技术转让费和年外部费用。计算该项目产品的投资净效益率为多少？并判断该项目是否可行。

第 8 章 公益性项目评价

本章概要

以增进社会福利为目的的非经营性项目称为公益性项目。公益性项目具有投资主体特殊,产品价格确定不按市场规律,外部效果大于项目本身的收益等特点,只能以资源合理配置的视角去评价项目投资效益与效果。本章介绍公益性项目概念、特点及公益性项目评价的理论基础;讨论独立方案、互斥方案比选和相关方案比选的费用效益分析方法;介绍费用效果分析的概念、基本程序与方法。

通过本章的学习,读者可以了解公益性项目评价的特殊性,掌握费用效益评价和费用效果评价的方法。

8.1 公益性项目评价概述

公益性项目是不以营利为目的的公共服务项目,这些项目既有政府投资实施的,也有各种非政府组织开展的。客观地说,这些公益性项目的实施对于缓解贫困、促进社会稳定与发展、提高人民福祉起了很大的作用。但是,不同组织实施的项目的种类不同、建设水平和质量参差不齐,导致公益性项目的经济效果差异比较大,带来了公益性项目评价的特殊性,有必要对其进行专门讨论。

8.1.1 公益性项目的概念

公益性项目指满足社会公众需要的项目。概括来讲,公益性项目包括全部所形成的资产处于非营利性领域的投资项目,例如国防、行政、司法部门,以及文化、教育、科技、体育、卫生、医疗、环保、广播电视等各项事业投资项目。

公益性项目为全社会提供公共产品,故具有使用的非排斥性和收费非市场定价的特点。常见的公益性项目主要指公共交通、水利、农田灌溉、扶贫开发、防灾减灾、灾后重建基础设施、国家安全、教育、文化、卫生、体育、环保、滩涂湿地的治理等由各级政府及非政府组织承建的项目,这类项目都具有上述特点。

公益性项目按其满足社会需要的不同,可分为以下几类。

(1)国防事业与社会安全工程,如军事工程、城市消防和治安系统工程等。

(2)生产与生活服务工程,如供电、供水、供气、邮政、通讯与交通运输工程等。

(3)环境保护与灾害防治工程,如防洪、防涝、水土保持、污染治理、垃圾处理厂、污水处理厂、野生资源保护与水利资源综合利用等工程。

(4)科学、文化、教育、体育与社会福利工程,如学校、科研机构、医院、博物馆、图书馆、科技馆、体育设施及娱乐和游览场所等。

政府作为公益性项目的投资主体之一,从资金来源来看,政府投资是取之于民;从服务对象看,是用之于民。政府作为宏观经济的管理者和社会生活的调节者,其主要职能中有以下方面与公益性项目密切相关。

(1)提供公共产品。公共产品包括对内和对外两个方面。对内主要从事交通、水利、公共文化设施、公共卫生、教育、国家安全,扶贫开发等方面建设,形成一个稳定的社会环境;对外主要包括维护领土完整和国家主权,促进国家之间的经济交流和文化交流,维持有利于国内经济发展和政治稳定的国际环境。

(2)解决"市场失灵"问题。公益性项目大部分是纯公共产品,这一点决定了在提供公益性项目方面市场是"失灵"的,政府应该"有所为",承担投资责任。政府通过直接投资的方式建设一些私人资本无力或不愿投资的项目,以及一些关系国计民生的基础项目,这些项目对于国民经济或社会发展非常的重要,主要包括基础设施、能源、交通、水利、通信等产业。其中有些项目本身能够产生经济效益,而更重要的是这些项目的实施能为国家或地区经济的发展提供条件和打下基础。

各种非政府组织是公益性项目实施的另一个主体。当前我国各类非政府组织实施的公益性项目名目繁多,既有基金会、协会、促进会、民办非企业单位开展的公益性项目,也有一些未登记的组织或个人开展的公益性项目。这些项目主要涉及扶贫、教育、妇女儿童、残疾人口、环境保护、文化、卫生等领域,对促进社会稳定和可持续发展起了很大的作用。近20年来,国际上流行的"PPP"模式就是政府与民间组织共同建设公益性项目合作方式,在国内已经得到推广与应用。

8.1.2 公益性项目的特点

公益性项目与营利性项目在运营目的上存在差别,由此造成了公益性项目的特殊性,公益性项目具有以下特点。

(1)公益性项目的投资目的是谋求社会效益

投资营利性项目是为了谋求经济效益,因此其评价可采用财务评价方法,用净现值 NPV、内部收益率 IRR、投资回收期 P_t 等指标判断其可行性;而投资公益性项目是为了谋求社会效益,其评价要采用费用效益分析法,用经济净现值 ENPV、经济净年值 ENAV、效益费用比 R_{BC} 和效果费用比 $[E/C]$ 等指标评价。费用效益分析和财务评价不同,它是对公益性投资项目进行项目国民经济评价和社会评价的方法之一,如果项目社会影响比较大,还需要做项目的社会影响评价。

公益性项目有一个明确的服务于社会大众或社会中某些人口群体的目标,有相应的期望结果或产出。例如一个扶贫项目,目标是在一年内帮助某地区1000名贫困人口脱贫致富。该项目的目标很明确,即扶助的对象是处于边缘的弱势群体。其期望的结果也很明确,即使得1000名贫困人口达到事先设定的脱贫致富的评价指标。

(2)公益性项目投资建成后受益者的多元化

比如某个地区修建水力发电站项目,除了发电产生的经济效益外,其服务的目标还有确保当地和附近城镇的电力供应,并促进当地农业的灌溉,发展农副产品加工业等;某综合性体育场的建设项目,除了可以组织大型运动会、足球比赛等体育项目,还可以为文化演出、公众集会、全民健身提供场所,丰富所在城市社会公众的业余文化生活,促进全民健康事业的发展。

(3)公益性项目的业主、投资者和受益者分离

这是公益性项目与营利性项目投资明显不同之处。比如防灾减灾项目,业主一般为地方政府,投资者可以是各级政府,也可以是基金会、各种救灾捐款等,直接的受益者就是当地的市民公众。

(4)公益性项目投资规模大、服务年限长、影响深远

公益性项目尤其是公共基础设施一般具有规模大、投资多、服务年限长、影响深远等特点。例如大型水力发电项目、跨江跨海大桥、城市垃圾焚烧厂、污水处理厂等。正因如此,公益性项目也会面临各种风险,由于项目投资建设时间长,不可避免地会受到政治、经济、社会环境变化的影响,这些变化均有可能对项目目标的实现带来不利影响。

(5) 公益性项目的外部性

公益性项目通常存在外部性(外部费用、外部收益),有时外部效果还难以计量。外部收益指非投资主体免费获得的收益,外部费用指项目投资或经营主体之外花费的费用,这些费用是由其他社会组织及个人无偿承担的。

8.1.3 公益性与营利性项目评价的比较

1. 公益性项目评价的目的

不同于营利性项目要实现的目标主要是财务目标,公益性项目的投资目的是谋求社会效益。因此,对公益性项目的评价主要采用费用效益分析的方法。

公益性项目评价实际操作中,按照项目方案效益是否可以用货币计量,可以采用费用效益分析法和费用效果分析法两个方法。项目方案收益可用货币计量时,采用费用效益分析法;反之,采用费用效果分析法。无论是哪种情况,都必须对方案的效益(效果)和费用进行仔细识别与度量,才能够对公益性项目做出客观的评价。

费用效益分析从资源最优配置的角度,分析公益性项目投资的费用与效益,评估项目对社会福利所做出的贡献,评价项目的经济合理性。公益性项目评价的主要目的包括以下几点。

(1) 全面识别整个社会为项目付出的代价,以及项目为提高社会福利所做出的贡献,评价项目投资的经济合理性。

(2) 对于市场化运作的公共基础设施项目,通过费用效益分析来论证项目的经济价值,为制定融资方案、财务方案提供依据。

(3) 对于政府投资的公益性项目,为项目决策和资金筹措、财政预算制定提供依据。

(4) 分析各利益相关者为项目付出的代价及获得到利益,通过对受损者及受益者的费用效益分析,为社会评价提供依据。

2. 公益性项目与营利性项目评价的区别

公益性项目和营利性项目评价的区别主要表现在以下三点。

(1) 评价的指标与参数不同

营利性项目采用财务评价指标判断项目的优劣,主要以盈利能力、贷款清偿能力评价指标为主,满足企业最大限度获取经济利益的目的;公益性项目投资的目的是谋求社会效益,一般采用费用效益分析法,在区分并度量费用和效益(效果)的基础上,比较费用和效益(效果)的大小,以此来判断项目的优劣。财务评价中使用基准收益率(建立在行业的投资利润率基础上的可接受的最小报酬率)来计算财务效果,而公益性评价要分析整个社会为项目付出的代价和项目为社会福利所做出的贡献,故公益性项目评价中使用社会折现率计算费用效益。

(2) 费用和效益的主体对象不同

营利性项目财务评价,现金流入和现金流出针对的是一个投资主体,收益和支出比较容易区分和度量,一般都采用货币化的数量关系,直接应用各种财务评价指标计算即可;公益性项目评价,效益主要是社会公众享受到的好处,费用主要是投资主体对项目的投入,也就是说效益和费用针对的不同主体。而且公益性项目几乎都有多方面的无形效果,比如就业、文教、卫生、国家安全、收入分配、社会稳定等。由于不存在相应的市场和价格,无形效果一般很难赋予货币价值,只能寻找其他方法对项目的无形效果进行评价。

(3)评价结论的统一性不同

营利性项目进行财务评价时,尽管各利益主体之间也会出现不一致的情况,但协调的难度并不是很大,往往不会影响总的结论,从各个盈利能力、清偿能力来看,它们之间的关系基本上也是协调的,可以做出统一的结论;公益性项目由于不同的社会群体对它的关注点往往不同,公益性项目对他们产生的影响也不同,有时候为了大部分人的利益可能会牺牲小部分人利益,这可能导致评价指标之间具有显著的冲突,并且协调的难度也比较大,这无疑增加了项目评价的复杂程度。例如,在城市边缘地区建设一个垃圾焚烧厂,项目对城市的生活垃圾处理是较好的措施,但厂址附近的居民村民认为垃圾焚烧厂运行会影响他们的居住环境,评价的结论难以统一。

8.2 费用效益评价

8.2.1 费用效益分析概述

1. 经济费用效益分析概念

经济费用效益分析是从资源合理配置的角度,分析项目投资的经济效率和对社会福利所做的贡献,从而评价项目的经济合理性。

由于财务现金流量不能够全面真实地反映经济价值,所以对公益性项目进行经济费用效益分析更为合适,费用效益分析的结论可以作为公益性项目决策的主要依据之一。

经济费用效益分析的适用范围如下:
(1)具有垄断特征的项目。
(2)产出具有公共产品特征的项目。
(3)外部效果显著的项目。
(4)资源开发项目。
(5)涉及国家经济安全的项目。
(6)受过度行政干预的项目。
由此可见,经济费用效益分析是公益性项目评价的主要方法。

2. 费用效益的识别

在经济费用效益分析中,应尽可能全面识别工程项目的经济效益和费用,需要注意以下几点。

(1)对项目涉及的所有社会成员的有关费用和效益进行识别和计算,全面分析项目投资及运营活动耗用资源的真实价值,以及项目为社会成员福利的实际增加所做出的贡献。

(2)效益与费用的识别应遵循的原则有四点。一是"有无对比"的原则。所谓有无对比的原则,实质上是一种增量的分析,是指"有项目"相对于"无项目"的对比分析。"无项目"状态指不对该项目进行投资时,在计算期内,与项目有关的资产、费用与收益的预计发展情况;"有项目"状态指对该项目进行投资后,在计算期内,资产、费用与收益的预计情况。"有无对比"求出项目的增量效益,排除了项目实施以前各种条件的影响,突出项目活动的效果。二是考虑关联效果原则。三是以本国居民为分析对象的原则。四是剔除转移支付原则。税金、补贴、借款利息属于转移支付,本身没有产生新增资源。

(3)正确识别和调整转移支付,根据不同情况区别对待。转移支付代表购买力的转移行为,接受转移支付的一方所获得到效益与费用与付出方所产生的费用相等,转移支付行为本身没有造成新增资源的发生。在费用效益分析中,税赋、补贴、借款和利息属于转移支付,一般在进行费用效益分析时,不再计算转移支付的影响。有一些税收、补贴或罚款是用于校正项目外部效果的重要手段,这类转移支付不可剔除,可以用于计算外部效果。项目投入与产出中流转税应具体情况具体处理。

(4)项目费用与效益识别的时间范围应足以包含项目所产生的全部重要费用和效益,而不应仅根据有关财务核算规定来确定。如财务分析中的计算期可根据投资各方的合作期进行计算,而费用效益分析不受此限制。

(5)应对项目外部效果的识别是否适当进行评估,防止漏算或重复计算。

3. 费用效益分析指标

(1)经济净现值(ENPV)

费用效益分析的主要指标是计算经济净现值(ENPV),经济净现值是项目按照社会折现率将计算期内各年的经济净效益折现到建设期初的现值之和,计算公式为:

$$ENPV=\sum_{t=1}^{n}(B-C)_t(1+i_s)^{-t} \tag{8-1}$$

式中:B——效益流量;

C——费用流量;

n——项目计算期;

i_s——社会折现率。

社会折现率是用以衡量资金时间价值的重要参数,代表资金占用的机会成本,并且用作不同年份之间资金换算的折现率。社会折现率应根据经济发展的实际情况、投资效益水平、资金供求情况、资金机会成本、社会成员的费用效益时间偏好以及国家宏观调控目标取向等因素进行综合分析测定。

在费用效益分析中,如果$ENPV \geq 0$,说明项目可以达到社会折现率要求的效率水平,认为该项目从资源配置的角度可以被接受;反之,则不被接受。

应当指出,在做费用效益分析的时候,也可以通过计算经济净年值(ENAV)来对方案做出评价,ENAV和ENPV的评价准则是一致的。

(2)经济内部收益率(EIRR)

经济内部收益率(EIRR)是项目在计算期内经济净效益流量的现值累计等于0时的折现率,是费用效益分析的辅助评价指标。计算公式为:

$$\sum_{t=1}^{n}(B-C)_t(1+EIRR)^{-t}=0 \tag{8-2}$$

式中：$EIRR$——经济内部收益率。

若经济内部收益率大于或等于社会折现率，表明项目资源配置的经济效率达到了可以被接受的水平；反之，则不被接受。

(3) 效益费用比（R_{BC}）

效益费用比（R_{BC}）是项目在计算期内效益流量的现值与费用流量的现值的比率，是费用效益分析的辅助评价指标。计算公式为：

$$R_{BC}=\frac{\sum_{t=1}^{n}B_t(1+i_s)^{-t}}{\sum_{t=1}^{n}C_t(1+i_s)^{-t}} \tag{8-3}$$

式中：R_{BC}——效益费用比；

　　　B_t——第 t 期的效益；

　　　C_t——第 t 期的费用。

如果 $R_{BC} \geqslant 1$，表明项目资源配置的经济效率达到了可以被接受的水平；反之，则不被接受。对单方案进行费用效果评价的时候，R_{BC} 和 $ENPV$ 或 $ENAV$ 的评价结论是一致的。

在计算 R_{BC} 的时候，也可以用效益的年值总和与费用的年值总和作比较，其计算的结果是相同的。

【例 8-1】 新建设一条公路的方案，该方案能够使得车速提高到 50 千米/小时，日平均流量为 4000 辆，寿命为 30 年。社会折现率 $i_s=8\%$，其他数据如表 8-1 所示，试用费用效益分析法判断该项目实施的可行性。

某公路方案的效益与费用　　　　　　　　　　　　表 8-1

方案	全长（千米）	初期投资（万元）	年维护及运营费用（万元/千米）	大修费每10年一次（万元）	运输费用节约（元/千米·辆）	时间费用节约（元/小时·辆）
公路方案	50	3470	0.5	200	0.09	2.5

解 从公路建设的目的来看，方案的净效益表现为运输费用的节约和公众节约时间的效益；方案的净费用包括初期投资费用，大修费用以及维护运行费用。因此用年值表示方案的净效益与净费用。

时间费用节约 $B_1=4000 \times (50 \div 50) \times 2.5 \times 365 \div 10000 = 365$（万元/年）

运输费用节约 $B_2=4000 \times 50 \times 0.09 \times 365 \div 10000 = 657$（万元/年）

方案的净效益年值 $B=B_1+B_2=365+657=1022$（万元/年）

初期投资费用年值 $I=3470 \times (A/P, 8\%, 30)=308.24$（万元/年）

年维护及运营费用 $M_1=0.5 \times 50=25$（万元/年）

大修费年值 $M_2=200 \times [(P/F, 8\%, 10)+(P/F, 8\%, 20)] \times (A/P, 8\%, 30)$
$\qquad =200 \times [0.4632+0.2145] \times 0.08883$
$\qquad =12.04$（万元/年）

年维护费用、运营费用和大修费年值 $M=M_1+M_2=25+12.04=37.04$（万元/年）

总的费用年值为 $C=I+M=308.24+37.04=345.28$（万元/年）

因此,计算该方案的效益费用比:
$$R_{BC}=\frac{B\times(P/A,8\%,30)}{C\times(P/A,8\%,30)}=\frac{B}{I+M}=\frac{1022}{308.24+37.04}=2.96>1$$

也就是说,该方案的社会所得效益大于该项目支出的费用,项目是可以接受的。

8.2.2 互斥方案的费用效益评价

互斥型公益项目方案的比较可采用 $ENPV(ENAV)$ 或 R_{BC} 指标进行评价分析。用经济净现值 $ENPV$ 比选互斥方案的判别准则是:若 $ENPV\geqslant0$ 且 $ENPV$ 最大的方案为最优可行方案;用经济净年值 $ENAV$ 比选互斥方案的判别准则类似:若 $ENAV\geqslant0$ 且 $ENAV$ 最大的方案为最优可行方案;用 R_{BC} 评价互斥方案时,R_{BC} 最大准则不能保证比选结论的正确性,必须同时比较 R_{BC} 和增量 ΔR_{BC} 才能得到正确的结论。应用增量效益费用比 ΔR_{BC} 指标评价互斥方案的步骤如下。

(1) 计算每个方案的 R_{BC},若方案 $R_{BC}<1$,则淘汰。

(2) 按照费用从小到大的顺序排列留下来的方案,首先计算头两个方案的增量 ΔR_{BC},即

$$\Delta R_{BC}=\frac{\sum\limits_{t=1}^{n}\Delta B_t(1+i_s)^{-t}}{\sum\limits_{t=1}^{n}\Delta C_t(1+i_s)^{-t}}=\frac{\sum\limits_{t=1}^{n}(B_2-B_1)(1+i_s)^{-t}}{\sum\limits_{t=1}^{n}(C_2-C_1)(1+i_s)^{-t}}$$

若 $\Delta R_{BC}>1$,则保留费用大的方案;若 $\Delta R_{BC}<1$,则保留费用小的方案。

(3) 将保留下来的方案和下一个方案进行比较,重复步骤(2),以此类推,直至检验过所有的可行方案,找出最优方案。

【例 8-2】 政府拟建造大桥,有三个方案可供选择,如表 8-2 所示,若社会折现率为 10%,项目寿命按 50 年考虑,试选择方案。

某桥梁方案的效益费用(单位:万元)　　　　表 8-2

方　案	a	b	c
初始投资 I	5000	7000	8000
年度维护费用 M_1	6	8	10
每 10 年一次大修费 M_2	40	42	45
社会所增加的年效益 B	560	750	860

解 (1) 用经济净年值 $ENAV$ 指标比选方案

计算各个方案 $ENAV$:

$ENAV_a=B_a-(I_a+M_a)$

$\qquad=560-[5000(A/P,10\%,50)+6+40(A/P,10\%,10)-40(A/P,10\%,50)]$

$\qquad=560-517.93$

$\qquad=42.07(万元)$

$$ENAV_b = B_b - (I_b + M_b)$$
$$= 750 - [7000(A/P, 10\%, 50) + 8 + 42(A/P, 10\%, 10) - 42(A/P, 10\%, 50)]$$
$$= 750 - 723.85$$
$$= 26.15(万元)$$

$$ENAV_c = B_c - (I_c + M_c)$$
$$= 860 - [8000(A/P, 10\%, 50) + 10 + 45(A/P, 10\%, 10) - 45(A/P, 10\%, 50)]$$
$$= 860 - 827.94$$
$$= 32.06(万元)$$

由此可以看出，$ENAV_a > ENAV_c > ENAV_b > 0$，a 方案为最优可行方案。

(2) 用增量效益费用比 ΔR_{BC} 指标比选方案

按照费用大小排序，分别计算各个方案的增量效益费用比 ΔR_{BC}。设 0 方案为初始方案（即不选择），a 方案在 0 方案上的增量 ΔR_{BC} 为：

$$\Delta R_{BC} = \frac{B_a}{I_a + M_a} = \frac{560}{509.5 + 8.43} = \frac{560}{517.93} = 1.081 > 1$$

可知 a 方案优于 0 方案，计算 b 方案在 a 方案上的增量 ΔR_{BC} 为：

$$\Delta R_{BC} = \frac{B_b - B_a}{(I_b - I_a) + (M_b - M_a)} = \frac{750 - 560}{723.85 - 517.93} = 0.923 < 1$$

可知 a 方案优于 b 方案，计算 c 方案在 a 方案上的增量 ΔR_{BC} 为：

$$\Delta R_{BC} = \frac{B_c - B_a}{(I_c - I_a) + (M_c - M_a)} = \frac{860 - 560}{827.94 - 517.93} = 0.968 < 1$$

可知 a 方案也优于 c 方案，a 方案即为最终选定的最优方案。此结果与用经济净年值 ENAV 指标比选方案得出的结果是一致的。

8.2.3 独立方案的费用效益评价

对独立方案进行费用效益分析，如果没有资金等资源限制条件，则只要项目的 $ENPV \geq 0$（即 $ENAV \geq 0$）或 $R_{BC} \geq 1$，则可以认为项目是可以接受的。如果有资金的限制，应该先将独立方案互斥化，再用互斥方案的费用效益比选方法，选择最优方案组合。

【例 8-3】 某市拟在市区内多个地点建设大众健身体育设施，这些项目之间是相互独立的。设社会折现率为 8%，设施的寿命为 10 年，政府的资金预算总额为 80 万元，各方案的费用和产生的效益见表 8-3，试选择最佳的方案组合。

独立方案的效益与费用（单位：万元） 表 8-3

方案	U	V	W	X	Y
初始投资 I	25	30	40	10	20
年维护费用 M	0.2	0.3	0.6	0.1	0.2
年增加效益 B	4.0	4.8	6.6	1.5	3.5

解 将各方案初始投资额表示为年值：

$I_U = 25(A/P, 8\%, 10) = 25 \times 0.1490 = 3.725(万元)$

$I_V = 30(A/P, 8\%, 10) = 30 \times 0.1490 = 4.47(万元)$

$I_W = 40(A/P, 8\%, 10) = 40 \times 0.1490 = 5.96(万元)$

$I_X = 10(A/P, 8\%, 10) = 10 \times 0.1490 = 1.49(万元)$

$I_Y = 20(A/P, 8\%, 10) = 20 \times 0.1490 = 2.98(万元)$

计算各方案的经济净年值 $ENAV$：

$ENAV_U = B_U - I_U - M_U = 4.0 - 3.725 - 0.2 = 0.075(万元) > 0$

$ENAV_V = B_V - I_V - M_V = 4.8 - 4.47 - 0.3 = 0.03(万元) > 0$

$ENAV_W = B_W - I_W - M_W = 6.6 - 5.96 - 0.6 = 0.04(万元) > 0$

$ENAV_X = B_X - I_X - M_X = 1.5 - 1.49 - 0.1 = -0.09(万元) < 0$

$ENAV_Y = B_Y - I_Y - M_Y = 3.5 - 2.98 - 0.2 = 0.32(万元) > 0$

由于 X 方案 $ENAV_X < 0$，因此 X 方案被淘汰，不参与方案组合。将各种可能的方案组合列出来，再比较其经济净年值 $ENAV$，各方案组合的净效益见表 8-4。

各方案组合的净效益（单位：万元） 表 8-4

方案组合	投资额	效益年值 B	投资额年值 I	维护费用年值 M	经济净年值 $ENAV=B-I-M$
U	25	4.0	3.725	0.2	0.075
V	30	4.8	4.47	0.3	0.03
W	40	6.6	5.96	0.6	0.04
Y	20	3.5	2.98	0.2	0.32
U+V	55	8.8	8.195	0.5	0.105
U+W	65	10.6	9.685	0.8	0.115
U+Y	45	7.5	6.705	0.4	0.395
V+W	70	11.4	10.43	0.9	0.07
V+Y	50	8.3	7.45	0.5	0.35
W+Y	60	10.1	8.94	0.8	0.36
U+V+Y	75	12.3	11.175	0.7	0.425

从上述结果可以看出来，U+V+Y 的组合能够产生最大的净效益，且投资额也没有超限，所以最终选择投资的方案就是 U、V、Y 方案。

8.2.4 相关方案的费用效益评价

公益性项目相关方案有多种情形，比如从属相关型方案、互补型方案、条件型方案、现金流量相关型方案等，其基本的思路都是将这些多方案转化为多个互斥的方案组合，用评价互斥方案的方法进行选优。下面介绍一下在资金有限条件下从属相关型方案的比选。

【例 8-4】 政府拟投资建设两个独立的文化设施项目。该项目还有两个独立的附属方案可投资,效益费用见表 8-5。目前政府只有 1500 万元专项资金,若社会折现率为 8%,基本项目和附属项目的寿命都为 20 年。试选择最优项目组合。

某项目效益与费用(单位:万元)　　　　　表 8-5

基本项目方案				附属项目方案			
项目	初始投资	年运营成本	年效益	项目	初始投资	年运营成本	年效益
A_1	800	40	150	X_1	200	5	40
A_2	1000	60	200	X_2	500	10	80

解 列出可能的方案组合,计算其经济净年值 ENAV,结果见表 8-6。

各方案组合的净效益(单位:万元)　　　　　表 8-6

组合方案	初始投资	年效益 B	初始投资年值 I	年运营成本 M	经济净年值 $ENAV=B-I-M$
A_1	800	150	81.52	40	28.48
A_2	1000	200	101.9	60	38.1
X_1	200	40	20.38	5	14.62
X_2	500	80	50.59	10	19.05
A_1+X_1	1000	190	101.9	45	43.1
A_1+X_2	1300	230	132.47	50	47.53
$A_1+X_1+X_2$	1500	270	152.85	55	62.15
A_2+X_1	1200	240	122.28	65	52.72
A_2+X_2	1500	280	152.85	70	57.15

从上述结果可以看出来,$A_1+X_1+X_2$ 的组合能够产生最大的净效益,且投资额也没有超限,所以最终选择投资的方案就是 A_1、X_1、X_2 方案。

8.3 费用效果评价

对于有些公益性项目,其产生的效益不易用货币表示,比如文化、教育、卫生、国防、环保、就业、扶贫、治安等,这时用费用效益分析法难以达到正确评价项目的目的。而费用效果分析法回避了效果定价的难题,直接用非货币化的效果指标与费用进行比较,最适用于效果难于货币化的领域。

8.3.1 基本概念与应用范围

广义的费用效果分析指通过比较所达到的效果与所付出的耗费,用以分析判断所付出的代价是否值得。它是项目经济评价的基本原理。广义费用效果分析并不刻意强调采用何种计量方式。狭义的费用效果分析专指耗费采用货币计量,效果采用非货币计量的分析方法。而效果和耗费均用货币计量的称为费用效益分析。项目评价中一般采用狭义的概念。

费用效果分析回避了效果定价的难题,直接用非货币化的效果指标与费用比较,简便易行,特别适合于效果难以货币化的领域的项目经济评价。

在项目经济费用效益分析中,当涉及代内公平(发达程度不同的地区、不同收入阶层等)和代际公平(当代人福利和后代人福利)等问题时,对效益的价值判断将变得十分复杂和困难。例如项目评价中生命的价值、环境的价值、教育的价值、治安的价值、社会稳定的价值、生态和环境保护价值以及人类自然和文化遗产的保护价值等都很难定价,而不同的测算方法可能有较大的差异,牵强定价,往往引起争议,评价结果缺少可行性和可信度。此外,在项目可行性研究的不同技术经济环节,如工艺比较、安全生产、环保措施、人才培训等,都很难直接用货币衡量,这些情况下,都适宜采用费用效果分析。

进行费用效果分析的项目,按照社会进步和经济发展的客观需要建设的,在一般情况下,其项目必要性已经做了充分论证,此处评价主要是经济合理性分析。同时,可以通过方案的比选,提供优先选定方案或进行方案优先排序,以供决策。

8.3.2 评价的基本程序与方法

公益性项目的费用效果分析,方案的比较方法常采用最小费用法和最大效果法,即在项目有明确数量要求,例如要求就业率时,采用达到相同目标所需费用最低的方案。当对费用,例如教育款项的投入额度有明确的规定时,采用相同费用条件下效果最大的方案。

公益性项目的费用效果可用单一指标来衡量,该指标为费用效果值$[E/C]$,其计算公式如下:

$$[E/C] = 效果/费用 \tag{8-4}$$

式中:费用——采用寿命周期成本,包括投资、经营成本、残值的回收、恢复环境的处置费用等,寿命周期费用一般按现值计算或按年值计算;

效果——采用有助于说明项目收效的任何量纲,计量单位的选择,既要能够切实度量项目目标的实现程度,又要便于计算,效果用非货币指标计算,应选择能真实反映项目目标实现程度的指标,效果指标有时可能是多个,需要采用加权平均方法处理为一个统一的量纲。

费用效果值的判定准则为:投入费用相等、效果最大方案,或者效果确定、费用最小方案最佳。

费用效果值$[E/C]$的评价方法特别适合项目无形效果的评价。

费用效果分析一般应包括以下几个步骤。

(1)确定项目目标。项目目标既可能是单一的,也可能是多目标的。多目标要分清目标的主次,选择必备目标作为考核内容,将其他次要目标仅作为项目附带效果进行适当分析。

(2)制定可行方案。根据项目目标探索不同的实现途径,构想和建立比较方案。

(3)对各个方案的效果和费用进行识别和测算。

(4) 根据费用效果分析计算方法,综合比较、分析各个方案优缺点,推荐最佳方案或提出优先采用的次序。采用的方法可用固定效果法、固定费用法或效果费用比较法选择最优方案。

(5) 对评价的可靠性进行审查,分析各方面情况,最后做出决策。

【例 8-5】 某新型机械设备有 4 种型号,其可靠性和费用如表 8-7 所示,以可靠性作为评价效果的主要指标,资金限制为 35 万元,应选哪个方案?

新型机械设备可靠性和费用　　　　　　　　　　　　　　　　表 8-7

方　　案	费用(万元)	可靠性(1-事故概率)
A	35	0.99
B	35	0.98
C	33	0.98
D	33	0.97

解 采用固定费用法,A、B 的费用均是 35 万元,A 的可靠性高于 B,故淘汰 B 方案;C、D 的费用均为 33 万元,C 的可靠性高于 D,故淘汰 D 方案。也可以用固定效果法淘汰 B 方案。剩下 A、C 方案,计算其 $[E/C]$ 选择最优方案。

$[E/C]_A = 0.99/35 = 0.0283$

$[E/C]_C = 0.98/33 = 0.0297$

根据计算结果可以看出,单位投资 C 方案的效果高于 A 方案,故选择 C 方案。

本章小结

公益性项目主要指交通、水利、扶贫开发、防灾减灾、国家安全、教育、文化、卫生、体育、环保等由各级政府及非政府组织承建的项目。公益性项目具有以下特点:①谋求社会效益;②项目效果多元化;③项目业主与投资者和受益者分离;④项目的外部性;⑤项目具有规模大、投资多、受益面广、服务年限长、影响深远等特点。

费用效益分析是对公益性项目进行项目国民经济评价和社会评价的方法之一,费用效益分析从资源合理配置的角度,分析项目投资的经济效率和对社会福利所做出的贡献,评价项目的经济合理性。

公益性项目评价按照项目方案效益是否可以用货币计量,可以采用费用效益分析法和费用效果分析法两种。方案收益可用货币计量时,用费用效益分析法;反之,用费用效果分析法。无论是哪种情况,都必须对方案的效益(效果)和费用进行识别,正确区分和度量项目方案的效益(效果)和费用,这是对公益性项目做出正确评价的前提。

费用效益分析的主要指标是经济净现值($ENPV$),经济净现值是项目按照社会折现率将计算期内各年的经济净效益折现到建设期初的现值之和。在费用效益分析中,如果 $ENPV \geqslant 0$,说明项目可以达到社会折现率要求的效率水平,认为该项目从资源配置的角度可以被接受;反之,则不被接受。应当指出,在做费用效益分析的时候,也可以通过计算经济净年值($ENAV$)来对方案做出评价,$ENAV$ 和 $ENPV$ 的评价准则是一致的。

经济内部收益率($EIRR$)是项目在计算期内经济净效益流量的现值累计等于 0 时的折现率,是费用效益分析的辅助评价指标。若经济内部收益率大于或等于社会折现率,表明项目资源配置的经济效率达到了可以被接受的水平;反之,则不被接受。

效益费用比(R_{BC})是项目在计算期内效益流量的现值与费用流量的现值的比率,是费用效益分析的辅助评价指标。如果 $R_{BC} \geqslant 1$,表明项目资源配置的经济效率达到了可以被接受的水平;反之,则不被接受。

对单方案进行费用效果评价的时候,R_{BC} 和 ENPV 或 ENAV 的评价结论是一致的。

互斥型公益项目方案可采用 ENPV(ENAV)或 R_{BC} 指标进行比较分析。用经济净现值 ENPV 比选互斥方案的判别准则是:若 $ENPV \geqslant 0$ 且 ENPV 最大的方案为最优可行方案;用经济净年值 ENAV 比选互斥方案的判别准则类似:若 $ENAV \geqslant 0$ 且 ENAV 最大的方案为最优可行方案;用 R_{BC} 评价互斥方案时,R_{BC} 最大准则不能保证比选结论的正确性,必须同时比较 R_{BC} 和增量 ΔR_{BC} 才能得到正确的结论。

对于独立型方案和相关型方案,均可化为互斥方案组合后再比选方案。

公益性项目的费用效果分析,方案的比较方法常采用最小费用法和最大效果法,即在项目有明确数量要求时,选用达到相同目标所需费用最低的方案。当对费用有明确的规定时,选用相同费用条件下效果最大的方案。公益性项目的无形效果若用单一指标来衡量,其计算指标一般可用[E/C]表示,其判定准则为:投入费用一定效果最大,或者效果一定费用最小方案最佳。

复习思考题

1. 什么是公益性项目?公益性项目主要包括哪些内容?
2. 公益性项目有哪些基本特点?
3. 公益性项目评价和一般营利性项目评价有无区别?若有,体现在哪些方面?
4. 公益性项目评价的目标与一般私人项目有何不同?试举例说明。
5. 什么是公益性项目产出的公共品性和外部性?请举例说明。
6. 某项目有 A、B、C 三个互斥方案,各年净收入相同,其费用现金流量如表 8-8 所示。设基准折现率为 15%,试用费用现值和费用年值法确定最优方案。

互斥方案 A、B、C 的费用现金流量(单位:万元)　　表 8-8

方　案	总投资(0年)	年费用(1~10年)
A	400	50
B	450	40
C	500	30

7. 一项娱乐设施对 12000 人产生 4 元的人均效益,对其他 8000 人产生 7 元的人均效益。该娱乐设施的年成本费用为 120000 元。有人提出应收取每人 5 元的门票以使该设施收支平衡。他们认为 5 元是低于人均效益的,但因此造成的 12000 人人均 1 元的损失必须包含在内进行计算。则效益与费用的比率为:

效益/费用 = $(7 \times 8000 + 4 \times 12000 - 1 \times 12000) \div (120000 - 5 \times 20000) = 4.6$

每位 5 元的门票应立即开始收取。指出以上分析的错误之处。再运用效益与费用的比率价值标准进行出正确的分析。

8. 某市内有 A、B 两条公路在某处交叉,十字路口设有红绿信号灯控制系统,指挥车辆通行,此信号系统年运行成本为 1000 元;此外,还有负责指挥的交通民警 1 人,每日执勤 2 小时,每小时工资为 3 元。据统计,公路 A 日平均车辆通行数为 5000 辆,公路 B 为 4000 辆,其中 20% 为商业性货车，80% 为普通客车。由于车辆通行量大，约有 50% 的车辆在十字路口要停车等候，每次停车在公路 A 处要等候 1 分钟，在公路 B 处等候 1.2 分钟。如果将停车时间折算成金额，则货车停车每小时损失 5 元，客车停车每小时损失 2 元；车辆每起动一次的费用，货车为 0.06 元，客车为 0.04 元。另据前 4 年的统计资料，因车辆违反信号控制，发生死亡事故两件，每件付赔偿费用 50000 元；伤残事故 40 件，每件付赔偿费用 1500 元。现设想建设立交公路桥。项目需投资 750000 元，使用寿命为 25 年，年维修费为 2500 元，残值为零。预计立交桥投入使用后，停车现象与交通事故可基本消除，但通行车辆的 15% 需要增加行使路程 0.25 公里，货车与客车每公里行使成本分别为 0.25 元和 0.06 元。设投资的最低期望收益率 $i=10\%$，试用费用效益分析法评价立交桥工程项目的经济效益。

9. 某公共设施有三个独立方案，初始投资及各年净现金流量见表 8-9。投资限额为 1000 万元，基准折现率为 10%，各方案经济净现值的计算结果也列入表 8-9 中，试通过分析进行方案选择。

A、B、C 方案净现金流量与经济指标 表 8-9

方　案	第 0 年投资(万元)	1~10 年净收入(万元)	ENPV
A	−300	60	68.7
B	−350	70	80.1
C	−500	100	114.5

10. 某政府计划扩建市立图书馆以使其拥有会议室、更多的电子图书、计算机设施以及电子门等。扩建成本为 80 万元，新增设备成本为 20 万元。新期刊和设施的维护费用每年约为 10 万元。该图书馆预计能再使用 20 年，届时残值为初始硬件设施成本的 35%。设备无残值，年利率为 12%。预计每年有 16 万人使用图书馆资源，新设施等会使人均收益增加 1.48 元。运用增量效益费用法说明是否应进行改建。

11. 建设公路有两个方案，其投资、各项费用及年收益如表 8-10 所示，服务年限为 25 年，设社会折现率为 12%，试选择最优方案。

某公路方案(单位：万元) 表 8-10

方　案	A	B
投资	4200	2800
年效益	610	420
年维护费用	60	50

12. 某市政府计划扩建动物园，增添硬件设施的成本为 200 万元，增加新动物又将花费 72 万元，维修、动物看护及食物每年将花费 32 万元。动物园的使用年限为 25 年，届时残值为硬件设施成本的 40%。假设利率为 15%，预计每年有 50 万人参观该动物园。采用增量效益费用法，问：(1)新增的设施及动物应使游客的人均收益增加多少，扩建方案才合理？(2)假设市政府决定对动物园门票提价，提价恰好为(1)中确定的人均收益的增加值，以支付该动物园的扩建费用。具体分析这种逻辑是否合理。

13. 某地区是一个洪水多发地,每年都有水灾发生,并且隔上几年,就有一场大水灾。因此,决定修建一座或几座水坝,以减轻水灾的威胁。要是在所有的支流上都筑上水坝,则可能大大消除主要的水灾。相应地提出了下面的效益和费用估算(表8-11)。

各方案效益和费用估算(单位:万元)　　　　表8-11

方案	水坝地点	建筑成本	年维修及运营费用	年防洪效益	年防火效益	年游乐效益
1	1	130	3	24	3	4
2	1和2	180	4	26	4	5
3	1,2和3	280	5	29	6	6
4	1,2,3和4	360	6	31	7	8

假设水坝的寿命为35年,其残值为0,利率为5%,依据效益和费用的比率,将选择上述四个方案中的哪一个呢?

14. 某公众游乐场有三种开发方案,各自的预计年收益、损失、成本和节约额如表8-12所示。

各方案效益与费用(单位:万元)　　　　表8-12

项目 \ 方案	方案一	方案二	方案三
预计年收益	32	44	62
预计年损失	6.5	12.3	18.6
预计年运行成本	24.5	38.2	48.4
预计年旅费节约额	3	7	8

(1)计算每种不同方案的费用效益比率;(2)计算每种方案的效益与费用之差;(3)运用增量费用效益法进行方案选择。

15. 有三个体育场方案建设在不同地点,其互为独立关系,如表8-13所示,若社会折现率为7%,项目寿命按40年考虑,若资金限制为5300万元,试选择方案。

体育场三方案的效益与费用(单位:万元)　　　　表8-13

方案	X	Y	Z
初始投资	2550	2600	2700
年度运营及维护费用	46	48	65
每10年一次大修费	10	12	15
社会所增加的年效益	320	350	360

16. 一个水坝及水库用于防洪和发电,其费用和效益情况如表8-14所示。假设规划为40年,社会折现率为7%,求效益费用比。

水坝及水库的效益与费用　　　　　　　　　　　　　　　　表 8-14

名　称	项　　目	金额（万元）
投资	水坝（包括配套的道路、清障和基础设施）	40000
	发电及传输设施	20000
	土地	3000
	高速公路迁置费	3500
	居民住宅迁置费	2000
	其他费用	300
运行维护费用	第一年为总投资的 2%，以后逐年增长 5%	
每年收益	洪涝损失的减少值	13000
	不动产的增加值	2000
	电能使用权的增值	4000

17. 某地区因洪水灾害平均每年损失 2000 万元，为防治洪水泛滥，当地政府提出三个防洪工程方案，这些方案实施后可以不同程度地减少受灾面积和洪水造成的损失。为计算方便，现给出各方案投资及运行成本的年值，有关数据如表 8-15 所示。试从方案总成本与追加成本两个方面进行效益费用分析。

各方案投资及运行成本年值（单位：万元）　　　　　　　　表 8-15

方　案	投资与运行成本年值	水灾损失年值	方案收入年值
1. 维持现状	0	2000	0
2. 筑堤	410	1400	680
3. 建小水库	1260	500	1780
4. 建大水库	1620	200	2000

18. 拟建一条高速公路以连接两个城市。新路线 X 沿着原有的公路，初始成本为 120000 万元，以后的年成本为 5500 万元。新路线 Y 初始成本为 200000 万元，以后的年成本 4800 万元。新路线 Z 则是在路线 Y 的基础上作了进一步的规划，初始成本为 250000 万元，以后的年成本为 6500 万元。使用者每年的成本（考虑时间、运营和安全在内）对应三条路线分别为 26000 万元，18000 万元，13000 万元。设社会折现率为 7%，规划期为 25 年，运用增量费用效益法分析应选哪条路线？若利率为 0 又该选哪条？

19. 评价某文化推广活动，效果指标为当地群众的满意度，A、B、C、D 四个推广方案的满意度如表 8-16 所示，资金限制为 1.2 万元，哪个方案最优？

新型机械设备可靠性和费用　　　　　　　　　　　　　　表 8-16

方　案	费用（万元）	满意度
A	1.2	0.85
B	1.2	0.83
C	1.0	0.83
D	1.0	0.82

20 某地区开展城镇化建设,在农村地区新建了一座小城镇。为了解决当地儿童上学问题,城镇建设指挥部提出了两个建设方案:方案 A 是在城镇中心建设一座中心小学;方案 B 则是在城镇东西两头各建设一座小学。如果两个方案在接纳学生和教育水准等方面没有多少差异,但在投资、学校教学运作费等方面存在差异(表 8-17),应如何做出选择?(假设社会基准折现率为 8%)

方案运作费差异(单位:万元) 表 8-17

方案 \ 年数	0	1~20
方案 A	1600	300
方案 B	2800	180

第 9 章 设备更新经济分析

本章概要

设备更新的经济分析是为了确定一套正在使用的设备应何时和应怎样用更经济的设备来替代。本章从设备磨损和补偿入手,研究各种更新方案的合理性;从经济角度分析设备的更新时机,计算设备经济寿命,分析设备最合理的使用期限;设备更新的经济分析有新旧设备更新比较分析和不同方案之间的比较分析,不同方案的比较分析方法有原型设备更新分析和新型设备更新分析。本章还介绍了设备购置与设备租赁的比较分析方法。

通过本章的学习,要求读者掌握设备经济寿命计算方法、设备更新的分析方法和设备更新的多方案比较方法。

9.1 设备更新概述

设备在使用或闲置过程中,由于物理作用(如摩擦、冲击、振动、扭转等)、化学作用(如腐蚀、氧化、电解等),会导致设备无法维持良好的技术性能甚至报废;由于技术进步的影响,使设备继续使用的成本太高、效率太低而被迫其淘汰。这些现象都称为设备的磨损。设备究竟面临哪些磨损,对各种磨损相应的补偿方式是设备更新经济分析的基础。

9.1.1 设备的磨损

设备是企业固定资产的主要组成部分,是企业生产和扩大再生产的主要手段。设备磨损可分为有形磨损和无形磨损两类。

1. 设备的有形磨损

机器设备在使用(或闲置)过程中所发生的实体的磨损称为有形磨损。有形磨损也可分为两种。

(1)第Ⅰ种有形磨损

运转中的机器设备,在外力的作用下,其零部件发生摩擦、振动和疲劳等现象致使机器设备的实体发生磨损、变形(不可恢复性)和损坏,这种磨损称为第Ⅰ种有形磨损。它与设备的使用时间和使用强度有关。

第Ⅰ种有形磨损可使设备精度降低,劳动生产率下降,使用费用增加。当这种有形磨损达到较严重程度时,机器设备就不能继续正常工作,甚至会发生故障,提前失去工作能力、丧失使用价值或者需要支付很大的修理费用进行维修,造成经济上的损失。

(2)第Ⅱ种有形磨损

设备在闲置过程中,由于自然力的作用使金属件生锈、腐蚀,橡胶件老化等,加上管理不善和缺乏必要的维护也会造成设备的实体发生磨损,这种有形磨损称为第Ⅱ种有形磨损。它与设备的闲置时间和闲置期间的维护水平有关。

第Ⅱ种有形磨损同样可使设备精度降低,劳动生产率下降。当这种有形磨损达到一定程度时,若进行维修,需要支付很高的修理费用;若这种有形磨损达到严重程度时,维修也无济于事,会使设备失去精度和工作能力,丧失使用价值。

从上可以看出,有形磨损的技术后果是设备使用价值的降低甚至完全丧失,经济后果是设备原始价值的部分降低甚至完全贬值。

2. 设备的无形磨损

机器设备除遭受有形磨损之外,还遭受无形磨损(亦称经济磨损、精神磨损)。所谓无形磨损指由于科学技术进步,不断出现性能完善、生产效率更高的设备而使原有设备的价值降低,或者生产同样结构设备的价值不断降低而使原有设备的价值降低。无形磨损不是由于生产过程中的使用或自然力的作用造成的,所以不表现为设备实体的变化,而表现为设备原始价值的贬值。无形磨损亦可分为两种。

(1)第Ⅰ种无形磨损

第Ⅰ种无形磨损指由于技术进步的影响,再生产这种设备的过程中,生产工艺不断改进,劳动生产率不断提高,成本不断降低,生产同种(原型)设备的社会必要劳动时间减少,因而设备的市场价格下降,从而使原有设备价值发生贬损。第Ⅰ种无形磨损没有造成设备使用价值的变化,故不影响设备的使用。

第Ⅰ种无形磨损虽然使生产领域中的现有设备部分贬值,但是设备本身的技术特性和功能不受影响,设备的使用价值并未降低,因此不会直接产生提前更换现有设备的问题。

(2)第Ⅱ种无形磨损

第Ⅱ种无形磨损指由于技术进步,社会上出现了结构更合理、技术更先进、性能更完善、效率更高和经济效果更好的新型设备,从而使现有设备显得陈旧和落后,因而产生价值贬损。第Ⅱ种无形磨损直接与技术创新有关,这种技术创新表现在新型设备功能与效率提高方面,有时也表现在使用新型设备的生产成本降低方面。

第Ⅱ种无形磨损不仅使原有设备的价值相对贬损,而且如果继续使用旧设备还会降低生产的经济效果。这种经济效果的降低,实际上反映了原设备使用价值的局部或全部丧失,这就有可能产生新设备代替现有旧设备的必要性。是否立即代替取决于现有设备的贬值程度和在生产中继续使用旧设备的经济效果下降的程度。

3. 综合磨损

一般情况下,设备在使用过程中发生的磨损实际上是由有形磨损和无形磨损同时作用而产生的,这称为综合磨损。两类磨损都会引起设备原始价值的贬值,这一点两者是相同的。不同的是,遭受有形磨损的设备,特别是有形磨损严重的设备,在修复补偿之前,往往不能正常运转,大大降低了设备的工作性能;而遭受无形磨损的设备,如果其有形磨损程度比较小,则无论其无形磨损的程度如何,均不会影响正常使用,只是其经济合理性发生变化,需要经过经济分析以决定是否继续使用下去。

9.1.2 设备磨损的补偿

设备有形和无形磨损对设备的使用价值产生不同程度的影响,为维持设备正常工作所需要的功能和继续使用的经济合理性,必须对设备的磨损进行及时、适当的补偿,以恢复设备的生产能力和保持其原有的经济价值。设备磨损的补偿包括技术补偿和经济补偿两个方面。

1. 设备磨损的技术补偿

(1)设备修理

修理通常分为小修、中修和大修三种。

(2) 现代化改装

利用现代的科技成果和先进经验，适应生产的具体需要，改进现有设备的局部结构（更换部件、添新装置、添新部件等），改善现有设备的技术性能，使之全部达到或局部达到新设备的技术水平和生产效率。

(3) 设备更新

设备更新是对旧设备的整体更换，也就是用原型新设备或结构上更加合理、技术上更加完善、性能和生产效率更高、比较经济的新设备，更换已经陈旧了的、在技术上不能继续使用，或在经济上不宜继续使用的旧设备。

(4) 技术补偿方式

若设备的磨损主要是有形磨损所致，则应视有形磨损情况而决定补偿方式。有形磨损程度较轻，可通过修理进行补偿；有形磨损较重，可以修复但修复费用较高，则应对修理或更新两种方式进行经济比较，以确定恰当的补偿方式；有形磨损很严重，以至于无法修复，或虽修复，但其精度已无法保证，则应该以更新作为补偿手段。

若设备的磨损主要是由第Ⅱ种无形磨损所致，则应采用现代化改装或更新的补偿方式；若设备的磨损仅是由第Ⅰ种无形磨损所致，则不必进行补偿，可以继续使用。设备磨损形式与其补偿方式的相互关系如图 9-1 所示。

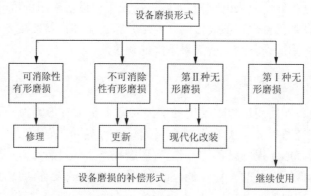

图 9-1 设备磨损形式与其补偿方式的相互关系

2. 设备磨损的经济补偿

设备磨损的经济补偿一般要从原有设备的折旧基金中支出相应的补偿费用，以抵偿相应贬值的部分。设备的折旧是伴随设备损耗发生的价值转移。设备投入使用后，其实物形态逐渐磨损，对应的价值逐步转移到产品中，构成产品的成本，待产品销售后再将这部分价值收回。对设备提取的折旧主要用于设备的更新。

9.1.3 设备更新决策

1. 设备更新决策概念

设备更新包括原形设备更新和新型设备更新。原形设备更新又称更换，即用同型号的新设备代替磨损严重不能继续使用的旧设备;新型设备更新指以结构更先进,功能更完善,性能更可靠,生产效率更高,产品质量更好,产品成本更低的新设备代替已磨损不能继续使用或虽可继续使用,但在经济上继续使用已不合理的旧设备。

决策是从思维到做出决定的过程。设备更新决策是指设备在使用过程中,人们对是否继续使用或更新设备进行思维判断和做出决定的过程。

设备更新决策要回答几个基本问题:是否需要更新?何时更新?怎样更新?

对任何企业来说,设备更新决策决不能轻率从事。设备投资还没有完全回收以前就更新一定带来不利的财务影响;新型设备上市以后还继续使用生产效率低、能源与原材料消耗大、生产安全性差、环保性差的旧设备,使企业生产经营落后于行业的平均水平,就会面临被淘汰的危险,这是大多数企业不愿意接受的状况。

所以,对使用中的现有设备是否更新,何时更新,选用何种设备更新,需要进行仔细的分析与判断,这就是设备更新决策。换句话说,设备更新决策就是以工程经济分析为基础的更新方案的比选问题。

2. 设备更新决策的基本原则

设备的更新应该遵循如下的基本原则。

(1)陈旧落后的设备,即消耗高、性能差、安全性差、环境保护不达标的设备应当限期淘汰,尽快用先进设备取代。

(2)如果设备采用修理后,技术上能够满足要求、经济上比较合理,那就不要急于更新,可以修中有改。

(3)通过改进工艺装备,能用经济实效的方法满足生产要求,就不需更新设备;

(4)只需要对个别关键部件或单台设备进行技术改造的,就不用考虑更新整机或整条生产线。

3. 设备更新决策中的考虑因素

设备更新决策中进行方案比较时,通常考虑以下几个因素。

(1)假定设备产生的收益相同,因而在进行方案的比较时只对其费用进行比较。

(2)由于不同设备更新方案的使用寿命常常不同,通常都采用年度费用进行比较。

(3)设备更新决策时不考虑沉没成本。对拟更新设备的价值按它目前的实际价值计算,而不考虑其账面价值是多少(账面价值并不一定等于当前市场价值)。因为沉没成本是已经发生的成本,属不可恢复的费用,与更新决策无关,不会影响方案的选择。

$$沉没成本=旧设备账面价值-旧设备当前市场价值$$

$$或沉没成本=(旧设备原值-历年折旧值)-旧设备当前市场价值$$

(4)在确定最佳更新时机时,应首先计算比较现有设备的剩余经济寿命和新设备的经济寿命,然后利用逐年滚动计算方法进行比较。

(5)设备更新决策的中心内容是确定设备的经济寿命。

(6)设备更新问题的要点是站在咨询者的立场上,而不是站在旧资产所有者的立场上考虑问题。咨询者若要保留旧资产,先要付出旧资产当前市场价值的现金,才能取得使用权。

9.2 设备经济寿命

9.2.1 设备寿命形态

设备的寿命指设备从投入使用开始,经受了各种磨损,直到设备在技术上不能使用或经济上不宜使用为止的时间。由于研究视角不同,设备寿命可以分为有以下几种形式。

1. 设备物理寿命

设备物理寿命亦称自然寿命或实际寿命,指设备从全新状态下开始使用,直到不堪再用而予以报废为止所经历的时间。它主要有由形磨损决定的。

2. 设备折旧寿命

设备折旧寿命亦称设备折旧年限,指按财务制度规定的折旧原则和方法,将设备的原值通过折旧方式转入产品成本,直到设备的折旧余额达到或接近于零时所经历的时间。它是由国家规定的设备折旧年限决定的。设备折旧寿命一般不等于物理寿命。

3. 设备技术寿命

设备技术寿命指设备从全新状态下投入使用到因技术进步而被淘汰所经历的时间(即设备能在市场上维持其自身价值而不显陈旧落后的全部时间)。技术寿命主要取决于设备无形磨损的速度,一般短于物理寿命。科学技术发展越快,设备技术寿命越短。

4. 设备经济寿命

设备经济寿命亦称设备最佳经济使用年限,是从经济角度分析设备最合理的使用期限,即指设备从开始使用到其年平均使用成本最低年份的持续时间。它是由有形磨损和无形磨损共同决定的,它也是设备最合理的使用年限,是确定设备最优更新期的主要依据。

9.2.2 设备经济寿命分析

设备经济寿命是从经济角度分析设备使用的最合理期限。因此计算设备的经济寿命可以从设备运行过程中发生的费用入手,分析其变化规律。

一台设备在整个寿命期内发生的费用主要有以下两项。

(1)设备购置费。指采用新设备时投入的费用,包括设备购价、运输费和安装费等。

(2)使用费用(成本)。指设备在使用过程中发生的费用,包括维修保养费用(保养费、修理费、停工损失费、废次品损失费等)和运行费(人工、燃料、动力、机油等消耗)。

当一台全新的设备投入使用后,设备使用年限越长,则年均资产消耗成本(即设备的购置费用扣除设备的净残值后平均分摊到设备使用各年上的费用)也就越小,这是一条从左到右的下降曲线。另一方面看,设备的年使用成本却是逐年增加的(称为设备的劣化)。这是因为随着设备使用年限的增加,需要更多的维修保养费用来维持其原有功能,同时设备的运行费用包括操作成本及原材料、能源耗费在内,也会增加,这是一条从左到右上升曲线。如图 9-2 所示。

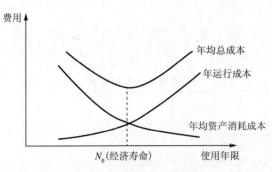

图 9-2　设备经济寿命示意图

设备使用的年均总成本就是年均资产消耗成本和年运行成本之和。

年均资产消耗成本和年均使用成本都是时间的函数,设备使用的年均总成本也是时间的函数。在图 9-2 中,年均总成本表现为这两条曲线的叠加。事实上,存在某一年份,年均总成本达到最低值,它所对应的时间点(N_0)就是设备的经济寿命。如图 9-2 所示,在 N_0 年时,年均总成本为最低值,N_0 即为设备的经济寿命。

由此可以看出,设备经济寿命亦为设备从开始使用到其年均总成本最小的使用年限。当设备的使用年限低于其经济寿命时,其年均总成本(费用)是下降的,使用年限超过设备经济寿命时,设备的年均总成本(费用)又将上升,所以设备使用到其经济寿命时再进行更新最为经济。

9.2.3　设备经济寿命计算

按照是否考虑资金时间价值,确定设备经济寿命的方法可以分为静态模式和动态模式两种。

1. 经济寿命的静态计算方法

静态模式下设备经济寿命的确定方法,就是在不考虑资金时间价值的基础上计算设备年均总成本 AC_N。使 AC_N 为最小的 N_0 就是设备的经济寿命。

(1)费用平均法

设备使用到第 N 年末的年均总成本 AC_N 为:

$$AC_N = \frac{(P_0 - L_N)}{N} + \frac{1}{N}\sum_{t=1}^{N} C_t \tag{9-1}$$

式中:AC_N——N 年内设备的年均总成本;

P_0——设备的购置费用;

L_N——设备第 N 年末的残值；

C_t——第 t 年的设备使用费。

在上式中，$\dfrac{P_0-L_N}{N}$ 为设备的年均资产消耗成本，$\dfrac{1}{N}\sum\limits_{t=1}^{N}C_t$ 为设备的年均使用成本。可通过列表计算年均总成本的方法，得出使年均总成本 AC_N 最低的使用年限，即为设备的经济寿命。

【例 9-1】 某设备的原始价值 10000 元，物理寿命为 9 年，各年运行费用及年末残值如表 9-1 所示，试在不考虑资金时间价值的情况下求该设备的经济寿命。

设备运行费用与年末残值数据（单位：元） 表 9-1

t, N(年限)	1	2	3	4	5	6	7	8	9
C_t(运行费用)	1000	1100	1300	1600	2000	2500	3100	3800	4700
L_N(残值)	7000	5000	3500	2200	1200	600	300	200	100

解 为计算方便，可采用列表的形式求解，计算过程及结果见表 9-2。

设备经济寿命的计算过程（静态）（单位：元） 表 9-2

t, N	P_0-L_t	$\sum\limits_{t=1}^{N}C_t$	$(P_0-L_t)+\sum\limits_{t=1}^{N}C_t$	AC_N
1	3000	1000	4000	4000
2	5000	2100	7100	3550
3	6500	3400	9900	3300
4	7800	5000	12800	3200
5	8800	7000	15800	3160
6	9400	9500	18900	3150 *
7	9700	12600	22300	3186
8	9800	16400	26200	3275
9	9900	21100	31000	3444

根据以上计算结果，设备使用到第 6 年末时，年总费用 AC_6 最小（3150 元），即经济寿命为 6 年。从此例可以看出，经济寿命的确定实际上是从设备使用 1 年、2 年、3 年……的方案中选择一个最有利的方案。

(2) 增量均等低劣化数值法

随着设备使用时间的延长，设备的有形磨损和无形磨损加剧而使设备年使用成本逐年增加，这叫作设备的劣化。我们把这种逐年递增的年使用成本 ΔC_t 称为设备的低劣化值。用低劣化数值表示设备磨损损耗的方法叫作低劣化数值法。如果每年设备的劣化呈线性增长，低劣化值保持不变，即 $\Delta C_t = \lambda$。据此，可以简化设备经济寿命的计算，见图 9-3。

由式(9-1)与图 9-3 可知，设备使用到第 N 年末的年均总成本 AC_N 为：

$$AC_N = \dfrac{P_0-L_N}{N} + C_1 + \dfrac{1}{2}(N-1)\lambda$$

式中:C_1——设备在第一年的使用费用。

若要使 AC_N 达最小,在上式中对 N 求导数,并使其等于零,令:
$d(AC_N)/dN=0$,则可有:

$$d(AC_N)/dN=-\frac{(P_0-L_N)}{N_0^2}+\frac{\lambda}{2}=0$$

故设备的经济寿命 N_0 为:

$$N_0=\sqrt{\frac{2(P_0-L_N)}{\lambda}} \tag{9-2}$$

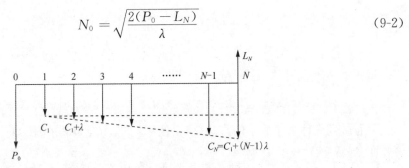

图 9-3 劣化增量均等现金流量图

【例 9-2】 现有一台设备,目前实际价值为 1000 元,预计残值为 100 元,第一年的设备总成本费用为 80 元,每年设备的劣化增量均等,年低劣化值为 50 元,求该设备的经济寿命。

解 这是设备低劣化值恒定的情况。由式(9-2)得:

设备的经济寿命 $N_0=\sqrt{\dfrac{2(P_0-L_N)}{\lambda}}=\sqrt{\dfrac{2(1000-100)}{50}}=6(年)$

从此例可以看出,P_0 的含义不仅仅是设备原始价值或原始购置费,也可以是设备现有价值,即现在购置该设备的购置费。从设备更新的角度讲,设备现有价值的含义更为重要,由此所得到的是该旧设备从现在开始算起的剩余经济寿命,而不是设备从新投入使用开始算起的经济寿命。

2. 经济寿命的动态计算方法

动态模式下设备经济寿命的确定方法,就是在考虑资金时间价值的情况下计算设备的净年值 NAV_N 或年均成本 AC_N,通过比较年平均收益或年均总成本来确定设备的经济寿命 N_0。设基准收益率为 i;第 t 年的净收入为 R_t;设备的购置费用,即设备初始投资为 P_0;设备第 N 年末的残值为 L_N;第 t 年的设备使用费用为 C_t。

(1)根据净年值即年平均收益来确定经济寿命

NAV_N 计算公式为:

$$NAV_N=\left[\sum_{t=1}^{N}R_t(1+i)^{-t}+L_N(1+i)^{-N}-P_0\right]\frac{i(1+i)^N}{(1+i)^N-1} \tag{9-3}$$

可通过列表计算净年值的方法,得出使净年值 NAV_N 为最大值的使用年限,即为设备的经济寿命 $N_0(0<N_0\leqslant N)$。

(2)根据年成本即年均总成本来确定经济寿命

年均资产消耗成本为:

$$P_0(A/P,i,N)-L_N(A/F,i,N)$$

$$= P_0(A/P,i,N) - L_N[(A/P,i,N) - i]$$
$$= (P_0 - L_N)(A/P,i,N) + L_N \cdot i$$

即年均资产消耗成本公式为:

$$(P_0 - L_N)\frac{i(1+i)^N}{(1+i)^N - 1} + L_N \cdot i \tag{9-4}$$

年均使用成本为:

$$[\sum_{t=1}^{N} C_t(P/F,i,N)](A/P,i,N)$$
$$= [\sum_{t=1}^{N} C_t(1+i)^{-t}]\frac{i(1+i)^N}{(1+i)^N - 1}$$

年成本 AC_N 的计算公式为:

$$AC_N = (P_0 - L_N)\frac{i(1+i)^N}{(1+i)^N - 1} + L_N \cdot i + [\sum_{t=1}^{N} C_t(1+i)^{-t}]\frac{i(1+i)^N}{(1+i)^N - 1} \tag{9-5}$$

可通过列表计算年成本的方法,得出使年成本 AC_N 为最小值的使用年限,即为设备的经济寿命 $N_0(0 < N_0 \leqslant N)$。

【例 9-3】 如果对例 9-1 的设备考虑资金时间价值因素,假设折现率 $i_c = 10\%$,试求该设备的经济寿命。

解 列表计算,计算过程及结果见表 9-3。

表 9-3 设备经济寿命的计算过程(动态)(单位:元)

使用年限 ①	年度运行费用 ②	现值系数 ③	年度运行费用现值 ④=②×③	累计年度运行费用现值 ⑤=Σ④	资金回收系数 ⑥	等值年度运行费用 ⑦=⑥×⑤	年末残值 ⑧	年度资产消耗成本 ⑨=(P_0-⑧)×⑥+⑧×i_c	年度总费用 ⑩=⑨+⑦
1	1000	0.909	909.10	909.10	1.100	1000.00	7000	4000.00	4909.10
2	1100	0.826	909.04	1818.14	0.576	1047.61	5000	3381.00	4428.61
3	1300	0.751	976.69	2794.83	0.402	1123.8	3500	2963.65	4087.45
4	1600	0.683	1092.80	3887.63	0.315	1226.55	2200	2680.90	3907.45
5	2000	0.620	1240.00	5127.63	0.263	1352.67	1200	2441.44	3794.11
6	2500	0.564	1411.25	6538.88	0.229	1501.33	600	2218.24	3719.57
7	3100	0.513	1590.92	8129.80	0.205	1669.86	300	2022.38	3692.24*
8	3800	0.466	1772.70	9902.50	0.187	1855.73	200	1856.52	3712.25
9	4700	0.424	1993.27	11895.77	0.173	2065.11	100	1728.64	3793.75

根据以上计算数据,从表中第⑩栏可以看到,在设备使用到第 7 年年末时,年度总费用 AC_7 最小,即设备经济寿命为 7 年。与忽略资金时间价值的例 9-1 相比,经济寿命增加 1 年。

9.3 设备更新经济分析

9.3.1 设备能力不足的更新分析

当设备能力无法满足工程的要求,须为提升设备的能力而进行设备更新分析。

【例9-4】 某公司建筑施工用吊机由一年前购买的一台10kW的发动机驱动。现吊机的能力要增加一倍,需要20kW的发动机。现在的20kW可由原来的发动机再配一台10kW新发动机提供,也可由一台20kW的新发动机提供。现正使用的发动机的原值为7000元,效率85%。10kW的新发动机售价8000元,效率86%。20kW新发动机的效率为90%,售价14000元。10kW的旧发动机重估价为5500元。电价为0.8元/kW·h,吊机每年平均工作2000h。10kW发动机年运转成本为1000元,20kW新发动机年运转成本为1500元。税费和保险费为购置费的1%,利率为6%。新发动机的寿命均为12年,旧发动机的寿命为10年,所有发动机的残值均为初始投入的20%。试比较两方案的优劣。

解 这是在使用一台20kW新发动机方案和使用两台发动机(新10kW+旧10kW)方案中比选。分别计算两方案的总年值成本。

(1) 用20kW新发动机更新方案的年值成本计算

资产消耗成本=$(14000-2800)(A/P,6\%,12)+2800\times6\%=1504.16$(元)

电费=$(20/0.90)\times0.8\times2000=35555.55$(元)

运转费用=1500(元)

税费和保险费=$14000\ 元\times1\%=140$(元)

总年值成本=$1504.16+355555.55+1500+140=38699.71$(元)

(2) 用新增10kW发动机配合原先旧10kW发动机的方案的年值成本计算

① 现用旧10kW发动机的年值成本

资产消耗成本=$(5500-1100)(A/P,6\%,10)+1100\times6\%=663.96$(元)

电费=$(10/0.85)\times0.8\times2000=18823.53$(元)

运转费用=1000(元)

税费和保险费=$7000\ 元\times1\%=70$(元)

② 新10kW发动机的年值成本

资产消耗成本=$(8000-1600)(A/P,6\%,12)+1600\times6\%=859.52$(元)

电费=$(10/0.86)\times0.8\times2000=18604.65$(元)

运转费用=1000(元)

税费和保险费=$8000\ 元\times1\%=80$(元)

总年值成本=$663.96+18823.53+1000+70+859.52+18604.65+1000+80=41101.66$(元)

(3) 两方案比较

用20kW的新发动机更为经济,故选择20kW的新发动机方案。

9.3.2 设备经济性能下降的更新分析

设备长期使用,受综合磨损的影响,导致设备的经济性能下降,生产费用增加,劳动生产率降低,再使用已不经济,须进行更新分析。

【例9-5】 某公司10年前以78000元购设备一台,现性能下降,估值为13000元;目前市场上有一种性能更好的设备,售价26000元,新设备的寿命为10年,残值为2600元;旧设备还能再用两年,残值为1300元。利率为6%,试比较是否更换旧设备。

解 因新旧设备寿命不同,故用设备的年均资产消耗成本进行比较。由式(9-4)得:
旧设备费用年值=$(13000-1300)(A/P,6\%,2)+1300\times6\%=6459.18$(元)
新设备费用年值=$(26000-2600)(A/P,6\%,10)+2600\times6\%=3336.06$(元)
可见,新设备费用年值远小于旧设备费用年值,如果资金允许,应该选用新设备更换旧设备。

9.4 不同设备更新方案的比较分析

不同设备方案的比较分析是在研究经济寿命的基础上进一步研究设备的更新时机及更新方案的选择问题。

9.4.1 原型设备更新分析

如果设备在其整个使用期内并不过时,也就是说在其使用期内还没有功能更全、性能更优越的先进设备出现,设备不存在技术上提前报废的问题。这时该设备只能够用同一种设备更换。用原型设备更新时机以设备的经济寿命为准,即当该设备到达经济寿命的时候,再继续使用,经济上已经不合算,需要立即用原型设备更换。

设备经济寿命的计算原理、方法在前面已作了详细介绍,这里需要讨论经济寿命计算中的两种特殊情况。

(1)如果一台设备在整个使用期间,其年均使用费和残值固定不变。这种情况下,其年均总成本曲线是使用年限的减函数,使用的年限越长,年均总成本越低。因此,它的经济寿命等于其物理寿命。

(2)如果一台设备目前的估计残值和未来的估计残值相等,而年均使用费逐年增加。这种情况下,其年均总成本曲线是使用年限的增函数,使用的年限越长,年均总成本越高。因此,最短的寿命(一般为1年)就是它的经济寿命。

9.4.2 新型设备更新分析

新型设备更新分析是设备更新决策的前提,其基本思路是要在继续使用旧设备和购置新设备两种方案中比较经济合理性,从而做出是否更新的决策。当然,如果购置新设备的方案有多个,比较的范围就要扩大,在继续使用旧设备和购置新设备的若干个方案中,比较选择哪一种方案经济上更有利。设备新型更新的决策不仅需要确定设备更新方案,同时还要确定设备更新的时点。

在有新型设备出现的情况下,常用的设备更新比较方法是年值成本法、现值成本法和边际成本法。

1. 年值成本法和现值成本法

在设备新型更新决策中,不考虑设备的产能与产品质量差异的因素,继续使用旧设备方案的寿命期与购置新设备方案的寿命期常常不同,对于寿命期不同的更新方案的比选,最简捷的方法是采用年值成本法进行比较。

【例 9-6】 某设备 A 正在使用,其目前的残值估计为 2000 元。据估计,这部机器还可使用 5 年,每年的使用费为 1200 元,第 5 年年末的残值为零。企业对这部机器的更新提出两种方案。方案甲:5 年之后,用机器 B 来代替 A。机器 B 的原始费用估计为 10000 元,寿命估计为 15 年,残值为零,每年使用费 600 元;方案乙:现在就用机器 C 来代替 A。机器 C 的原始费用估计为 9000 元,寿命为 15 年,残值为零,每年使用费 900 元。详细数据见表 9-4,折现率为 10%。试比较方案甲与方案乙,哪个经济效果好。

更新方案数据表(单位:元) 表 9-4

年　末	方　案　甲		方　案　乙	
	原始费用	年使用费	原始费用	年使用费
0	机器 A　2000		机器 C　9000	
1		1200		900
2		1200		900
3		1200		900
4		1200		900
5		1200		900
6	机器 B　10000	600		900
7		600		900
8		600		900
9		600		900
10		600		900
11		600		900
12		600		900
13		600		900
14		600		900
15		600		900
16～20		600		0

解 首先选定研究期为 15 年分别计算两方案的年值成本。这是因为 15 年是机器 C 的寿命期,对更远期的估计较为困难。

方案甲:按照方案甲,15 年研究期包括机器 A 使用 5 年,机器 B 使用 10 年。
机器 B 的年值成本为:
$AC_B = 10000(A/P,10\%,15) + 600 = 10000 \times 0.1315 + 600 = 1915(元)$
方案甲在 15 年内发生的费用现值为:
$PC_甲 = 2000 + 1200(P/A,10\%,5) + 1915(P/A,10\%,10)(P/F,10\%,5)$
$\quad\quad = 2000 + 1200 \times 3.7908 + 1915 \times 6.1446 \times 0.6209$
$\quad\quad = 13855(元)$

方案乙:使用机器C就意味着停止使用机器A,需要扣除机器A的残值2000元,故方案乙在15年内的费用现值为:

$$PC_乙=(9000-2000)+900(P/A,10\%,15)=13845.5(元)$$

显然,方案乙较优。

2. 边际成本法

如果今后的情况非常难以估计,可采用逐年比较新旧设备成本的方法,这就是边际成本法。其更新分析的步骤和公式如下。

(1)计算旧设备的年度边际成本

$$MC_N = C_N + (L_{N-1} - L_N) + L_{N-1} \times i \tag{9-6}$$

式中:MC_N——第 N 年旧设备的年度边际成本;

C_N——第 N 年旧设备的运行成本以及损失额;

$L_{N-1}-L_N$——第 N 年资产折旧费;

$L_{N-1} \times i$——资产占用资金的成本。

(2)计算新设备的年均总成本

$$AC'_N = [P'-L'_N(P/F,i,N)](A/P,i,N) + [\sum C_j(P/F,i,N)](A/P,i,N) \tag{9-7}$$

式中:AC'_N——新设备的年均总成本;

P'——新设备购置费;

L'_N——第 N 年新设备残值;

C_j——新设备第 j 年的运行成本。

(3)根据计算结果进行比较

设备更新决策原则:当 $MC_N > AC'_N$ 时,需要更新旧设备;

当 $MC_N < AC'_N$ 时,应保留旧设备。

【例9-7】 某设备再继续使用一年的边际成本如表9-5所示。现有的新设备价格为50000元,寿命为15年,年运行成本为1800元,残值4000元,基准收益率 $i=10\%$。试分析是否应对旧设备进行更新。

旧设备的年边际成本计算表(单位:元) 表9-5

项 目	金额	项 目	金额
新设备产量和质量提高增加收入	1600	旧设备现在出售价格	9600
新设备年均工资节约额	1200	旧设备一年后出售价格	8200
新设备作业费年均节约额	4500	旧设备继续使用的资产占用资金成本($i=10\%$)9600×10%	960
新设备维修费年均节约额	3000		
旧设备年运行成本	1200	旧设备资产折旧费(9600-8200)	1400
旧设备年运行成本及损失(前5项和)	11500	旧设备的边际成本	13860

解 首先计算旧设备的边际成本。

根据表9-5所示数据,由式(9-6)式得:

$MC_N = 11500 + 960 + 1400 = 13860(元)$

再计算新设备的年均总成本 AC'_N。

根据式(9-7)得：
$$AC'_N = [50000 - 4000(P/F,10\%,15)](A/P,10\%,15) + 1800 = 8247.6(元)$$

比较新旧设备年成本的计算结果，$MC_N > AC'_N$，用新设备更换旧设备，每年可节约开支 13860－8247.6＝5612.4 元。因此，应该尽快更换旧设备。

【例 9-8】 某企业一台正使用中的设备，目前价值为 2500 元，下一年将贬值 1000 元，以后每年贬值 500 元。由于性能退化，它今年的运行成本为 8000 元，预计今后每年将增加 1000 元。它将在 4 年后报废，那时它的残值为零。用 16000 元可买一台新的、改进了的设备，这台设备可以很好地完成与现有设备相同的工作。这台设备的经济寿命为 7 年，期末残值为 1500 元，在经济寿命期内，其年运行成本稳定在 6000 元。预计在 7 年内，这种型号设备的设计不会有大的改进。如果折现率为 12%，要不要更新现有设备？如果要更新，应何时进行？

解 (1)新旧设备现金流量如图 9-4 所示。

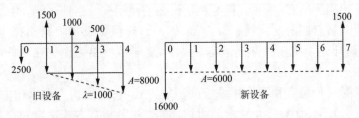

图 9-4 现金流量图

(2)计算新设备年均总成本 AC'_N
由式(9-7)得：
$$\begin{aligned}AC'_N &= [16000 - 1500(P/F,12\%,7)](A/P,12\%,7) + 6000 \\ &= (16000 - 1500 \times 0.4523) \times 0.21912 + 6000 = 9357.3(元)\end{aligned}$$

(3)计算旧设备的年度边际成本 MC_N
由式(9-6)得：
第一年：
$$MC_1 = 8000 + (2500 - 1500) + 2500 \times 12\% = 9300(元)$$
这时 $MC_1 < AC'_N$，应保留旧设备。
第二年：
$$MC_2 = (8000 + 1000) + (1500 - 1000) + 1500 \times 12\% = 9680(元)$$
这时 $MC_2 > AC'_N$，需要更换旧设备。
所以应该从现在起一年后对旧设备进行更新。

9.4.3 设备购置与设备租赁比较分析

1. 设备租赁的概念

(1)设备租赁的概念
设备租赁指设备使用者(承租人)按照合同规定，按期向设备所有者(出租人)支付一定费用而取得设备使用权的一种经济活动。

(2)设备租赁的形式

设备租赁分为经营性租赁和融资性租赁两种形式。

经营性租赁是由出租方根据承租方的需要,与承租方签订租赁合同,在合同期内将设备交给承租方,承租方按合同规定,向出租方支付租赁费的一种租赁业务。在经营性租赁中,出租方除向承租方提供租赁设备外,还承担设备的保养、维修、老化、贬值以及不再续租的风险。这种方式带有临时性,因而租金较高。承租者往往用这种方式租赁技术更新快、租期较短的设备,如临时使用的车辆、计算机、仪器等,承租设备的使用期往往也短于设备的寿命期,并且经营性租赁设备的租赁费计入企业成本,可减少企业所得税。承租方可视自身情况需要决定是终止还是继续租赁设备。

融资租赁指出租人根据承租人对租赁设备的特定要求和对供货人的选择,出资向供货人购买租赁设备,并租给承租人使用,承租人则分期向出租人支付租金,在租赁期内租赁设备的所有权属于出租人所有,承租人拥有租赁设备的使用权。租期届满,租金支付完毕并且承租人根据融资租赁合同的规定履行完全部义务后,对租赁设备归属没有约定的或者约定不明的,可以协议补充;不能达成补充协议,合同条款或交易习惯仍然不能确定的,租赁物件所有权归出租人所有。

融资性租赁是一种融资和融物相结合的租赁方式,它指出租方和承租方共同确定租让期和承担付费义务,不得任意终止和取消租赁合同。这种租赁方式适合对设备的长期使用,租赁期相当于或超过设备的寿命期,租赁对象往往是一些价高和大型设备。由于设备是承租者选定的,出租者对设备的整机性能、维护保养、老化风险等不承担责任。对于承租者来说,融资租入的设备属于固定资产,可以计提折旧计入企业成本,而租赁费一般不直接计入企业成本,由企业税后支付。但租赁费中的利息和手续费可在支付时计入企业成本,作为纳税所得额中准予扣除的项目。

(3)租金的计算

设备租赁费用主要包括:租赁保证金、租金、担保费。其中租金的计算主要有附加率法和年金法。

①附加率法

附加率法是在租赁资产的设备货价或概算成本上再加上一个特定的比率来计算租金的方法。每期期末支付租金 R 的表达公式为:

$$R = P\frac{1+N\times i}{N} + P\times r \tag{9-8}$$

式中:P——租赁资产的价格;

N——还款期数,可按月、季、半年、年计;

i——与还款期数相对应的折现率;

r——附加率(额外服务,增加的租金收益)。

【例9-9】 某租赁公司出租设备的年租金为23.12万元,租期为5年,每年年末支付租金,折现率为8%,附加率为4%,试确定这台设备的价格是多少。

解 已知租金 R、租期 N、折现率 i、附加率 r,求 P。根据式(9-8):

$$R = P\frac{1+N\times i}{N} + P\times r$$

代入已知数据,得:

$$23.12 = P\frac{1+5\times 8\%}{5} + P\times 4\%$$

解上式得这台设备的价格为 $P=72.25$ 万元。

② 年金法

年金法是将一项租赁资产价值按相同比率分摊到未来各租赁期间内的租金计算方法。年金法计算有期末支付和期初支付之分。

期末支付方式是在每期期末等额支付租金。每期租金额的表达公式就是资金复利计算的等额支付系列资金回收公式,即

$$R = P\frac{i(1+i)^N}{(1+i)^N-1} \tag{9-9}$$

式中各个符号意义与式(9-8)相同。

期初支付方式是在每期的期初等额支付租金。期初支付要比期末支付提前一期支付租金,因此,期初支付租金额小于期末支付租金额,每期租金额的表达公式为:

$$R = P\frac{i(1+i)^{N-1}}{(1+i)^N-1} \tag{9-10}$$

【例9-10】 某租赁公司出租给某企业一台设备,年租金按年金法计算,折现率为12%,租期为5年,设备价格为120万元,(1)试确定承租企业年末支付租金额;(2)试确定承租企业年末支付租金与年初支付租金的租金差值。

解 (1)按年金法承租企业年末支付租金额由式(9-9)得

$$R = P\frac{i(1+i)^N}{(1+i)^N-1} = 120\frac{0.12(1+0.12)^5}{(1+0.12)^5-1} = 33.288(万元)$$

(2)由年金法的期末和期初支付租金计算公式(9-9)和式(9-10)得

$$\Delta R = P\frac{i(1+i)^N}{(1+i)^N-1} - P\frac{i(1+i)^{N-1}}{(1+i)^N-1} = P\frac{i^2(1+i)^{N-1}}{(1+i)^N-1}$$

代入有关数据得 $\Delta R = 120\times 10^4 \frac{0.12^2(1+0.12)^4}{(1+0.12)^5-1} = 35668(元) \approx 3.567(万元)$

所以,承租企业年末支付租金与年初支付租金的租金差值约为3.567万元。

2.设备租赁与购置方案比选

对于承租人来说,设备租赁决策关键的问题是选择租赁,还是选择购买。这实际上是要将设备租赁方案与设备购买方案进行比较选优,也是互斥方案比选问题,其方法与设备更新方案选优无实质上的差别。可以将租赁设备与购买设备的净现金流量进行比较,具体内容如下所述。

(1)经营性租赁设备方案的净现金流量

$$净现金流量 = 销售收入 - 经营成本 - 租赁费 - 销售税及附加 -$$
$$(销售收入 - 经营成本 - 租赁费)\times 所得税税率 \tag{9-11}$$

(2)融资性租赁设备方案的净现金流量

$$净现金流量 = 销售收入 - 经营成本 - 租赁费 - 销售税及附加 - (销售收入 - 经营成本 -$$
$$折旧费 - 租赁费中的手续费和利息)\times 所得税税率 \tag{9-12}$$

(3) 自有资金购置设备方案的净现金流量

净现金流量＝销售收入－经营成本－设备购置费－贷款利息－销售税及附加－
　　　　　（销售收入－经营成本－折旧费－贷款利息）×所得税税率　　　(9-13)

(4) 贷款资金购置设备方案的净现金流量

净现金流量＝贷款金额＋销售收入－经营成本－设备购置费－贷款利息－销售税及附加－
　　　　　（销售收入－经营成本－折旧费－贷款利息）×所得税税率－还本付息　　(9-14)

在充分考虑各种方式的税收优惠影响下，应该选择税后收益更大的方案。

有时不考虑设备生产产品的销售收入、生产成本与税金，只考虑设备的运行使用成本，也可以简化采用年值法进行比较分析。

【例 9-11】 某企业急需某种设备，其购置费用为 22000 元，估计使用寿命为 10 年，期末残值为 2000 元；这种设备也可以租到，每年租赁费为 2500 元，运行费用都是 1200 元/年。现行所得税率为 33％，年末纳税。折旧采用直线法，折现率为 10％。试在租赁方案与购置方案中进行比选，并最终确定较优方案。

解　用年值成本法进行比较，计算如下。

购置方案的年费用值：

$AC = 22000 \times (A/P, 10\%, 10) - 2000 \times (A/F, 10\%, 10) + 1200 = 4655(元)$

租赁方案的年费用值：

 ＝年租赁费＋年运行费＋税金增减值

其中，设备折旧额＝(22000－2000)/10＝2000(元)

租赁比购买设备每年少付税金＝(2500－2000)×33％＝165(元)

代入得到租赁方案的年费用值＝2500＋1200－165＝3535(元)

由于 $AC' < AC$，故租赁设备方案优于设备购置方案，企业应选择租赁设备。

本章小结

设备更新的经济分析是为了确定一套正在使用的设备应何时和应怎样用更经济的设备来替代。设备更新无论对各类企业的技术进步，还是对国民经济的发展都起着重要的作用。

设备磨损指设备在使用和闲置过程中发生的损耗和贬值。设备磨损分为有形磨损和无形磨损两类，其磨损的性质完全不同。有形磨损和无形磨损还可以按照发生的原因不同，各自再细分为第Ⅰ、第Ⅱ种有形和无形磨损。有形磨损和无形磨损在设备的使用过程中一般是同时作用和发生的，这就构成了设备的综合磨损。

设备磨损的补偿包括技术补偿和经济补偿两个方面。设备的技术补偿根据设备遭受磨损的类型、程度不同，采取不同的补偿方式。设备技术补偿的形式有设备大修理、设备现代化改装和设备更新。

设备更新决策指确定一套正在使用的设备应何时以及应怎样用更经济的设备来替代。设备更新决策不能轻率从事，需要考虑经济因素、技术因素和生产因素。设备更新决策方法与互斥型方案比选相同，但在进行比选时，要遵循设备更新决策的比选原则及特点。

设备寿命包括物理寿命、技术寿命、折旧寿命和经济寿命等，一般来说，设备技术寿命和经济寿命都要短于物理寿命。在工程经济分析中，经济寿命是个关键的概念，设备经济寿命是从经济角度分析设备最合理的使用期限，指设备从投入使用开始，到因继续使用在经济上不合理（年平均费用最低的年限）所经历的

时间。设备经济寿命决定了设备的更新时机。确定设备最优更新期要注意两点:(1)经济寿命的起始时间既可以从新设备新投入使用开始,也可以从旧设备现在投入使用开始,后一种含义对设备更新来说更具有实际意义,它表明的是现有旧设备的剩余经济寿命。(2)在计算设备的经济寿命时,只是从设备的年平均费用入手,没有考虑技术进步以及资金等因素对设备更新的影响和制约。所以经济寿命的最优更新年限只适用于设备原型更新而不适用于设备新型更新。

设备更新经济分析有新旧设备更新比较分析与不同方案之间的比较分析,前者为几种常见的设备更新经济分析方法,后者为多方案的比较更新分析。多方案更新方法可分为两种情况:一是设备原形更新,以设备经济寿命为其最佳更新时机。二是设备新型更新,更新的方法有年值成本法、现值成本法和边际成本法。

设备租赁指设备使用者(承租人)按照合同规定,按期向设备所有者(出租人)支付一定费用而取得设备使用权的一种经济活动。设备租赁有经营性租赁和融资性租赁两种形式,这两种形式在适应的范围、租金协议的严格性、租金资产的会计处理方面都有很大的不同。对于设备租赁决策,关键的问题是决定租赁还是决定购买,需要将设备租赁方案与设备购买方案进行比较选优,这也是互斥方案比选问题,其方法与设备更新方案比选并无实质上的差别。

复习思考题

1. 什么是设备的有形磨损,有什么特点?试举例说明。
2. 什么是设备的无形磨损,有什么特点?试举例说明。
3. 有形磨损和无形磨损各分为哪两种,各有什么特点?
4. 试述设备磨损的补偿方式有哪些?
5. 试述设备的四种寿命。
6. 设备更新途径有哪些?
7. 某设备的原始价值12000元,自然寿命9年,各年的运转费用及年末残值如表9-6所示,在不考虑资金的时间价值的情况下求该设备的经济寿命。

设备各年的运转费用及年末残值(单位:元)　　　　　　　表9-6

t, N(年限)	1	2	3	4	5	6	7	8	9
C_t(运行费用)	1000	1200	1300	1600	1800	2500	3000	3600	4500
L_N(残值)	6000	5000	3000	2000	1200	700	400	200	100

8. 某设备原价6000元,其他数据如表9-7所示,求其经济寿命。

设备相关数据　　　　　　　表9-7

年数	1	2	3	4	5	6
使用费用(元)	1000	1200	1500	2000	2500	3000
年末残值(元)	4000	3000	2500	2000	1500	1000

9. 有一台设备,目前价值2000元,预计残值200元,第一年的设备总成本费用为80元,每年设备的劣化值相等,预计为100元,求该设备的经济寿命。

10. 某设备的原始价值为15000元,其各年的设备使用费用及残值如表9-8所示,求设备的合理更新期。

设备各年的使用费及残值　　　　　　　　　　　表9-8

使用年限	1	2	3	4	5	6	7
年使用费(元)	2000	2500	3500	4500	5500	7000	9000
设备残值(元)	10000	6000	4500	3500	2500	1500	1000

11. 某设备目前卖出价为8500元,还能继续使用4年,主要数据如表9-9所示。另外有备选新设备,售价35000元,经济寿命为10年,10年末的残值为4000元,年均使用费为600元,基准折现率为12%,那么旧设备是否需要更新?如果需要,何时更换最为合适?

设备相关数据　　　　　　　　　　　表9-9

保留使用年限	1	2	3	4
年末设备残值(元)	6500	5000	3500	2000
年使用费(元)	3000	4000	5000	6000

12. 某工厂需要安装污水处理设备,现有两种方案,A方案:购置较便宜的设备只需15万元,每年运行费为6万元,寿命为10年,但10年后仍须再购置一台同样设备替代原设备才能满足污水处理需要。B方案:购置质量较高的设备,需投资30万元,其运行费前10年每年为4万元,后10年每年为6万元,该设备的寿命为20年,两种设备的残值均为0,基准收益率为12%,则折算成年度费用,哪个方案较优?若折算成现值,哪个方案较优,较优的设备能便宜多少?

13. 某厂计划继续生产一种产品,现有的旧设备价值为5000元,其从现在起每年预计的残值和使用成本如表9-10所示,目前市场上有一种新型设备,其售价为8000元,使用期内每年的使用成本为1200元,预计经济寿命为8年,8年后的残值为2000元。是否更新该设备?若更新,旧设备使用几年后更新最合理?

旧设备各年预计使用成本和残值　　　　　　　表9-10

使用年限	1	2	3	4	5
使用成本(元)	1500	1800	2000	2400	2800
年末残值(元)	4500	4000	3500	3000	2500

14. 某设备原始价值70000元,其他数据如表9-11所示,求其经济寿命,若考虑资金的时间价值,结论又如何(基准折现率10%)?

设备相关数据　　　　　　　　　　　表9-11

使用年限	1	2	3	4	5	6	7
使用成本(元)	10000	12000	14000	18000	22500	27500	3300
年末残值(元)	32000	17000	9500	5750	4000	2000	1000

15. 某设备原值20000元,初始运行成本为1000元,年低劣化值为800元,各年残值为0,试分别计算静态和动态(基准折现率10%)的最佳更新期。

16. 某台机器的投资为 20000 元,基准利率为 10%,其他资料见表 9-12,求设备的最佳更新期。

机器的相关数据   表 9-12

t, N(年限)	1	2	3	4	5	6	7	8	9	10	11
C_t(运行费用)(元)	1000	1600	2200	2800	3400	4000	4600	5200	5800	6400	7000
L_N(残值)(元)	5000	4500	4000	3500	3000	2500	2000	1500	1000	500	0

17. 某设备甲已经购买了 4 年,当时价格为 12000 元,使用寿命为 10 年,残值为 500 元,年维修费为 2400 元,设备在 10 年内平均折旧。由于该设备生产的产品供不应求,须提高一倍产量。若购买相同设备,价格为 9000 元,使用寿命及费用原设备相同,到期残值为 500 元。现有一新型设备乙,价格 25000 元,生产能力是原设备的两倍,年使用费为 3300 元,使用寿命为 12 年,残值 2500 元。问现在应该买原设备甲的新设备还是购买乙设备来扩大产量?若买乙设备,甲设备可折价 3000 元,基准折现率为 10%,请你来做决策。

18. 某企业现有一机床决定更新,若买一原型机床需要 2000 元,每年能耗费用为 1000 元,现有一新型机床,售价为 2500 元,年能耗费用最多为 500 元,试以 8 年为分析期,基准折现率为 12%,设备残值都是零。判断是否应该买新型机床。

19. 某旧设备现值为 6000 元,由于技术进步,3 年后设备无残值,清理费用为 1000 元,年平均使用费为 3000 元。现预计 3 年后会出现一改进设备,初始价值为 10000 元,年平均使用费为 2000 元,寿命期为 3 年,残值 2000 元。现市场上有一新型设备,售价 15000 元,使用寿命 6 年,残值 1000 元,年平均使用费为 2200 元。基准投资收益率为 10%,试判断应购买新型设备还是 3 年后购买改进设备。

20. 一发电厂拟安装新发电机组,如果直接购买,要花费 1.5 亿元人民币,使用寿命为 20 年,残值为 250 万元。如果采用融资租赁的方式获得该设备,需要每年支付人民币 1350 万元,发电机组的年运行费用为 1200 万元,设备检修及其他可能的情况使设备停止运转带来的损失是每年 800 万元,若行业基准利率为 12%,在那么在不考虑税收的情况下,发电厂应采用哪种方式获得发电机组更为经济?

21. 某设备继续使用一年的边际成本如表 9-13 所示。现有新设备为 60000 元,寿命期为 16 年,年运行费用为 2000 元,残值为 4000 元,折现率为 10%,试决策是否应对旧设备进行更新。

设备使用一年的边际成本(单位:元)   表 9-13

项 目	金额	项 目	金额
新设备产量和质量提高增加的收入	2000	旧设备现在售出价	9500
新设备工资节约额	1500	旧设备一年后售出价	8500
新社备维修费用节约额	3000	就设备继续使用的资产占用金	950
新设备运行成本节约额	4000	旧设备资产折旧费	1000
旧设备运行成本	1500	旧设备的边际成本	13950
旧设备运行成本及损失	12000		

22. 某车间一设备目前价值3000元，下一年将贬值1000元，以后每年贬值500元，由于磨损，今年的运行成本为7500元，预计今后每年增加1000元，4年后报废，残值为0。现有一种新型设备，售价为16000元，能完全替代现有设备的工作并有所提升。其经济寿命为8年，期末残值为1500元，在经济寿命期内，年运行成本为5000元，预计7年内，新设备不会有大的改进。现假设基准折现率为12%。试决策是否更新现有设备？如果要更新，应何时进行？

23. 某企业的一条新生产线须购置一种设备，在市场上有两种同类型的机型A和B，A设备的总投资为20000元，估计其寿命为8年，运行费每年为1500元，B方案的总投资为25000元，寿命也为8年，残值率均为5%，运行费每年1000元，若按现值折算，选用哪种设备较为有利？若按年度费用计算，则选用哪种设备有利？（折现率取12%）

24. 某出租车公司计划与出租车司机签订新的租赁合同，已知该公司的出租车买入价为150000元，每辆车每年的运营规费为70000元，合同期5年，基准收益率为12%，请问出租车公司每年每辆车的租金应至少定为多少？如果是按月收取，则月租金为多少？

25. 某公司计划更新一系统的15个部件，这些部件的价值总额为9000元，现有系统可继续服务3年，系统通过升级可以继续使用，升级费用为4000元，升级后的相关资料已经列入表9-14中。

系统升级后相关费用 表9-14

年数	1	2	3
设备净值(元)	7000	3000	1000
操作维护费(元)	15000	18000	21000

每个工作站更新须耗费3000元，寿命期为5年，每年低劣化值相等，没有残值，其运营费用如表9-15所示。

工作站运营费 表9-15

使用年限	1	2	3	4	5
操作维护费用(元)	4000	5000	8000	10000	15000

基准折现率为10%，请问公司应采取升级还是更新措施？如果更新，应在何时更新更为有利？

26. 某工厂急需一种设备生产特定产品，该设备的购置价格为40000元，使用寿命为10年，期末残值为5000元；同时，厂方得知另外一家公司有同型设备可以出租，每年租赁费用为5000元，运行该设备的费用都是每年3000元，政府规定的所得税为33%，在年末缴纳。折旧采用平均折旧法，折现率为10%，试建议该厂应采用哪种方案比较划算。

27. 某公司一种型号的设备，每台价值20000元，第一年的运行费用为4000元，以后每年增加1000元，假设设备残值在任何时候均为零，折现率为10%，问设备在什么时候更新为最佳？

28. 某公司8年前购入一机床，价格为150000元，现在性能下降，估值为10000元，目前市场上出现了性能更为优越的机床，售价为30000元，新设备的使用寿命为10年，残值为

2000元，旧设备还能用2年，残值为1500元，试分析是否应该更换该型机床（折现率为10%）。

29. 某研究所急需某种化学仪器，经市场调查，有两种方案可供选择，一种方案是花费35万元购置一台仪器，估计其寿命为10年，10年末的残值为1.5万元，运行费为2万元/年，年维修费为1万元/年，另一种方案是租用仪器，每年租赁费为5万元，所得税率为33%，采用直线折旧法计提折旧，基准贴现率为12%，则该企业是采用购置方案还是租赁方案？

第10章 价值工程

本章概要

价值工程,又称价值分析,是第二次世界大战以后产生和发展起来的一种技术与经济相结合的管理技术,它的思想方法广泛应用于现代管理过程中。本章从价值工程的产生与发展和基本原理入手,详细叙述了对工程项目进行价值分析的一般程序与方法,并通过对应用价值工程典型案例进行分析,介绍了价值工程在工程项目中的应用。通过本章的学习,读者可以了解价值工程的原理和应用范围,掌握工程项目价值分析的基本方法。

10.1 价值工程概述

10.1.1 价值工程的产生与发展

价值工程(Value Engineering,简称 VE),又称价值分析(Value Analysis,简称 VA)产生于 20 世纪 40 年代的美国。第二次世界大战期间,美国的军事工业得到迅速发展,大量的物资被消耗,许多资源的供应都非常紧张。第二次世界大战结束后,这个矛盾更加突出。据统计,当时美国在 100 种重要资源中有 88 种需要从国外进口。同时,"战后"军工转为民用生产,美国政府又取消了"战时"的成本补贴,造成材料费用大大增加。资源短缺和成本增加给企业经营带来极大的压力,迫使企业更加节约原材料和更加积极寻找代用材料,以满足生产的需要。

最早意识到这个问题的是美国通用电气公司,该公司负责采购工作的副经理埃利·查尔(Harry Erlicher)想到了"战时"采用代用品的经验,使用代用品不但能解决材料不足的问题,还能降低生产成本,产品质量也不会受到影响。于是,他下令公司的采购科长麦尔斯(L. D. Miles)工程师负责研究这个代用品问题。

当时美国通用电气公司的生产过程中需要大量的石棉板,而石棉板却供应紧张,价格大幅上涨。对此,麦尔斯提出了两个问题:一是为什么需要石棉板?二是它的功能是什么?麦尔斯领导的工作组经过调查得知:根据美国《消防法》的规定,企业在给有关产品喷刷涂料的时候,须把石棉板铺在地板上,避免玷污地板,引起火灾。麦尔斯根据石棉板的这一功能,终于找到了具有同样"防污""防火"功能的一种不易燃烧的纸板,不仅货源充足,而且价格便宜。经过消防部门的认可,通用电气公司采用这种不易燃烧的纸板替代了石棉板,为公司节约了大量费用,同时也解决了石棉板供不应求的问题。

麦尔斯从这件事的过程中得到启发,将研究思路应用到产品设计中去,研究总结出一整套在保证产品功能不变的前提下,使产品成本下降,价值提高的方法,并于 1947 年首先创建了价值工程这一技术与经济结合的管理方法。当时,麦尔斯的研究结论有以下三点。

(1)从表面上看用户购买的是一种商品,实际上是购买该商品的功能。

(2)用户希望花最少的钱,买到同样功能的产品。

(3)从功能与成本之比得出了"价值"的概念,即功能与价值成正比;成本与价值成反比。

价值工程诞生以后,在军事工业和民用工业中广泛应用。在美国,1959 年,成立了全国性学术组织"美国价值工程协会(SAVE)"。1952~1956 年美国海军、空军、陆军相继引进价值工程,并应用到新产品的开发和设计中去,1959 年美国国防部修订的军需采购条例专门做出了应用价值工程的规定,即武器承包商应用价值工程所节约的费用,可以按一定比例提成。1964 年美国国防部制定了美国军用标准《价值工程规划要求》(MIL-V-38352),并命令美国陆军、海军、空军和后勤部门使用。1981 年又重新制定了美国军用标准《价值工程规划要求》(MIL-STD-1771)并要求国防部所有各部和局使用。从 1971 年开始,美国应用价值工程的基本原理,开始推行以成本为设计参数的定费用设计(即 Design to Cost,简称 DTC 法),并把成本从生产成本发展为寿命周期成本(即 Life Cycle Cost,简称 LCC)。在美国国防部大力推行价值工程的同时,民用工业、卫生、教育、福利、退伍军人管理等部门也相继引进、应用了价值工程,并取得了良好的经济效益。1996 年 2 月 10 日,美国总统克林顿签署了美国国会通过的 104～106 号公共法令。该法令强调,不仅是国防机构,而且联邦政府的其他部门都要应用价值工程,以法律形式确立了价值工程及其在经济发展中的作用和地位。据美国全国纳税人联盟测算,从 1995 年开始,由于价值工程的系统应用,美国每年节约额为 20.19 亿美元。据美国核算总局分析,价值工程一般可以节约计划费用开支的 3%～5%。

日本是应用价值工程较早且富有成效的国家。1955 年开始引进价值工程,1965 年日本价值工程协会在东京成立,在日本价值工程协会的大力促进下,价值工程的应用渗透到电子、机械、化工、建筑、钢铁、食品、金融、服务等各行业、部门,应用的范围也从产品扩展到工程、组织、预算等领域。到了 20 世纪 70 年代,价值工程在日本的应用已经相当普及,并取得了巨大的经济效益,据 1983 年和 1984 年两次价值工程全国大会的调查,日本企业界应用价值工程在多数情况下都有降低成本的目的。

欧洲各国推行价值工程的特点是把价值工程的原理和方法制定成整套的标准,或采取行政干预的办法,发指令、提号召、做决定等,应用相当普遍,且都取得了较好的经济效益。

在我国,价值工程是从 1978 年引入的。1982 年创刊了我国唯一的价值工程专业刊物《价值工程》,1985 年,全国政协通过了第 1378 号提案"迅速推广价值工程方法,提高产品质量和降低消耗",并建议国务院交国家经委研究办理。1987 年 10 月,国家标准局发布了我国第一个价值工程方面的国家标准《价值工程基本术语和一般工作程序》(GB 8223—87),进一步促进了价值工程的应用和研究,标志着我国价值工程的普及、推广和应用已初步成熟和规范。1988 年 5 月,中国企业管理协会价值工程研究会正式成立,1998 年 12 月在北京召开了全国首届价值工程代表大会,这一切都极大地促进了价值工程在我国的推广和应用。上海市是我国率先应用价值工程的地区之一,从 1979 年到 1989 年推广应用价值工程 10 年来,据上海市 373 个企业的 580 个较大项目的统计,取得直接经济效益达 2.5 亿元。

10.1.2 价值工程的概念与特点

价值工程是以最低的寿命周期费用,可靠地实现使用者所需功能,着重于功能价值分析的有组织的活动。

国家标准《价值工程基本术语和一般工作程序》(GB 8223—87)对价值工程的定义为:价值工程指通过各相关领域的协作,对所研究对象的功能与费用进行系统分析,不断创新,旨在提高所研究对象价值的思想方法和管理技术。

价值工程的对象泛指一切为实现功能而发生费用的事物,如产品、工艺、工程、服务或它们的组成部分等。

价值工程的定义中,涉及价值工程的三个基本概念,即价值、功能和寿命周期成本。

1. 价值(Value)

价值工程中价值的概念不同于政治经济学中价值的概念。在政治经济学中,价值是指凝结在商品中的一般的无差别的人类劳动,它是商品的一般属性。价值大小是由凝结在商品中的社会必要劳动量决定的。

价值工程中的价值,指研究对象所具有的功能与取得该项功能的寿命周期成本之比,即功能与费用之间的比值,可用公式表示为:

$$V=\frac{F}{C} \qquad (10-1)$$

式中:V——研究对象的价值;
F——研究对象的功能;
C——研究对象的成本。

式(10-1)表明,价值的大小取决于功能和费用,在成本不变的情况下,价值与功能成正比,即功能越大,价值就越大;反之亦然。在功能不变的情况下,价值与成本成反比,即成本越低,价值就越大;成本越高,价值就越低。

2. 功能(Function)

价值工程中的功能指对象能够满足某种需求的一种属性。如汽车的功能是运载人与物;建筑产品中住宅的功能是提供居住空间,建筑物基础的功能是承受荷载等。

价值工程的研究对象往往会有几种不同的功能,为了便于功能分析,需要对功能进行分类,一般可有以下四种不同的分类方法。

(1)基本功能和辅助功能

基本功能指与对象的主要目的直接有关的功能,是对象存在的主要理由;辅助功能指为了更好地实现基本功能而附加的功能。一般来说,基本功能是必要的功能,辅助功能有些是必要功能,有些可能是多余的功能。例如台灯的基本功能是满足使用者的照明要求,辅助功能有美观、方便安装等。

(2)必要功能和不必要功能

必要功能是为满足使用者的要求而必须具备的功能,如产品的使用功能、美学功能等都是必要功能;不必要功能是对象(产品)所具有的、与满足使用者的需求无关的功能,不必要功能又称多余功能,如早期自行车上的照明灯。

区分必要功能和不必要功能的目的是为了更好地降低价值分析对象的成本。

(3)使用功能和品位功能

使用功能指对象所具有的、与技术经济用途直接有关的功能;品位功能指与使用者的精神感觉、主观意识有关的功能,如贵重功能、美学功能、外观功能、欣赏功能等。产品的使用功能和品位功能往往是兼而有之,但根据用途和消费者的要求不同而有所侧重。使用功能属于产品的必要功能,品位功能有些不属于必要功能。

(4)不足功能和过剩功能

不足功能指对象尚未满足使用者需求的必要功能,它是对象(产品)需要改进之处;过剩功能是对象所具有的、超过使用者需求的功能,属于不必要功能,通过价值分析后剔除那些过剩功能。

价值工程通过对功能进行分析,可以区分研究对象的基本功能和辅助功能、必要功能和不必要功能、不足功能和过剩功能,从而保证必要功能和基本功能,取消不必要功能和过剩功能,补充不足功能和辅助功能;严格按照用户的需求来设计产品,从而提高对象(产品)的价值。

3. 寿命周期成本(Life Cycle Cost)

价值工程研究对象从研究、形成、使用到退出使用所需的全部费用称为寿命周期成本,亦即产品或作业在寿命周期内所需的全部费用。寿命周期与寿命周期成本之间的关系如图10-1所示。

一般来讲,寿命周期成本包括生产成本和使用成本两部分。生产成本指发生在生产企业内部的成本,包括研究、开发、设计,以及制造过程中的费用;使用成本指用户在使用过程中支付的各种费用的总和,它包括使用耗能、日常管理、维护维修等方面的费用。寿命周期成本、生产成本、使用成本与产品功能之间的关系见图10-2。

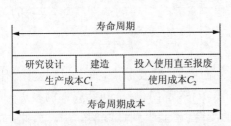

图10-1 寿命周期与寿命周期成本关系图

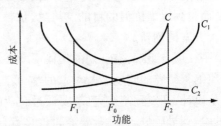

图10-2 产品功能与成本的关系

在图10-2中,C_1表示生产成本,随着产品功能的增加,生产成本越来越高;C_2表示使用成本,随着功能的增加,使用成本越来越低;C表示寿命周期成本,$C=C_1+C_2$,它的变化趋势是随着产品功能的增加,先下降,然后上升。从图5-2可以看出,在F_1点,产品功能较少,此时虽然生产成本较低,但由于不能满足使用者的基本需要,使用成本较高,因而寿命周期成本较高;在F_2点,虽然使用成本较低,但由于存在着过剩的功能,因而导致生产成本过高,同样寿命周期成本也较高,只有在F_0点,产品功能既能满足用户的需求,又使得寿命周期成本比较低,体现了比较理想的功能与成本之间的关系,亦即产品的价值比较大。

值得注意的是,在寿命周期成本构成中,一般由于生产成本在短期内集中支出并且体现在价格中,容易被人们所认识,进而采取措施加以控制。而使用中的人工、能源、维修等耗费常常是生产成本的许多倍,但由于分散支出,容易被人们忽视。比如说一项建筑产品,如果单纯追求生产成本,即预算的降低,粗心设计,偷工减料,那么其建造质量就会非常低劣,使用过程中的维修费用就会很高,甚至有可能发生重大事故,给社会财产和人身安全带来严重的损害。因此,价值工程中对降低成本的考虑,要综合考虑生产成本和使用成本的下降,兼顾生产者和用户的利益,以最低的寿命周期成本,可靠地实现所研究对象的功能,来获取最佳的综合经济效益。

4. 价值工程的特点

价值工程作为一种现代化管理技术和分析方法具有以下特点。

(1)以满足用户的功能需求为出发点

功能是商品最本质的属性。用户购置和使用商品实质上是购置和使用商品所具有的所有功能。因此,以用户的功能需求为起点来确定商品的功能及费用水平,是价值分析的基本出发点。

(2)以研究对象的功能、成本分析为核心

对所研究的对象进行功能分析,一方面可以看是否满足了用户所需求的功能,另一方面看其是否存在不必要的功能和过剩功能,进而采取有效措施来消除这些功能以及由此而多花费的成本。此外,还需要系统研究各项功能与支付成本之间的关系,其目的就是为了提高对象的价值。功能分析、功能和成本关系的系统分析贯穿于价值分析活动的始终,是价值工程的核心。

(3)是一项旨在提高对象价值的创造性活动

价值工程能否取得成功,关键是创新,价值工程的效益也来自创新。通过对研究对象的各项功能与成本之间的定性、定量分析,找出改进目标,发挥有关人员的创造性,创新出改善方案,从而达到提高价值的目的。可见,价值工程本身就是一项创造性活动,成功的关键就在于改善方案的创新。

(4)是一项有组织、有计划的集体活动

价值工程研究的问题涉及对象的整个产品寿命周期,涉及面广,研究过程复杂,比如一项产品从设计、开发到制造完成,要通过企业内部的许多部门;一个降低成本的改进方案,从提出、试验,到最后付诸实施,要经过许多部门的配合,才能收到良好的效果。因此,企业在开展价值工程活动时,一般需要由技术人员、经济管理人员、有经验的工作人员,甚至用户,以适当的组织形式组织起来,共同研究,发挥集体智慧,灵活运用各方面的知识和经验,才能达到既定的目标。所以,进行价值工程活动必须要有组织、有计划地按一定程序进行。

10.1.3 提高价值的途径

运用价值工程的最终目的是为了提高所研究对象的价值,那么如何来提高对象的价值呢?从价值工程中价值本身的含义来看,其价值的提高主要取决于功能与成本两个因素,依据式(10-1),得出提高研究对象的价值有以下五种途径。

(1)在提高对象功能的同时,降低成本,即 $F\uparrow/C\downarrow=V\uparrow\uparrow$。这可使对象价值大幅度提高,是最理想的提高价值的途径,通常是通过科学发现、机理发明、技术创新等来实现。

(2)在保持成本不变的前提下,提高功能,价值提高,即 $F\uparrow/C\rightarrow=V\uparrow$。

(3)在保持功能不变的前提下,降低成本,价值提高,即 $F\rightarrow/C\downarrow=V\uparrow$。

(4)成本稍有增加,但功能大幅度提高,即 $F\uparrow\uparrow/C\uparrow=V\uparrow$。这种情况下成本虽然增加了一些,但功能的提高超过了成本的提高,因此,价值还是提高了。

(5)功能稍有下降,但成本大幅度降低,即 $F\downarrow/C\downarrow\downarrow=V\uparrow$。这种情况下功能虽然降低了一些,但仍能满足客户的要求,即以微小的功能下降换得了成本较大的降低,最终也是提高了产品的价值。

值得一提的是,尽管在对象形成的各个阶段都可以应用价值工程提高对象的价值,但在不同的阶段进行价值工程活动,其经济效果的提高幅度却是大不相同的。如对于大型复杂的产品,应用价值工程的重点是在产品的研究设计阶段,一旦完成设计图纸并投产,产品的价值就基本决定了,随后再进行价值工程分析可能会造成较大的浪费,使价值工程活动的技术经济效果大大降低。因此,在对象(产品)的设计和研制阶段就要开展价值工程活动,才能取得最佳的经济效果。

10.2 工程项目价值分析程序与方法

10.2.1 价值分析的程序

价值工程创始人麦尔斯将价值工程的工作程序归纳为回答七个问题,这七个问题如下。
(1)价值工程的研究对象是什么?
(2)对象的用途是什么?
(3)对象的成本是多少?
(4)对象的价值是多少?
(5)有无其他方法可以实现同样的功能?
(6)新方案的成本是多少?
(7)新方案能满足对象功能要求吗?
围绕回答这七个问题,人们总结出价值分析的一般工作程序,如表 10-1 所示。

价值工程的一般工作程序 表 10-1

阶段	步骤	说明
准备阶段	1. 对象选择	应明确目标、限制条件和分析范围
	2. 组成价值工程领导小组	一般由项目负责人、专业技术人员、熟悉价值工程的人员组成
	3. 制订工作计划	包括具体执行人、执行日期、工作目标等
分析阶段	4. 收集整理信息资料	此项工作应贯穿于价值工程活动的全过程
	5. 功能分析	明确功能特性要求,并绘制功能系统图
	6. 功能评价	确定功能目标成本,确定功能改进区域
创新阶段	7. 方案创新	提出各种不同的实现功能的方案
	8. 方案评价	从技术、经济和社会等方面综合评价各种方案达到预定目标的可行性
	9. 提案编写	将选出的方案及有关资料编写成册
实施阶段	10. 审批	由主管部门组织进行
	11. 实施与检查	制订实施计划、组织实施,并跟踪检查
	12. 成果鉴定	对实施后取得的技术经济效果进行成果鉴定

由于价值工程的应用范围广泛,其活动形式也不尽相同,因此,在实际应用中,可参照这个工作程序,根据研究对象的具体情况,应用价值工程的基本原理和方法,考虑具体的实施步骤和方法;但对象选择、功能分析、功能评价和方案创新与评价是该工作程序中的关键内

容,是不能缺少的。

10.2.2 对象选择与信息收集

1. 价值工程对象选择

选择价值工程的研究对象是开展价值工程活动的首要工作。

对任何企业来讲,并不是所有产品(作业)都需要进行价值分析,也不是一个产品的所有零件都需要进行价值分析。因此,需要重点选择价值工程的对象。从争取获得价值工程活动的效果考虑,一般是选择改进功能和降低成本潜力较大的,或者是生产经营上迫切需要改进的产品或作业过程。具体可以从以下几方面考虑。

(1)在设计方面,应选择结构复杂、体积尺寸大、性能差、技术落后、原材料昂贵的产品。

(2)生产制造方面,应选择产量大、工艺复杂、工装落后、废品率高、质量难于保证、设备与工时消耗多的产品。

(3)成本方面,应选择成本高、在成本构成中比重大的产品(零件)。

(4)市场方面,选择用户意见大、返修率高、维修成本高、市场饱和、利润率低的产品。

此外,还要优先考虑选取价值分析活动成功概率大的、改进后效果显著的产品。

下面介绍几种选择价值工程对象的具体方法。

(1)ABC分析法。ABC分析法是一种寻找主要因素的方法。它起源于意大利经济学家帕累托(Pareto)对资本主义社会财富分布情况的分析:帕累托发现资本主义社会的大部分财富集中在少数人的手中。以后这种方法也扩展到其他领域。价值工程运用这种方法进行对象选择时,是将产品成本构成进行逐项统计,将每一种零部件占产品总成本的比重从高到低排列出来,分成A、B、C三类,找出少数成本比重大的零部件,作为价值工程的重点分析对象。

一般来说,零部件数占总数的10%左右,成本占总成本的70%左右者为A类,零部件数占总数的20%左右,成本占总成本的20%左右者为B类,零部件数占总数的70%左右,成本占总成本的10%左右者为C类。在进行价值分析时,A类零部件是重点分析对象,B类只作一般分析,C类可以不加分析。

ABC分析法的具体做法如下:

①将被分析的零(部)件种类按成本大小依次排列填入表中,并按排列先后编出序号;

②根据零(部)件种类计算出累计数,并求出占全部零(部)件总种类数的百分比;

③根据零(部)件成本求出其占总成本的百分比,并求出累计成本的百分比;

④根据零(部)件的种类与成本情况,将其划分为A、B、C三类。

【例10-1】 在某建筑设备工程中,业主委托设备监理工程师对其中一个关键工艺设备的报价做评审,设备监理工程师发现该设备的各组成部件的功能与成本分布不合理,导致该设备造价偏高。设备监理工程师提出应用价值工程的方法可降低该设备的制造成本。表10-2是设备部件构成和现有的成本基本情况表。试应用ABC分析法确定哪些部件可作为价值工程的分析对象。

设备部件构成和现有的成本基本情况　　　　　　　　　　表10-2

序号	部件名称	件数	部件单件成本(万元)
1	A	3	6.00
2	B	1	60.00
3	C	2	59.00
4	D	1	20.00
5	E	1	100.00
6	F	3	4.00
7	G	2	4.50
8	H	8	0.75
9	I	2	1.00
10	J	10	0.20

解 该设备各组成部件ABC分类的计算过程和结果如表10-3所示。结果说明,A类零部件的件数之和占总件数的12%,而成本之和却占总成本的80%,是影响该设备的关键部件,降低成本的潜力较大,故应将A类部件作为价值工程的研究对象。

部件成本分析表　　　　　　　　　　表10-3

序号	部件名称	件数	累计件数	累计%	各类部件总成本(万元)	累计金额	累计%	分类
1	C	2	2	6	118	118	34	A类
2	E	1	3	9	100	218	63	A类
3	B	1	4	12	60	278	80	A类
4	D	1	5	15	20	298	86	B类
5	A	3	8	24	18	316	91	B类
6	F	3	11	33	12	328	95	B类
7	G	2	13	39	9	337	97	C类
8	H	8	21	64	6	343	98	C类
9	I	2	23	70	2	345	99	C类
10	J	10	33	100	2	347	100	C类
合计		33			347			

ABC分析法的优点是能抓住重点,突出主要矛盾,在对复杂产品的零部件作对象选择时常用它进行主次分类。据此,价值工程分析小组可结合一定的人力、财力、时间要求和分析条件,略去"次要的多数",抓住"关键的少数",卓有成效地开展工作。

(2)价值指数法。根据价值的表达式$V=F/C$,在产品成本已知的基础上,将产品功能定量化,就可以计算出产品价值,然后根据价值指数的大小来确定价值工程的研究对象。在应用该法选择价值工程的对象时,应当综合考虑价值指数偏离 1 的程度和改善幅度,优先选择 V<1 且改进幅度大的产品或零部件。

【例 10-2】 某机械制造厂生产四种型号的挖土机,各种型号挖土机的主要技术参数及相应的成本费用如表 10-4 所示,试运用价值指数法选择价值工程研究对象。

挖土机主要技术参数及相应成本　　　　　　　　　　　表 10-4

产品型号	A	B	C	D
技术参数(百立方米/台班)	1.51	1.55	1.60	1.30
成本费用(百元/台班)	1.36	1.12	1.30	1.40
价值指数	1.11	1.38	1.23	0.93

解　价值指数计算结果见表 10-4。由表可见,挖土机 D 的价值指数小于 1,应作为价值分析对象。

价值指数法一般适用于产品功能单一、可计量、产品性能和生产特点可比的系列产品或零部件的价值工程对象选择。

(3)百分比法。百分比法是通过分析各拟选对象对两个或两个以上的技术经济指标影响程度的大小(百分比)来确定价值工程研究对象的方法。下面通过举例予以说明。

【例 10-3】 某企业有四种建筑产品,其成本和利润情况如表 10-5 所示,试用百分比法确定其价值工程的研究对象。

某建筑产品成本和利润情况　　　　　　　　　　　表 10-5

产品名称	A	B	C	D	合计
成本(万元)	100	200	120	150	570
比重(%)	17.5	35.1	21.1	26.3	100
利润(万元)	10	22	10	17	59
比重(%)	16.9	37.3	16.9	28.9	100

解　由表 10-5 可见,产品 C 的成本占总成本的 21.1%,而其利润却只占总利润的 16.9%,成本所占的比重明显高于利润所占的比重,因此,产品 C 应作为价值分析的重点对象。

百分比法的优点是,当企业在一定时期要提高某些经济指标且拟选对象数目不多时,具有较强的针对性和有效性,缺点是不够系统和全面。上述分析是基于几种产品的功能接近的假设,否则没有可比性。

2.信息资料收集

信息是一种重要的资源,价值工程实施过程中离不开信息资料准确、全面的收集。在选择价值工程对象的同时,就应该收集有关的技术资料及经济信息,并为功能分析、成本分析、创新方案等工作做准备。在一定意义上说,价值工程成果的大小取决于能否准确、及时、全面地收集到必要的相关信息。

(1)信息资料收集的内容

价值工程所研究的对象不同,收集信息资料的内容也不尽一致。例如对于一般工业企业的产品分析来说,应收集的资料包括以下几个方面。

①用户方面资料:用户对产品的意见和要求,如产品的使用目的、使用条件、使用中故障情况及使用是否合理等。

②技术方面资料:企业内外、国内外同类产品的技术资料,如设计特点、加工工艺、设备、材料、技术以及优缺点和存在的问题等。

③经济方面资料:同类产品的价格、成本构成、材料成本、代用品价格和有关劳动定额等。

④本企业的基本资料:企业的经营方针、经营目标、生产能力及限制条件、销售情况等。

对于建设项目产品而言,应收集的资料包括以下几个方面。

①项目产品使用者的要求,如建筑物得使用目的、使用条件、安全性、舒适性、美学性、品位等。

②建设条件,如地质情况、场地状况、气候温度、运输条件、"三通一平"等。

③工程技术方面的资料,如施工新技术、新工艺、新材料、新设备,有关的技术规范、技术标准、环保技术标准等。

④经济管理方面资料,如工程成本构成、各种材料价格、人工成本的变动资料、劳动定额、有关的税费资料等。

⑤项目组织的资料、组织的发展战略、经营方针目标、组织对项目的期望、组织内部的管理制度、资源配置策略等。

收集到的信息资料并非都可以直接用于价值分析活动,还须归纳和整理、筛选分析,为下一步的功能成本分析提供有效的信息资料。

(2)收集信息资料的要求

收集信息资料是一项周密而系统的调查研究活动,有计划、有组织、有要求地收集相关信息,是这一活动成功的保证。价值工程活动中信息资料的收集应该做到及时、准确、全面、足够。

10.2.3 功能分析与评价

1. 功能分析

功能分析是价值工程的核心。所谓功能分析就是科学地、系统地、全面地分析和确定产品(对象)的各种必要功能,找出不必要的功能(多余功能、过剩功能),用更低的成本费用去实现用户所需要的必要功能。

一般而言,功能分析包括功能定义和功能整理。

(1)功能定义

功能定义是对价值分析对象(产品、零件、构件等)所具有的各种功能做一个明确的定义。

这些定义透过产品实物形象,将隐藏在产品结构背后的本质——功能揭示出来,从而从定性的角度回答"对象有哪些功能"这个问题。

价值分析是一个复杂对象时,一般可划分为许多构成要素,各构成要素相互作用完成一定的功能。为此,在给功能下定义时,首先要明确对象整体的功能定义;然后,再自上而下逐级地一一明确各构成要素的功能定义。

功能定义要求要简明扼要,通常采用两词法进行功能定义,即用两个词组成的词组来定义功能。常采用动词加名词的方法进行,例如房屋基础的功能是"承受荷载"等。

功能的提法较多,分类方法也有所不同。按必要性划分有必要功能、不必要功能;按重要程度划分有基本功能、辅助功能;按性质划分有使用功能、美学功能。所有这些功能都要以用户的要求为准。我们改善产品、提高价值都是为了满足用户的需要。

(2)功能整理

功能整理指在产品功能定义以后,进行分析整理,明确功能范围,检查功能定义的正确性,明确功能之间的关系。换句话说就是明确哪些是基本功能、哪些是辅助功能,确认哪些不必要的可以取消的多余功能、哪些是还需要补充的功能,以及各项功能之间是从属关系还是并列关系。

功能整理是用系统的思想将已经定义了的功能加以系统化,找出各局部功能相互之间的逻辑关系,并绘制产品的功能系统图,从而为功能评价和方案构思提供依据。

①功能系统图。功能系统图是按照一定的原则方式,将定义的功能连接起来,从单个到局部、从局部到整体形成的一个完整的功能逻辑关系图。其一般形式如图 10-3 所示。

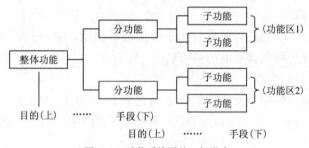

图 10-3 功能系统图的一般形式

在图 10-3 中,从整体功能开始,由左向右逐级展开,在相邻的两个功能之间,左边的功能(上级)称为右边功能(下级)的目标功能,而右边的功能(下级)称为左边功能(上级)的手段功能。例如图 10-3 中的分功能就整体功能来说,都是整体功能的手段功能,但就子功能来说,又是它们的目标功能。目标功能相对手段功能而言,又称为上位功能,手段功能则称为下位功能。并列的分功能或子功能被称为并列功能或同位功能。

②功能整理的方法

功能整理的主要任务就是建立功能系统图。因此,功能整理的方法也就是绘制功能系统图的方法,其一般步骤如下:

a. 编制功能卡片;

b. 选出基本功能或必要功能;

c. 明确各功能之间的关系。

现以建筑物的平屋顶为例,在对其功能进行定义的基础上,通过功能整理,得到的功能系统图如图 10-4 所示。

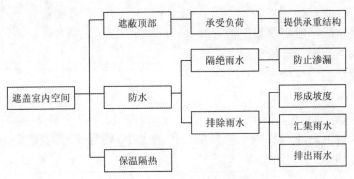

图 10-4 平屋顶功能系统图

综上可知,所谓功能分析,实质上就是通过对价值工程研究对象的逐级分析而达到认识其功能的过程,这一过程是以功能定义为起点,以功能整理和功能系统图的绘制为终点的。

2. 功能评价

(1) 功能评价的含义

功能评价就是用定性与定量的方法对各项功能的重要程度进行科学的评价。这个重要程度用功能价值表示。

功能评价包括相互关联的价值评价和成本评价两个方面。

① 价值评价

价值评价是通过计算和分析对象的价值,分析功能与成本的合理匹配程度。价值评价的表达式为:

$$V=\frac{F}{C} \tag{10-2}$$

式中:V——对象的价值;
F——对象的功能评价值或目标成本;
C——对象的目前成本或实际成本。

② 成本评价

成本评价指通过核算和确定对象的实际成本与功能评价值,分析和测算成本降低期望值,从而排列出改进对象优先次序。成本评价表达式为:

$$\Delta C = C - F \tag{10-3}$$

式中:ΔC——成本降低期望值。

一般情况下,当 ΔC 大于零时,ΔC 大者为优先改进对象。

在价值评价和成本评价中,都出现了功能评价值这个概念。在价值工程中,功能评价值是指可靠地实现用户要求功能的最低成本,它可以理解为是企业有把握,或者说应该达到的实现用户要求功能的最低成本。从企业目标的角度来看,功能评价值可以看成是企业预期的、理想的成本目标值,因此功能评价值一般又称为目标成本。据此式(10-3)又可以写为:

$$\Delta C = C - C_{目标} \tag{10-4}$$

式中:$C_{目标}$——对象的目标成本。

(2)功能评价的步骤

进行功能评价的一般步骤如下：

①确定对象的功能评价值 F；

②计算对象功能的目前成本 C；

③计算和分析对象的价值 V；

④计算成本改进期望值 ΔC；

⑤根据对象价值的高低及成本降低期望值的大小，确定改进的重点对象及优先次序。

功能评价的程序如图 10-5 所示。

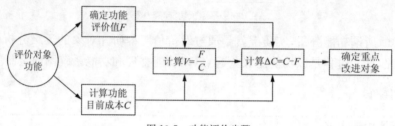

图 10-5　功能评价步骤

(3)功能评价方法

功能评价的方法可分为两大类：功能成本法与功能系数法。

①功能成本法

功能成本法又称为绝对值法，是通过一定的测算方法，测定实现必要功能所必须消耗的最低成本，同时计算为实现必要功能所耗费的目前成本，经过分析、对比，求得对象的功能价值系数和成本降低期望值，从而确定价值工程的改进对象的方法。其表达式如下：

$$功能价值系数(V) = \frac{功能评价值(F)}{功能目前成本(C)} \tag{10-5}$$

功能成本法主要包括两个工作内容，即功能目前成本的计算和功能评价值的推算，其中的关键是功能评价值的推算。

a. 计算功能目前成本(C)

功能目前成本的计算与一般的传统成本核算既有相同点，也有不同之处。两者相同点指它们在成本费用的构成项目上是完全相同的，如建筑产品的成本费用都是由人工费、材料费、施工机械使用费、措施费、间接费等构成的；而两者的不同之处在于功能目前成本的计算是以对象的功能为单位，而传统成本核算是以产品、零部件或项目为单位。因此，在计算功能目前成本时，须根据传统的成本核算资料，将产品或零部件目前成本换算成功能的目前成本。

具体地讲，当一个零部件只具有一个功能时，该零部件的成本就是它本身的功能成本；当一项功能要由多个零部件共同实现时，该功能的成本就等于这些零部件的功能成本之和；当一个零部件具有多项功能或同时与多项功能有关时，就需要将零部件成本分摊给各项有关功能，至于分摊的方法和分摊的比例，可根据具体情况决定。

【例 10-4】　某产品具有 $F_1 \sim F_4$ 共四项功能，且由四种零部件来实现，每一零部件的成本资料见表 10-6，且其对实现功能所起作用的比重经专家确定后结果见表 10-6，试计算各功能的目前成本。

某产品功能与成本资料表　　　　　　　　　　　　　　　　　　表10-6

零部件		成本(元)	功　能			
序号	名称		F_1(成本比重)	F_2(成本比重)	F_3(成本比重)	F_4(成本比重)
1	A	400	100%			
2	B	160		40%		60%
3	C	280	20%	40%	40%	
4	D	450	10%	30%	40%	20%

解　根据以上数据计算功能目前成本的基本原理，计算结果见表10-7。

功能目前成本计算表　　　　　　　　　　　　　　　　　　　　表10-7

零部件		成本(元)	功　能			
序号	名称		F_1(目前成本)	F_2(目前成本)	F_3(目前成本)	F_4(目前成本)
1	A	400	400			
2	B	160		64		96
3	C	280	56	112	112	
4	D	450	45	135	180	90
合计		1290	501	311	292	186

b. 计算功能评价值（F）

确定功能评价值常用的有四种。

ⓐ经验估算法。它是由一些有经验的专家，根据预先收集到的技术、经济情报，先初步构思出几个能实现预定功能的设想方案，并大致估算实现这些方案所需要的成本，经过分析、对比，以其中最低的成本作为功能评价值的方法。

如图10-6所示的功能系统图，对实现F_2功能，设想有三个方案，其成本分别如图10-6所示。

显而易见，功能F_2的功能评价值为600元，同理可计算出F_1与F_3的功能评价值。

ⓑ实际调查法。这种方法指通过广泛的调查，收集具有同样功能产品的成本，从中选择功能水平相同而成本最低的产品，以这个产品的成本作为功能评价值。

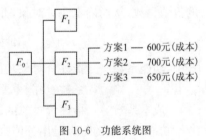

图10-6　功能系统图

ⓒ反推法。这种方法指根据对市场和用户的调查确定产品的价格。这种价格必须是用户承认并能够接受的且具有较强的竞争能力。再考虑企业的目标利润和纳税额，制定功能评价值。其计算公式如下：

$$产品功能评价值 = 产品价格 - 单位产品利税额 \tag{10-6}$$

例如某产品根据市场情况确定售价为8000元，若税率为售价的3%，目标利润为售价的12%，则其功能评价值应为$8000 \times (1-3\%-12\%) = 6800$元。

ⓓ理论计算法。这种方法指利用工程上的一些计算公式和某些费用标准（如材料价格

等),找出功能与成本之间的关系,从而确定功能评价值。具体计算步骤如下。

第一步,首先分析该功能是否可以利用公式进行定量计算。

第二步,选择有关公式进行计算。

利用理论计算法确定功能评价值,在功能评价时比较准确可靠,但并不是各种功能都可以利用此法,只有当功能可以利用工程上的公式定量计算时才可采用,对一些无法定量计算的功能则不便使用。

c. 计算功能价值系数(V)

根据式(10-5)即可计算出功能价值系数。

d. 确定功能改进目标

功能价值系数计算出来以后,就需要进行分析与评价,进而确定功能改进目标。一般来说,采用功能成本法所计算出的功能价值系数不外乎有以下三种结果。

ⓐ $V=1$。此时功能评价值等于功能目前成本。这表明评价对象的功能目前成本与实现功能所必需的最低成本大致相当,说明评价对象的功能价值为最佳,一般无需改进。

ⓑ $V<1$。此时功能目前成本大于功能评价值。表明评价对象的目前成本偏高,这时,一种可能是由于存在着过剩的功能,另一种可能是功能虽无过剩,但实现功能的条件或方法不佳,以至于实现该功能的成本大于功能的实际需要。这两种情况都应列入功能改进的范围,并且以剔除过剩功能及降低目前成本为改进方向。

ⓒ $V>1$。此时功能目前成本低于功能评价值。表明评价对象的功能目前成本低于实现该功能所应投入的最低成本,有可能是评价对象功能不足,没有达到用户的功能要求,应适当增加成本,提高功能水平。如果评价对象目前的低成本确实满足了用户对该功能的要求,则不必将其列为功能改进对象。

② 功能系数法

功能系数法又称相对值法,是通过评定各对象功能的重要程度,用功能系数来表示其功能程度的大小,然后将评价对象的功能系数与相对应的成本系数进行比较,得出该评价对象的价值系数,从而确定改进对象,并求出该对象的成本改进期望值的方法。其表达式如下:

$$价值系数(V) = \frac{功能系数(FI)}{成本系数(CI)} \tag{10-7}$$

式中:功能系数——指评价对象功能(如零部件等)在整体功能中所占的比率,又称功能评价系数、功能重要度系数等;

成本系数——指评价对象的目前成本在全部成本中所占的比率。

功能系数法的特点是用分值来表达功能程度的大小,以便使系统内部功能与成本具有可比性,由于评价对象的功能水平和成本水平都用它们在总体中所占的比率来表示,这样就可以采用上面的公式方便地、定量地表达评价对象功能价值的大小,因此,在功能系数法中,采用价值系数作为评定对象功能价值的指标。

功能系数法也包括两大工作内容,即成本系数的计算和功能系数的计算。

a. 成本系数的计算

成本系数可按下式计算:

$$成本系数\ CI_i = \frac{第\ i\ 个评价对象的目前成本}{全部成本} \tag{10-8}$$

b. 功能系数的计算

功能系数的计算是一个定性与定量相结合的过程,其主要步骤是评定功能分值。功能分值的评定是在科学的评分原则的指导下,按用户要求应该达到的功能程度,采用适当的评分方法,评定各功能应有的分值。

功能系数的计算方法很多,常用的有以下几种。

ⓐ强制确定法。又称FD法,包括01法和04法两种方法。它是采用一定的评分规则,采用强制对比打分来评定评价对象功能系数的方法。

01法是将各功能一一对比,重要者得1分,不重要的得0分,然后为防止功能系数中出现零的情况,用各加1分的方法进行修正,最后用修正得分除以总得分即为功能系数。该法计算过程参见表10-8。

01 法评分表　　　　　　　　　　表10-8

功能	F_1	F_2	F_3	F_4	F_5	得分	修正得分	FI_i
F_1	×	0	0	1	1	2	3	0.20
F_2	1	×	1	1	1	4	5	0.33
F_3	1	0	×	1	1	3	4	0.27
F_4	0	0	0	×	0	0	1	0.07
F_5	0	0	0	1	×	1	2	0.13
合计							10	15

04法是将各功能一一对比,以此确定功能系数,基本规定为:很重要的功能因素得4分,另一很不重要的功能因素得0分;较重要的功能因素得3分,另一较不重要的功能因素得1分;同样重要或基本同样重要时,则两个功能因素各得2分;最后用各功能得分除以功能总得分即为功能系数。

【例10-5】 某技术方案具有五项基本功能,现用F_1、F_2、F_3、F_4、F_5分别来表示,经有关专家讨论对其功能的重要性达成以下共识:F_2和F_3同样重要,F_4和F_5同样重要,F_1相对于F_2较重要,F_1相对于F_4很重要,F_2相对于F_4较重要,试用04法来确定其功能系数。

解 依据题意及根据04法的基本原理,计算结果见表10-9。

04 法评分表　　　　　　　　　　表10-9

功能	F_1	F_2	F_3	F_4	F_5	得分	FI_i
F_1	×	3	3	4	4	14	0.350
F_2	1	×	2	3	3	9	0.225
F_3	1	2	×	3	3	9	0.225
F_4	0	1	1	×	2	4	0.100
F_5	0	1	1	2	×	4	0.100
合计						40	1.00

强制确定法适用于被评价对象在功能重要程度上的差异不太大,并且评价对象子功能数目不太多的情况。

ⓑ多比例评分法。这种方法可以说是强制确定法的延伸,它是在对比评分时,按(0,10)(1,9)(2,8)(3,7)(4,6)(5,5)这 6 种比例来评定功能系数,其计算过程参见表 10-10。

多比例评分法　　　　　　　　　　　　　　　表 10-10

功能	F_1	F_2	F_3	F_4	F_5	得分	FI_i
F_1	×	4	2	6	7	19	0.19
F_2	6	×	4	8	7	25	0.25
F_3	8	6	×	9	9	32	0.32
F_4	4	2	1	×	4	11	0.11
F_5	3	3	1	6	×	13	0.13
合计						100	1.00

有时条件允许,也采用直接评分法。它是请 5~15 位熟悉研究对象的专家对各部分的功能直接打分,评价时规定总分标准,且每个参评人员对各部分功能的评分之和必须等于总分。

c. 价值系数(V)的计算

根据式(10-7)代入已经确定的功能系数(FI)和成本系数(CI)即可计算出每一功能的价值系数 V_i。

d. 确定功能改进目标

功能的价值系数计算出来以后,就需要进行分析,进而确定功能改进目标。一般来说,采用功能系数法所计算出的功能价值系数不外乎有以下三种结果。

ⓐ$V=1$。此时评价对象的功能比重与成本比重大致平衡,匹配合理,可以认为功能的目前成本是比较合理的,不须改进。

ⓑ$V<1$。此时评价对象的成本比重大于其功能比重,表明相对于系统内的其他对象而言,目前所占的成本偏高。应将其列为改进对象,改善方向主要是降低成本。

ⓒ$V>1$。此时评价对象的成本比重小于其功能比重。出现这种结果的原因可能有三个。第一个原因是目前成本偏低,不能满足评价对象实现其应具有的功能的要求,致使对象功能偏低,这种情况应列为改进对象,改善方向是增加成本;第二个原因是对象目前具有的功能已经超过了用户要求的功能水平,存在过剩功能,这种情况也应列为改进对象,改善方向是降低功能水平;第三个原因是对象在技术、经济等方面具有某些特殊性,在客观上存在着功能很重要而需要耗费的成本却很少的情况,这是人们求之不得的情况,也就不必列为改进对象了。

10.2.4　方案创新与评价

通过功能分析和功能评价,对价值工程对象整体及其各功能的功能价值进行了分析计算和评价,选出了价值低且成本改善期望大的作为重点改进对象,接着就需要通过方案创新去提高对象的价值了。

1. 方案创新

方案创新是从提高对象的功能价值出发,针对应改进的具体目标,依据已建立的功能系统图和功能目标成本,通过创造性的思维活动,提出价值提升的各种不同方案的过程。

方案创新是价值工程活动成败的关键,主要依赖于创造能力和创造思维。在价值工程中常用的方案创新的方法有以下三种。

(1) 头脑风暴法

头脑风暴法又称 BS 法,是世界上最早的创造方法之一,由美国人奥斯本(Osburn)博士在 1939 年首先提出。具体做法是:采用会议的形式,组织对改进对象有较深了解的人员进行讨论、座谈(人数一般为 5～10),最后提出新的方案。讨论时应遵守以下几条规则:

①不允许批评别人的设想;

②欢迎自由奔放地思考,提出尽量多的方案;

③欢迎在别人意见的基础上补充和完善;

④会议的主持者应思想活跃,知识面广,善于引导,使会议气氛融洽,能使与会者广开思路,畅所欲言;

⑤会议应有记录,以便于整理研究。

头脑风暴法的核心是:打破常规、积极思考、互相启发、集思广益。这种方法可以获得新颖、全面且富于创造性的方案,并可以防止片面和遗漏。

(2) 哥顿法

哥顿法又称模糊目标法,是由美国人哥顿(Gorton)在 1964 年提出来的。这种方法的指导思想是把要研究的问题适当抽象,以利于开拓思路,在从研究到新方案的过程中,会议主持人一开始并不全部摊开要解决的问题,而是只对大家作一番抽象笼统的介绍,要求大家提出各种设想,以激发出有价值的改进方案,待讨论到一定程度后才把中心议题提出来,以作进一步研究。这种方法要求会议主持人机智灵活、提问得当,提问太具体,容易限制思路;提问太抽象,则方案可能离题太远。

(3) 德尔菲法(Delphi technique)

德尔菲法又称专家调查法,是将要研究的方案分解为若干内容,以信函的方式分送各有关专家,使他们在互不商量的情况下提出各种建议和设想,待专家们将方案寄回后,组织者经过整理分析,归纳出若干较合理的方案,再分送给各位专家进行分析研究。如此经过几次反复后专家意见趋向一致,最后形成比较集中的几个方案。这种方法的特点是专家互不见面,具有匿名性,避免了意见容易受权威左右、随大流的情况,同时,研究问题时可轮间反馈,时间充裕,能独立进行思考,没有顾虑,可以不受约束地从各种角度提出意见,缺点是花费时间较长,缺乏面对面的交谈和商议。

方案创新的方法很多,总的原则是要充分发挥有关人员的聪明才智,集思广益,多提方案,从而为方案评价创造条件。

2. 方案评价

方案评价指对已创造出的方案从技术、经济、社会等方面进行分析、比较、论证和评价等工作的总称,其目的在于找出相对令人满意的实施方案。方案评价的过程如图 10-7 所示,分为概略评价与详细评价两个阶段。

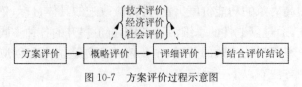

图 10-7　方案评价过程示意图

(1) 概略评价

概略评价是对方案创新阶段提出的各个设想方案进行粗略评价,目的是淘汰那些明显不可行的方案,筛选出少数几个价值较高的方案,以供详细评价时作进一步的分析。

(2) 详细评价

详细评价是在掌握了大量数据资料的基础上,对概略评价获得的少数方案,从技术、经济、社会三个方面进行详尽的分析评价,为提案的编写和审批提供科学的依据。

在对方案进行评价时,无论是概略评价还是详细评价,都应包括技术评价、经济评价和社会评价三个方面的内容。一般可先做技术评价,再分别做经济评价和社会评价,最后做综合评价。技术评价是对方案功能的必要性及必要程度(如性能、质量、寿命等)以及实施的可能性进行分析评价;经济评价是对方案实施的经济效果(如成本、利润、节约额等)的大小进行分析评价;社会评价是对方案给国家和社会带来的影响(如环境污染、生态平衡、国民经济效益等)所进行的分析和评价。

3. 方案实施与检查

通过对方案的详细评价,即可选出最优改进方案,经批准后,即可组织实施。一般来讲,组织方案实施时,首先应由单位领导指定一名实施价值工程项目的负责人,然后由他与价值工程小组其他成员一道,制订出一个具体的实施计划并付诸实施。

在方案实施过程中,价值工程小组成员要深入实际进行跟踪检查,及时发现问题,查明原因,并采取有效措施加以解决。

4. 价值工程成果评价报告

价值工程成果评价,就是将改进方案的各项技术经济指标与原设计进行比较,以考察方案所取得的综合效益。

价值工程活动全部结束之后,要及时进行总结,并写出成果报告,成果报告主要应包括以下几项内容:

① 成果名称;
② 完成单位及主要参加人员;
③ 成果简介;
④ 技术效果;
⑤ 经济效果;
⑥ 社会效果;
⑦ 附件。

10.3 价值工程应用案例

【例 10-6】 某建筑设计院为了面对日益激烈的建筑工程设计的市场竞争,采用价值工程的方法来解决各项目设计中的方案优选问题,以满足项目业主方的要求。以下是该设计院价值工程应用的分析过程。

1. 对象选择

首先是,在承担的各种类型的工程设计项目中,设计院究竟选择那类项目作为价值工程的分析对象呢?该建筑设计院依据近几年承担的设计项目的建筑面积构成统计数据(表 10-11),运用百分比法来选择价值工程的研究对象。通过分析,住宅工程占比重最大,故价值工程分析人员决定将住宅工程作为价值工程的研究对象。

某建筑设计院设计项目构成情况　　　　表 10-11

项目类别	比重(%)	项目类别	比重(%)
住宅	38	图书馆	1
综合楼	10	商业建筑	2
办公楼	9	体育建筑	2
教学楼	5	影剧院	3
车间	5	医院	5
宾馆	3	其他	17

2. 资料收集

选择好研究分析对象之后,价值工程分析人员着重收集了以下一些方面的资料:通过工程回访,收集广大用户对住宅使用情况的意见;通过对不同地质情况和基础形式的住宅进行定期的沉降观测,获取地基方面的第一手资料;了解有关住宅施工方面的情况;收集大量有关住宅建设的新工艺和新材料的性能、价格和使用效果等方面信息;分地区按不同的地质情况、基础形式和类型标准,统计分析近年来住宅建筑的各种技术经济指标。

3. 功能分析与评价

价值工程分析人员通过分组讨论和集体商议,对住宅的各种功能进行了系统的分析,绘制出了功能系统图,如图 10-8 所示。

根据功能系统图,价值工程分析人员组织用户、设

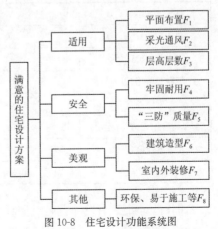

图 10-8　住宅设计功能系统图

计人员和施工人员共同对功能进行定量化分析,即确定各功能的权重。把用户、设计单位和施工单位评价的权重分别设定为50%、40%和10%,各方人员对功能权重的打分采用10分制,具体打分及功能重要度系数如表10-12所示。

住宅功能重要程度系数　　　　　　　　　　　　　　　　　　表10-12

功能	用户评分(50%)		设计单位评分(40%)		施工单位评分(10%)		功能权重 $(0.5F_{用户}+0.4F_{设计}+0.1F_{施工})/10$
	$F_{用户}$	$0.5F_{用户}$	$F_{设计}$	$0.4F_{设计}$	$F_{施工}$	$0.1F_{施工}$	
F_1	4.12	2.060	4.26	1.704	3.18	0.318	0.408
F_2	1.04	0.520	1.35	0.540	1.55	0.155	0.122
F_3	0.82	0.410	1.28	0.512	1.33	0.133	0.106
F_4	0.91	0.455	0.55	0.220	1.06	0.106	0.078
F_5	1.10	0.550	0.64	0.256	1.08	0.108	0.091
F_6	0.98	0.490	1.12	0.448	1.04	0.104	0.104
F_7	0.64	0.320	0.48	0.192	0.53	0.053	0.056
F_8	0.39	0.195	0.32	0.128	0.23	0.023	0.035
合计	10	5	10	4	10	1	1

4. 方案设计与评价

对住宅设计项目进行功能分析与评价之后,就可将其运用到具体工程项目设计方案的评价与优选之中。以某商品住宅为例,该住宅拟建地址地质条件较差,上部覆盖层只有1米左右,淤泥达十几米。根据收集到的情报和资料,价值工程分析人员针对某设计院初步设计提出的十几个不同的方案进行了严密的分析研究,采用优缺点列举法等方法进行方案筛选,保留下了三个较优的方案A、B、C。三个方案的单方造价、工程总造价、年经营费用等见表10-13。基准折现率为10%,住宅的使用寿命假设为30年。各方案成本系数的计算见表10-13。

各方案成本系数计算表　　　　　　　　　　　　　　　　　　表10-13

方案	A	B	C
单方造价(元/m²)	780	760	800
工程总造价(万元)	390	380	400
年经营费用(万元)	42	45	40
折现系数	9.4269	9.4269	9.4269
经营费用现值(万元)	396	424	377
总成本现值(万元)	786	804	777
成本系数	0.332	0.340	0.328

同时,对此三个设计方案对照住宅设计功能系统图,采用10分制打分法进行功能评价并计算功能系数,计算过程及结果见表10-14。

第10章 价值工程

各方案功能系数计算表　　　　　　　　　　　　　　表 10-14

功能	功能权重	A 分值	A 加权分值	B 分值	B 加权分值	C 分值	C 加权分值
F_1	0.408	8	3.264	9	3.672	5	2.040
F_2	0.122	7	0.854	9	1.098	8	0.976
F_3	0.106	5	0.530	9	0.954	6	0.636
F_4	0.078	8	0.624	6	0.468	4	0.312
F_5	0.091	8	0.728	10	0.910	5	0.455
F_6	0.104	10	1.040	9	0.936	8	0.832
F_7	0.056	10	0.560	9	0.504	8	0.448
F_8	0.035	9	0.315	8	0.280	9	0.315
合计	1	65	7.915	69	8.822	53	6.014
功能系数		0.348		0.388		0.264	

最后,根据各方案功能系数和成本系数的数值,计算其价值系数,计算结果见表 10-15。

各方案价值系数计算表　　　　　　　　　　　　　　表 10-15

方案	A	B	C
功能系数	0.348	0.388	0.264
成本系数	0.332	0.340	0.328
价值系数	1.048	1.141	0.805
最优方案		√	

由表 10-17 的计算结果可知,B 方案的价值系数最高,故 B 方案最优。

本章小结

价值工程是以最低的寿命周期费用,可靠地实现使用者所需功能,着重于功能价值分析的有组织的活动。价值工程指通过各相关领域的协作,对所研究对象的功能与费用进行系统分析,不断创新,旨在提高所研究对象价值的思想方法和管理技术。

价值工程的对象泛指一切为实现功能而发生费用的事物,如产品、工艺、工程、服务或它们的组成部分等。

价值工程中的价值,指研究对象所具有的功能与取得该项功能的寿命周期成本之比;价值工程中的功能指对象能够满足某种需求的一种属性,价值工程中的功能有必要功能和不必要功能、基本功能和辅助功能、使用功能和品位功能、不足功能和过剩功能等不同的划分。价值工程中的成本是研究对象从研究、形成、使用到退出使用所需的全部费用(寿命周期成本)。价值工程的工作程序有准备阶段、分析阶段、创新阶段、实施阶段共十二项内容。价值工程选取对象的方法有 ABC 分类法、百分比法和价值指数法。功能分析就是科学地、系统地、全面地分析和确定产品(对象)的各种必要功能,找出不必要的功能。功能评价就是用定性与定量的方法对各项功能的重要程度进行科学的评价。这个重要程度用功能价值表示。功能评价包括相互关联的价值评价和成本评价两个方面;价值评价是通过计算和分析对象的价值,分析功能与成本的合理匹配程度;成本评价指通过核算和确定对象的实际成本与功能评价值,分析和测算成本,降低期望值,从而排列出改进对象的优先次序。在通过功能分析,确定了希望改进的对象以后,通过方案创新来提高对象的价值。创新方法有德尔菲法、头脑风暴法和哥顿法。创造出的方案需要从技术、经济、社会等方面进行分析、比较、论证和评价,最后确定最佳方案。

1. 什么是价值工程?其对象是什么?其核心是什么?
2. 提高产品价值的途径有哪些?
3. 价值工程的特点有哪些?
4. 简述价值工程对象的选择原则。
5. 什么叫功能分析?其步骤是什么?
6. 什么叫功能评价?其步骤是怎样的?
7. 进行功能评价的方法有哪些?
8. 价值分析的程序是怎样的?
9. 某机床由五大部分组成,各部分的资料如表10-16所示。产品目前成本较高,要使成本降低到一定程度,试求该机床的功能评价系数、成本系数、价值系数并确定价值工程的重点对象。

机床部件资料 表10-16

部件 名称	A	B	C	D	E
现在成本(万元)	3	1	4	2	5
重要程度得分	2	2	2	1	3

10. 某产品由A、B、C、D、E、F六个主要部件构成,有关数据见表10-17,试采用强制确定法计算各部件的价值指数,并选择价值工程对象。

产品部件资料 表10-17

序 号	部 件 名 称	功 能 评 分	实 际 成 本(元)
1	A	11.9	6.1
2	B	7.7	1.3
3	C	22.8	1.6
4	D	9.4	3.0
5	E	8.8	0.9
6	F	39.4	4.8
	合计	100	17.7

11. 某工程机械厂生产四种型号的挖掘机,各型号的挖掘机的主要技术参数及相应的成

本费用如表 10-18 所示,请运用价值指数法选择价值工程的研究对象。

四种型号挖掘机的技术参数　　　　表 10-18

产品型号	A	B	C	D
技术参数(百立方米/台班)	1.52	1.55	1.65	1.35
成本费用(百元/台班)	1.42	1.15	1.35	1.38

12. 某技术方案具有五项功能,现在用 A、B、C、D、E 来分别表示。经有关专家讨论对其功能的重要性达成以下共识:B 和 D 同样重要,C 和 E 同样重要,A 相对于 B 较重要,A 较 C 很重要,B 相对于 C 较重要。试用 04 法来确定各功能的功能系数。

13. 某产品由 A、B、C、D、E、F 六部分组成,其各个零件所实现的功能及成本核算资料已知,现要对其进行功能评价。经专家讨论,最后得出 A、B、C、D、E、F 各组成部分的重要程度评分依次为 4、2、3、5、0、1。目前产品的实际成本为 496 元,各组成部分成本依次为 180、118、90、70、20、18 元。假定功能改进后的目标成本为 450 元,试确定成本改进的对象及优先顺序。

14. 某产品由 12 种零件组成,各零件的个数和单个零件的成本如表 10-19 所示,请运用 ABC 分析法选择价值工程的对象,并画出分析图。

各零件个数及单个零件成本　　　　表 10-19

零件名称	A	B	C	D	E	F	G	H	I	J	K	L
零件个数	2	4	2	6	2	8	12	5	2	4	4	2
单个成本(元)	19	1	4.5	1.5	3	0.75	0.5	0.6	1	10	1	1

复习思考题参考答案

第1章

1. 答：工程经济学的研究对象是工程(项目)方案的经济分析的基本方法和经济社会评价方法，即运用哪些经济学理论，采用何种分析工具，建立什么样的方法体系，才能正确地估价工程(项目)方案的有效性，才能寻求到工程技术方案与经济效益的最佳结合点。

2. 答：工程经济分析的一般程序是：①确定经济目标和评价标准；②调查研究、收集资料；③拟订备选方案；④比较评价备选方案；⑤方案决策；⑥决策判断；⑦方案实施。

3. 答：工程经济学在国民经济中的重要作用体现在以下几个方面。
(1)可以提高企业生产经营决策的科学性。
(2)能够改善公共项目决策的合理性。
(3)降低项目投资风险的可靠保证。
(4)实现社会资源最优配置的有效途径。

4. 答：技术是人类为达到预期的目的对自然界和社会进行改造和控制所应用的知识、技能、手段和方法的总和。技术可以理解为利用自然规律改造自然的方法，或人们进行生产及相关活动的技能与方法，还包括相应的设备及工具。

经济的涵义有四个：社会生产关系的总和、国民经济的总称、人类的经济活动(物质资料的生产、交换、分配、消费活动)和节约。

5. 答：经济是技术进步的动力与目的，工程技术是经济发展的手段。技术的先进性与经济的合理性是社会活动的相互联系、相互制约、相互促进的两个方面，二者有着对立统一的特点。
(1)在人类的生产与消费活动中，技术进步与创新促进了经济发展。
(2)经济发展为技术进步创造条件。
(3)技术与经济具有对立性。
(4)技术与经济具有统一性。

6. 答：工程经济分析的目的是为企业、事业和政府部门工作中的各类工程项目(技术方案)的行动路线提供一种行之有效的指导。

通过工程经济分析，可以从以下几方面帮助上述组织的工程技术人员、管理人员提高决策能力，做好自己的实际工作。
(1)在资源限定条件下，选择实现工程项目(技术方案)目标的最优方案。
(2)在各方案使用资源相等条件下，选择投资收益最佳的工程项目(技术方案)方案。
(3)更好地预见工程项目(技术方案)将面临的风险。
(4)选择企业经济效益、国民经济效益和社会效益都可行的工程投资项目。
(5)应用上述分析结果，指导将要实施或正在实施的工程项目(技术方案)。
(6)提高工程项目经济决策的科学性。
(7)总结已经建成并投入运行后的工程项目(技术方案)的成功经验和失败教训，为日后新的工程项目(技术方案)决策提供可借鉴的素材。

7. 答：工程经济分析应用了管理学的决策理论、方案比较法、计划与预测理论。

工程经济分析的目的是为企业、事业和政府部门工作中的每一个工程项目(技术方案)的行动路线提供一种指导。决策是从思维到做出决定的过程,工程经济分析正是这一过程。通过工程经济分析,可以帮助上述组织的工程技术人员、管理人员提高决策的科学性。管理学的决策理论无疑是本课程的理论基础。决策理论的创始人埃伯特·西蒙教授指出"管理的重心在于经营,经营的重心在于决策,决策的重心在于方案的比较与选优"。这说明了决策在企业和社会经济活动中的重要性,也强调了方案比较对正确决策是至关重要的。同时,埃伯特·西蒙教授提出的"令人满意的准则"的决策原则,正是我们进行方案决策的指导原则。方案比较法是贯穿于工程(项目)技术方案规划与实施全过程的常用决策方法。通过多方案的优化与选择,帮助人们获得较为理想的行动方案。计划与预测理论是工程技术项目可行性研究的基本思想,做好这一工作,工程项目的前期决策科学性才能得到保障。综上所述,管理学确实是工程经济学的理论基础。

8.答:技术经济学是研究技术与经济的关系及其发展规律的学科,它的研究内容包括技术实践的经济效益;技术进步、技术创新对经济增长的作用;技术与经济的相互促进、协调发展。

工程经济学与技术经济学既有共同点又有不同点。首先,两者的共性表现为以下四点。

(1)两者都是一门介于技术科学与经济科学的边缘学科。
(2)两者都要研究技术方案、技术项目的经济效益。
(3)在评价具体项目时,两者都采用方案比较法和复利计算方法,选择最优方案。
(4)两者都是研究技术与经济的相互关系及其矛盾对立统一的科学,都是为了寻求技术先进、经济合理的最佳结合。

其次,工程经济学与技术经济学的主要区别表现为以下三个方面。

(1)范围不同。工程经济学研究的范围涉及技术方案和技术措施,也可以涉及工程项目问题;而技术经济学的研究对象不仅包括上述技术问题,还有各种不同的技术政策、技术进步,其对象范围比工程经济学更宽。
(2)研究层面不同。工程经济学研究单个技术方案、工程项目的经济效益与社会效益,即主要研究微观层面的问题;而技术经济学除研究微观层面问题外,还要研究技术经济政策,即规定国民经济及各部门技术发展和经济活动方向的准则和措施。其中,技术政策规定技术发展的方向、重点和途径,即确定要发展哪些新技术和怎样发展这些新技术,要限制、禁止或淘汰哪些落后技术。可见,技术经济学既要研究微观层面的问题又要研究宏观层面的问题。
(3)工程经济学属于方法论科学,它的内容主要包括货币时间价值及其分析方法、多方案比较方法、费用效益分析法、价值分析、风险分析方法等。与技术经济学比较,工程经济学没有新的分支。技术经济学除这些基本方法外,还有许多应用分支,如工业技术经济学、农业技术经济学、运输技术经济学、能源技术经济学、建筑技术经济学、食品技术经济学、纺织技术经济学、冶金技术经济学等。

9.答:工程经济学的研究方法有方案比较方法、动态分析方法、定性与定量相结合的方法、系统分析法。

10.答:工程经济学具有以下几个特点。
(1)工程经济学是一门应用经济学。
(2)工程经济学是一门自然科学与社会科学密切相关的边缘科学。
(3)工程经济学具有很强的实践性。
(4)工程经济学不是纯定量分析的学科。

第2章

1.答:工程项目投资指为实现生产经营目标而预先垫付的资金,它通常分为固定资产投资与流动资产投资,有个别工程项目投资包括了无形资产的投资。

2.答:工程建筑安装费是指用于建筑工程和安装工程的费用。建筑工程包括一般土建工程、采暖通风工程、电气照明工程、给排水工程、工业管道工程、特殊构筑物工程。安装工程包括电气设备安装工程、化学工业设备安装工程、机械设备安装工程、热力设备安装工程等。

工程建筑安装工程费由直接费、间接费、利润和税金组成。

3. 答：无形资产是指企业拥有的没有实物形态的可辨认的非货币性资产。无形资产包括专利权、非专利技术、商标权、著作权、土地使用权、特许权等。有一些工程项目投资包括了无形资产的投资。

4. 答：工程项目的成本费用是项目投入使用后，在运营期内为生产产品或提供服务所发生的全部费用。

(1) 生产成本

①直接材料费。直接材料费包括企业产经营过程中实际消耗的直接材料、设备零配件、外购半成品、燃料、动力、包装物、低值易耗品以及其他直接材料费。

②直接工资。直接工资包括企业直接从事产品生产人员的工资、奖金、津贴和补贴等。

③其他直接支出。其他直接支出包括直接从事产品生产人员的职工福利费等。

④制造费用。制造费用指企业各个生产单位（分厂、车间）为组织和管理生产所需的各项费用。

(2) 期间费用

①管理费用。管理费用指企业行政部门为管理和组织经营活动所发生的各项费用。

②财务费用。财务费用指企业为筹集所需要的资金而发生的各项费用。

③营业费用。营业费用指企业在销售产品、自制半成品和提供劳务等过程中发生的各项费用以及专设销售机构的各项经费。

可采用两种方法估算总成本费用，即生产成本加期间费用估算法和生产要素估算法。

5. 答：折旧费包括在制造费用、管理费用、营业费用当中，可将以上各项成本费用中的折旧费分别计算汇总。计算方法有以下几种。

(1) 平均年限法

平均年限法亦称直线法，根据固定资产的原值、估计的净残值率和折旧年限计算折旧。计算公式为：

$$年折旧额 = 固定资产原值 \times 年折旧率$$

$$年折旧率 = (1 - 残值率) \div 折旧年限 \times 100\%$$

(2) 双倍余额递减法

双倍余额递减法属于加速折旧法的一种，又称递减折旧法。是以平均年限确定的折旧率的双倍乘以固定资产在每一会计期间的期初账面净值，从而确定当期应提折旧的方法。计算公式为：

$$年折旧率 = (1 - 残值率) \div 折旧年限 \times 2$$

$$年折旧额 = 年初固定资产账面原值 \times 年折旧率$$

(3) 工作量法

工作量法是一种特殊的直线折旧法。对于专用设备和运输车辆可采用工作量法计提折旧，每单位工作量折旧额计算如下：

$$每单位工作量折旧额 = [固定资产原值 \times (1 - 预计净残值率)] / 使用年限内预计工作量$$

①交通运输企业和其他企业专用车队的客货汽车，按照行驶里程计算折旧费，其计算公式为：

$$年折旧费 = 单位里程费 \times 年工作里程$$

②大型专用设备，可根据工作小时计算折旧费，其计算公式为：

$$年折旧费 = 每工作小时折旧费 \times 年工作小时$$

(4) 年数总和法

年数总和法是计算固定资产的另一种加速折旧法。计算公式为：

$$年折旧额 = (固定资产原值 - 预计净残值) \times 年折旧率$$

$$年折旧率 = (折旧年限 - 已使用年数) \div [折旧年限 \times (折旧年限 + 1) \div 2]$$

6. 答：计算无形资产摊销费要确定摊销期限。无形资产应按规定期限分期摊销。法律、合同或协议规定有法定有效期和受益年限的，按照法定有效期或合同、协议规定的受益年限最短的原则确定；没有规定期限的，按不少于10年的期限分期摊销。

若各项无形资产摊销年限相同,可根据全部无形资产的原值和摊销年限计算出各年的摊销费;若各项无形资产摊销年限不同,则要计算各项无形资产的摊销费,然后将其相加,即可得到生产经营各年的无形资产摊销费。

7.答:营业税金及附加包括增值税、营业税、消费税、土地增值税、资源税、城市维护建设税、教育费附加。

增值税计算公式为:

$$增值税应纳税额＝销项税额－当期进项税额$$

$$当期销项税额＝营业收入(含税)÷(1＋增值税税率)×增值税税率$$

$$当期进项税额＝外购原材料、燃料及动力费÷(1＋增值税税率)×增值税税率$$

计算消费税的公式:

(1)从价定率时

$$应纳税额＝应税消费品的销售额×适用税率$$

(2)从量定额时

$$应纳税额＝应税消费品的销售量×单位税额$$

其他税额按照规定进行计算。

8.答:根据税法规定,我国任何企业凡来源于生产经营所得和其他所得在取得利润后,均应先向国家交纳所得税。在工程经济分析中,以利润总额作为计税的基础,乘以33%税率计算所得税,所得税应纳税额＝利润总额×33%。在利润总额中扣除所得税后就获得净利润,净利润＝利润总额－所得税应纳税额。

净利润可以用于提取盈余公积金和公益金,以及向投资者分配利润,这部分利润又称应付利润;剩余部分即为未分配利润。

第3章

1.答:现金流量指特定计算期内现金流入量或流出量。

工程项目的经济分析中,为了计算项目方案的经济效益,往往把方案的收入和耗费表示为现金流入和现金流出。方案带来的货币支出称为现金流出,现金收入称为现金流入。研究项目特定计算期内资金的实际支出与收入也称为项目的现金流量。

2.答:构成现金流量的基本经济要素包括以下几部分。

(1)现金流入。现金流入由营业收入、补贴收入、回收固定资产余值和回收流动资金四项构成。

(2)现金流出。现金流出由建设投资、流动资金、经营成本、营业税金及附加、维持营运投资五部分构成。

(3)所得税前净现金流量。所得税前净现金流量指某一年度的上述全部现金流入与流出的差额。

(4)累计所得税前净现金流量。累计所得税前净现金流量指本年及以前各年所得税前净现金流量之和。

(5)调整所得税。调整所得税指当年实际缴纳的所得税。

(6)所得税后净现金流量。所得税后现金流量指当年的所得税前的净现金流量减去以现金缴纳的所得税的余款。

(7)累计所得税后净现金流量。累积所得税后净现金流量为本年度及以前年度所得税后净现金流量的累计数额。

3.答:现金流量图具有以下特点。

(1)现金流量图是一个二维坐标矢量图,横轴表示时间,纵轴表示现金。箭头向上为正,表示收入;箭头向下为负,表示支出。各线段长度与收入、支出数额基本成比例。

(2)每个计息期的终点为下一个计息期的起点,而下一个计息周期起点为上一个计息期的终点,各个时间点称为节点。第一个计息期的起点为零点,表示投资起点或评价时刻点。

(3)现金流量图因借贷双方的"立脚点"不同,而有不同的理解。

4. 答：资金时间价值是指资金随着时间的推移在生产经营活动中所增加(减少)的价值。

产生资金时间价值的原因是因为随着资金参与经济活动的循环(指资金转化为原材料、生产成品等实物后通过销售活动再转化为资金的运动)，其价值是变动的。是这种"变动"决定了资金具有时间价值。

5. 答：利率的计息方式分为单利计息与复利计息，在计息期数大于1的情况下，各期的利率计算均以本金为基准的计息方式称为单利计息，单利按原始本金计息，利息与时间呈线性关系，只有本金计息，利息不计息；从计息的第二期起，把前一期的本金与利息之和作为计息依据的计息方式称为复利计息，复利将本期的利息转为下期的本金，下期按本利和的总额计息，除了本金计息外，利息再计利息。

6. 答：现值表示资金发生在某一特定时间序列始点上的价值，即将整个时间序列所有流入流出计算到计算期初，计算期初净现金流量即为现值。

终值表示资金发生在某一特定时间序列终点上的价值。

年金指各年(期)等额收入或支付的金额，通常以等额序列表示，即在某一特定时间序列期内，每隔相同时间收支的等额款项。

7. 答：名义年利率指按年计息的利率，即计息周期为一年的利率。它是以一年为计息基础，等于每一计息期的利率与每年的计息期数的乘积。

实际年利率又称为有效年利率，是把各种不同计息期的利率换算成以年为计息期的利率。

名义年利率与实际年利率之间存在联系，名义年利率换算为实际年利率的公式为：

$$i=\left(1+\frac{r}{m}\right)^m-1$$

式中：r——名义年利率；

m——一年中计息次数；

i——有效年利率。

8. 答：资金等值是指在时间因素的作用下，在不同的时间点上绝对值不等的资金却具有相同的价值。

资金等值的特点是，在利率大于零的条件下，资金的数额相等，发生的时间不同，其价值肯定不等；资金的数额不等，发生的时间也不同，其价值却可能相等。

资金等值的三个要素：(1)资金数额；(2)资金额发生的时间；(3)利率。

9. 解 (1)按单利计算：

利息 $I=1000\times 8\%\times 6=480(元)$

本利和 $F=本金+利息=1000+480=1480(元)$

(2)按复利计算：

本利和 $F=1000\times(1+8\%)^6=1586.87(元)$

利息 $I=本利和F-本金=1586.87-1000=586.87(元)$

10. 解 第3年年末的本利和按单利计算：

$$F=1500+1500\times 10\%\times 3=1500+450=1950(元)$$

以复利将1950元作为本金计算后10年的本利和，则第13年年末的本利和：

$$F=1950\times(1+8\%)^{10}=4209.9(元)$$

11. 解 依题意，本金为8000元，按复利计算本利和：

$$F=8000\times(1+10)^8=17148.71(元)$$

12. 解 现金流量图见题图3-1。

依题意，已知等额支付 $A=500$元，$n=10$。

查表可得：年金终值系数$(F/A,8\%,10)=14.4866$

年金现值系数$(P/A,8\%,10)=6.7101$

则年金终值 $F=A\times(F/A,8\%,10)=500\times 14.4866=7243.3(元)$

年金现值 $P=A\times(P/A,8\%,10)=500\times 6.7101=3355.05(元)$

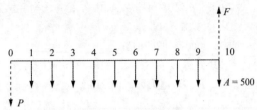

题图 3-1 现金流量图

13. 解 依题意，已知终值 $F=25000$ 元，利率为 12%。
查表可得：$(A/F,12\%,8)=0.0813$，则：
等额支付 $A=25000\times(A/F,12\%,8)=25000\times 0.0813=2032.5(元)$

14. 解 现金流量图见题图 3-2。
$$F=P\times(1+i)^3=800\times(1+5\%)^3=800\times 1.1576=926.08(元)$$
故 3 年后现金终值为 926.08 元。

15. 解 现金流量图见题图 3-3。

题图 3-2 现金流量图　　题图 3-3 现金流量图

$$F=A\times(F/A,i,n)=500\times(F/A,6\%,10)=500\times 13.1808=6590.4(元)$$

16. 解 $F=P\times(F/P,i,n)=200\times(F/P,6\%,7)=200\times 1.5036=300.72(万元)$

17. 解 $P=F/(1+i)^3=1000\times(1+4\%)^{-3}=1000\times 0.8219=821.9(元)$
所以现在应该在银行存入 821.9 元。

18. 解 计算借款的现值，由于是在每年初借款，所以：
$$P=1000+1000\times(P/A,i,n)=1000+1000\times(P/A,9\%,9)=6995.2(元)$$
$$F=P\times(F/P,i,n)=6995.2\times(F/P,9\%,10)=16560.4(元)$$

19. 解 根据题目可以知道：$A=5$ 亿元，$i=6\%$，$n=4$。
第 4 年末的终值为：
$$F=A\times(F/A,i,n)=5\times(F/A,6\%,4)=5\times 4.3746=21.873(亿元)$$
所以，该项目在第 4 年末的累计投资额为 21.873 亿元。

20. 解 根据题意可知：$F=200$ 万元，$i=5\%$，$n=10$ 年。
则每年末应存入的现金为：
$$A=F\times(A/F,i,n)=200\times(A/F,5\%,10)=200\times 0.0795=15.9(万元)$$
所以在每年末应该存入 15.9 万元。

21. 解 根据题意可知：$A=15$ 万元，$i=6\%$，$n=10$ 年。
$$P=A\times(P/A,i,n)=15\times(P/A,6\%,10)=15\times 7.360=110.4(万元)$$
所以该企业现在应该存入 110.4 万元。

22. 解 根据题意可知：$P=2000$ 万元，$i=12\%$，$n=6$ 年。
$$A=P\times(A/P,i,n)=2000\times(A/P,12\%,6)=2000\times 0.2432=486.4(万元)$$
所以每年至少要等额回收 486.4 万元，才能保证在 6 年内收回投资。

23. 解 根据题意可知：$i=10\%$，$n=3$，$A=100$，$G=10$。
投资资金的终值为：

$$F=(A+G/i)\times(F/A,i,n)-nG/i$$
$$=(100+10/10\%)\times(F/A,10\%,3)-3\times10/10\%$$
$$=200\times3.31-300$$
$$=662-300=362(万元)$$
$$P=F(P/F,i,n)=362\times0.7513=271.97(万元)$$

所以项目投资总额的终值为 362 万元,现值为 271.97 万元。

24. 解 按照题意可知:

银行半年的有效利率为:0.12/2=6%。

连续三年,总共计息 6 次,那么资金现值为:
$$P=A(P/A,i,n)=200\times(P/A,6\%,6)=983.46(万元)$$

所以该笔资金的现值为 983.46 万元。

25. 解 根据题意可以得到:

银行的实际利率为:$i=(1+r/m)^m-1=10.25\%$。
$$A=F\times(i)/[(1+i)^n-1]=500\times(0.1025/0.34)=150.7353(万元)$$

所以每年末应该存入银行 150.7353 万元。

26. 解 $P=10(P/A,10\%,10)(P/F,10\%,2)$

$P=10\times6.145\times0.8264=50.782(万元)$

所以工程期初投资资金为 50.782 万元。

27. 解 现金流量图见题图 3-4。

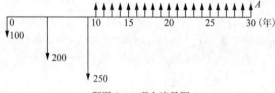

题图 3-4 现金流量图

工程建成时,总投资额为:
$$F=100\times(F/P,6\%,10)+200\times(F/P,6\%,5)+250\times(F/P,6\%,1)$$
$$=179.08+267.64+265=711.72(万元)$$
$$A=711.72\times(A/P,6\%,20)=711.72\times0.0872=62.06(万元)$$

所以每年需要偿还 62.06 万元。

28. 解 $F=300\times(1+6\%)^3+600\times(1+6\%)^2+400\times(1+6\%)^1=1455(万元)$

故建设期利息为:1455-1300=155(万元)。

每年有 500 万元的还款能力,其中 P=1455 万元,A=500 万元。

根据公式 $(P/A,6\%,n)=2.91$,查表可得:$(P/A,6\%,3)=2.673$,$(P/A,6\%,4)=3.4651$。

由 $(n-3)/(2.91-2.673)=(4-3)/(3.4651-2.673)$,得 n=3.29 年。

所以该投资在 3.29 年后可以收回。

29. 解 每 5 年大修的费用,可以等效为每半年存入的:
$$A=2000\times(A/F,i,n)=2000\times(A/F,6\%,10)=151.8(元)$$

则 $P=A\times(P/A,i,n)=151.8\times(P/A,6\%,40)=2284.03(元)$。

所以现在应存如银行 2284.03 元。

30. 解 企业应当选择具有较低实际利率的银行贷款。

分别计算甲、乙银行的实际利率:

$$i_甲 =(1+r/m)^m-1=(1+8\%/12)^{12}-1=0.0830=8.30\%$$
$$i_乙 =(1+r/m)^m-1=(1+9\%/2)^2-1=0.0920=9.20\%$$

所以选择甲银行的贷款。

31.解 合同签订后企业总贷款为:200-40=160(万元)

第一年末总负债为 $F=160\times(F/P,6\%,2)=179.78$(万元)

还款 10 万元后贷款为:179.78-10=169.79(万元)

从此每半年支付 5 万元,则$(F/A,6\%,n)=169.79/5=33.95$,$(F/A,6\%,19)=33.76$,$(F/A,6\%,20)=36.7856$。

由$(n-19)/(33.95-33.76)=(20-19)/(36.7856-33.76)$,得 $n=19.06$,折算为 9.53 年。

所以在第 10 年可以还清余款。

32.解 第一种付款方案支付款项的现值是 20 万元。

第二种付款方案:此方案一个递延年金求现值的问题,第一次收付发生在第四年年初即第三年年末,所以递延期是 2 年,等额支付的次数是 7 次,所以:

$$P=4\times(P/A,10\%,7)\times(P/F,10\%,2)=16.09(万元)$$

或 $$P=4\times[(P/A,10\%,9)-(P/A,10\%,2)]=16.09(万元)$$

或 $$P=4\times(F/A,10\%,7)\times(P/F,10\%,9)=16.09(万元)$$

第三种付款方案:此方案中前 8 年是普通年金的问题,最后的 2 年属于一次性收付款项,所以:

$$P=3\times(P/A,10\%,8)+4\times(P/F,10\%,9)+5\times(P/F,10\%,10)=19.63(万元)$$

因为三种付款方案中,第二种付款方案的现值最小,所以应当选择第二种付款方案。

33.解 使每年多获得 10000 元收益的现值等于 60000 元时,甲乙两个方案是等价的,即

$$60000=10000\times(P/A,12\%,n)$$

得:
$$(P/A,12\%,n)=6$$

查年金现值系数表可知:
$$(P/A,12\%,11)=5.9377$$
$$(P/A,12\%,12)=6.1944$$

由内插法可知:
$$(n-11)/(12-11)=(6-5.9377)/(6.1944-5.9377)$$

得 $n\approx 11.24$(年)。

所以如果方案能够持续 11.24 年以上,该公司应当选择甲方案;如果方案的持续年限短于 11.24 年,则公司应当选择乙方案;如果方案恰好能够持续 11.24 年,则选择甲、乙任何一个方案都是可以的。

34.解 (1)先假设在第 20 年有大小修费用,现金流量见题图 3-5。

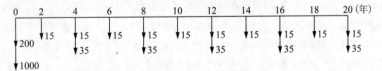

题图 3-5 现金流量图

小修年费用:
$$A_1=F_1\times\frac{i}{(1+i)^n-1}=15\times\frac{12\%}{(1+12\%)^2-1}=7.075(万元)$$

大修年费用:
$$A_2=35\times\frac{12\%}{(1+12\%)^4-1}=7.323(万元)$$

装修费用分摊到每年的费用：

$$A_3 = P\frac{i(1+i)^n}{(1+i)^n-1} = 1200 \times \frac{12\%(1+12\%)^{20}}{(1+12\%)^{20}-1} = 160.655(万元)$$

$$A = A_1 + A_2 + A_3 = 7.075 + 7.323 + 160.655 = 175.053 = 175.05(万元)$$

(2)年维修费为：

$$7.075 + 7.323 = 14.398 = 14.40(万元)$$

$$P = A \times \frac{(1+i)^n - 1}{i(1+i)^n} = 14.40 \times \frac{(1+12\%)^{20}-1}{12\%(1+12\%)^{20}} = 107.56(万元)$$

第4章

1. 答：静态评价指在对项目和方案的效益和费用计算时，不考虑资金的时间价值，不进行复利计算。因此，一般来讲，静态评价比较简单、直观，使用方便，但不够精确。经常用于可行性研究初始阶段的粗略分析和评价，以及用于方案的初选阶段。

动态评价是指在对项目和方案的效益和费用计算时，充分考虑资金的时间价值，要采用复利计算方法，把不同时间的效益流入和费用流出折算为同一时间点的等价值，为项目和方案的技术经济比较确立相同的时间基础，并能反映未来时期的变化趋势。动态评价主要用于项目最后决策前的可行性研究阶段。动态评价是经济效益评价的主要评价方法。

2. 答：基准投资收益率，又称基准收益率、基准贴现率、目标收益率、最低期望收益率等，指建设项目财务评价中对可货币化的项目费用与效益采用折现方法计算净现值的基准折现率，是衡量项目内部收益率的基准值，是项目财务可行性和方案比选的主要判据。基准收益率反映投资者对相应项目上占用资金的时间价值的判断，应是投资者在相应项目上最低可接受的收益率。

影响基准收益率的主要因素有企业或行业的平均投资收益率、产业政策、资金成本和机会成本、投资风险、通货膨胀、资金限制等因素，因此，国家分行业确定并颁布基准收益率，并以此作为投资调控的手段。

3. 答：项目的净现值是指项目在寿命期内各年的净现金流量按照设定的折现率折现到期初时的现值之和。净现值是反映方案获利能力的动态指标。

净现值表示在设定的折现率 i_c 的情况下，方案在不同时点发生的净现金流量折现到期初时，整个寿命期内所能得到的净收益折现值。如果方案的净现值等于零，表示方案正好达到了基准收益率水平；如果方案的净现值大于零，则表示方案除能达到基准收益率外，还能得到超过期望的收益；如果净现值小于零，则表示方案达不到基准收益率水平。用净现值指标评价单个方案的准则是：采用基准收益率作为折现率时，若 $NPV \geqslant 0$，则方案可行；若 $NPV < 0$，则方案应被否定。

4. 答：净现值指标是反映方案投资盈利能力的一个重要动态指标，广泛应用于方案的经济评价中。其优点是考虑了资金的时间价值，并全面考虑了项目在整个计算期内的经济状况；经济意义明确，可直接用货币表示项目的盈利水平，评价标准简单易行；净现值指标的不足之处是必须首先确定一个符合经济现实的基准收益率，而基准收益率的确定往往比较复杂，如果基准收益率的确定不合理，则净现值不能说明项目运营期间的经营效果；此外，净现值指标也不能直接反映项目投资中单位投资的使用效率。

5. 答：内部收益率(IRR)，简单地说就是净现值为零时的折现率。也就是说，在这个折现率时，项目的现金流入的现值和等于其现金流出的现值和。

内部收益率被普遍认为是项目投资的盈利率，反映了投资的使用效率，它由项目现金流量决定，即项目内生决定。但是，内部收益率反映的是项目寿命期内没有回收的投资的盈利率，而不是初始投资在整个寿命期内的盈利率。因为在项目的整个寿命期内始终存在未被回收的投资，而在项目寿命期结束时，投资恰好被全部收回。在工程经济分析中，内部收益率是考察项目盈利能力的主要动态评价指标。

6. 答：内部收益率的优点是考虑了资金的时间价值以及项目在整个计算期内的经济状况，能直观地反映投资的最大可能盈利能力或最大利息偿还能力。而且内部收益率避免了净现值指标需要事先确定基准收益率的问题，只需要知道基准收益率的大致范围即可。

内部收益率的不足之处是计算比较麻烦，而且在实际应用当中还有一定的局限性：①对于非常规投资方案，也就是方案寿命期内净现金流量的正负号不只变化一次时，就可能出现多个解，这时内部收益率指标不能使用；②只有现金流入或现金流出的方案，此时不存在明确经济意义的 IRR；③如果只根据 IRR 指标大小进行多方案投资决策，可能会使那些投资大、IRR 小，但收益总额大的方案落选。因此，IRR 指标往往和 NPV 指标结合起来使用，因为 NPV 指标大的方案，IRR 指标未必大，反之亦然。

7. 答：方案的净现值是指方案在寿命期内各年的净现金流量按照设定的折现率折现到期初时的现值之和。净现值比选方案时，没有考虑到各方案投资额的大小，因而不能直接反映项目投资中单位投资的使用效率。

净现值率是按基准利折现率求得的方案计算期内的净现值与其全部投资现值的比率。为考察资金的利用效率，可采用净现值率作为净现值的补充指标。

8. 答：按照方案组合的数量可以把备选方案分为单一方案和多方案两大类型。多方案就是一个方案的集合，如何按照一定的准则选择集合中的元素，这需要考察这些元素之间的关系。按照多方案之间的经济关系，又可以将多方案分为互斥型方案、独立型方案、混合型方案以及其他类型方案。

(1) 互斥型方案。在若干备选方案中，各个方案之间具有排他性，即各方案当中只能选择一个。这种择此就不能择彼的多方案组合就叫作互斥方案。比如，同一建筑的结构类型选择就是互斥方案，是用砖混结构、框架结构还是钢结构，只能选一个。

(2) 独立型方案。指各个方案的现金流量是独立的，不具有相关性，且任一方案的采用与否都不影响其他方案的采用。比如个人投资，可以购买股票，也可以购买债券，还可以投资房地产等。可以选择其中一个方案，也可选择其中两个或三个方案，方案之间的效果与选择不受影响，互相独立。单一方案是独立方案的特例。

(3) 混合型方案。在一组方案中，方案之间有些具有互斥关系，有些具独立关系，则称这一组合方案为混合方案。混合方案在结构上又可组成两种基本形式。

①第一种基本形式是在一组独立多方案中，每个独立方案下又有若干个互斥方案的形式。比如建筑企业投标，有 A、B、C 三个工程可以参与投标，如果没有资源和其他条件的限制，则 A、B、C 三个方案是独立方案。

②第二种基本形式是在一组互斥方案中，每个互斥方案下又有若干个独立方案的形式。比如某房地产开发商获得一块地的开发权，按照当地城市规划的规定，这块地只能作为开发小区(A 方案)或商业物业(B 方案)之用，A、B 两个方案之间是互斥的关系，不能建设商居混合物业或工业。

(4) 其他类型方案。

①互补型方案。在多方案中，出现技术经济互补的方案称为互补型方案。互补方案之间往往存在相互依存的关系，比如建设一个机场，就必须建设与机场相配套的机场与城市之间的道路。

②现金流量相关型方案。现金流量相关指各方案的现金流量之间存在着相互影响。方案之间的关系既不完全互斥，也不完全互补，但如果若干方案中任一方案的取舍会导致其他方案现金流量的变化，这些方案之间也存在相关性。比如投资者在相邻不远的两个地方均投资建设商场，显然这两个方案之间的关系既非完全排斥，也不是完全独立的，因为一个方案的实施必然会影响到另一个方案的收入。

9. 解　首先进行绝对效果检验，分别计算两个方案的投资回收期。

甲方案：
$$P_{t1}=\frac{I_1}{A_1}=\frac{60}{30-10}=3(年)<5\ 年$$

乙方案：
$$P_{t2}=\frac{I_2}{A_2}=\frac{80}{30-5}=3.2(年)<5\ 年$$

故就单方案而言，均可行。

进行相对效果检验：

$$\Delta P_{t(乙-甲)} = \frac{80-60}{(30-10)-(30-5)} = 4(年) < 5 \text{ 年}$$

所以乙方案优于甲方案。

10. 解 $NAV_A = -1000(A/P,10\%,18) + 240(P/A,10\%,16)(P/F,10\%,2)(A/P,10\%,18)$
$= 67.25(万元)$

$NAV_B = -[200 + 600(P/F,10\%,1)](A/P,10\%,14) + 220(P/A,10\%,12)(P/F,10\%,2)(A/P,10\%,14)$
$= 66.94(万元)$

因为 $NAV_B \leq NAV_A$，所以 A 方案优于 B 方案。

11. 解 某项目累计现金折现值见题表 4-1。

某项目的累计现金折现值　　　　　　　　　　　题表 4-1

年数	0	1	2	3	4	5	6
净现金流量(万元)	-400	80	90	100	100	100	100
净现金流量折现值(10%)	-400	73	73	75	68	62	57
累计净现金流量折现值(万元)	-400	-327	-254	-179	-111	-49	8

$$P_t' = 6 - 1 + \frac{|-49|}{57} = 5.85(年)$$

$NPV = -400 + 80(1+i)^{-1} + 90(1+i)^{-2} + 100(1+i)^{-3} + 100(1+i)^{-4} + 100 \times (1+i)^{-5} + 100(1+i)^{-6}$
$= 8$

令 $i_2 = 12\% > i_1 = 10\%$，计算出对应的 $NPV_2 = -15$，则：

$$IRR = 10\% + \frac{8}{8 + |-15|}(12\% - 10\%) = 10.70\%$$

即项目的内部收益率为 10.70%。

12. 解 $NPV = -4500 + (1400 - 600)(P/A,12,10) + 200(P/F,12\%,10)$
$= 84.56(万元) > 0$

所以该方案可行。

13. 解 用增量投资收益率指标比选方案，首先增设一个 0 方案，投资为 0，收益也为 0，按照投资额从小到大的顺序，各方案排序为 0、A、B、C。

将 A 方案与 0 方案比较，增量内部收益率 ΔIRR_{A-0} 满足

$$-2000 + 600(P/A, \Delta IRR_{A-0}, 10) = 0$$

得 $\Delta IRR_{A-0} = 25\% > i_c = 10\%$，故 A 方案为当前最优方案。

再将 B 方案与当前最优方案 A 比较，增量内部收益率 ΔIRR_{B-A} 满足

$$-(3000 - 2000) + (800 - 600)(P/A, \Delta IRR_{B-A}, 10) = 0$$

得 $\Delta IRR_{B-A} = 15\% > i_c = 10\%$，所以 B 方案为当前最优方案。

将 C 方案与当前最优方案 B 比较，增量内部收益率 ΔIRR_{C-B} 满足

$$-(4000 - 3000) + (940 - 800)(P/A, \Delta IRR_{C-B}, 10) = 0$$

得 $\Delta IRR_{C-B} = 1\% < i_c = 10\%$，所以 B 方案仍然为当前最优方案。
所有方案比较完毕，B 方案为最优方案。

14. 解

(1) 费用现值法
甲方案的费用现值为：

$$PC_{甲}=3000+\frac{6}{10\%}+\frac{15\times(A/F,10\%,10)}{10\%}=3069.4(万元)$$

乙方案的费用现值为:
$$PC_{乙}=2800+\frac{15}{10\%}+\frac{10\times(A/F,10\%,3)}{10\%}=2980.2(万元)$$

由于 $PC_{甲}>PC_{乙}$,所以乙方案较优。

(2)费用年值法

甲方案的费用年值为:
$$AC_{甲}=6+3000\times10\%+15(P/F,10\%,10)=306.9(万元)$$

乙方案的费用年值为:
$$AC_{乙}=15+2800\times10\%+10(P/F,10\%,10)=298.0(万元)$$

因为 $AC_{甲}>AC_{乙}$,所以乙方案更优。

15. 解 $NPV=-1800+270(P/A,10\%,14)(P/F,10\%,2)$
$\qquad =-156.3(万元)$

取 $i=8\%$ 时,$NPV=-1800+270(P/A,8\%,14)(P/F,8\%,2)$
$\qquad =108.3(万元)$

所以 $IRR=8\%+\dfrac{108.3}{108.3+|-156.3|}\times(10\%-8\%)$
$\qquad =8.8\%<i_0=10\%$

故项目不可行。

16. 解 A方案的净年值:
$$NAV_A=6+2(A/F,10\%,10)-20(A/P,10\%,10)$$
$$=2.87(万元)$$

B方案的净年值:
$$NAV_B=9-25(A/P,10\%,12)$$
$$=5.33(万元)$$

因为 $NAV_B>NAV_A>0$,故B型方案最优。

17. 解 铁路运输的费用年值为:
$$AC_{铁}=2+15(A/P,10\%,10)$$
$$=2.8(万元)$$

公路运输的费用年值为:
$$AC_{公路}=3+6(A/P,10\%,5)$$
$$=4.6(万元)$$

因为 $AC_{铁}<AC_{公路}$,所以铁路运输更划算。

18. 解 令 $i_1=i_c=10\%$,对应的净现值:
$NPV_1=-2500+(15000-3000)(1+i)^{-1}+(15000-4000)(1+i)^{-2}+(15000-6000)\times(1+i)^{-3}$
$\qquad =1761.83(万元)$

令 $i_2>i_1,i_2=15\%$,对应的净现值:
$NPV_2=-2500+(15000-3000)(1+i)^{-1}+(15000-4000)(1+i)^{-2}+(15000-6000)\times(1+i)^{-3}$
$\qquad =-329.99(万元)$

$$IRR=10\%+\frac{1761.83}{1761.83+|-329.99|}(15\%-10\%)$$
$$=14.21\%>i_c=10\%$$

所以可以购买该设备。

19. 解 采用费用现值法判断(费用年值法也是一样的结果)。

$$PC_A = 3000 + 5000(P/A, 10\%, 5) - 2000(P/F, 10\%, 5)$$
$$= 47712.2(元)$$
$$PC_B = 35000 + 3000(P/A, 10\%, 5) - 4000(P/F, 10\%, 5)$$
$$= 21536.4(元)$$

由于 $PC_A > PC_B$，所以 B 型设备更经济。

20. 解 首先计算各方案的净现值，包括 0 方案，剔除单一方案不可行者，按照所有可能方案和方案组合的投资额大小排序(从小到大)，如题表 4-2 所示。

方案现金流量表 题表 4-2

序 号	方案组合	初投资额(万元)	年收益率	净现值(万元)
1	0	0	0	0
2	A	2600	500	472.3
3	B	3300	620	509.65
4	C	3600	780	1192.79
5	A+B	5900	1120	981.95
6	A+C	6200	1280	1665.09
7	B+C	6900	1400	1702.44
8	A+B+C	9500	—	—

由于方案组合 A+B+C 的投资总额为 9500 万元，超过了 7000 万元的限额。所以可不计算此组合的收益和净现值。

从题表 4-2 可以看出，方案组合 B+C 的净现值最大并且大于零，其投资总额 6900 万元也没超过限额。所以 B+C 方案组合为最优方案组合，B 方案和 C 方案是最优的选择。

21. 解 由于使用年限不等，采用净年值法比较。

$$NAV_1 = 100 - 500(A/P, 15\%, 30) = 23.85(万元)$$
$$NAV_2 = 10 - 25(A/P, 15\%, 10) + 2(A/F, 15\%, 10) = 5.12(万元)$$

显然 $NAV_1 > NAV_2$，所以选择方案一。

22. 解 费用年值为：

$$AC = 2000(A/P, 20\%, 4) - 500(A/F, 20\%, 4)$$
$$= 679.45(万元)$$

23. 解 令 $i_1 = i_c = 5\%$，此时对应的净现值：

$$NPV_1 = -30000 + 3000(P/A, 5\%, 10) + 8000(P/F, 5\%, 10)$$
$$= -1923.7(万元)$$

令 $i_2 = 3\% < i_1$，此时对应的净年值：

$$NPV_2 = -30000 + 3000(P/A, 3\%, 10) + 8000(P/F, 3\%, 10)$$
$$= 1543.4(万元)$$

$$IRR = 3\% + \frac{1543.4}{1543.4 + |-1923.7|} \times (5\% - 3\%)$$
$$= 3.89\% < i_c = 5\%$$

所以,该项目不可行。

24. 解 (1)判断项目可行性:
$$NPV=-1000-1000(P/F,12\%,1)+150(P/F,12\%,3)+380(P/A,12\%,9)(P/F,12\%,3)$$
$$=-344.94<0$$

所以该项目不可行。

(2)设第4年到第10年的年收益为A,则:
$$NPV=-1000-1000(P/F,12\%,1)+150(P/F,12\%,3)+A(P/A,12\%,9)(P/F,12\%,3)$$
$$=0$$

得$A=470.95$(万元),所以要保证年收益率为12%,从第4年起,每年的平均收益至少为470.95万元。

25. 解 设投产后年收益为A,则:
$$NPV=-700-400(P/F,15\%,2)+A(P/A,15\%,18)(P/F,15\%,2)$$
$$=0$$

得$A=237.41$(万元),所以若年收益率为15%,每年的平均收益至少237.41万元。

26. 解 (1)增量投资回收期为:
$$\Delta P_{t(乙-甲)}=\frac{3000-2100}{(1500-700)-(1000-600)}=2.25(年)<6年$$

所以乙方案优于甲方案,应该选择乙方案。

(2)分别计算两方案的投资回收期:
$$P_{t甲}=\frac{2100}{100-600}=5.25(年)<6年$$

$$P_{t乙}=\frac{3000}{1500-700}=3.75(年)<6年$$

由于$P_{t甲}>P_{t乙}$,所以乙方案优于甲方案,应该选择乙方案。

27. 解 设每年年初应等额还款额为A,则:
$$NPV=-2000+A(P/A,8\%,5)(P/F,8\%,3)=0$$

得$A=631.03$(万元),所以每年年初应还631.03万元。

28. 解 第一种提议的净年值为:
$$NAV_A=0.5-1\times(A/F,12\%,20)$$
$$=0.486(亿元)$$

第二种提议的净年值为:
$$NVA_B=0.5-1.3\times(A/F,12\%,40)$$
$$=0.498(亿元)$$

$NAV_B>NVA_A$,所以第二个提议优于第一个提议。

第5章

1. 解 (1)盈亏平衡产量
$$Q_0=\frac{C_1}{P-C_2-t}=\frac{60000}{72-32-10}=2000(千克)$$

(2)盈亏平衡生产能力利用率
$$f_0=\frac{Q_0}{Q_C}\times100\%=\frac{2000}{5800}\times100\%=34.48\%$$

(3)盈亏平衡销售价格
$$P_0=\frac{C_1}{Q_c}+C_2+t=\frac{60000}{5800}+32+10=52.3(元)$$

(4)盈亏平衡单位产品可变成本
$$C'_2 = P - \frac{C_1}{Q_c} - t = 72 - \frac{60000}{5800} - 10 = 51.6(元)$$

2. 解 (1)求盈亏平衡点

盈利函数：
$$B = R - C = (400Q - 0.04Q^2) - (260000 + 200Q - 0.02Q^2)$$
$$= -0.02Q^2 + 200Q - 260000$$

由于在盈亏平衡点 $B=0$，则：
$$Q_0 = \frac{-200 \pm \sqrt{200^2 - 4 \times (-0.02) \times (-260000)}}{2 \times (-0.02)}$$

即 $Q_{01} = 1536(吨)$，$Q_{02} = 8464(吨)$。

(2)求最大盈利时的产量 Q_{max}

对盈利函数求导，并令其等于零，即可求得：
$$\frac{dB}{dQ} = \frac{d}{dQ}(-0.02Q^2 + 200Q - 260000) = -0.04Q + 200 = 0$$

得 $Q_{max} = 5000(吨)$，则：
$$B_{max} = -0.02 \times 5000^2 + 200 \times 5000 - 260000 = 240000(元)$$

3. 解 首先计算单位产品变动成本：
$$C_2 = \frac{C - C_1}{Q_c} = \frac{3600 - 1500}{1.5 \times 10^4} = 1400(元/吨)$$

盈亏平衡产量为：
$$Q_0 = \frac{C_1}{P - C_2 - t_1 - t_2} = \frac{1500 \times 10^4}{3200 - 1400 - 160 - 70} = 9554(吨)$$

盈亏平衡销售收入为：
$$R_0 = (P - t_1 - t_2) \times Q_0 = (3200 - 160 - 70) \times 0.9554 = 2837(万元)$$

盈亏平衡生产能力利用率为：
$$f_0 = \frac{Q_0}{Q_c} = \frac{0.9554}{1.5} \times 100\% = 63.69\%$$

盈亏平衡销售价格为：
$$P_0 = C_2 + t_1 + t_2 + \frac{C_1}{Q_c} = 1400 + 160 + 70 + \frac{1500 \times 10^4}{1.5 \times 10^4} = 2630(元/吨)$$

盈亏平衡单位产品变动成本为：
$$C'_2 = P - t_1 - t_2 - \frac{C_1}{Q_c} = 3200 - 160 - 70 - \frac{1500 \times 10^4}{1.5 \times 10^4} = 1970(元/吨)$$

4. 解 产品销售收入为：
$$R = 21000\sqrt{Q}$$

总成本为：
$$C = C_1 + C_2 = 100000 + 1000Q$$

则利润为：
$$B = R - C = 21000\sqrt{Q} - 1000Q - 100000$$

令 $B=0$，则得到盈亏平衡点时的产量：
$$Q_0 = \frac{241 \pm \sqrt{241^2 - 4 \times 10000}}{2} = \frac{241 \pm 134}{2} = 53 \text{ 或 } 188(件)$$

当 Q 在 53 至 188 之间时，B 大于零，故该产品的经济规模区为 [53,188]。

令 $\dfrac{dB}{dQ}=0$,得到:

$$\frac{dB}{dQ}=\frac{d}{dQ}(21000\sqrt{Q}-1000Q-100000)=\frac{10500}{\sqrt{Q}}-1000=0$$

得 $Q=110$,故该产品的最优规模为 110 件。

5. 解 盈亏平衡点产量:

$$Q_0=\frac{C_1}{P-C_2}=\frac{10000000}{7800-4000}=2632(吨)$$

由于设计产量为 5000 吨,盈亏平衡生产能力利用率为:

$$f_0=\frac{Q_0}{Q_c}\times100\%=\frac{2632}{5000}\times100\%=52\%$$

即只要完成设计产量的 52% 就不亏损。因此方案盈利潜力大,可取。

6. 解 单位变动成本:

$$C_2=\frac{C-C_1}{Q_c}=\frac{7800\times10^4-3000\times10^4}{2.8\times10^4}=1714(元/件)$$

$$Q_0=\frac{C_1}{P-C_2}=\frac{3000\times10^4}{3000-1714}=2.3328\times10^4(件)$$

7. 解 盈亏平衡点产量:

$$Q_0=\frac{C_1}{P-C_2}=\frac{20\times10^4}{150-(52+20+8)}\approx2857(台)$$

即要使工厂不亏本,每年至少要生产 2857 台书柜。

8. 解 若第一年只能生产 2000 台,则企业亏损:

$$(P-C_2)\times2000-C_1=[150-(52+20+8)]\times2000-20\times10^4=-6\times10^4(元)$$

如果考虑在第一年允许亏损 3 万元以下的情况下进行生产,则:

$$(P-C_2)\times Q-C_1=-3\times10^4$$

带入求得 $Q=2300$ 台。

如果企业要获得 10 万元/年的利润,则:

$$10\times10^4=150Q-(20\times10^4+80Q)$$

解得 $Q=4286$ 台。

如果企业最大生产能力为 5000 台/年,那么:

$$R=150\times5000-(20\times10^4+80\times5000)=15\times10^4(元)$$

9. 解 生产能力利用率:

$$f_0=\frac{Q_0}{Q_c}=\frac{C_1}{(P-C_2)Q_c}=\frac{\frac{4160}{6}\times10^4}{(5500-3200)\times1.8\times10^4}\times100\%=16.75\%$$

10. 解 盈亏平衡产量:

$$Q_0=\frac{C_1}{P-C_2}=\frac{240000}{21-16}=48000(件)$$

销售量为 60000 件,利润为:

$$R=P\times60000-C_1-C_2\times60000=(21-16)\times60000-240000=60000(元)$$

11. 解 扩大生产规模后,$C_1^*=240000+80000=320000$,$P=21$,$C_2^*=15.5$,则盈亏平衡点产量:

$$Q_0^*=\frac{C_1^*}{P-C_2^*}=\frac{320000}{21-15.5}=58182(件)$$

12. 解 小工厂的现金流量如题图 5-1 所示,选择净现值(NPV)为敏感分析对象,计算出项目在初始条件下的净现值:

$$A=(40-10)\times100\times250=7.5\times10^5(元)$$
$$NPV_0=-200\times10^4+7.5\times10^5\times(P/A,15\%,14)\times(P/F,15\%,1)+20\times10^4\times(P/F,15\%,15)$$
$$=177.8\times10^4(元)$$

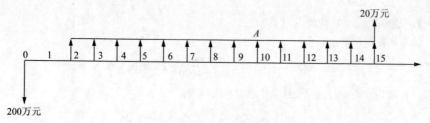

题图 5-1　小工厂现金流量图

下面就投资额、产品价格、生产量三个方面因素进行敏感性分析,设投资额的变化率为 X,产量变化率为 Y,价格变化率为 Z,项目在变动条件下的净现值用公式表示为:

$$NPV=-200\times10^4(1+X)+[100(1+Y)\times250\times40(1+Z)-100(1+Y)\times250\times10]\times$$
$$(P/A,15\%,14)\times(P/F,15\%,1)+20\times10^4\times(P/F,15\%,15)$$

现在令其逐一在初始值的基础上按±10%、±20%的变化幅度变动,分别计算相应的净现值的变化情况,得出结果如题表 5-1 所示。

单因素敏感分析表　　　　　　　　　　　　　　　　　题表 5-1

变化幅度 项目	−20%	−10%	0	+10%	+20%	平均+1%	平均−1%
投资额	217.8	196.8	176.8	156.8	136.8	−1.14%	1.14%
价格	71.32	123.56	176.8	220.65	270.43	2.55%	−2.55%
产量	101.13	136.47	176.8	206.21	26.54	1.84%	−1.84%

从表中可以看出,在各个变量因素变化率相同的情况下,首先价格变动对 NPV 的影响最大,当其他因素均不发生变化时,产品价格每变化 1%,NPV 变化 2.55%。其次对 NPV 影响较大的因素是产品产量,在其他因素不变化时,产量每变化 1%,NPV 将变动 1.84%,最后,对 NPV 影响最小的是投资额,在其他因素不发生变化的情况下投资额上下浮动 1%,NPV 上下浮动 1.14%。由此可见,按净现值对各因素的敏感程度排序依次是:产品价格、产量、投资额,最敏感的因素是产品价格。

13. 解　以净现值为分析指标。

设投资变化百分率为 X,产品价格变化百分率为 Y,则:
$$NPV=-1200\times(1+X)+[35\times(1+Y)\times10-140]\times(P/A,10\%,10)+80\times(P/F,10\%,10)$$
$$=-1200-1200X+210\times(1.11-1)/0.1\times1.11+350Y\times(1.11-1)/0.1\times1.110+80\times1/1.11$$
$$=-1200-1200X+1290.36+2150.65Y+30.84$$
$$=121.21-1200X+2150.60Y$$

取 NPV 的临界值,即令 $NPV=0$,整理得 $Y=0.558X-0.0564$。

这是一个直线方程,将其在坐标图上表示出来,即为 $NPV=0$ 的临界线(题图 5-2)。

从图中可以看出 $Y=0.558X-0.0564$ 为 $NPV=0$ 的临界线,当投资与价格同时变动时,所影响的 NPV 值落在直线的右上方区域,投资方案可行;若落在临界线下方区域表示 $NPV<0$,投资方案不可行;若落在临界线上,$NPV=0$,方案勉强可行。

14. 解　以净现值 $FNPV$ 作为分析指标。

设初始投资变化率为 X,年销售收入变化率为 Y,则:

$$FNPV = -10000(1+X) + [5000(1+Y) - 2200](P/A,8\%,5) + 2000(P/F,8\%,5)$$
$$= 2540.7 - 10000X + 19963.5Y$$

取 $FNPV$ 的临界值,即令 $FNPV=0$,则:

$$2540.7 - 10000X + 19963.5Y = 0$$
$$Y = 0.5009X - 0.1273$$

以此,取 X 和 Y 两因素的变动量均为 $\pm 20\%$ 和 $\pm 10\%$ 作图,可得到双因素敏感性分析图(题图 5-3)。

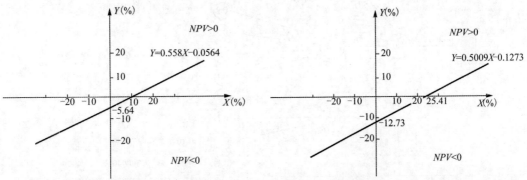

题图 5-2 投资额和产品价格双因素敏感性分析图   题图 5-3 初始投资和年销售收入双因素敏感分析图

如图所示,X 与 Y 的任一组合代表初始投资和年销售收入变化的一个可能状态,直线 $Y = 0.5009X - 0.1273$ 是一条临界线,在临界线上,$FNPV=0$。在临界线上方的区域,$FNPV>0$;在临界线下方的区域,$FNPV<0$。当初始投资和年销售收入同时变动时,若变动量所对应的点落到了 $FNPV<0$ 的区域,方案就会变为不可行;反之,则可行。

15. 解 (1)首先求各年净现金流量 Y_t 的期望值 $E(Y_t)$

$$E(Y_1) = -1000 \times 0.75 - 1200 \times 0.25 = -1050(万元)$$
$$E(Y_2) = -2000 \times 0.65 - 2400 \times 0.35 = -2140(万元)$$
$$E(Y_3 \sim Y_{12}) = 150 \times (5 \times 0.3 + 6 \times 0.5 + 7 \times 0.2) - (150 \times 0.2 + 200 \times 0.6 + 250 \times 0.2)$$
$$= 685(万元)$$

(2)求财务净现值 $FNPV$ 的期望值 $E(FNPV)$(按基准收益率 10% 计)

$$E(FNPV) = \sum_{t=1}^{12} E(Y_t)(1+i)^{-t} = -1050 \times (1+0.1)^{-1} - 2140 \times (1+0.1)^{-2} +$$
$$685(P/A,10\%,10)(P/F,10\%,2) = 2369.8(万元)$$

16. 解 根据已知条件,可以画出概率分析图(题图 5-4)。从图中可以看出,年收入有三种可能性,每年年收入下又有四种生产周期,这样总共有 12 种可能发生的状态或事件。

(1)年收入 5 万元,生产期为 2 年的事件,发生概率为:

$$P(A=5 万元) \times P(N=2 年) = 0.3 \times 0.2 = 0.06$$

净现值为:

$$-200000 \times (P/F,10\%,1) + 50000 \times [(P/F,10\%,2) + (P/F,10\%,3)] = -102935(元)$$

(2)收入 5 万元,生产期为 3 年的事件发生概率为:

$$P(A=5 万元) \times P(N=3 年) = 0.3 \times 0.2 = 0.06$$

净现值为:

$$-200000 \times (P/F,10\%,1) + 50000 \times [(P/F,10\%,2) + (P/F,10\%,3) + (P/F,10\%,4)] = -68785(元)$$

照此,可以计算出其余 10 个事件发生的概率及其净现值。由概率与净现值的乘积得到加权净现值,计算结果列于概念分析图中。

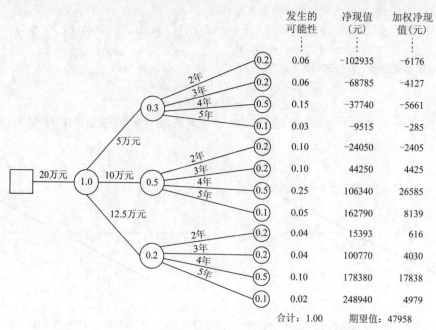

题图 5-4 概率分析图

由于加权净现值的和即为净现值期望 $E(NPV)=47958>0$,故本项目可以通过。

根据公式,求得 $Var(NPV)=8.0787\times10^9$,标准差为 89882。

由于净现值标准差为 89882,数值较大,故期望值不一定能反映项目实施后的净现值;由于净现值 $NPV\geqslant0$ 的累计概率 $P(NPV\geqslant0)=0.6$,数值较小,故项目存在很大的风险,决策者必须对此有足够的思想准备。

17. **解** 根据题意,盈亏平衡产量分别为:

$$Q_{01}=\frac{4800\times10^4}{146-32.17-8}=45.356\times10^4$$

$$Q_{02}=\frac{1000\times10^4}{192-48.17-55}=11.257\times10^4$$

要实现盈利,第一套方案需要至少生产 453560MW·h 电,而第二套方案需要至少生产 112570MW·h 电,为节约资源起见,应选 Q_2 方案。

18. **解** 根据题意,画出概念分析图(题图 5-5)。

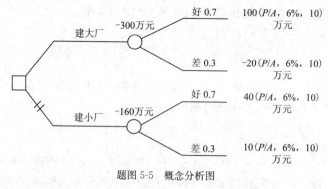

题图 5-5 概念分析图

由概念分析图计算:

$E(大厂)=-300+(100\times0.7-20\times0.3)(P/A,6\%,10)=171.046(万元)$

$E(小厂)=-160+(40\times0.7+10\times0.3)(P/A,6\%,10)=68.163(万元)$

由于 $E(大厂)>E(小厂)$，因此应选择大厂。

19. 解　根据题意,该公司用在一个电话线杆上的费用应为:

$E(A)=420\times[0.03(A/P,10\%,5)+0.10(A/P,10\%,10)+0.18(A/P,10\%,15)+$
$0.24(A/P,10\%,20)+\cdots+0.01(A/P,10\%,40)]$
$=420\times0.1073$
$=45.0777(元)$

因此该电话公司在一个电话线杆上花费 45.0777 元的费用。

20. 解　由题意,在三种市场下,投资净现值分别为:

$NPV_1=-10+2(P/F,10\%,1)+4(P/F,10\%,2)+6(P/F,10\%,3)+8(P/F,10\%,4)+10(P/F,10\%,5)$
$=-10+2\times1.100+4\times1.210+6\times1.331+8\times1.464+10\times1.610=32.838(万元)$

$NPV_2=-10+3(P/F,10\%,1)+4(P/F,10\%,2)+5(P/F,10\%,3)+6(P/F,10\%,4)+7(P/F,10\%,5)$
$=-10+3\times1.100+4\times1.210+5\times1.331+6\times1.464+7\times1.610=24.849(万元)$

$NPV_3=-10+4(P/F,10\%,1)+4(P/F,10\%,2)+4(P/F,10\%,3)+4(P/F,10\%,4)+4(P/F,10\%,5)$
$=-10+4\times1.100+4\times1.210+4\times1.331+4\times1.464+4\times1.610=16.860(万元)$

$E(NPV)=32.838\times0.5+24.849\times0.3+16.860\times0.2=27.2457(万元)$

因此,当基准收益率为 10% 时,投资净现值的期望值为 27.2457 万元。

21. 解　计算临界产量:

$C_A=4000+30Q_A$

$C_B=8000+20Q_B$

$C_C=16000+10Q_C$

分别联立 A、B 和 B、C,令其总成本相等,可得到 Q_{AB} 和 Q_{BC} 的值如下:

$Q_{AB}=400(件/年)$

$Q_{BC}=800(件/年)$

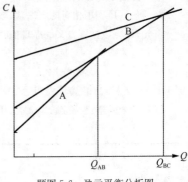

题图 5-6　盈亏平衡分析图

画出盈亏平衡分析图,如题图 5-6 所示。由题图 5-6 可见:

产量小于 Q_{AB},即 400 件时,A 方案的成本最低,选择方案 A;

产量大于 Q_{BC},即 800 件时,C 方案的成本最低,选择方案 C;

产量介于 400 至 800 件之间时,B 方案的成本最低,选择方案 B。

22. 解　根据题意,盈亏平衡点产量:

$$Q_0=\frac{C_1}{P-C_2-t}$$

(1) $t=0$,即 $Q_0=\frac{C_1}{P-C_2-t}=\frac{700}{120-100}=35(万件)$

盈亏平衡生产能力利用率为:

$$f_0=\frac{Q_0}{Q_C}\times100\%=\frac{35}{50}\times100\%=70\%$$

因此产品销售税金及附加忽略不计时,盈亏平衡点的生产能力利用率为 70%。

(2) $t=120\times3\%=3.6(元)$,即

$$Q_0=\frac{C_1}{P-C_2-t}=\frac{700}{120-100-3.6}=42.68(万件)$$

盈亏平衡生产能力利用率为：

$$f_0 = \frac{Q_0}{Q_C} \times 100\% = \frac{42.68}{50} \times 100\% = 85.36\%$$

因此产品销售税金及附加占销售收入3%时，盈亏平衡点的生产能力利用率为85.36%。

23.解 根据题意，产品销售收入为：

$$R = 26000Q^{1/2} + 500Q$$

总成本为：

$$C = C_1 + C_2 = 160000 + 1500Q$$

则利润为：

$$B = R - C = 26000Q^{1/2} + 500Q - 1500Q - 160000$$

(1)令 $B=0$，则得到盈亏平衡点时的产量：

$$26000Q^{1/2} + 500Q - 1500Q - 160000 = 0$$

整理得 $Q - 26\sqrt{Q} + 160 = 0$，解得 $Q_{01} = 100$，$Q_{02} = 256$。

则产品的盈利区域为产量介于100到256之间。

(2)令 $\dfrac{dB}{dQ} = 0$，得到

$$\frac{dB}{dQ} = \frac{d}{dQ}(26000Q^{1/2} - 1000Q - 16000) = 0$$

即 $\dfrac{26000}{2\sqrt{Q}} - 1000 = 0$，解得 $Q_{max} = 169$。

则产品的最大盈利产量为169。

24.解 (1)利用相对测定法，取净现值(NPV)为敏感性分析的对象。
首先，计算该投资方案的净现值：

$$NPV = -150000 + (32000 - 2000) \times (P/A, 10\%, 10) + 20000 \times (P/F, 10\%, 10)$$
$$= 42048(元)$$

由于 $NPV > 0$，该方案是可行的。

取定三个因素：投资额、年收益、年支出作敏感性分析，得敏感性分析表(题表5-2)。

敏感性分析表 题表5-2

变化幅度 项目	−20%	−10%	0	+10%	+20%
投资额	72048	57048	42048	27048	12048
年收益	2272	22385	42048	61711	81373
年支出	44506	43277	42048	40819	39590

从题表5-2中可以看出，在各个变量因素变化率相同的情况下，年收益为最敏感因素，投资额的敏感性其次，年支出最不敏感。

(2)从三个因素中，选取年收益和投资额作多因素敏感性分析
设 X 表示年收益变化的百分率，Y 表示投资额变化的百分率，净现值可表示为：

$$NPV = -15(1+Y) + [3.2(1+X) - 0.2](P/A, 10\%, 10)$$
$$= 4.2048 - 15Y + 19.6627X$$

令 $NPV > 0$，即 $4.2048 - 15Y + 19.6627X > 0$，$Y < 1.3108X + 0.2803$。

令 $NPV = 0$ $X = 0$ 时，$Y = 28.03\%$；$Y = 0$ 时，$X = -21.39\%$。

则 $Y=1.3108X+0.2803$，此方程所代表的直线为临界线，作敏感性分析图(题图 5-7)。

直线下方为 $NPV>0$ 区域，直线上方为 $NPV<0$ 区域。

25. 解 根据题意，$Q_C=12\times10^4$ 吨，$P=500$ 元，$C_1=1500\times10^4$ 元，$C_2=250$ 元，$t=64$ 元。

盈亏平衡点时产量为：
$$Q_0=\frac{C_1}{P-C_2-t}=\frac{1500\times10^4}{500-250-64}=8.0645\times10^4(吨)$$

盈亏平衡销售价格为：
$$P_0=C_2+t+\frac{C_1}{Q_C}=250+64+\frac{1500\times10^4}{12\times10^4}=439(元)$$

盈亏平衡单位变动成本为：
$$C'_2=P-t-\frac{C_1}{Q_C}=500-64-\frac{1500\times10^4}{12\times10^4}=311(元)$$

盈亏平衡生产能力利用率为：
$$f_0=\frac{Q_0}{Q_C}\times100\%=\frac{8.0645\times10^4}{12\times10^4}\times100\%=67.2\%$$

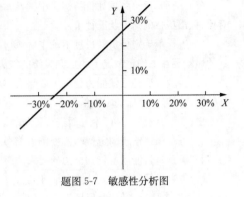

题图 5-7 敏感性分析图

第 6 章

1. 答：财务评价又称财务分析，是根据国家现行财务制度、价格体系和项目评价的有关规定，分析计算项目直接发生的财务效益和费用，在财务效益与费用的估算以及编制财务报表的基础上，计算财务分析指标，考察和分析项目的盈利能力、偿债能力和财务生存能力等财务状况，以此判断项目的财务可行性。

财务评价的目的：

(1)从企业或项目业主角度出发，分析投资效果，衡量项目的财务盈利能力；

(2)为企业制定资金规划；

(3)估算项目的贷款偿还能力；

(4)为协调企业和国家利益提供依据。

2. 答：财务评价的主要内容包括以下几个方面。

(1)财务效益和费用的识别和计算。项目的财务效益主要表现为生产经营的产品销售收入、各种补贴、固定资产余值和流动资金回收；财物费用主要表现为建设项目的总投资、经营成本、税金等。

(2)财务报表的编制。在项目财务效益和费用的识别和计算的基础上，可进行项目财务报表的编制，包括基本报表和辅助报表的编制。其中，基本报表有现金流量表、损益表、资金来源与运用表、资产负债表、财务外汇平衡表等。辅助报表有固定资产投资估算表、流动资金估算表、投资计划与资金筹措表、固定资产折旧费估算表、无形及递延资产摊销估算表、总成本费用估算表、产品销售收入和销售税金及附加估算表、借款还本付息表等。

(3)财务评价指标的计算和评价。通过与评价指标的对比分析，即可对项目的盈利能力、清偿能力及财务生存能力等财务状况做出评价，判断项目的财务可行性。

3. 答：财务评价的工作大致可分为四个步骤。

(1)收集、预测财务分析的基础数据。首先熟悉拟建项目的基本情况，在此基础上收集、预测财务分析的基础数据。这些数据包括项目投资、生产成本、利润、税金等的估算数，然后将所得数据编制成辅助财务报表。

(2)编制基本财务报表。在上述财务估算数据及辅助财务报表基础上，分别编制反映项目盈利能力、清偿能力及财务生存能力的基本财务报表。

(3)计算并评价各项评价指标。根据基本财务报表计算各项评价指标,并分别与对应的评价标准进行对比,做出项目的财务状况评价。

(4)进行不确定分析。通过不确定分析包括盈亏平衡分析、敏感性分析和概率分析等,分析项目可能面临的风险及在不确定情况下的抵御风险的能力,得出项目在不确定情况下的财务评价结论。

4.答:融资后的偿债能力分析主要是考察项目的财务状况和按期偿还债务的能力,直接关系到企业面临的财务风险和企业的财务信用程度。

偿债能力应从以下两个方面进行评价。

(1)考察项目偿还固定资产投资国内借款所需要的时间,即通过计算借款偿还期,考察项目的还款能力,判别项目是否能满足贷款机构的要求。

(2)考察项目资金的流动性水平,即通过计算利息备付率、偿债备付率、流动比率、速动比率和资产负债率等各种财务比率指标,对项目投产后的资金流动情况进行比较分析,用以反映项目寿命期内各年的利润、盈亏、资产和负债、资金来源等财务状况及资产结构的合理性,考察项目的风险程度和偿还流动负债的能力和水平。

5.答:工程项目经济预测的步骤一般分为以下几点:

(1)确定预测目标;

(2)收集分析资料;

(3)选择预测技术;

(4)建立预测模型;

(5)利用模型进行预测;

(6)分析情况作出预测。

6.解 根据借款偿还期的计算公式,设该项目的借款偿还期为 P_d,开始出现盈余年份数为14,开始借款年份为1,当年应偿还本金额为1132.68万元,可以用于还款的资金为未分配利润和折旧摊销扣除企业留利,则有:

$$P_d = 14 - 1 + \frac{1132.68}{5689.52 + 1563.26 - 125.36} = 13.16(年)$$

即从借款开始年算起,借款偿还期为13年2个月。

7.解 根据借款偿还期的计算公式,设该项目的借款偿还期为 P_d,依题意则有:

$$P_d = 8 - 1 + \frac{4560}{5698 + 3521 + 418} = 7.47(年)$$

即该项目的借款偿还期为7年6个月。

8.解 由于生产能力提高以增加生产设备数量为主,n 应取 $0.8 \sim 1.0$,此处取 $n = 0.9$,价差系数 P_f 为1,则有:

$$I_2 = 45000 \left(\frac{10}{8}\right)^{0.9} \times 1 = 55008.72(万元)$$

即拟建固定资产投资额为55008.72万元。

9.解 根据生产能力指数法,由 $I_2 = I_1 \left(\frac{C_2}{C_1}\right)^e \times P_f$,已知生产能力指数 e 为0.6,价差系数 P_f 为1.2,代入公式:

$$I_2 = 80000 \times \left(\frac{80}{50}\right)^{0.6} \times 1.2 = 127275.03(万元)$$

即估算出拟建装置的投资额为127275.03万元。

10.解 已知生产能力指数 e 为0.7,价差系数 P_f 为1.2,$C_1 = 15$ 万吨,$I_1 = 3500$ 万元,$C_2 = 20$ 万吨,根据生产能力指数法,则有:

$$I_2 = 3500 \times \left(\frac{20}{15}\right)^{0.7} \times 1.2 = 5136.96(万元)$$

即该拟建项目的固定资产投资费用为 5136.96 万元。

11. 解 采用比例估算法,根据公式 $I = E(1 + f_1 p_1 + f_2 p_2 + f_3 p_3) + C$ 计算。

依题意可知,$f_1、f_2、f_3$ 分别为 1.2,1.3,1.0,$p_1、p_2、p_3$ 分别为 120%、50%、30%,E 为 900,C 为 20,分别代入公式,可得:

$$I = 900(1 + 1.2 \times 120\% + 1.3 \times 50\% + 1.0 \times 30\%) + 20 = 3071(万元)$$

即此建设项目的总投资为 3071 万元。

12. 解 依题意有:年折旧率 = (1 - 5%)/8 = 11.875%

年折旧额 = 3000 × 11.875% = 356.25(万元)

8 年内折旧率和折旧额均相同,8 年累计折旧额 = 356.25 × 8 = 2850 万元。

13. 解 采用双倍余额递减法,年折旧率 = (2/折旧年限) × 100% = 2/8 × 100% = 25%,每年折旧额为当年资产净值与折旧率的乘积,故每年折旧额不同,第一年折旧额 = 3000 × 25% = 750 万元,第二年折旧额 = (3000 - 750) × 25% = 562.5 万元,依次类推,可以计算前 6 年的资产净值和年折旧额,计算结果见题表 6-1。

前 6 年的资产净值和年折旧额(单位:万元)　　　　　　　　　题表 6-1

项目年限	1	2	3	4	5	6	7	8	残值合计
资产净值	3000	2250	1687.5	1265.62	949.21	711.91	533.93	341.96	149.99
年折旧额	750	562.5	421.88	316.41	237.30	177.98	191.97	191.97	2850

最后两年采用平均年限法计算折旧额:

最后两年每年折旧额 = (533.93 - 3000 × 5%)/2 = 191.97(万元)

14. 解 按年数总和法计算折旧,固定资产原值 - 预计净残值 = 3000 × (1 - 5%) = 2850 万元,折旧年限为 8 年,根据公式计算年折旧率和年折旧额:

年折旧率 = [(折旧年限 - 已使用年限)/折旧年限 × (1 + 折旧年限) ÷ 2] × 100%

年折旧额根据公式可得:

(固定资产原值 - 预计净残值) × 年折旧率

则:

第一年折旧率 = [(8 - 0)/8 × (1 + 8) ÷ 2] × 100% = 8/36 = 22.22%

第一年折旧额 = 2850 × 22.2% = 633.27

第二年折旧率 = (8 - 1)/36 = 7/36 = 19.44%

第二年折旧额 = 2850 × 19.4% = 554.04,以后各年依次类推,计算结果见题表 6-2。

年折旧率与年折旧额计算结果　　　　　　　　　　　　　　题表 6-2

项目年限	1	2	3	4	5	6	7	8	合计
年折旧率	22.22%	19.44%	16.67%	13.89%	11.11%	8.33%	5.56%	2.78%	
年折旧额(万元)	633.27	554.04	475.10	395.87	316.64	237.41	158.46	79.23	2850

15. 解 每年还本付息额 $A = 3000 \times (A/P, 8\%, 3) = 3000 \times 0.3880 = 1164(万元)$

每年支付利息 = 年初本金累计 × 年利率

每年偿还本金 = A - 每年支付利息

则有:

第一年支付利息 = 3000 × 8% = 240(万元)

第一年偿还本金＝1164－240＝924(万元)

第二年年初借款余额＝第一年年初借款余额－第一年偿还本金＝3000－924＝2076(万元)

第二年支付利息＝2076×8％＝166(万元)

如此类推,可以计算出各年应支付利息和偿还本金的多少,如题表 6-3 所示。

各年偿还的本金和利息(单位:万元)   题表 6-3

年数	年初借款余额	本年应计利息	本年偿还本金	本年支付利息	年末借款余额
1	3000	240	924	240	2076
2	2076	166	998	166	1078
3	1078	86	1078	86	0
合计			3000	492	

16. **解** 由于是等额还本,则每年应还本额＝3000/3＝1000 万元,根据公式：

$$每年支付利息＝年初本金累计×年利率$$

年初本金累计(上一年年末借款余额)＝上一年年初借款余额－上一年偿还本金

可以依次计算出 3 年内每年应支付的利息和各年年末借款余额,如题表 6-4 所示。

每年应支付的本金与利息(单位:万元)   题表 6-4

年数	年初借款余额	本年应计利息	本年偿还本金	本年支付利息	年末借款余额
1	3000	240	1000	240	2000
2	2000	160	1000	160	1000
3	1000	80	1000	80	0
合计			3000	480	

17. **解** 依题意,其现金流量图如题图 6-1 所示。

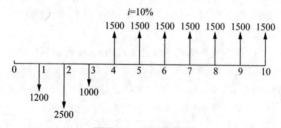

题图 6-1 现金流量图

计算该项目的财务净现值：

$$NPV=-\frac{1200}{(1+i)^1}-\frac{2500}{(1+i)^2}-\frac{1000}{(1+i)^3}+\frac{1500\times(P/A,10\%,7)}{(1+i)^3}$$

$$=-1091-2066.12-751.31+1500\times\frac{4.8684}{(1+10\%)^3}$$

$$=-3908.43+5486.55$$

$$=1578.12>0$$

该项目的财务净现值率 $NPVR=\frac{NPV}{I_p}=\frac{1578.12}{3908.43}=40\%>0$

由于财务净现值与财务净现值率均大于零,故该项目可行。

18. **解** 由题意可得：

资产负债率＝负债合计/资产合计＝[(3651＋29634)/48562]×100％＝68.54％

流动比率＝流动资产/流动负债＝(5863/3651)×100％＝161％

速动比率＝(流动资产－存货)/流动负债＝[(5863－4525)/3651]×100％＝36.65％

即资产负债率、流动比率、速动比率分别为 68.54％、161％和 36.65％。

19. **解** 依题意有：

资产负债率＝负债合计/资产合计＝[(5692＋11230)/78956]×100％＝21.43％

流动比率＝流动资产/流动负债＝[8956/5692]×100％＝157.3％

速动比率＝(流动资产－存货)/流动负债＝[(8956－2968)/5692]×100％＝105.2％

即资产负债率、流动比率和速动比率分别为 21.43％、157.3％和 105.2％。

20. **解** 依题意可知：

项目年利润总额＝年销售收入－年销售税金及附加－年总成本费用

＝28695－1986－19856

＝6853(万元)

总投资＝固定资产投资＋建设期利息＋流动资金

＝38652＋3626＋6935

＝49213(万元)

$$投资利润率 = \frac{年利润总额}{总投资} = (6853 \div 49213) \times 100\% = 13.93\%$$

$$投资利税率 = \frac{年利税总额}{项目总投资}$$

$$= \frac{年利润总额 + 年销售税金及附加}{项目总投资}$$

$$=(6853+1986) \div 49213 = 17.96\%$$

即投资利润率为 13.93％，投资利税率为 17.96％。

21. **解** 依题意有，项目年平均利润总额＝1200－600－450＝150 万元，项目总投资为 1500 万元，则：

$$项目的投资利润率 = \frac{年平均利润总额}{项目总投资}$$

$$=(150/1500) \times 100\% = 10\%$$

投资利税率＝年平均利税总额/项目总投资

＝(年平均利润总额＋年销售税金及附加)/项目总投资

＝(150＋450)/1500

＝40％

即投资利润率为 10％，投资利税率为 40％。

22. **解** 根据公式建设期年利息额＝(年初借款累计＋本年借款额/2)×年利率，计算结果如题表 6-5 所示。

建设期应支付的本金与利息（单位：万元） 题表 6-5

序号	项　　目	1	2	3	4
1	年初借款本息累计	0.00	7008.56	21586.36	30321.83
1.1	本金	0.00	6739.00	20217.00	26956.00
1.2	建设期利息	0.00	269.56	1369.36	3365.83
2	本年借款	6739.00	13478.00	6739.00	
3	本年应计利息	269.56	1099.80	1996.47	

可知，项目建设期利息为 3365.83 万元。

23. 解　根据经营成本计算公式：
项目经营成本＝总成本费用－固定资产折旧－计入成本的贷款利息－维修费用－摊销费用
已知总成本费用为 12000 万元，折旧费为 450 万元，摊销费为 320 万元，财务费用为 480 万元，则：
项目经营成本＝12000－450－320－480＝10750（万元）

24. 解　项目第 4 年开始投产，且第 4 年达产率为 70％，第 5 年达产率为 80％，第 6 年及以后各年达产率为 100％，则：
第 4 年销售收入＝50×70％×600＝21000（万元）
第 5 年销售收入＝50×80％×600＝24000（万元）
第 6 年及以后各年每年的销售收入＝50×100％×600＝30000（万元）

25. 解　根据流动资金＝流动资产－流动负债，已知第 4 年流动资产为 8000 万元，流动负债为 6000 万元，则第 4 年所需流动资金＝8000－6000＝2000 万元。
同理可得，第 5 年所需流动资金＝9000－7500＝1500 万元。

第 7 章

1. 答：国民经济评价是项目经济评价的重要组成部分。它是按照资源合理配置的原则，从国家整体角度考察和确定项目的效益和费用，用货物影子价格、影子工资、影子汇率和社会折现率等经济参数，分析、计算项目对国民经济带来的净贡献，以评价项目经济上的合理性。

财务评价仅仅从企业角度来分析项目的可行性，在市场价格不够合理的情况下，很容易造成资源的不合理利用，甚至诱发重复建设、盲目投资等弊病。所以，国民经济评价的必要性体现在以下几个方面。

(1) 财务评价仅仅涉及项目内部的直接经济效果，不包括项目以外的经济效果，即没有考虑项目的外部费用和效益。

(2) 不同项目的财务分析包含了不尽相同的税收、补贴和贷款条件，这些内容在财务评价中无法完全体现出来，使不同项目的财务盈利效果失去了公正比较的基础。

(3) 项目对于社会的影响可能没有被正确地反映出来。

(4) 财务分析所采用的价格是项目与外界的实际交易价格，这种价格往往严重背离资源的真实价值，从而使财务分析的结论有可能背离社会资源合理配置的要求。

所以，对投资项目仅进行财务评价是不够的，还应进行国民经济评价。

2. 答：(1) 共同点
① 评价目的相同
国民经济评价和财务评价都是要寻求能以最小的投入获得最大的产出。
② 评价基础相同
国民经济评价和财务评价都是在完成项目的产品需求预测、市场分析、工程技术方案构思、投资估算及资金规划等步骤的基础上进行的。
③ 评价的基本方法和指标相同
国民经济评价和财务评价都是在经济效果评价与方案比选的基本理论指导下进行的，采用的分析方法基本相同；同时都要考虑资金的时间价值；所采用的评价指标均为净现值、净年值、内部收益率等；评价中都是通过编制相关报表对项目进行分析、比较。
④ 计算期相同
两者的费用和效益计算都涉及包括建设期、生产期全过程的相同的计算期。

(2) 区别
① 评价的角度不同
财务评价是从企业角度考察收支和盈利状况及偿还借款能力，以确定投资项目的财务可行性。国民经

济评价则是站在国家整体的宏观角度考察项目需要国家付出的代价和对国家的贡献,分析项目对国民经济发展、收入分配、资源配置等方面的影响,以确定其经济上的合理性。

②费用、效益划分不同

财务评价根据项目的直接财务收支,计算项目的直接效益和直接费用,凡是项目的货币支出都视为费用,税金、利息等均计为费用。国民经济评价则从全社会的角度,根据项目实际耗费的有用资源及向社会提供的有用产品或服务来考察项目的效益和费用。有些在财务评价中视为费用或效益的财务收支,如税金、补贴、国内借款利息等,在国民经济评价中不将其视为费用或收益,多是国民经济内部的"转移支付"。在财务评价中不考虑的间接费用或间接效益,在国民经济评价还要当作费用和效益来考虑。

③评价采用的价格不同

财务评价要考察投资项目的财务上的现实可行性,因而对投入物和产出物均采用财务价格即现行市场价格或其预测值。国民经济评价使用的则是根据机会成本和供求关系确定的影子价格。

④主要参数不同

财务评价采用的汇率一般选用当时的官方汇率,折现率是因行业而异的基准收益率。国民经济评价则采用国家统一测定和颁布的影子汇率和社会折现率。

⑤评价的组成内容不同

财务评价的组成内容主要包括盈利能力分析、清偿能力分析两方面,对于有外汇收支的项目,还要在此基础上进行外汇平衡分析。国民经济评价则只做盈利能力分析不做清偿能力分析,对于直接或间接影响国家外汇收支的项目还要进行外汇效果分析。

⑥考察与跟踪的对象不同

财务评价考察的是项目的生存能力,跟踪的是与项目直接相关的货币流动。国民经济评价考察的是项目对国民经济的净贡献,跟踪的是围绕项目发生的资源流动。

3.答:国民经济评价是从国家整体利益出发,分析国民经济对这个项目付出的代价,以及这个项目建成后可能对国民经济做出的贡献。国民经济分析不仅要识别项目自身的内部经济效果,还需要识别项目对国民经济其他部门和单位产生的外部效果。

国民经济主要评价参数有社会折现率、影子汇率和影子工资换算系数等。

4.答:(1)范围

①狭义的范围

国民经济评价应与社会评价分开,国民经济评价仅仅分析项目对国民经济产生的影响,而将项目对生态环境和社会生活等其他方面产生的影响放到社会评价之中去。

②广义的范围

将费用效益分析方法应用于经济社会的各个方面,将上述各种影响的费用和效益化为统一的可计算量,用统一的货币计量单位表示,并进行比较分析。

(2)步骤

国民经济评价主要工作内容可以概括为:国民经济费用和效益的识别、影子价格及参数的选取和测算、国民经济报表的编制和指标的计算、方案的比选。其具体步骤如下。

①效益与费用的识别。

②影子价格和参数的确定。

③效益和费用数值的调整。

④项目国民经济盈利能力分析。

⑤项目外汇效果分析。

⑥不确定性分析。

⑦方案比选。

⑧综合评价与结论。

5. 答：国民经济评价用全局观点、长远观点来分析项目的盈利，有利于国家实现资源的合理配置，其重要意义具体体现在以下四个方面。

(1)能够客观地估算出投资项目为社会做出的贡献和国民经济为其付出的代价。

(2)有利于国家有限资源的合理流动与优化配置。

(3)有助于实现投资决策科学化。

(4)对公益性项目具有特殊重要意义。

6. 答：对工程项目同时进行财务评价和国民经济评价时，很多时候两种评价结论是不同的，一般会出现以下四类情况。

(1)对于财务评价与国民经济评价的结论均可行的项目，应予通过。

(2)对于财务评价与国民经济评价的结论均不可行的项目，应予否定。

(3)对于财务评价的结论可行，而国民经济评价不可行的项目，一般应予否定，或者重新考虑方案，进行"再设计"。

(4)对于财务评价不可行，而国民经济评价可行的项目，一般应予通过。但国家和主管部门应采取相应的优惠政策，如减免税、给予补贴等，使项目在财务上也具有生存能力。

7. 解 依题意有：

$$项目外汇流入 = 4000(万美元)$$

$$外汇流出 = 1500 + 75 + 265 + 45 + 120 + 100 + 18 + 15 = 2138(万美元)$$

$$净外汇流量 = 外汇流入 - 外汇流出 = 4000 - 2138 = 1862(万美元)$$

即该项目的净外汇流量为 1862 万美元。

8. 解 依题意，由于项目位于港口附近，故运输费用不计：

$$进口货物的贸易费用 = 到岸价 \times 影子汇率 \times 贸易费用率$$

$$影子价格 = 到岸价 \times 影子汇率 + 贸易费用 + 运输费用$$

$$= 到岸价 \times 影子汇率(1 + 贸易费用率)$$

$$= 100 \times 8.7(1 + 6\%)$$

$$= 922.2(元/吨)$$

即该货物的影子价格为 922.2 元/吨。

9. 解 依题意可知，产品直接出口：

$$出口货物的贸易费用 = (离岸价 \times 影子汇率 - 国内运输费用) \div (1 + 贸易费用率) \times 贸易费用率$$

$$= (150 \times 8.7 - 80) \div (1 + 6\%) \times 6\%$$

$$= 69.34(元/吨)$$

$$出口货物的影子价格 = 离岸价格 \times 影子汇率 - 国内运输费用 - 贸易费用$$

$$= 150 \times 8.7 - 80 - 69.34$$

$$= 1155.66\ 元/吨$$

即该产出物的影子价格为 1155.66 元/吨。

10. 解 由题意可知，该产品为间接出口产品：

$$影子价格 = 离岸价格 - 原供应厂到港口的运输费用及贸易费用 +$$

$$原供应厂到用户的运输费用及贸易费用 -$$

$$拟建项目到用户的运输费用及贸易费用$$

$$= 185 \times 8.7 - 68 + 75 - 0$$

$$= 1616.5(元/立方米)$$

即该产品的影子价格为 1616.5 元/立方米。

复习思考题参考答案

11. 解 根据影子价格＝国内现行价格×价格换算系数可知：

$$价格换算系数 = 影子价格/国内现行价格 = 1200/800 = 1.5$$

即该产品的价格换算系数为 1.5。

12. 解 依题意可知：

$$原料 A 的价格总额 = 150 \times 1.2 = 180(万元)$$
$$原料 B 的价格总额 = 50 \times 1.5 = 75(万元)$$
$$原料 C 的价格总额 = 100 \times 8.6335 \times 1.08 = 932.42(万元)$$
$$该产品的年原料成本总额 = 180 + 75 + 932.42 = 1187.42(万元)$$

即该产品国民经济评价的年原料成本总额为 1187.42 万元。

13. 解 依题意有：

$$产品影子价格 = 到岸价格 \times 影子汇率 + 运输费用 + 贸易费用$$

则可知：

$$到岸价格 \times 影子汇率 = 影子价格 - (运输费用 + 贸易费用)$$
$$= 现行价格 \times 价格系数 - (运输费用 + 贸易费用)$$
$$= 350 \times 2.36 - 68 = 758(元)$$
$$产品到岸价格 = 758/6.0 = 126.33(元)$$

即该产品到岸价格为 126.33 元。

14. 解 依题意可知,项目第 1 和第 2 年净外汇流量为 0,从第 3 年开始有净外汇流量,并且最后 4 年的净外汇流量相等,已知基准折现率为 10%,由此计算项目的经济外汇净现值：

$$ENPV_F = 150 \times (P/F,10\%,3) + 1600 \times (P/F,10\%,4) + 2200(P/A,10\%,4)(P/F,10\%,4)$$
$$= 150 \times 0.7513 + 1600 \times 0.6830 + 2200 \times 3.1699 \times 0.6830$$
$$= 112.70 + 1092.8 + 4763.09$$
$$= 5968.59(万元)$$

即该项目的外汇净现值为 5968.59 万元。

15. 解 依题意,项目总投资的现值为：

$$I_p = 1200 \times (P/F,10\%,1) + 800 \times (P/F,10\%,2) + 900 \times (P/F,10\%,3)$$
$$= 1200 \times 0.9091 + 800 \times 0.8264 + 900 \times 0.7513$$
$$= 2428.21(万元)$$

$$后期项目投产后获利的现值 = 1200 \times (P/A,10\%,10) \times (P/F,10\%,3)$$
$$= 1200 \times 6.1446 \times 0.7513$$
$$= 5539.73(万元)$$

$$则项目的经济净现值 ENPV = -2428.21 + 5539.73 = 3111.52(万元) > 0$$
$$经济净现值率 = ENPV/I_p = 3111.52/2428.21 = 1.28 > 0$$

可见,经济净现值和经济净现值率均大于 0,故该投资方案可行。

16. 解 依题意可知：

年净效益 = 产品年销售收入 + 年外部效益 - 年经营成本 - 年折旧费 - 年技术转让费 - 年外部费用
$$= 1500 + 150 - 800 - 10 = 840(万元)$$

$$项目产品的投资净效益 = 年净效益/全部投资$$
$$= 840/5600$$
$$= 15\%$$

一般取社会折现率为 8%,则投资净效益率＞社会折现率,所以认为该项目是可行的。

第8章

1. 答:公益性项目指交通、水利、扶贫开发、防灾减灾、国家安全、教育、文化、卫生、体育、环保等由各级政府及非政府组织承建的项目。它以促进国民经济和社会发展、提供公共生活服务、提高人民的科学文化水平和素质为目的,着眼于创造社会效益而不以商业利润为主。

公益性项目的内容如下。

(1)根据提供公共消费品内容的不同,分为城市基础设施项目、公共卫生项目、教育项目、文化项目和体育项目。

(2)按投资来源划分,包括政府投资项目和非政府项目。

(3)经营性项目和非经营性项目。

(4)政府采购项目。

2. 答:公益性项目与营利性项目在运营目的上存在差别,由此造成了公益性项目的特殊性,公益性项目的基本特点包括政府主导性、公共品性、非竞争性、外部性和多目标性。具体如下。

(1)公益性项目的投资目的是谋求社会效益。

(2)公益性项目投资的目的和产生的效果往往是多元化的。

(3)公益性项目投资的兴办者、投资者和受益者一般是分离的。

(4)公益性项目一般具有规模大、投资多、受益面广、服务年限长、影响深远等特点。

(5)公益性项目具有外部性。

3. 答:由于存在外部效果、不可计量的效果以及可能发生的价格偏离等因素,导致公益性项目的评价和一般营利性项目的评价有所不同,主要表现在以下方面。

(1)评价的指标不同。一般营利性项目采用财务评价指标判断项目的优劣,主要以盈利能力评价指标为主;公益性项目投资的目的是谋求社会效益,一般采用费用效益分析法来判断项目的优劣。

(2)费用和效益的度量不同。一般营利性项目评价直接应用各种财务评价指标计算即可;公益性项目评价效益和费用针对的不同主体,而且公益性项目几乎都有多方面的无形效果,只能寻找其他方法对项目的无形效果进行评价。

(3)评价结论的协调难度不同。对营利性项目进行财务评价时,从各个盈利能力指标来看,各利益主体之间的关系基本上是协调的;然而不同的社会群体对公益性项目的关注点往往不同,公益性项目对他们产生的影响也不同,协调的难度比较大。

4. 答:公益性项目指为社会、国家和公共利益而投资兴办的非营利性项目,因而其评价的目标主要有经济增长目标、收入分配目标、劳动就业目标、资源利用效率目标和满足社会需要目标。一般私人项目是个人或者单位为了满足为了满足个人或单位需求而进行的投资项目,其评价的目标是项目财务收益的最大化,同时满足国民经济的基本要求。例如,城市绿化建设项目,从项目本身而言是不盈利的,但是却对提高居民生活环境质量起到积极作用,因此其评价目标是社会福利的最大化。而一般私人投资开办企业的项目,其基本目标是盈利,因此其评价的目标是投资收益最大化。

5. 答:公益性项目提供的是公共物品。与私有物品不同,公共物品的特征是非竞争性和非排他性,即公共物品可以集体消费,而且是免费消费。例如某人享受公园里优美的环境并不排斥其他人同时享用,再比如广播、公共电视等。

外部性指项目的外部收益和外部成本。外部收益指项目投资经营主体之外的收益,由其他方免费获得。如某投资主体兴建了一座水电站,他可以通过发电获得收益,而下游居民也能从电站大坝的修建中获得减少洪水灾害的收益。尽管这种收益可能很大,但是下游的居民却是免费获得的,这便是项目的外部收益。外部成本指在项目投资经营主体之外的社会成本。该成本不由投资经营主体给与等价补偿,却由项目以外的个人、团体或社会来承担。例如项目所导致的环境和生态的破坏等都属于外部成本。

6.解 (1)根据费用现值的公式可以求得三个方案的费用现值分别为:

$$PC_A = 400 + 50 \times (P/A, 15\%, 10) = 650.9(万元)$$
$$PC_B = 450 + 40 \times (P/A, 15\%, 10) = 650.7(万元)$$
$$PC_C = 500 + 30 \times (P/A, 15\%, 10) = 650.6(万元)$$

根据费用现值最小比选准则,因为 $PC_C < PC_B < PC_A$,故方案 C 为最优。

(2)三个方案的费用年值分别为:

$$AC_A = 50 + 400 \times (A/P, 15\%, 10) = 129.7(万元)$$
$$AC_B = 40 + 450 \times (A/P, 15\%, 10) = 129.66(万元)$$
$$AC_C = 30 + 500 \times (A/P, 15\%, 10) = 129.63(万元)$$

根据费用年值最小比选准则,因为 $AC_C < AC_B < AC_A$,故方案 C 为最优。

7.解 效益和费用的计算方法错误,人均效益的减少对两类人都适用,并不只针对前者。效益费用比:

$$R_{BC} = (7 \times 8000 + 4 \times 12000 - 5 \times 20000)/(12000 - 5 \times 20000) = 0.2 < 1$$

所以收取 5 元门票不合理。

8.解 首先进行效益与费用的识别和计算。

(1)项目收益者的收入计算

①消除车辆等待时间所获节约额

公路 A 行使车辆节约额为:

$$[(5 \times 20\% + 2 \times 80\%)(5000 \times 365 \times 50\% \times 1/60)](P/A, 10\%, 25) = 358920(元)$$

公路 B 行使车辆节约额为:

$$[(5 \times 20\% + 2 \times 80\%)(4000 \times 365 \times 50\% \times 1.2/60)](P/A, 10\%, 25) = 344560(元)$$

②车辆起动次数所获节约额

$$(0.06 \times 20\% + 0.04 \times 80\%) \times [(5000 + 4000) \times 365 \times 50\%](P/A, 10\%, 25) = 655990(元)$$

③消除交通事故所获节约额

$$(2/4 \times 50000 + 40/4 \times 1500)(P/A, 10\%, 25) = 363080(元)$$

④行使路程延长导致的车辆运行成本增加额

$$-(0.25 \times 20\% + 0.06 \times 80\%)[(5000 + 4000) \times 365 \times 15\% \times 0.25](P/A, 10\%, 25) = -109580(元)$$

⑤受益者总收入现值

以上四项求和,为 1612970 元。

(2)项目兴办者的成本费用计算

①投资额为 750000 元

②立交桥维修费用支出额

$$2500(P/A, 10\%, 25) = 2500 \times 9.0770 = 22693(元)$$

③取消信号系统与指挥交通民警节约额

$$-(1000 + 3 \times 2 \times 365)(P/A, 10\%, 25) = -3190 \times 9.0770 = -28956(元)$$

④兴办者总费用

前三项求和,为 743737 元。

在计算出效益与费用的基础上,通过效益费用比评价该项目的经济效益:

$$R_{BC} = \frac{1612970}{743737} = 2.16 > 1$$

因此该投资在经济上是可行的。

9.解 由表 8-9 可以看出,各方案都通过独立经济效果评价,在投资限额内,为使总的赢利水平最大(总净现值最大),我们通过互斥方案组合法来选取一个投资组合。本题有 3 个独立方案,互斥组合有 7 个,其构成和相应指标如题表 8-1 所示。

A、B、C 的互斥组合方案(单位:万元)　　　　题表 8-1

方　案	组合状态 ABC	第 0 年投资	1~10 年净收入	NPV
1	100	－300	60	68.7
2	010	－350	70	80.1
3	001	－500	100	114.5
4	110	－650	130	148.8
5	101	－800	160	183.1
6	011	－850	170	194.6
7	111	－1150	230	263.2(不可行)

保留投资额不超过投资限额且净现值大于或等于零的组合方案,其中净现值最大的组合方案即为最优可行方案。由于投资限额为 1000 万元,因此方案 7 不予以考虑。保留的方案中,放案 6 为最优可行方案,即选择方案 B、C。

10. 解　　初始总投资：$80+20=100$(万元)

每年增加的维护费折合现值$=10\times(P/A,12\%,20)=74.69$(万元)

每年增加的收益折合现值$=1.48\times16\times(P/A,12\%,20)=176.88$(万元)

期末残值折合现值$=80\times35\%\times(P/F,12\%,20)=2.90$(万元)

增量效益费用差$=\Delta B-\Delta C=176.88+2.90-100-74.69=5.09>0$

所以应该扩建。

11. 解　对 A 方案,计算经济净现值：

$$ENPV_A=-4200+610(P/A,12\%,25)-60(P/A,12\%,25)=113.705(万元)$$

对 B 方案,计算经济净现值：

$$ENPV_B=-2800+420(P/A,12\%,25)-50(P/A,12\%,25)=101.940(万元)$$

由于方案 A 的经济净现值大于方案 B 的经济净现值($ENPV_A>ENPV_B$),因此应选择 A 方案。

12. 解　(1)　初始总投资：$200+72=272$(万元)

每年增加的维护费折合现值$=32\times(P/A,15\%,25)=32\times6.4641=206.85$(万元)

期末残值折合现值$=200\times40\%\times(P/F,15\%,25)=80\times0.03038=2.43$(万元)

要使扩建合理,$\Delta(B-C)\geqslant0$,即增加的效益折合现值$+2.43\geqslant206.85+272$,则：

增加的效益折合现值$\geqslant476.42$(万元)

游客人均增加收益$\times50\times(P/A,15\%,25)\geqslant476.42$

游客人均增加收益$\geqslant1.474$(元)

所以新增的设施及动物应使游客的人均效益增加不小于 1.474 元,扩建方案才合理。

(2)这种逻辑不合理。因为,公共项目投资的决策依据是公共利益的最大化,门票提价虽然使内部收入增加,却也减少了外部的公共效益,使游客人数减少,并没有起到效果。

13. 解　每种方案的效益与费用的比率都以等额年值为基础,则：

$$R_{BC}=\frac{水、火灾年节余+游乐效益}{建筑等值年成本+维修费用}=\frac{水、火灾年节余+游乐效益}{初始建筑成本\times(A/P,4,40)+维修费用}$$

根据上式所计算的效益费用比率如题表 8-2 所示。

表中的增量效益费用比率分别为(2→1)方案、(3→2)方案、(4→3)方案。

各方案的增量效益费用计算表(单位:万元)　　　　　　　　题表 8-2

方案	水坝地点	年效益	年费用	增量效益	增量费用	效益费用比率	增量效益费用(与方案1相比)
1	1	31	10.93			2.84	
2	1和2	33	14.99	2	4.06	2.20	0.49
3	1,2和3	41	22.10	8	7.11	1.86	1.13
4	1,2,3和4	46	27.98	5	5.88	1.64	0.85

从题表 8-2 可以看出,1,2,3,4 方案的效益费用比率均大于 1,说明这 4 个方案都是可以接受的。同时我们可以看出,方案 2 与方案 1 及方案 4 与方案 3 的效益费用增量比率小于 1,因此,与在 1 坝址建坝相比,在 1,2 坝址同时建坝的水坝增量,不满足效益费用比率标准(0.49),所以方案 2 不可接受。与在 1 坝址建坝相比,在 1,2 和 3 坝址同时建坝的水坝的增量,满足效益费用比率标准(1.13),而如果再增建一处水坝,其效益费用比率就不可以接受了(0.85)。所以,方案 3,即在 1,2,3 处建坝的方案显示出优势,是可选的方案。

14. 解　(1)方案一的费用效益比:

$$R_{BC}=\frac{32+3}{6.5+24.5}\times 100\%=113\%$$

方案二的费用效益比:

$$R_{BC}=\frac{44+7}{12.3+38.2}\times 100\%=101\%$$

方案三的费用效益比:

$$R_{BC}=\frac{62+8}{18.6+48.4}\times 100\%=104\%$$

三个方案均满足要求。

(2)方案一的效益与费用之差=32-6.5-24.5+3=4(万元)

方案二的效益与费用之差=44-12.3-38.2+7=0.5(万元)

方案三的效益与费用之差=62-18.6-48.4+8=3(万元)

三个方案均满足要求。

(3)　　　$$(\Delta B/\Delta C)_{2-1}=\frac{44+7-32-3}{12.3+38.2-6.5-24.5}=\frac{16}{20.5}=0.78$$

由于方案二的效益费用比小于方案一的效益费用比,因此淘汰方案二。

$$(\Delta B/\Delta C)_{3-1}=\frac{62+8-32-3}{18.6+48.4-6.5-24.5}=\frac{35}{36}=0.97$$

由于方案三的效益费用比也小于方案一的效益费用比,因此淘汰方案三。

综上可以看出,第一个方案为最优。

15. 解　将各种可能的方案组合列出来,见题表 8-3。

方案组合(单位:元)　　　　　　　　题表 8-3

方案组合	初始投资	年运营维护费用	每10年一次大修费	社会增加的年效益	经济净现值
X	2550	46	10	320	1069.1
Y	2600	48	12	350	1385.6
Z	2700	65	15	360	1182.1
X+Y	5150	94	22	670	2504.7
X+Z	5250	111	25	680	2251.2
Y+Z	5300	113	27	710	2567.8

方案 X 的经济净现值为：
$$ENPV=-2550+(320-46)\times(P/A,7\%,40)-10\times(P/A,7\%,4)=1069.1(元)$$
其余方案组合的经济净现值经过计算，列于题表 8-4。

由题表 8-3 可以看出，5300 元的资金用于投资方案 Y 和 Z，产生的经济净现值最大。

16. **解** 初始总投资：$40000+20000+3000+3500+2000+300=68800(万元)$

第一年的运行维护费用：$68800\times 2\%=1376(万元)$

运行维护费用的现值 $=\sum_{t=1}^{40}1376\times(1+5\%)^{t-1}\times(1+7\%)^{-t}=1376\times\left[\dfrac{1-(1+5\%)^{40}\times(1+7\%)^{-40}}{7\%-5\%}\right]$
$=36455(万元)$

效益现值 $=(13000+4000+2000)(P/A,7\%,40)=253289(万元)$

效益费用比 $R_{BC}=\dfrac{253289}{68800+36455}=2.40$

即水坝的效益费用比为 2.40。

17. **解** 各方案的效益费用分析计算汇总于题表 8-4。题表 8-4 中收入差值和成本差值是上下两方案的收入年值之差与成本年值之差。

各方案的效益费用计算汇总（单位：万元） 题表 8-4

方案	效益年值	费用年值	总成本效益费用分析 B/C	ΔB	ΔC	追加成本效益费用分析 $\Delta B/\Delta C$
1. 维持现状	0	0	0			
2. 筑堤	680	410	1.6585	680	410	1.6585
3. 建小水库	1780	1260	1.4127	1100	850	1.2941
4. 建大水库	2000	1620	1.2346	220	360	0.6111

由总承包效益费用分析可以看出，除了不进行投资的方案 1 外，方案 2、3、4 的相对评价指标 B/C 均大于 1，故均可列为备选方案。

由追加成本的效益费用分析结果可知，只有方案 4 的相对评价指标 $\Delta B/\Delta C$ 之值为 0.6111，小于 1，说明其收入的增加不足以补偿追加的成本费用，所以尽管前面的总成本的效益费用分析评价指标都符合要求，也应该舍去。

方案 3 与方案 2 相比，其相对评价指标 $\Delta B/\Delta C$ 为 1.2941，大于 1，说明其收入的增加超过了追加的成本费用，所以只要不受资金限制，选择方案 3 可以获得最大净年值。

18. **解** 两条线路的比较，效益增量为外部成本的节约额。

(1) 内部总成本年值
$$路线 X=120000\times(A/P,7\%,25)+5500=15797(万元)$$
$$路线 Y=200000\times(A/P,7\%,25)+4800=21962(万元)$$
$$路线 Z=250000\times(A/P,7\%,25)+6500=27953(万元)$$

使用者每年的费用为各自的外部总成本，分别为：

路线 X=26000(万元)，路线 Y=18000(万元)，路线 Z=13000(万元)

$\Delta B_{Y-X}=$路线 X 的外部成本$-$路线 Y 的外部总成本$=26000-18000=8000(万元)$

$\Delta C_{Y-X}=$路线 Y 内部总成本$-$路线 X 内部总成本$=21962-15797=6165(万元)$

$(\Delta B/\Delta C)_{Y-X}=\Delta B_{Y-X}/\Delta C_{Y-X}=8000/6165>1$

因此路线 Y 优于路线 X。

$$\Delta B_{Z-Y}=18000-13000=5000(万元)$$
$$\Delta C_{Z-Y}=27953-21962=5991(万元)$$
$$(\Delta B/\Delta C)_{Z-Y}=\Delta B_{Z-Y}/\Delta C_{Z-Y}=5000/5991<1$$

因此路线 Y 优于路线 Z。

因此,应该选择路线 Y。

(2)若利率为 0 时,内部总成本年值

$$路线 X=120000/25+5500=10300(万元)$$
$$路线 Y=200000/25+4800=12800(万元)$$
$$路线 Z=250000/25+6500=16500(万元)$$

使用者每年的成本为各自的外部总成本,分别为:

$$路线 X=26000(万元),路线 Y=18000(万元),路线 Z=13000(万元)$$
$$\Delta B_{Y-X}=路线 X 的外部成本-路线 Y 的外部总成本=26000-18000=8000(万元)$$
$$\Delta C_{Y-X}=路线 Y 内部总成本-路线 X 内部总成本=12800-10300=2500(万元)$$
$$(\Delta B/\Delta C)_{Y-X}=\Delta B_{Y-X}/\Delta C_{Y-X}=8000/2500>1$$

因此路线 Y 优于路线 X。

$$\Delta B_{Z-Y}=18000-13000=5000(万元)$$
$$\Delta C_{Z-Y}=16500-12800=3700(万元)$$
$$(\Delta B/\Delta C)_{Z-Y}=\Delta B_{Z-Y}/\Delta C_{Z-Y}=5000/3700>1$$

因此路线 Z 优于路线 Y,应该选择路线 Z。

19. 解 采用固定费用法,A、B 的费用均是 1.2 万元,A 的满意度高于 B,故淘汰 B 方案;C、D 的费用均为 1.0 万元,C 的满意度高于 D,故淘汰 D 方案。剩下 A、C 方案,计算其$[E/C]$,选择最优方案:

$$[E/C]_A=0.85/1.2=0.7083$$
$$[E/C]_C=0.83/1.0=0.8300$$

根据计算结果可以看出,单位投资 C 方案的效果优于 A 方案,故选择 C 方案。

20. 解 根据题意:

A 的费用年值为 $1600(A/P,8\%,20)+300=462.96(万元)$

B 的费用年值为 $2800(A/P,8\%,20)+180=465.18(万元)$

两方案可满足同样的需求,成本少的方案为好,因此选择 A 方案。

第 9 章

1. 答:机器设备在使用(或闲置)过程中所发生的实体的磨损称为有形磨损。例如,零部件的原始尺寸改变、变形、公差配合性质改变,精度降低;零部件损坏、生锈、金属腐蚀,塑料和橡胶老化;设备的实体发生磨损等。

2. 答:所谓无形磨损指由于科学技术进步,不断出现性能完善、生产效率更高的设备而使原有设备的价值降低,或者生产同样结构设备的价值不断降低而使原有设备的价值降低。无形磨损不是由于生产过程中的使用或自然力的作用造成的,所以不表现为设备实体的变化,而表现为设备原始价值的贬值。例如,新款产品的出现导致旧产品的价格不断下降;或者几个月前的同样价格现在能买性能更好的产品。

3. 答:有形磨损可分为两种。

(1)第Ⅰ种有形磨损

运转中的机器设备,在外力的作用下,其零部件发生摩擦、振动和疲劳等现象致使机器设备的实体发生磨损、变形(不可恢复性)和损坏,这种磨损称为第Ⅰ种有形磨损。它与设备的使用时间和使用强度有关。

第Ⅰ种有形磨损可使设备精度降低,劳动生产率下降,使用费用增加。当这种有形磨损达到较严重程度时,机器设备就不能继续正常工作,甚至会发生故障,提前失去工作能力、丧失使用价值或者需要支付很大的修理费用进行维修,造成经济上的损失。

(2)第Ⅱ种有形磨损

设备在闲置过程中,由于自然力的作用使金属件生锈、腐蚀,橡胶件老化等,加上管理不善和缺乏必要的维护也会造成设备的实体发生磨损,这种有形磨损称为第Ⅱ种有形磨损。它与设备的闲置时间和闲置期间的维护状况有关。

第Ⅱ种有形磨损同样可使设备精度降低,劳动生产率下降。当这种有形磨损达到一定程度时,若进行维修,需要支付很高的修理费用;若这种有形磨损达到严重程度时,维修也无济于事,会使设备失去精度和工作能力,丧失使用价值。

从上可以看出,有形磨损的技术后果是设备使用价值的降低甚至完全丧失,经济后果是设备原始价值的部分降低甚至完全贬值

无形磨损亦可分为两种。

(1)第Ⅰ种无形磨损

第Ⅰ种无形磨损指由于技术进步的影响,再生产这种设备的过程中,生产工艺不断改进,劳动生产率不断提高,成本不断降低,生产同种(原型)设备的社会必要劳动时间减少,因而设备的市场价格下降,从而使原有设备价值发生贬损。第Ⅰ种无形磨损没有造成设备使用价值的变化,故不影响设备的使用。

第Ⅰ种无形磨损虽然使生产领域中的现有设备部分贬值,但是设备本身的技术特性和功能不受影响,设备的使用价值并未降低,因此不会直接产生提前更换现有设备的问题。但由于技术进步对生产部门的影响往往大于修理部门,使设备本身价值降低的程度比其修理费用降低的速度为快,从而有可能造成在尚未到达耐用年限之前设备的修理费用就高于设备本身的再生产价值。

(2)第Ⅱ种无形磨损

第Ⅱ种无形磨损指由于技术进步,社会上出现了结构更合理、技术更先进、性能更完善、效率更高和经济效果更好的新型设备,从而使现有设备显得陈旧和落后,因而产生价值贬损。第Ⅱ种无形磨损也与技术进步有关,但这种技术进步表现在产品的功能提高方面,而不是产品的生产成本降低方面。

第Ⅱ种无形磨损不仅使原有设备的价值相对贬损,而且如果继续使用旧设备还会降低生产的经济效果。这种经济效果的降低,实际上反映了原设备使用价值的局部或全部丧失,这就有可能产生新设备代替现有旧设备的必要性。是否代替取决于现有设备的贬值程度和在生产中继续使用旧设备的经济效果下降的程度。

4.答:设备磨损的补偿包括技术补偿和经济补偿两个方面。

(1)设备磨损的技术补偿

①设备修理

修理通常分为小修、中修和大修三种。

②现代化改装

利用现代的科技成果,适应生产的具体需要,改进现有设备的局部结构,改善现有设备的技术性能,使之全部达到或局部达到新设备的技术水平和效率。

③设备更新

设备更新是对旧设备的整体更换,也就是用原型新设备或结构上更加合理、技术上更加完善、性能和生产效率更高、比较经济的新设备,更换已经陈旧了的、在技术上不能继续使用,或在经济上不宜继续使用的旧设备。

若设备的磨损主要是有形磨损所致,则应视有形磨损情况而决定补偿方式。有形磨损程度较轻,可通过修理进行补偿;有形磨损较重,修复费用较高,则应对修理或更新两种方式加以经济比较,以确定恰当的

补偿方式;有形磨损很严重,以至于无法修复,或虽修复,但其精度已达不到要求,则应该以更新作为补偿手段。

若设备的磨损主要是由第Ⅱ种无形磨损所致,则应采用现代化改装或更新的补偿方式;若设备的磨损仅是由第Ⅰ种无形磨损所致,则不必进行补偿,可以继续使用。

(2)设备磨损的经济补偿

设备磨损的经济补偿一般要从原有设备的折旧基金中支出相应的补偿费用,以抵偿相应贬值的部分。

5.答:(1)设备物理寿命

设备物理寿命亦称自然寿命或实际寿命,指设备从全新状态下开始使用,直到不堪再用而予以报废为止所经历的时间。

(2)设备技术寿命

设备技术寿命指设备从全新状态下投入使用到因无形磨损而被淘汰所经历的时间,也即设备能在市场上维持其自身价值而不显陈旧落后的全部时间。技术寿命主要取决于设备无形磨损的速度,一般短于物理寿命。科学技术发展越快,设备技术寿命越短。

(3)设备折旧寿命

设备折旧寿命亦称设备折旧年限,指按财务制度规定的折旧原则和方法,将设备的原值通过折旧方式转入产品成本,直到设备的折旧余额达到或接近于零时所经历的时间。设备折旧寿命一般不等于物理寿命。

(4)设备经济寿命

设备经济寿命亦称设备最佳经济使用年限,是从经济角度分析设备最合理的使用期限,即指设备从投入使用开始,到因继续使用在经济上不合理而被更新所经历的时间。它是由有形磨损和无形磨损共同决定的,一般是设备的最合理的使用年限,是确定设备最优更新期的主要依据。

6.答:设备更新的途径有两种,一种是原型更新,就是用相同结构、性能、效率的同型号的设备来代替原有设备。这种更新主要是用来更换已经损坏的或者是陈旧的设备。另一种是新型设备更新,就是以结构更先进、技术更完善、性能更好、效率更高的设备来代替原有设备。这种更新主要是用来更换遭到第Ⅱ种无形磨损、在经济上不宜继续使用的设备,用于设备的换代。

7.解 为计算方便,采用列表的形式求解,计算过程及结果见题表 9-1。

计算过程及结果(单位:元) 题表 9-1

t, N	$P_0 - L_t$	$\sum\limits_{t=1}^{N} C_t$	$(P_0 - L_t) + \sum\limits_{t=1}^{N} C_t$	AC_N
1	6000	1000	7000	7000
2	7000	2200	9200	4600
3	8000	3500	11500	3833
4	10000	5100	15100	3775
5	10800	6900	17700	3540
6	11300	9400	20700	3450
7	11600	12400	24000	3428.6*
8	11800	16000	27800	3475
9	11900	20500	32400	3600

根据以上计算结果,设备使用到第 7 年时末时,年均总费用 AC_7 最小,所以,设备的经济寿命为 7 年。

8.解 采用列表形式计算,计算过程及结果见题表 9-2。

计算过程及结果(单位：元)　　　　　　　　　　　题表 9-2

t,N	P_0-L_t	$\sum_{t=1}^{N}C_t$	$(P_0-L_t)+\sum_{t=1}^{N}C_t$	AC_N
1	2000	1000	3000	3000
2	3000	2200	5200	2600
3	3500	3700	7200	2400*
4	4000	5700	9700	2425
5	4500	8200	12700	2450
6	5000	11200	16200	2700

从上表可以看出，设备在使用到第 3 年时的年费用最小，所以该设备的经济寿命为 3 年。

9. 解　这是低劣化值恒定的情况。

$$\text{设备的经济寿命 } N_0 = \sqrt{\frac{2(P_0-L_N)}{\lambda}} = \sqrt{\frac{2(2000-200)}{100}} = 6(\text{年})$$

所以该设备的经济寿命为 6 年。

10. 解　计算过程及结果见题表 9-3。

计算过程及结果　　　　　　　　　　　题表 9-3

t,N	P_0-L_t	$\sum_{t=1}^{N}C_t$	$(P_0-L_t)+\sum_{t=1}^{N}C_t$	AC_N
1	5000	2000	7000	7000
2	9000	4500	13500	6750
3	10500	8000	18500	6167
4	11500	12500	24000	6000*
5	12500	18000	30500	6100
6	13500	25000	38500	6417
7	14000	36000	50000	7143

从上面的结果可以看出，设备在用到第 4 年时的年费用最小，所以设备的经济寿命期为 4 年。

11. 解　(1)先判断是否需要更换

继续使用旧设备的情况：

$$AC_0 = \begin{bmatrix} 8500-2000(P/F,12\%,4)+3000(P/F,12,1)+4000(P/F,12\%,2)+ \\ 5000(P/F,12\%,3)+6000(P/F,12\%,4) \end{bmatrix}(A/P,12\%,4)$$

$$= 6738.23(\text{元})$$

更新设备的情况：

$$AC_N = (35000-4000(P/F,12\%,10))(A/P,12\%,10)+600 = 6466.35(\text{元})$$

从计算可以看出，更新设备的年使用费比旧设备的年使用费少，所以应该更新设备。

(2)判断何时更新

①继续使用一年

$$AC_0 = [8500-6500(P/F,12\%,1)+3000(P/F,12\%,1)](A/P,12\%,1)$$
$$= 6019.83(\text{元}) < 6466.35(\text{元})$$

所以继续使用一年是有利的。

②继续使用到第 2 年末

$$AC_0 = [8500 - 5000(P/F,12\%,2) + 3000(P/F,12,1) + 4000(P/F,12\%,2)](A/P,12\%,2)$$
$$= 6142.73(元)$$

仍然小于更新设备的年使用费,所以使用到第 2 年年末是合适的。

③继续使用到第 3 年末

$$AC_0 = [8500 - 3500(P/F,12\%,3) + 3000(P/F,12,1) + 4000(P/F,12\%,2) + 5000(P/F,12\%,3)] \times (A/P,12\%,3)$$
$$= 6425.67(元)$$

还是比更新设备的年使用费用少,所以用到第 3 年末也是合适的。

④继续使用到第 4 年末

$$AC_0 = [8500 - 2000(P/F,12\%,4) + 3000(P/F,12\%,1) + 4000(P/F,12\%,3) + 6000(P/F,12\%,4)] \times (A/P,12\%,4)$$
$$= 6738.23(元)$$

旧设备的使用费为 6738.23 元,比更新设备的年使用费大。所以,旧设备在使用到第 3 年末时就应该更换。

12. 解 (1)折算成年度费用进行比较

A 方案:

$$年度费用 AC_A = 15 \frac{12\%(1+12\%)^{10}}{(1+12\%)^{10}-1} + 6 = 8.66(万元)$$

B 方案:

计算年运行费

$$F' = A\frac{(1+i)^n-1}{i} = 2\frac{(1+12\%)^{10}-1}{12\%} = 35.097(万元)$$

$$A' = F\frac{i}{(1+i)^n-1} = 35.097\frac{12\%}{(1+12\%)^{20}-1} = 0.487(万元)$$

$$年运行费 = 4 + 0.487 = 4.487(万元)$$

$$年度费用 AC_B = 30\frac{12\%(1+12\%)^{20}}{(1+12\%)^{20}-1} + 4.487 = 8.50(万元)$$

因为年度费用 $AC_A > AC_B$,所以 B 方案较优。

(2)折算成现值比较

$$A 方案的现值 P_A = A\frac{(1+i)^n-1}{i(1+i)^n} = 8.66\frac{(1+12\%)^{20}-1}{12\%(1+12\%)^{20}} = 64.69(万元)$$

$$B 方案的现值 P_B = A\frac{(1+i)^n-1}{i(1+i)^n} = 8.50\frac{(1+12\%)^{20}-1}{12\%(1+12\%)^{20}} = 63.52(万元)$$

因为现值 $P_A > P_B$,所以 B 方案较优。

较优的方案 B 比 A 便宜 64.69-63.52=1.17 万元。

13. 解 (1)先判断是否需要更新

继续使用就设备的情况:

$$AC_0 = [5000 - 2500(P/F,10\%,5) + 1500(P/F,10\%,1) + 1800(P/F,10\%,2) + 2000(P/F,10\%,3) + 2400(P/F,10\%,4) + 2800(P/F,10\%,5)](A/P,10\%,5)$$
$$= 2949.08(元)$$

更新设备的情况:

$$AC_N = [8000 - 2000(P/F,10\%,8)](A/P,10\%,8) + 1200$$
$$= 2524.36(元)$$

显然,旧设备的年均使用费高于更新设备的年均使用费,所以,旧设备需要更新。

(2)判断何时更新

保留使用1年：

$$AC_1 = [5000 - 4500(P/F, 10\%, 1) + 1500(P/F, 10\%, 1)](A/P, 10\%, 1)$$
$$= 2499.97(元)$$

小于更新设备的年均使用费,故保留1年合适。

保留使用2年：

$$AC_2 = [5000 - 4000(P/F, 10\%, 2) + 1500(P/F, 10\%, 1) + 1800(P/F, 10\%, 2)](A/P, 10\%, 2)$$
$$= 2619.16(元)$$

大于更新设备的年使用费,所以设备保留1年后就应该更换。

14.解 (1)不考虑资金的时间价值,计算过程和结果见题表9-4。

不考虑资金时间价值的计算过程和结果　　　　　　　　题表9-4

使用年限	设备费用(元)	累计运行费用(元)	总使用费(元)	年平均使用费(元)
1	38000	10000	48000	48000
2	53000	22000	75000	37500
3	60500	36000	96500	32166.7
4	64250	54000	118250	29562.5
5	66000	76500	142500	28500*
6	68000	104000	172000	28666.7
7	69000	137000	206000	29428.6

从题表9-4可以看出,第5年的年平均使用费用最小,所以该设备的经济寿命为5年。

(2)考虑资金的时间价值,计算过程和结果见题表9-5。

考虑资金时间价值的计算过程和结果　　　　　　　　题表9-5

使用年限	设备原值(元)	设备净值的折现值(元)	累计运行费用折现值(元)	年平均使用费(元)
1	70000	29091.20	9091.00	54999.78
2	70000	14048.8	19007.80	43191.38
3	70000	7137.35	29526.00	37149.48
4	70000	3927.25	41820.00	34040.16
5	70000	2483.60	55790.25	32528.29
6	70000	1129.00	71314.00	32186.48*
7	70000	513.20	88249.60	32399.06

从题表9-5可以看出,第6年设备的年平均使用费最小,则该设备的经济寿命为6年。

15.解 (1)不考虑资金的时间价值

该设备的经济寿命为：

$$T_0 = \sqrt{\frac{2(P_0 - L_T)}{\lambda}} = \sqrt{\frac{2 \times (20000 - 0)}{800}} \approx 7(年)$$

第7年为最佳更新期。

(2)考虑资金的时间价值,计算过程和结果见题表9-6。

考虑资金时间价值的计算过程和结果   表 9-6

年份	当年低劣化值(元)	现值系数	低劣化现值(元)	累计低劣化现值(元)	资本回收系数	年平均低劣化值(元)	年平均设备费用(元)	年总平均费用(元)
行号	①	②	③=①×②	④	⑤	⑥=④×⑤	⑦=原值×⑤	⑧=⑥+⑦
1	800	0.9091	727.28	727.28	1.1	800.01	22000	22800.01
2	1600	0.8264	1322.24	2049.52	0.5762	1180.93	11524	12704.93
3	2400	0.7513	1803.12	3852.64	0.4021	1549.15	8042	9591.15
4	3200	0.683	2185.60	6038.24	0.3155	1905.06	6310	8215.06
5	4000	0.6209	2483.60	8521.84	0.2638	2248.06	5276	7524.06
6	4800	0.5645	2709.60	11231.44	0.2296	2578.74	4592	7170.74
7	5600	0.5132	2873.92	14105.36	0.2054	2897.24	4108	7005.24
8	6400	0.4665	2985.60	17090.96	0.1874	3202.85	3748	6950.85*
9	7200	0.4241	3053.52	20144.48	0.1736	3497.08	3472	6969.08
10	8000	0.3855	3084.00	23228.48	0.1627	3779.27	3254	7033.27

从题表 9-6 可以看出,第 8 年的年总平均费用最小,则该设备的经济寿命为 8 年。

16. 解 计算过程和结果见题表 9-7。

计算过程和结果   题表 9-7

年份	年度运行费用(元)	现值系数	年度运行费用现值(元)	累计年度运行费用现值(元)	资本回收系数	运行费年成本(元)	年末残值(元)	资产消耗年成本(元)	年总平均成本(元)
行号	①	②	③=①×②	④	⑤	⑥=④×⑤	⑦	⑧=(P_0−⑦)×⑤+⑦×i	⑨=⑧+⑥
1	1000	0.9091	909.10	909.10	1.1	1000.01	5000	17000	18000.01
2	1600	0.8264	1322.24	2231.34	0.5762	1285.70	4500	9381.10	10666.80
3	2200	0.7513	1652.86	3884.20	0.4021	1561.84	4000	6833.60	8395.44
4	2800	0.683	1912.40	5796.60	0.3155	1828.83	3500	5555.75	7384.58
5	3400	0.6209	2111.06	7907.66	0.2638	2086.04	3000	4784.60	6870.64
6	4000	0.5645	2258.00	10165.66	0.2296	2334.04	2500	4268.00	6602.04
7	4600	0.5132	2360.72	12526.38	0.2054	2572.92	2000	3897.20	6470.12
8	5200	0.4665	2425.80	14952.18	0.1874	2802.04	1500	3616.90	6418.94
9	5800	0.4241	2459.78	17411.96	0.1736	3022.72	1000	3398.40	6421.12*
10	6400	0.3855	2467.20	19879.16	0.1627	3234.34	500	3222.65	6456.99
11	7000	0.3505	2453.50	22332.66	0.154	3439.23	—	3080	6519.23

从题表 9-7 可以看出,第 9 年的年总平均费用最小,则该设备的经济寿命为 9 年。

17. 解 (1)旧设备残值 $=12000-\dfrac{12000-500}{10}\times 4=7400$(元)

旧设备年均使用成本:

$$AC_{甲}=[7400-500(P/F,10\%,6)](A/P,10\%,6)+2400+$$
$$[9000-500(P/F,10\%,10)](A/P,10\%,10)+2400$$
$$=7867.17(元)$$

(2)新设备年均使用成本：
$$AC_乙=[25000-(7400-3000)-2500(P/F,10\%,12)](A/P,10\%,12)+3300$$
$$=6207.15(元)$$

由于 $AC_乙<AC_甲$，所以应该购买乙设备来扩大产量。

18. 解 采用年值成本法：
$$AC_原=1000+2000(A/P,12\%,8)=1402.60(元)$$
$$AC_新=500+2500(A/P,12\%,8)=1003.25(元)$$

由于 $AC_原>AC_新$，所以应该购买新设备。

19. 解 列表计算年成本，计算过程及结果见题表 9-8。

计算过程及结果　　　　　　　　题表 9-8

项　目	现金流量	年数	系数(10%)		现值
(1)继续使用旧设备 3 年后变为改进设备方案					
旧设备变现价值(元)	6000	0	(P/A,10%,3)	1.00	6000.00
年均使用费(元)	3000	1~3	(P/F,10%,3)	2.49	7460.70
清理费用(元)	1000	3	(P/F,10%,3)	0.75	751.30
改进设备现值(元)	10000	3	(P/A,10%,3)(P/F,10%,3)	0.75	7513.00
年均使用费(元)	2000	4~6	(P/F,10%,6)	1.87	3736.82
残值(元)	2000	6		0.56	1129.00
技术改进方案的现值(元)					26590.82
折现系数					0.2296
年成本(元)					6105.25
(2)购买新型设备方案					
购买新型设备花费(元)	15000	0		1	15000.00
残值(元)	1000	6	(P/F,10%,6)	0.56	564.50
年均使用费(元)	2200	1~6	(P/A,10%,6)	4.36	9581.88
购买新型设备方案的现值(元)					25146.38
折现系数			(A/P,10%,6)		0.2296
年成本(元)					5773.61

从计算结果可知，购买新型设备的年成本较小，应购买新型设备。

20. 解 计算两种方式的年费用，并加以比较。

采用直接购买方式：
$$AC_1=15000(A/P,12\%,20)+1200-250(A/F,12\%,20)+800=4005.025(万元)$$

采用融资租赁方式：
$$AC_2=1350+1200+800=3350(万元)$$

因为 $AC_1>AC_2$，所以应该选择租赁发电机组。

21. 解 首先计算旧设备的边际成本：
$$MC_N=12000+950+1000=13950(元)$$

再计算新设备的年均总成本：
$$AC_N=[60000-4000(P/F,10\%,16)](A/P,10\%,16)+2000=9556.76(元)$$

由于 $MC_N > AC_N$，所以，应对旧设备进行更新。

22. 解 先计算新设备的年均总成本：
$$AC_N = [16000 - 1500(P/F, 12\%, 7)](A/P, 12\%, 7) + 5000 = 8356.95(元)$$
再计算旧设备的年度边际成本：
第一年：$MC_1 = 7500 + 3000 - 2000 + 3000 \times 12\% = 8860(元)$
因为 $MC_1 > AC_N$，所以应马上更新现有设备。

23. 解 (1) 折算成现值进行比较
$$\text{设备 A 的费用现值 } NPV_1 = 20000 + 1500 \frac{(1+12\%)^8 - 1}{12\%(1+12\%)^8} - \frac{1000}{(1+12\%)^8}$$
$$= 27451.46(元)$$
$$\text{设备 B 的费用现值 } NPV_2 = 25000 + 1000 \frac{(1+12\%)^8 - 1}{12\%(1+12\%)^8} - \frac{1250}{(1+12\%)^8}$$
$$= 29967.64(元)$$

因为 $NPV_1 < NPV_2$，所以选用 A 设备较为有利。

(2) 折算成年度费用
$$\text{设备 A 的年度费用 } AC_1 = P_1 \frac{i(1+i)^N}{(1+i)^N - 1} = 27451.46 \frac{12\%(1+12\%)^8}{(1+12\%)^8 - 1} = 5526.06(元)$$
$$\text{设备 B 的年度费用 } AC_2 = P_2 \frac{i(1+i)^N}{(1+i)^N - 1} = 29967.64 \frac{12\%(1+12\%)^8}{(1+12\%)^8 - 1} = 6032.57(元)$$

因为 $AC_1 < AC_2$，所以选用 A 设备较为有利。

24. 解 采用年费用法计算。
按年收取租金：
$$R_1 = 150000 \times (A/P, 12\%, 5) + 70000 = 111610(元)$$
按月收取租金：
$$R_2 = 150000 \times (A/P, 1\%, 60) + 70000 \times (A/P, 1\%, 12)$$
$$= 3378.03 + 6216 = 9594.03(元)$$

25 解：(1) 先计算是否应更新系统

① 列表法
计算过程及结果见题表 9-9。

计算过程及结果   题表 9-9

项　目	现金流量	年数	系数(10%)		现值
(1) 继续使用旧部件 3 年后升级方案					
升级初始成本(元)	130000	0	(P/A,10%,0)	1.00	13000.00
操作维护费(元)					
第 1 年	15000	1	(P/F,10%,1)	0.91	13636.50
第 2 年	18000	2	(P/A,10%,2)	0.83	14875.20
第 3 年	21000	3	(P/F,10%,3)	0.75	15777.30
收回残值(元)	−1000	3	(P/F,10%,3)	0.75	−751.30
现值合计(元)					56537.70
系数			(A/P,10%,3)	0.4021	
平均年成本(元)					22733.81

313

续上表

项目	现金流量	年数	系数(10%)		现值
(2)更新部件方案					
更新设备原值(元)	45000	0	1		45000.00
操作维护费(元)					
第1年	4000		$(P/F,10\%,1)$	0.9091	3636.40
第2年	5000		$(P/A,10\%,2)$	0.8264	4132.00
第3年	8000		$(P/F,10\%,3)$	0.7513	6010.40
第4年	10000		$(P/F,10\%,4)$	0.683	6830.00
第5年	15000		$(P/F,10\%,5)$	0.6209	9313.50
现值合计(元)					74922.30
系数			$(A/P,10\%,5)$	0.2638	
平均年成本(元)					19764.50

因为更新部件方案的平均年成本低于升级方案，应采用购买新部件更新方案。

②算式法

更新部件：

$$AC_N = [15 \times 3000 + 4000(P/F,10\%,1) + 5000(P/F,10\%,2) + 8000(P/F,10\%,3) + 10000(P/F,10\%,4) + 15000(P/F,10\%,5)](A/P,10\%,5)$$
$$= 19764.50(元)$$

继续使用旧设备3年后升级：

$$AC_O = [13000 - 1000(P/F,10\%,3) + 15000(P/F,10\%,1) + 18000(P/F,10\%,2) + 21000(P/F,10\%,3)](A/P,10\%,3)$$
$$= 22,733.81(元)$$

$AC_N < AC_O$，所以应采用更新方案。

(2)计算继续使用旧设备的年成本，并与更新方案比较

$$AC_O(1) = [13000 - 7000(P/F,10\%,1) + 15000(P/F,10\%,1)](A/P,10\%,1) = 22300.08(元)$$

因为$AC_O(1) > AC_N$，所以应马上更新。

26. 解 (1)厂方如果采用购置设备方案

年费用的差异部分：

$AC^*_{租} = $ 年设备购置费用 — 所得税税率×年折旧费，其中，年设备购置费用为：

$$AC_O = [40000 - 5000(P/F,10\%,10)](A/P,10\%,10) = 6194.4(元)$$

年折旧费用为：

$$AC_{折} = (40000 - 5000)/10 = 3500(元)$$

购置方案年费用的差异部分为：

$$AC^* = 6294.5 - 3500 \times 33\% = 5139.5(元)$$

(2)厂方采用租赁方案

年费用的差异部分 $AC^*_{租} = $ 租赁费 — 所得税税率×租赁费
$$= 5000 - 33\% \times 5000$$
$$= 3350(元)$$

由于 $AC_{购}^* > AC_{租}^*$，所以租赁方案优于购买方案。

27. 解 用动态方法计算设备使用不同年限的年平均费用，年平均费用最小为设备最佳更新期。计算过程和结果见题表9-10。

计算过程和结果　　　　　　　　　　　　　　　　　　　　题表9-10

使用年限	设备原值(元)	年运行费用(元)	累计运行费用现值(元)	年平均费用(元)
1	20000	4000	3636.4	26000.4
2	20000	5000	7668.4	15942.5
3	20000	6000	12176.2	12938.1
4	20000	7000	16957.2	11659.9
5	20000	8000	21924.4	11059.6
6	20000	9000	27004.9	10792.3
7	20000	10000	32136.9	10708.9*
8	20000	11000	37268.4	10732.1
9	20000	12000	42357.6	10825.3

从上面的计算结果可知，设备应在使用到第7年末更新。

28. 解 因新旧设备的寿命不同，故采用费用年值进行比较。

旧设备的费用年值 $=[10000-1500(1+10\%)^{-2}](A/P,10\%,2)=5047.7$（元）

新设备的费用年值 $=[30000-2000(1+10\%)^{-10}](A/P,10\%,10)=4755.5$（元）

因为新设备的费用年值比旧设备的费用年值小，所以应更新设备。

29. 解 用年度费用进行比较，只比较差异部分。

(1)购置仪器

年购置费用为：

$$AC_A=30\frac{12\%(1+12\%)^{20}}{(1+12\%)^{20}-1}-1.5\frac{12\%}{(1+12\%)^{10}-1}=5.31-0.085=5.22(万元)$$

年折旧额 $=(30-1.5)/10=2.85$（万元）

购置仪器方案费用的差异部分为：$5.22-2.85\times33\%=4.28$（万元）。

(2)租赁仪器

每年费用的差异部分为：

$$AC_B=5\times(1+12\%)-5\times33\%=3.95(万元)$$

由于 $AC_B<AC_A$，故租赁方案优于购置方案。从经济角度看，应选择租赁为宜。

第10章

1. 答：价值工程是以最低的寿命周期费用，可靠地实现使用者所需功能，着重于功能价值分析的有组织的活动。

价值工程的对象泛指一切为实现功能而发生费用的事物，如产品、工艺、工程、服务或它们的组成部分等。

价值工程的核心是功能分析。

2. 答：价值的提高主要取决于功能与成本两个因素，提高对象的价值不外乎有以下五种途径。

(1)在提高对象功能的同时，降低成本，即 $F\uparrow/C\downarrow=V\uparrow\uparrow$。

(2)在保持成本不变的前提下，提高功能，即 $F\uparrow/C\rightarrow=V\uparrow$。

(3)在保持功能不变的前提下，降低成本，即 $F\rightarrow/C\downarrow=V\uparrow$。

(4)成本稍有增加,但功能大幅度提高,即 $F\uparrow\uparrow/C\uparrow=V\uparrow$。

(5)功能稍有下降,但成本大幅度降低,即 $F\downarrow/C\downarrow\downarrow=V\uparrow$。

3.答:价值工程作为一种现代化管理技术和分析方法,有它自己独到的特点,其主要特点如下。

(1)以满足用户的功能需求为出发点。

(2)以研究对象的功能、成本分析为核心。

(3)是一项致力于提高对象价值的创造性活动。

(4)是一项有组织、有计划的集体活动。

4.答:价值工程对象选择是逐步缩小研究范围、寻找目标、确定主攻方向的过程。对象选择的一般原则是如下。

(1)设计方面,应选择结构复杂、体积重量大、性能差、技术落后、能源消耗高、原材料消耗大或是稀有、贵重的奇缺产品。

(2)生产制造方面,应选择产量大、工序烦琐、工艺复杂、工装落后、返修率高、废品率高、质量难于保证的产品。

(3)市场方面,应选择用户意见大、退货索赔多、竞争力差、销售量下降或市场占有率低的产品。

(4)成本方面,应选择成本高、利润低的产品或在成本构成中比重大的产品。

总之,应以产量大、质量差、成本高、消耗大、结构复杂、项目重要的工程或部件作为价值工程活动的对象。在实际工作中,一般可根据企业的具体情况,有侧重地从设计、生产、工艺、销售、成本等诸方面的因素中,初步选择价值工程活动的对象。

5.答:功能分析是对价值工程对象的总体及其组成部分的功能进行研究和分析,确认必要功能,补充不足功能,剔除不必要功能,建立并绘制功能系统图的过程。其目的在于准确掌握使用者要求的功能及其水平。

功能分析,包括功能定义与功能整理两个具体步骤,即通过"功能定义"与"功能整理"两个步骤,从定性的角度,分别回答"它的功能是什么?""它的地位如何?";从而准确掌握用户的功能要求。

(1)功能定义。

功能定义是透过产品实物形象,将隐藏在产品结构背后的本质——功能揭示出来,从而从定性的角度解决"对象有哪些功能"这个问题。

(2)功能整理。

功能整理是功能分析的第二个重要步骤,它是用系统的观点将已经定义了的功能加以系统化,找出各局部功能相互之间的逻辑关系,并用图表形式表达,以明确产品的功能系统,从而为功能评价和方案构思提供依据。因此,功能整理的过程就是建立功能系统图的过程。

6.答:功能评价就是用定性与定量的方法对各项功能的重要程度进行科学的评价。

功能评价包括相互关联的价值评价和成本评价两个方面。

①价值评价。价值评价是通过计算和分析对象的价值,分析功能与成本的合理匹配程度。价值评价的表达式为:

$$V=\frac{F}{C}$$

式中:V——对象的价值;

F——对象的功能评价值或目标成本;

C——对象的目前成本或实际成本。

②成本评价。成本评价是指通过核算和确定对象的实际成本与功能评价值,分析和测算成本降低期望值,从而排列出改进对象的优先次序。成本评价表达式为:

$$\Delta C=C-F$$

式中:ΔC——成本降低期望值。

一般情况下,当 ΔC 大于零时,ΔC 大者为优先改进对象。

功能评价的一般步骤如下：
①确定对象的功能评价值F；
②计算对象功能的目前成本C；
③计算和分析对象的价值V；
④计算成本改进期望值ΔC；
⑤根据对象价值的高低及成本降低期望值的大小，确定改进的重点对象及优先次序。

7. 答：(1)功能成本法。功能成本法又称为绝对值法，是通过一定的测算方法，测定实现必要功能所必须消耗的最低成本，同时计算为实现必要功能所花费的目前成本，经过分析、对比，求得对象的功能价值系数和成本降低期望值，从而确定价值工程的改进对象。其表达式为功能价值系数(V)＝功能评价值(F)/功能目前成本(C)。

(2)功能系数法。功能系数法又称相对值法，是通过评定各对象功能的重要程度，用功能系数来表示其功能程度的大小，然后将评价对象的功能系数与相对应的成本系数进行比较，得出该评价对象的价值系数，从而确定改进对象，并求出该对象的成本改进期望值的方法。其表达式为价值系数(V)＝功能系数(FI)/成本系数(CI)。

8. 答：价值工程的一般工作程序分为四个阶段，十二个程序，具体如下。
(1)准备阶段：①对象选择；②组成价值工程领导小组；③制订工作计划。
(2)分析阶段：④收集整理信息资料；⑤功能分析；⑥功能评价。
(3)创新阶段：⑦方案创新；⑧方案评价；⑨提案编写。
(4)实施阶段：⑩审批；⑪实施与检查；⑫成果鉴定。

9. 解　计算结果见题表 10-1。

计算过程及结果　　　　　　　　　　　　　　　　　　　　　　　题表 10-1

部件	A	B	C	D	E
功能系数	2/(2+2+2+1+3) 1/5	2/(2+2+2+1+3) 1/5	2/(2+2+2+1+3) 1/5	1/(2+2+2+1+3) 1/10	3/(2+2+2+1+3) 3/10
成本系数	3/(3+1+4+2+5) 1/5	1/(3+1+4+2+5) 1/15	4/(3+1+4+2+5) 4/15	2/(3+1+4+2+5) 2/15	5/(3+1+4+2+5) 1/3
价值系数	1	3	3/4	3/4	9/10

价值工程的重点对象是 C 和 D。对于 B，也要检查其价值系数偏大的原因。如果是功能过高，应降低其功能值；如果不是，应检查成本过低的原因，以及是否能够确保功能的实现。

10. 解　计算结果见题表 10-2。

计算过程及结果　　　　　　　　　　　　　　　　　　　　　　　题表 10-2

序　号	部件名称	功能评价系数	成本系数	价值系数
1	A	11.9/100＝0.119	6.1/17.7＝0.345	0.345
2	B	7.7/100＝0.077	1.3/17.7＝0.073	1.054
3	C	22.8/100＝0.228	1.6/17.7＝0.090	2.533
4	D	9.4/100＝0.094	3.0/17.7＝0.170	0.552
5	E	8.8/100＝0.088	0.9/17.7＝0.051	1.725
6	F	39.4/1000＝0.394	4.8/17.7＝0.271	1.454
	总计	1	1	

对于部件 A 和 D,应考虑降低其成本;对于部件 C、E、F 应考虑其功能评价值是否定得太高,如果是,应降低其功能值;如果不是。应检查成本过低的原因,以及是否能够确保功能的实现。

11. 解 计算结果见题表 10-3。

计算过程及结果　　　　　　　　　　　　　题表 10-3

产品型号	A	B	C	D
技术参数(百立方米/台班)	1.52	1.55	1.65	1.35
成本费用(百元/台班)	1.42	1.15	1.35	1.38
价值系数	1.07	1.35	1.22	0.98

由题表 10-3 可知,价值工程的对象是 D 型号的挖掘机。

12. 解 计算结果见题表 10-4。

04 法计算结果(评分表)　　　　　　　　　题表 10-4

功能	A	B	C	D	E	得分	功能系数
A	×	3	4	3	4	14	0.350
B	1	×	3	2	3	9	0.225
C	0	1	×	1	2	4	0.100
D	1	2	3	×	3	9	0.225
E	0	1	2	1	×	4	0.100
合计						40	1.00

13. 解 计算过程及结果见题表 10-5。

计算过程及结果　　　　　　　　　　　　　题表 10-5

评价对象	功能得分	修正得分	功能系数 (1)	实际成本 (2)	成本系数 (3)	价值系数 (4)	按功能系数分配目标 成本(元) (5)=(1)×450	成本改进期望值(元) (6)=(2)−(5)
A	4	5	0.238	180	0.363	0.656	107.1	72.9
B	2	3	0.143	118	0.238	0.601	64.35	53.65
C	3	4	0.190	90	0.181	1.050	85.5	4.5
D	5	6	0.286	70	0.142	2.014	128.7	−58.7
E	0	1	0.048	20	0.040	1.2	21.6	−1.6
F	1	2	0.095	18	0.036	2.639	42.75	−24.75
合计	15	21	1	496	1		450	

过程说明:(1)用强制确定法(01 法)得出功能系数。

(2)计算成本系数:利用 $CI=C_i/\sum C_i$。

(3)计算价值系数:利用 $V=F/C$。

(4)对价值指数进行分析,A、B 部件的价值系数都小于 1,说明实际成本大于目标成本,应考虑降低实际成本。从期望改进值看,A、B 部件降低成本的潜力大;D、F 的价值系数都大于 1,经分析是功能过剩,应考虑降低功能;C、E 的价值系数基本上等于 1,说明功能与成本比大致平衡,可以认为无须改进。

(5)提出初步改进方法:从表中看出,改进期望值最大的对象是 A、B,对它们降低成本,同时对 D 适当增加成本,以使功能成本分布得更加合理。

14. 解 计算结果见题表 10-6。

计算过程及结果 题表 10-6

零件名称	数量	单位成本（元）	成本（元）	占总数量百分比(%)	累计数量百分比(%)	占总成本百分比(%)	累计成本百分比(%)	分类
A	2	19	38	4	4	29	29	A
J	4	10	40	7.5	11.5	31	60	A
C	2	4.5	9	4	15.5	7	67	B
D	6	1.5	9	11	26.5	7	74	B
E	2	3	6	4	30.5	5	79	B
F	8	0.75	6	15	45.5	5	84	C
G	12	0.5	6	22.5	68	5	89	C
K	4	1	4	7.5	75.5	3	92	C
B	4	1	4	7.5	83	3	95	C
H	5	0.6	3	9	92	2	97	C
I	2	1	2	4	96	1.5	98.5	C
L	2	1	2	4	100	1.5	100	C
ΣC	53		129	100		100		

故应将 A 类零件作为价值工程的研究对象。

附录 复利系数表

复利系数表($i=1\%$) 附表1

n	(F/P,i,n)	(P/F,i,n)	(F/A,i,n)	(A/F,i,n)	(A/P,i,n)	(P/A,i,n)
1	1.0100	0.9901	1.0000	1.0000	1.0100	0.9901
2	1.0201	0.9803	2.0100	0.4975	0.5075	1.9704
3	1.0303	0.9706	3.0301	0.3300	0.3400	2.9410
4	1.0406	0.9610	4.0604	0.2463	0.2563	3.9020
5	1.0510	0.9515	5.1010	0.1960	0.2060	4.8534
6	1.0615	0.9420	6.1520	0.1625	0.1725	5.7955
7	1.0721	0.9327	7.2135	0.1386	0.1486	6.7282
8	1.0829	0.9235	8.2857	0.1207	0.1307	7.6517
9	1.0937	0.9143	9.3685	0.1067	0.1167	8.5660
10	1.1046	0.9053	10.4622	0.0956	0.1056	9.4713
11	1.1157	0.8963	11.5668	0.0865	0.0965	10.3676
12	1.1268	0.8874	12.6825	0.0788	0.0888	11.2551
13	1.1381	0.8787	13.8093	0.0724	0.0824	12.1337
14	1.1495	0.8700	14.9474	0.0669	0.0769	13.0037
15	1.1610	0.8613	16.0969	0.0621	0.0721	13.8651
16	1.1726	0.8528	17.2579	0.0579	0.0679	14.7179
17	1.1843	0.8444	18.4304	0.0543	0.0643	15.5623
18	1.1961	0.8360	19.6147	0.0510	0.0610	16.3983
19	1.2081	0.8277	20.8109	0.0481	0.0581	17.2260
20	1.2202	0.8195	22.0190	0.0454	0.0554	18.0456
21	1.2324	0.8114	23.2392	0.0430	0.0530	18.8570
22	1.2447	0.8034	24.4716	0.0409	0.0509	19.6604
23	1.2572	0.7954	25.7163	0.0389	0.0489	20.4558
24	1.2697	0.7876	26.9735	0.0371	0.0471	21.2434
25	1.2824	0.7798	28.2432	0.0354	0.0454	22.0232
26	1.2953	0.7720	29.5256	0.0339	0.0439	22.7952
27	1.3082	0.7644	30.8209	0.0324	0.0424	22.5596
28	1.3213	0.7568	32.1291	0.0311	0.0411	24.3164
29	1.3345	0.7493	33.4504	0.0299	0.0399	25.0658
30	1.3478	0.7419	34.7849	0.0287	0.0387	25.8077
31	1.3613	0.7346	36.1327	0.0277	0.0377	26.5423
32	1.3749	0.7273	37.4941	0.0267	0.0367	27.2696
33	1.3887	0.7201	38.8690	0.0257	0.0357	27.9897
34	1.4026	0.7130	40.2577	0.0248	0.0348	28.7027
35	1.4166	0.7059	41.6603	0.0240	0.0340	29.4086
36	1.4308	0.6989	43.0769	0.0232	0.0332	30.1075
37	1.4451	0.6920	44.5076	0.0225	0.0325	30.7995
38	1.4595	0.6852	45.9527	0.0218	0.0318	31.4847
39	1.4741	0.6784	47.4123	0.0211	0.0311	32.1630
40	1.4889	0.6717	48.8864	0.0205	0.0305	32.8347
41	1.5038	0.6650	50.3752	0.0199	0.0299	33.4997
42	1.5188	0.6584	51.8790	0.0193	0.0293	34.1581
43	1.5340	0.6519	53.3978	0.0187	0.0287	34.8100
44	1.5493	0.6454	54.9318	0.0182	0.0282	35.4555
45	1.5648	0.6391	56.4811	0.0177	0.0277	36.0945
46	1.5805	0.6327	58.0459	0.0172	0.0272	36.7272
47	1.5963	0.6265	59.6263	0.0168	0.0268	37.3537
48	1.6122	0.6203	61.2226	0.0163	0.0263	37.9740
49	1.6283	0.6141	62.8348	0.0159	0.0259	38.5881
50	1.6446	0.6080	64.4632	0.0155	0.0255	39.1961

复利系数表($i=2\%$) 附表2

n	$(F/P,i,n)$	$(P/F,i,n)$	$(F/A,i,n)$	$(A/F,i,n)$	$(A/P,i,n)$	$(P/A,i,n)$
1	1.0200	0.9804	1.0000	1.0000	1.0200	0.9804
2	1.0404	0.9612	2.0200	0.4950	0.5150	1.9416
3	1.0612	0.9423	3.0604	0.3268	0.3468	2.8839
4	1.0824	0.9238	4.1216	0.2426	0.2626	3.8077
5	1.1041	0.9057	5.2040	0.1922	0.2122	4.7135
6	1.1262	0.8880	6.3081	0.1585	0.1785	5.6014
7	1.41487	0.8706	7.4343	0.1345	0.1545	6.4720
8	1.1717	0.8535	8.5830	0.1165	0.1365	7.3255
9	1.1951	0.8368	9.7546	0.1025	0.1225	8.1622
10	1.2190	0.8203	10.9497	0.0913	0.1113	8.9826
11	1.2434	0.8043	12.1687	0.0822	0.1022	9.7868
12	1.2682	0.7885	13.4121	0.0746	0.0946	10.5753
13	1.2936	0.7730	14.6803	0.0681	0.0881	11.3484
14	1.3195	0.7579	15.9739	0.0626	0.0826	12.1062
15	1.3459	0.7430	17.2934	0.0578	0.0778	12.8493
16	1.3728	0.7284	18.6393	0.0537	0.0737	13.5777
17	1.4002	0.7142	20.0121	0.0500	0.0700	14.2919
18	1.4282	0.7002	21.4123	0.0467	0.0667	14.9920
19	1.4568	0.6864	22.8406	0.0438	0.0638	15.6785
20	1.4859	0.6730	24.2974	0.0412	0.0612	16.3514
21	1.5157	0.6598	25.7833	0.0388	0.0588	17.0112
22	1.5460	0.6468	27.2990	0.0366	0.0566	17.6580
23	1.5769	0.6342	28.8450	0.0347	0.0547	18.2922
24	1.6084	0.6217	30.4219	0.0329	0.0529	18.9139
25	1.6406	0.6095	32.0303	0.0312	0.0512	19.5235
26	1.6734	0.5976	33.6709	0.0297	0.0497	20.1210
27	1.7069	0.5859	35.3443	0.0283	0.0483	20.7069
28	1.7410	0.5744	37.0512	0.0270	0.0470	21.2813
29	1.7758	0.5631	38.7922	0.0258	0.0458	21.8444
30	1.8114	0.5521	40.5681	0.0246	0.0446	22.3965
31	1.8476	0.5412	42.3794	0.0236	0.0436	22.9377
32	1.8845	0.5306	44.2270	0.0226	0.0426	23.4683
33	1.9222	0.5202	46.1116	0.0217	0.0417	23.9886
34	1.9607	0.5100	48.0338	0.0208	0.0408	24.4986
35	1.9999	0.5000	49.9945	0.0200	0.0400	24.9986
36	2.0399	0.4902	51.9944	0.0192	0.0392	25.4888
37	2.0807	0.4806	54.0343	0.0185	0.0385	25.9693
38	2.1223	0.4712	56.1149	0.0178	0.0378	26.4406
39	2.1647	0.4619	58.2372	0.0172	0.0372	26.9026
40	2.2080	0.4529	60.4020	0.0166	0.0366	27.3555
41	2.2522	0.4440	62.6100	0.0160	0.0360	27.7995
42	2.2972	0.4353	64.8622	0.0154	0.0354	28.2348
43	2.3432	0.4268	67.1595	0.0149	0.0349	28.6616
44	2.3901	0.4184	69.5027	0.0144	0.0344	29.0800
45	2.4379	0.4102	71.8927	0.0139	0.0339	29.4902
46	2.4866	0.4022	74.3306	0.0135	0.0335	29.8923
47	2.5363	0.3943	76.8172	0.0130	0.0330	30.2866
48	2.5871	0.3865	79.3535	0.0126	0.0326	30.6731
49	2.6388	0.3790	81.9406	0.0122	0.0322	31.0521
50	2.6916	0.3715	84.5794	0.0118	0.0318	31.4236

复利系数表($i=3\%$) 附表3

n	$(F/P,i,n)$	$(P/F,i,n)$	$(F/A,i,n)$	$(A/F,i,n)$	$(A/P,i,n)$	$(P/A,i,n)$
1	1.0300	0.9709	1.0000	1.0000	1.0300	0.9709
2	1.0609	0.9426	2.0300	0.4926	0.5226	1.9135
3	1.0927	0.9151	3.0909	0.3235	0.3535	2.8286
4	1.1255	0.8885	4.1836	0.2390	0.2690	3.7171
5	1.1593	0.8626	5.3091	0.1884	0.2184	4.5797
6	1.1941	0.8375	6.4684	0.1546	0.1846	5.4172
7	1.2299	0.8131	7.6625	0.1305	0.1605	6.2303
8	1.2668	0.7894	8.8923	0.1125	0.1425	7.0197
9	1.3048	0.7664	10.1591	0.0984	0.1284	7.7861
10	1.3439	0.7441	11.4639	0.0872	0.1172	8.5302
11	1.3842	0.7224	12.8078	0.0781	0.1081	9.2526
12	1.4258	0.7014	14.1920	0.0705	0.1005	9.9540
13	1.4685	0.6810	15.6178	0.0640	0.0940	10.6350
14	1.5126	0.6611	17.0863	0.0585	0.0885	11.2961
15	1.5580	0.6419	18.5989	0.0538	0.0838	11.9379
16	1.6047	0.6232	20.1569	0.0496	0.0796	12.5611
17	1.6528	0.6050	21.7616	0.0460	0.0760	13.1661
18	1.7024	0.5874	23.4144	0.0427	0.0727	13.7535
19	1.7535	0.5703	25.1169	0.0398	0.0698	14.3238
20	1.8061	0.5537	26.8704	0.0372	0.0672	14.8775
21	1.8603	0.5375	28.6765	0.0349	0.0649	15.4150
22	1.9161	0.5219	30.5368	0.0327	0.0627	15.9369
23	1.9736	0.5067	32.4529	0.0308	0.0608	16.4436
24	2.0328	0.4919	34.4265	0.0290	0.0590	16.9355
25	2.0938	0.4776	36.4593	0.0274	0.0574	17.4131
26	2.1566	0.4637	38.5530	0.0259	0.0559	17.8768
27	2.2213	0.4502	40.7096	0.0246	0.0546	18.3270
28	2.2879	0.4371	42.9309	0.0233	0.0533	18.7641
29	2.3566	0.4243	45.2189	0.0221	0.0521	19.1885
30	2.4273	0.1420	47.5754	0.0210	0.0510	19.6004
31	2.5001	0.4000	50.0027	0.0200	0.0500	20.0004
32	2.5751	0.3883	52.5028	0.0190	0.0490	20.3888
33	2.6523	0.3770	55.0778	0.0182	0.0482	20.7658
34	2.7319	0.3660	57.7302	0.0173	0.0473	21.1318
35	2.8139	0.3554	60.4621	0.0165	0.0465	21.4872
36	2.8983	0.3450	63.2759	0.0158	0.0458	21.8323
37	2.9852	0.3350	66.1742	0.0151	0.0451	22.1672
38	3.0748	0.3252	69.1594	0.0145	0.0445	22.4925
39	3.1670	0.3158	72.2342	0.0138	0.0438	22.8082
40	3.2620	0.3066	75.4013	0.0133	0.0433	23.1148
41	3.3599	0.2976	78.6633	0.0127	0.0427	23.4124
42	3.4607	0.2890	82.0232	0.0122	0.0422	23.7014
43	3.5645	0.2805	85.4839	0.0117	0.0417	23.9819
44	3.6715	0.2724	89.0484	0.0112	0.0412	24.2543
45	3.7816	0.2644	92.7199	0.0108	0.0408	24.5187
46	3.8950	0.2567	96.5015	0.0104	0.0404	24.7754
47	4.0119	0.2493	100.3965	0.0100	0.0400	25.0247
48	4.1323	0.2420	104.4084	0.0096	0.0396	25.2667
49	4.2562	0.2350	108.5406	0.0092	0.0392	25.5017
50	4.3839	0.2281	112.7969	0.0089	0.0398	25.7298

复利系数表($i=4\%$)　　　　　附表 4

n	$(F/P,i,n)$	$(P/F,i,n)$	$(F/A,i,n)$	$(A/F,i,n)$	$(A/P,i,n)$	$(P/A,i,n)$
1	1.0400	0.9615	1.0000	1.0000	1.0400	0.9615
2	1.0816	0.9246	2.0400	0.4902	0.5302	1.8861
3	1.1249	0.8890	3.1216	0.3203	0.3603	2.7751
4	1.1699	0.8548	4.2465	0.2355	0.2755	3.6299
5	1.2167	0.8219	5.4163	0.1846	0.2246	4.4518
6	1.2653	0.7903	6.6330	0.1508	0.1908	5.2421
7	1.3159	0.7599	7.8983	0.1266	0.1666	6.0021
8	1.3686	0.7307	9.2142	0.1085	0.1485	6.7327
9	1.4233	0.7026	10.5828	0.0945	0.1345	7.4353
10	1.4802	0.6756	12.0061	0.0833	0.1233	8.1109
11	1.5395	0.6496	13.4864	0.0741	0.1141	8.7605
12	1.6010	0.6246	15.0258	0.0666	0.1066	9.3851
13	1.6651	0.6006	16.6268	0.0601	0.1001	9.9856
14	1.7317	0.5775	18.2919	0.0547	0.0947	10.5631
15	1.8009	0.5553	20.0236	0.0499	0.0899	11.1184
16	1.8730	0.5339	21.8245	0.0458	0.0858	11.6523
17	1.9479	0.5134	23.6975	0.0422	0.0822	12.1657
18	2.0258	0.4936	25.6454	0.0390	0.0790	12.6593
19	2.1068	0.4746	27.6712	0.0361	0.0761	13.1339
20	2.1911	0.4564	29.7781	0.0336	0.0736	13.5903
21	2.2788	0.4388	31.9692	0.0313	0.0713	14.0292
22	2.3699	0.4220	34.2480	0.0292	0.0692	14.4511
23	2.4647	0.4057	36.6179	0.0273	0.0673	14.8568
24	2.5633	0.3901	39.0826	0.0256	0.0656	15.2470
25	2.6658	0.3751	41.6459	0.0240	0.0640	15.6221
26	2.7725	0.3607	44.3117	0.0226	0.0626	15.9828
27	2.8834	0.3468	47.0842	0.0212	0.0612	16.3296
28	2.9987	0.3335	49.9676	0.0200	0.0600	16.6631
29	3.1187	0.3207	52.9663	0.0189	0.0589	16.9837
30	3.2434	0.3083	56.0849	0.0178	0.0578	17.2920
31	3.3731	0.2965	59.3283	0.0169	0.0569	17.5885
32	3.5081	0.2851	62.7015	0.0159	0.0559	17.8736
33	3.6484	0.2741	66.2095	0.0151	0.0551	18.1476
34	3.7943	0.2636	69.8579	0.0143	0.0543	18.4112
35	3.9461	0.2534	73.6522	0.0136	0.0536	18.6646
36	4.1039	0.2437	77.5983	0.0129	0.0529	18.9083
37	4.2681	0.2343	81.7022	0.0122	0.0522	19.1426
38	4.4388	0.2253	85.9703	0.0116	0.0516	19.3679
39	4.6164	0.2166	90.4091	0.0111	0.0511	19.5845
40	4.8010	0.2083	95.0255	0.0105	0.0505	19.7928
41	4.9931	0.2003	99.8265	0.0100	0.0500	19.9931
42	5.1928	0.1926	104.8196	0.0095	0.0495	20.1856
43	5.4005	0.1852	110.0124	0.0091	0.0491	20.3708
44	5.6165	0.1780	115.4129	0.0087	0.0487	20.5488
45	5.8412	0.1712	121.0294	0.0083	0.0483	20.7200
46	6.0748	0.1646	126.8706	0.0079	0.0479	20.8847
47	6.3178	0.1583	132.9454	0.0075	0.0475	21.0429
48	6.5705	0.1522	139.2632	0.0072	0.0472	21.1951
49	6.8333	0.1463	145.8337	0.0069	0.0469	21.3415
50	7.1067	0.1407	152.6671	0.0066	0.0466	21.4822

复利系数表($i=5\%$) 附表5

n	$(F/P,i,n)$	$(P/F,i,n)$	$(F/A,i,n)$	$(A/F,i,n)$	$(A/P,i,n)$	$(P/A,i,n)$
1	1.0500	0.9524	1.0000	1.0000	1.0500	0.9524
2	1.1025	0.9070	2.0500	0.4878	0.5378	1.8594
3	1.1576	0.8638	3.1525	0.3172	0.3672	2.7232
4	1.2155	0.8227	4.3101	0.2320	0.2820	3.5460
5	1.2763	0.7835	5.5256	0.1810	0.2310	4.3295
6	1.3401	0.7462	6.8019	0.1470	0.1970	5.0757
7	1.4071	0.7107	8.1420	0.1228	0.1728	5.7864
8	1.4775	0.6768	9.5491	0.1047	0.1547	6.4632
9	1.5513	0.6446	11.0266	0.0907	0.1407	7.1078
10	1.6289	0.6139	12.5779	0.0795	0.1295	7.7217
11	1.7103	0.5847	14.2068	0.0704	0.1204	8.3064
12	1.7959	0.5568	15.9171	0.0628	0.1128	8.8633
13	1.8856	0.5303	17.7130	0.0565	0.1065	9.3936
14	1.9799	0.5051	19.5986	0.0510	0.1010	9.8986
15	2.0789	0.4810	21.5786	0.0463	0.0963	10.3797
16	2.1829	0.4581	23.6575	0.0423	0.0923	10.8378
17	2.2920	0.4363	25.8404	0.0387	0.0887	11.2741
18	2.4066	0.4155	28.1324	0.0355	0.0855	11.6896
19	2.5270	0.3957	30.5390	0.0327	0.0827	12.0853
20	2.6533	0.3769	33.0660	0.0302	0.0802	12.4622
21	2.7860	0.3589	35.7193	0.0280	0.0780	12.8212
22	2.9253	0.3418	38.5052	0.0260	0.0760	13.1630
23	3.0715	0.3256	41.4305	0.0241	0.0741	13.4886
24	3.2251	0.3101	44.5020	0.0225	0.0725	13.7986
25	3.3864	0.2953	47.7271	0.0210	0.0710	14.0939
26	3.5557	0.2812	51.1135	0.0196	0.0696	14.3752
27	3.7335	0.2678	54.6691	0.0183	0.0683	14.6430
28	3.9201	0.2551	58.4026	0.0171	0.0671	14.8981
29	4.1161	0.2429	62.3227	0.0160	0.0660	15.1411
30	4.3219	0.2314	66.4388	0.0151	0.0651	15.3725
31	4.5380	0.2204	70.7608	0.0141	0.0641	15.5928
32	4.7649	0.2099	75.2988	0.0133	0.0633	15.8027
33	5.0032	0.1999	80.0638	0.0125	0.0625	16.0025
34	5.2533	0.1904	85.0670	0.0118	0.0618	16.1929
35	5.5160	0.1813	90.3203	0.0111	0.0611	16.3742
36	5.7918	0.1727	95.8363	0.0104	0.0604	16.5469
37	6.0814	0.1644	101.6281	0.0098	0.0598	16.7113
38	6.3855	0.1566	107.7095	0.0093	0.0593	16.8679
39	6.7048	0.1491	114.0950	0.0088	0.0588	17.0170
40	7.0400	0.1420	120.7998	0.0083	0.0583	17.1591
41	7.3920	0.1353	127.8398	0.0078	0.0578	17.2944
42	7.7616	0.1288	135.2318	0.0074	0.0574	17.4232
43	8.1497	0.1227	142.9933	0.0070	0.0570	17.5459
44	8.5572	0.1169	151.1430	0.0066	0.0566	17.6628
45	8.9850	0.1113	159.7002	0.0063	0.0563	17.7741
46	9.4343	0.1060	168.6852	0.0059	0.0559	17.8801
47	9.9060	0.1009	178.1194	0.0056	0.0556	17.9810
48	10.4013	0.0961	188.0254	0.0053	0.0553	18.0772
49	10.9213	0.0916	198.4267	0.0050	0.0550	18.1687
50	11.4674	0.0872	209.3480	0.0048	0.0548	18.2559

复利系数表($i=6\%$)　　　　　　　　　　　附表6

n	$(F/P,i,n)$	$(P/F,i,n)$	$(F/A,i,n)$	$(A/F,i,n)$	$(A/P,i,n)$	$(P/A,i,n)$
1	1.0600	0.9434	1.0000	1.0000	1.0600	0.9434
2	1.1236	0.8900	2.0600	0.4854	0.5454	1.8334
3	1.1910	0.8396	3.1836	0.3141	0.3741	2.6730
4	1.2625	0.7921	4.3746	0.2286	0.2886	3.4651
5	1.3382	0.7473	5.6371	0.1774	0.2374	4.2124
6	1.4185	0.7050	6.9753	0.1434	0.2034	4.9173
7	1.5036	0.6651	8.3938	0.1191	0.1791	5.5824
8	1.5938	0.6274	9.8975	0.1010	0.1610	6.2098
9	1.6895	0.5919	11.4913	0.0870	0.1470	6.8017
10	1.7908	0.5584	13.1808	0.0759	0.1359	7.3601
11	1.8983	0.5268	14.9716	0.0668	0.1268	7.8869
12	2.0122	0.4970	16.8699	0.0593	0.1193	8.3838
13	2.1329	0.4688	18.8821	0.0530	0.1130	8.8527
14	2.2609	0.4423	21.0151	0.0476	0.1076	9.2950
15	3.3966	0.4173	23.2760	0.0430	0.1030	9.7122
16	2.5404	0.3936	25.6725	0.0390	0.0990	10.1059
17	2.6928	0.3714	28.2129	0.0354	0.0954	10.4773
18	2.8543	0.3503	30.9057	0.0324	0.0924	10.8276
19	3.0256	0.3305	33.7600	0.0296	0.0896	11.1581
20	3.2071	0.3118	36.7856	0.0272	0.0872	11.4699
21	3.3996	0.2942	39.9927	0.0250	0.0850	11.7641
22	3.6035	0.2775	43.3923	0.0230	0.0830	12.0416
23	3.8197	0.2618	46.9958	0.0213	0.0813	12.3034
24	4.0489	0.2470	50.8156	0.0197	0.0797	12.5504
25	4.2919	0.2330	54.8645	0.0182	0.0782	12.7834
26	4.5494	0.2198	59.1564	0.0169	0.0769	13.0032
27	4.8223	0.2074	63.7058	0.0157	0.0757	13.2105
28	5.1117	0.1956	68.5281	0.0146	0.0746	13.4062
29	5.4184	0.1846	73.6398	0.0136	0.0736	13.5907
30	5.7435	0.1741	79.0582	0.0126	0.0726	13.7648
31	6.0881	0.1643	84.8017	0.0118	0.0718	13.9291
32	6.4534	0.1550	90.8898	0.0110	0.0710	14.0840
33	6.8406	0.1462	97.3432	0.0103	0.0703	14.2302
34	7.2510	0.1379	104.1838	0.0096	0.0696	14.3681
35	7.6861	0.1301	111.4348	0.0090	0.0690	14.4982
36	8.1473	0.1227	119.1209	0.0084	0.0684	14.6210
37	8.6361	0.1158	127.2681	0.0079	0.0679	14.7368
38	9.1543	0.1092	135.9042	0.0074	0.0674	14.8460
39	9.7035	0.1031	145.0585	0.0069	0.0669	14.9491
40	10.2857	0.0972	154.7620	0.0065	0.0665	15.0463
41	10.9029	0.0917	165.0477	0.0061	0.0661	15.1380
42	11.5570	0.0865	175.9505	0.0057	0.0657	15.2245
43	12.2505	0.0816	187.5076	0.0053	0.0653	15.3062
44	12.9855	0.0770	199.7580	0.0050	0.0650	15.3832
45	13.7646	0.0727	212.7435	0.0047	0.0647	15.4558
46	14.5905	0.0685	226.5081	0.0044	0.0644	15.5244
47	15.4659	0.0647	241.0986	0.0041	0.0641	15.5890
48	16.3939	0.0610	256.5645	0.0039	0.0639	15.6500
49	17.3775	0.0575	272.9584	0.0037	0.0637	15.7076
50	18.4202	0.0543	290.3359	0.0034	0.0634	15.7619

复利系数表($i=7\%$) 附表7

n	$(F/P,i,n)$	$(P/F,i,n)$	$(F/A,i,n)$	$(A/F,i,n)$	$(A/P,i,n)$	$(P/A,i,n)$
1	1.0700	0.9346	1.0000	1.0000	1.0700	0.9346
2	1.1449	0.8734	2.0700	0.4831	0.5531	1.8080
3	1.2250	0.8163	3.2149	0.3111	0.3811	2.6243
4	1.3108	0.7629	4.4399	0.2252	0.2952	3.3872
5	1.4026	0.7130	5.7507	0.1739	0.2439	4.1002
6	1.5007	0.6663	7.1533	0.1398	0.2098	4.7665
7	1.6058	0.6227	8.6540	0.1156	0.1856	5.3893
8	1.7182	0.5820	10.2598	0.0975	0.1675	5.9713
9	1.8385	0.5439	11.9780	0.0835	0.1535	6.5152
10	1.9672	0.5083	13.8164	0.0724	0.1424	7.0236
11	2.1049	0.4751	15.7836	0.0634	0.1334	7.4987
12	2.2522	0.4440	17.8885	0.0559	0.1259	7.9427
13	2.4098	0.4150	20.1406	0.0497	0.1197	8.3577
14	2.5785	0.3878	22.5505	0.0443	0.1143	8.7455
15	2.7590	0.3624	25.1290	0.0398	0.1098	9.1079
16	2.9522	0.3387	27.8881	0.0359	0.1059	9.4466
17	3.1588	0.3166	30.8402	0.0324	0.1024	9.7632
18	3.3799	0.2959	33.9990	0.0294	0.0994	10.0591
19	3.6165	0.2765	37.3790	0.0268	0.0968	10.3356
20	3.8697	0.2584	40.9955	0.0244	0.0944	10.5940
21	4.1406	0.2415	44.8652	0.0223	0.0923	10.8355
22	4.4304	0.2257	49.0057	0.0204	0.0904	11.0612
23	4.7405	0.2109	53.4361	0.0187	0.0887	11.2722
24	5.0724	0.1971	58.1767	0.0172	0.0872	11.4693
25	5.4274	0.1842	63.2490	0.0158	0.0858	11.6536
26	5.8074	0.1722	68.6765	0.0146	0.0846	11.8258
27	6.2139	0.1609	74.4838	0.0134	0.0834	11.9867
28	6.6488	0.1504	80.6977	0.0124	0.0824	12.1371
29	7.1143	0.1406	87.3465	0.0114	0.0814	12.2777
30	7.6123	0.1314	94.4608	0.0106	0.0806	12.4090
31	8.1451	0.1228	102.0730	0.0098	0.0798	12.5318
32	8.7153	0.1147	110.2182	0.0091	0.0791	12.6466
33	9.3253	0.1072	118.9334	0.0084	0.0784	12.7538
34	9.9781	0.1002	128.2588	0.0078	0.0778	12.8540
35	10.6766	0.0937	138.2369	0.0072	0.0772	12.9477
36	11.4239	0.0875	148.9135	0.0067	0.0767	13.0352
37	12.2236	0.0818	160.3374	0.0062	0.0762	13.1170
38	13.0793	0.0765	172.5610	0.0058	0.0758	13.1935
39	13.9948	0.0715	185.6403	0.0054	0.0754	13.2649
40	14.9745	0.0668	199.6351	0.0050	0.0750	13.3317
41	16.0227	0.0624	214.6096	0.0047	0.0747	13.3941
42	17.1443	0.0583	230.6322	0.0043	0.0743	13.4524
43	18.3444	0.0545	247.7765	0.0040	0.0740	13.5070
44	19.6285	0.0509	266.1209	0.0038	0.0738	13.5579
45	21.0025	0.0476	285.7493	0.0035	0.0735	13.6055
46	22.4726	0.0445	306.7518	0.0033	0.0733	13.6500
47	24.0457	0.0416	329.2244	0.0030	0.0730	13.6916
48	25.7289	0.0389	353.2701	0.0028	0.0728	13.7305
49	27.5299	0.0363	378.9990	0.0026	0.0726	13.7668
50	29.4570	0.0339	406.5289	0.0025	0.0725	13.8007

复利系数表($i=8\%$)　　　　　　　　　　附表 8

n	$(F/P,i,n)$	$(P/F,i,n)$	$(F/A,i,n)$	$(A/F,i,n)$	$(A/P,i,n)$	$(P/A,i,n)$
1	1.0800	0.9257	1.0000	1.0000	1.0800	0.9259
2	1.1664	0.8573	2.0800	0.4808	0.5608	1.7833
3	1.2597	0.7938	3.2464	0.3080	0.3880	2.5771
4	1.3605	0.7350	4.5061	0.2219	0.3019	3.3121
5	1.4693	0.6806	5.8666	0.1705	0.2505	3.9927
6	1.5869	0.6302	7.3359	0.1363	0.2163	4.6229
7	1.7138	0.5835	8.9228	0.1121	0.1921	5.2064
8	1.8509	0.5403	10.6366	0.0940	0.1740	5.7466
9	1.9990	0.5002	12.4876	0.0801	0.1601	6.2469
10	2.1589	0.4632	14.4866	0.0690	0.1490	6.7101
11	2.3316	0.4289	16.6455	0.0601	0.1401	7.1390
12	2.5182	0.3971	18.9771	0.0527	0.1327	7.5361
13	2.7196	0.3677	21.4953	0.0465	0.1265	7.9038
14	2.9372	0.3405	24.2149	0.0413	0.1213	8.2442
15	3.1722	0.3152	27.1521	0.0368	0.1168	8.5595
16	3.4259	0.2919	30.3243	0.0330	0.1130	8.8514
17	3.7000	0.2703	33.7502	0.0296	0.1096	9.1216
18	3.9960	0.2502	37.4502	0.0267	0.1067	9.3719
19	4.3157	0.2317	41.4463	0.0241	0.1041	9.6036
20	4.6610	0.2145	45.7620	0.0219	0.1019	9.8181
21	5.0338	0.1987	50.4229	0.0198	0.0998	10.0168
22	5.4365	0.1839	55.4568	0.0180	0.0980	10.2007
23	5.8715	0.1703	60.8933	0.0164	0.0964	10.3711
24	6.3412	0.1577	66.7648	0.0150	0.0950	10.5288
25	6.8485	0.1460	73.1059	0.0137	0.0937	10.6748
26	7.3964	0.1352	79.9544	0.0125	0.0925	10.8100
27	7.9881	0.1252	87.3508	0.0114	0.0914	10.9352
28	8.6271	0.1159	95.3388	0.0105	0.0905	11.0511
29	9.3173	0.1073	103.9659	0.0096	0.0896	11.1584
30	10.0627	0.0994	113.2832	0.0088	0.0888	11.2578
31	10.8677	0.0920	123.3459	0.0081	0.0881	11.3498
32	11.7371	0.0852	134.2135	0.0075	0.0875	11.4350
33	12.6760	0.0789	145.9506	0.0069	0.0869	11.5139
34	13.6901	0.0730	158.6267	0.0063	0.0863	11.5869
35	14.7853	0.0676	172.3168	0.0058	0.0858	11.6546
36	15.9682	0.0626	187.1021	0.0053	0.0853	11.7172
37	17.2456	0.0580	203.0703	0.0049	0.0849	11.7752
38	18.6253	0.0537	220.3159	0.0045	0.0845	11.8289
39	20.1153	0.0497	238.9412	0.0042	0.0842	11.8786
40	21.7245	0.0460	259.0565	0.0039	0.0839	11.9246
41	23.4625	0.0426	280.7810	0.0036	0.0836	11.9672
42	25.3395	0.0395	304.2435	0.0033	0.0833	12.0067
43	27.3666	0.0365	329.5830	0.0030	0.0830	12.0432
44	29.5560	0.0338	356.9496	0.0028	0.0828	12.0771
45	31.9204	0.0313	386.5056	0.0026	0.0826	12.1084
46	34.4741	0.0290	418.4261	0.0024	0.0824	12.1374
47	37.2320	0.0269	452.9002	0.0022	0.0822	12.1643
48	40.2106	0.0249	490.1322	0.0020	0.0820	12.1891
49	43.4274	0.0230	530.3427	0.0019	0.0819	12.2122
50	46.9016	0.0213	573.7702	0.0017	0.0817	12.2335

复利系数表（$i=9\%$） 附表9

n	$(F/P,i,n)$	$(P/F,i,n)$	$(F/A,i,n)$	$(A/F,i,n)$	$(A/P,i,n)$	$(P/A,i,n)$
1	1.0900	0.9174	1.0000	1.0000	1.0900	0.9174
2	1.1881	0.8417	2.0900	0.4785	0.5685	1.7591
3	1.2950	0.7722	3.2781	0.3051	0.3951	2.5313
4	1.4116	0.7084	4.5731	0.2187	0.3087	3.2397
5	1.5386	0.6499	5.9847	0.1671	0.2571	3.8897
6	1.6771	0.5963	7.5233	0.1329	0.2229	4.4859
7	1.8280	0.5470	9.2004	0.1087	0.1987	5.0330
8	1.9926	0.5019	11.0285	0.0907	0.1807	5.5348
9	2.1719	0.4604	13.0210	0.0768	0.1668	5.9952
10	2.3674	0.4224	15.1929	0.0658	0.1558	6.4177
11	2.5804	0.3875	17.5603	0.0569	0.1469	6.8052
12	2.8127	0.3555	20.1407	0.0497	0.1397	7.1607
13	3.0658	0.3262	22.9534	0.0436	0.1336	7.4869
14	3.3417	0.2992	26.0192	0.0384	0.1284	7.7862
15	3.6425	0.2745	29.3609	0.0341	0.1241	8.0607
16	3.9703	0.2519	33.0034	0.0303	0.1203	8.3126
17	4.3276	0.2311	36.9737	0.0270	0.1170	8.5436
18	4.7171	0.2120	41.3013	0.0242	0.1142	8.7556
19	5.1417	0.1945	46.0185	0.0217	0.1117	8.9501
20	5.6044	0.1784	51.1601	0.0195	0.1095	9.1285
21	6.1088	0.1637	56.7645	0.0176	0.1076	9.2922
22	6.6586	0.1502	62.8733	0.0159	0.1059	9.4424
23	7.2579	0.1378	69.5319	0.0144	0.1044	9.5802
24	7.9111	0.1264	76.7898	0.0130	0.1030	9.7066
25	8.6231	0.1160	84.7009	0.0118	0.1018	9.8226
26	9.3992	0.1064	93.3240	0.0107	0.1007	9.9290
27	10.2451	0.0976	102.7231	0.0097	0.0997	10.0266
28	11.1671	0.0895	112.9682	0.0089	0.0989	10.1161
29	12.1722	0.0822	124.1354	0.0081	0.0981	10.1983
30	13.2677	0.0754	136.3075	0.0073	0.0973	10.2737
31	14.4618	0.0691	149.5752	0.0067	0.0967	10.3428
32	15.7633	0.0634	164.0370	0.0061	0.0961	10.4062
33	17.1820	0.0582	179.8003	0.0056	0.0956	10.4644
34	18.7284	0.0534	196.9823	0.0051	0.0951	10.5178
35	20.4140	0.0490	215.7108	0.0046	0.0946	10.5668
36	22.2512	0.0449	236.1247	0.0042	0.0942	10.6118
37	24.2538	0.0412	258.3759	0.0039	0.0939	10.6530
38	26.4367	0.0378	282.6298	0.0035	0.0935	10.6908
39	28.8160	0.0347	309.0665	0.0032	0.0932	10.7255
40	31.4094	0.0318	337.8824	0.0030	0.0930	10.7547
41	34.2363	0.0292	369.2919	0.0027	0.0927	10.7866
42	37.3175	0.0268	403.5281	0.0025	0.0925	10.8134
43	40.6761	0.0246	440.8457	0.0023	0.0923	10.8380
44	44.3370	0.0226	481.5218	0.0021	0.0921	10.8605
45	48.3273	0.0207	525.8587	0.0019	0.0919	10.8812
46	52.6767	0.0190	574.1860	0.0017	0.0917	10.9002
47	57.4176	0.0174	626.8628	0.0016	0.0916	10.9176
48	62.5852	0.0160	684.2804	0.0015	0.0915	10.9336
49	68.2179	0.0147	746.8656	0.0013	0.0913	10.9482
50	74.3575	0.0134	815.0836	0.0012	0.0912	10.9617

复利系数表($i=10\%$) 附表10

n	$(F/P,i,n)$	$(P/F,i,n)$	$(F/A,i,n)$	$(A/F,i,n)$	$(A/P,i,n)$	$(P/A,i,n)$
1	1.1000	0.9091	1.0000	1.0000	1.1000	0.9091
2	1.2100	0.8264	2.1000	0.4762	0.5762	1.7355
3	1.3310	0.7513	3.3100	0.3021	0.4021	2.4869
4	1.4641	0.6830	4.6410	0.2155	0.3155	3.1699
5	1.6105	0.6209	6.1051	0.1638	0.2638	3.7908
6	1.7716	0.5645	7.7156	0.1296	0.2296	4.3553
7	1.9487	0.5132	9.4872	0.1054	0.2054	4.8684
8	2.1436	0.4665	11.4359	0.0874	0.1874	5.3349
9	2.3579	0.4241	13.5795	0.0736	0.1736	5.7590
10	2.5937	0.3855	15.9374	0.0627	0.1627	6.1446
11	2.8531	0.3505	18.5312	0.0540	0.1540	6.4951
12	3.1384	0.3186	21.3843	0.0468	0.1468	6.8137
13	3.4523	0.2897	24.5227	0.0408	0.1408	7.1034
14	3.7975	0.2633	27.9750	0.0357	0.1357	7.3667
15	4.1772	0.2394	31.7725	0.0315	0.1315	7.6061
16	4.5950	0.2176	35.9497	0.0278	0.1278	7.8237
17	5.0545	0.1978	40.5447	0.0247	0.1247	8.0216
18	5.5599	0.1799	45.5992	0.0219	0.1219	8.2014
19	6.1159	0.1635	51.1591	0.0195	0.1195	8.3649
20	6.7275	0.1486	57.2750	0.0175	0.1175	8.5136
21	7.4002	0.1351	64.0025	0.0156	0.1156	8.6487
22	8.1403	0.1228	71.4027	0.0140	0.1140	8.7715
23	8.9543	0.1117	79.5430	0.0126	0.1126	8.8832
24	9.8497	0.1015	88.4973	0.0113	0.1113	8.9847
25	10.8347	0.0923	98.3471	0.0102	0.1102	9.0770
26	11.9182	0.0839	109.1818	0.0092	0.1092	9.1609
27	13.1100	0.0763	121.0999	0.0083	0.1083	9.2372
28	14.4210	0.0693	134.2099	0.0075	0.1075	9.3066
29	15.8631	0.0630	148.6309	0.0067	0.1067	9.3696
30	17.4494	0.0573	164.4940	0.0061	0.1061	9.4269
31	19.1943	0.0521	181.9434	0.0055	0.1055	9.4790
32	21.1138	0.0474	201.1378	0.0050	0.1050	9.5264
33	23.2252	0.0431	222.2515	0.0045	0.1045	9.5694
34	25.5477	0.0391	245.4767	0.0041	0.1041	9.6086
35	28.1024	0.0356	271.0244	0.0037	0.1037	9.6442
36	30.9127	0.0323	299.1268	0.0033	0.1033	9.6765
37	34.0039	0.0294	330.0395	0.0030	0.1030	9.7059
38	37.4043	0.0267	364.0434	0.0027	0.1027	9.7327
39	41.1448	0.0243	401.4478	0.0025	0.1025	9.7570
40	45.2593	0.0221	442.5926	0.0023	0.1023	9.7791
41	49.7852	0.0201	487.8518	0.0020	0.1020	9.7991
42	54.7637	0.0183	537.6370	0.0019	0.1019	9.8174
43	60.2401	0.0166	592.4007	0.0017	0.1017	9.8340
44	66.2641	0.0151	652.6408	0.0015	0.1015	9.8491
45	72.8905	0.0137	718.9048	0.0014	0.1014	9.8628
46	80.1795	0.0125	791.7953	0.0013	0.1013	9.8753
47	88.1795	0.0113	871.9749	0.0011	0.1011	9.8866
48	97.0172	0.0103	960.1723	0.0010	0.1010	9.8969
49	106.7190	0.0094	1057.1896	0.0009	0.1009	9.9063
50	117.3909	0.0085	1163.9085	0.0009	0.1009	9.9148

复利系数表($i=12\%$) 附表11

n	(F/P,i,n)	(P/F,i,n)	(F/A,i,n)	(A/F,i,n)	(A/P,i,n)	(P/A,i,n)
1	1.1200	0.8929	1.0000	1.0000	1.1200	0.8929
2	1.2544	0.7972	2.1200	0.4717	0.5917	1.6901
3	1.4049	0.7118	3.3744	0.2963	0.4163	2.4018
4	1.5735	0.6355	4.7793	0.2092	0.3292	3.0373
5	1.7623	0.5674	6.3528	0.1574	0.2774	3.6048
6	1.9738	0.5066	8.1152	0.1232	0.2432	4.1114
7	2.2107	0.4523	10.0890	0.0991	0.2191	4.5638
8	2.4760	0.4039	12.2997	0.0813	0.2013	4.9676
9	2.7731	0.3606	14.7757	0.0677	0.1877	5.3282
10	3.1058	0.3220	17.5487	0.0570	0.1770	5.6502
11	3.4785	0.2875	20.6546	0.0484	0.1684	5.9377
12	3.8960	0.2567	24.1331	0.0414	0.1614	6.1944
13	4.3635	0.2292	28.0291	0.0357	0.1557	6.4235
14	4.8871	0.2046	32.3926	0.0309	0.1509	6.6282
15	5.4736	0.1827	37.2797	0.0268	0.1468	6.8109
16	6.1304	0.1631	42.7533	0.0234	0.1434	6.9740
17	6.8660	0.1456	48.8837	0.0205	0.1405	7.1196
18	7.6900	0.1300	55.7497	0.0179	0.1379	7.2497
19	8.6128	0.1161	63.4397	0.0158	0.1358	7.3658
20	9.6463	0.1037	72.0524	0.0139	0.1339	7.4694
21	10.8038	0.0926	81.6987	0.0122	0.1322	7.5620
22	12.1003	0.0826	92.5026	0.0108	0.1308	7.6446
23	13.5523	0.0738	104.6029	0.0096	0.1296	7.7184
24	15.1786	0.0659	118.1552	0.0085	0.1285	7.7843
25	17.0001	0.0588	133.3339	0.0075	0.1275	7.8431
26	19.0401	0.0525	150.3339	0.0067	0.1267	7.8957
27	21.3249	0.0469	169.3740	0.0059	0.1259	7.9426
28	23.8839	0.0419	190.6989	0.0052	0.1252	7.9844
29	26.7499	0.0374	241.5828	0.0047	0.1247	8.0218
30	29.9599	0.0334	241.3327	0.0041	0.1241	8.0552
31	33.5551	0.0298	271.2926	0.0037	0.1237	8.0850
32	37.5817	0.0266	304.8477	0.0033	0.1233	8.1116
33	42.0915	0.0238	342.4294	0.0029	0.1229	8.1354
34	47.1425	0.0212	384.5210	0.0026	0.1226	8.1566
35	52.7996	0.0189	431.6635	0.0023	0.1223	8.1755
36	59.1356	0.0169	484.4631	0.0021	0.1221	8.1924
37	66.2318	0.0151	543.5987	0.0018	0.1218	8.2075
38	74.1797	0.0135	609.8305	0.0016	0.1216	8.2210
39	83.0812	0.0120	684.0102	0.0015	0.1215	8.2330
40	93.0510	0.0107	767.0914	0.0013	0.1213	8.4238
41	104.2171	0.0096	860.1424	0.0012	0.1212	8.2534
42	116.7231	0.0086	964.3595	0.0010	0.1210	8.2619
43	130.7299	0.0076	1081.0826	0.0009	0.1209	8.2696
44	146.4175	0.0068	1211.8125	0.0008	0.1208	8.2764
45	163.9876	0.0061	1358.2300	0.0007	0.1207	8.2825
46	183.6661	0.0054	1522.2176	0.0007	0.1207	8.2880
47	205.7061	0.0049	1705.8838	0.0006	0.1206	8.2928
48	230.3908	0.0043	1911.5898	0.0005	0.1205	8.2972
49	258.0377	0.0039	2141.9806	0.0005	0.1205	8.3010
50	289.0022	0.0035	2400.0182	0.0004	0.1204	8.3045

复利系数表（$i=15\%$） 附表 12

n	$(F/P,i,n)$	$(P/F,i,n)$	$(F/A,i,n)$	$(A/F,i,n)$	$(A/P,i,n)$	$(P/A,i,n)$
1	1.1500	0.8696	1.0000	1.0000	1.1500	0.8696
2	1.3225	0.7561	2.1500	0.4651	0.6151	1.6257
3	1.5209	0.6575	3.4725	0.2880	0.4380	2.2832
4	1.7490	0.5718	4.9934	0.2003	0.3503	2.8550
5	2.0114	0.4972	6.7424	0.1483	0.2983	3.3522
6	2.3131	0.4323	8.7537	0.1142	0.2642	3.7845
7	2.6600	0.3759	11.0668	0.0904	0.2404	4.1604
8	3.0590	0.3269	13.7268	0.0729	0.2229	4.4873
9	3.5179	0.2843	16.7858	0.0596	0.2096	4.7716
10	4.0456	0.2472	20.3037	0.0493	0.1993	5.0188
11	4.6524	0.2149	24.3493	0.0411	0.1911	5.2337
12	5.3503	0.1869	29.0017	0.0345	0.1845	5.4206
13	6.1528	0.1625	34.3519	0.0291	0.1791	5.5831
14	7.0757	0.1413	40.5047	0.0247	0.1747	5.7245
15	8.1371	0.1229	47.5804	0.0210	0.1710	5.8474
16	9.3576	0.1069	55.7175	0.0179	0.1679	5.9542
17	10.7613	0.0929	65.0751	0.0154	0.1654	6.0472
18	12.3755	0.0808	75.8364	0.0132	0.1632	6.1280
19	14.2318	0.0703	88.2118	0.0113	0.1613	6.1982
20	16.3665	0.0611	102.4436	0.0098	0.1598	6.2593
21	18.8215	0.0531	118.8101	0.0084	0.1584	6.3125
22	21.6447	0.0462	137.6316	0.0073	0.1573	6.3587
23	24.8915	0.0402	159.2764	0.0063	0.1563	6.3988
24	28.6252	0.0349	184.1678	0.0054	0.1554	6.4338
25	32.9190	0.0304	212.7930	0.0047	0.1547	6.4641
26	37.8568	0.0264	245.7120	0.0041	0.1541	6.4906
27	43.5353	0.0230	283.5688	0.0035	0.1535	6.5135
28	50.0656	0.0200	327.1041	0.0031	0.1531	6.5335
29	57.5755	0.0174	377.1697	0.0027	0.1527	6.5509
30	66.2118	0.0151	434.7451	0.0023	0.1523	6.5660
31	76.1435	0.0131	500.9569	0.0020	0.1520	6.5791
32	87.5651	0.0114	577.1005	0.0017	0.1517	6.5905
33	100.6998	0.0099	664.6655	0.0015	0.1515	6.6005
34	115.8048	0.0086	765.3654	0.0013	0.1513	6.6091
35	133.1755	0.0075	881.1702	0.0011	0.1511	6.6166
36	153.1519	0.0065	1014.3457	0.0010	0.1510	6.6231
37	176.1246	0.0057	1167.4975	0.0009	0.1509	6.6288
38	202.5433	0.0049	1343.6222	0.0007	0.1507	6.6338
39	232.9248	0.0043	1546.1655	0.0006	0.1506	6.6380
40	267.8635	0.0037	1779.0903	0.0006	0.1506	6.6418
41	308.0431	0.0032	2046.9539	0.0005	0.1505	6.6450
42	354.2495	0.0028	2354.9969	0.0004	0.1504	6.6478
43	407.3870	0.0025	2709.2465	0.0004	0.1504	6.6503
44	468.4950	0.0021	3116.6334	0.0003	0.1503	6.6524
45	538.7693	0.0019	3585.1285	0.0003	0.1503	6.6543
46	619.5847	0.0016	4123.8977	0.0002	0.1502	6.6559
47	712.5224	0.0014	4743.4824	0.0002	0.1502	6.6573
48	819.4007	0.0012	5456.0047	0.0002	0.1502	6.6585
49	942.3108	0.0011	6275.4055	0.0002	0.1502	6.6596
50	1083.657	0.0009	7217.7163	0.0001	0.1501	6.6605

复利系数表($i=20\%$) 附表 13

n	(F/P,i,n)	(P/F,i,n)	(F/A,i,n)	(A/F,i,n)	(A/P,i,n)	(P/A,i,n)
1	1.2000	0.8333	1.0000	1.0000	1.2000	0.8333
2	1.4400	0.6944	2.2000	0.4545	0.6545	1.5278
3	1.7280	0.5787	3.6400	0.2747	0.4747	2.1065
4	2.0736	0.4823	5.3680	0.1863	0.3863	2.5887
5	2.4883	0.4019	7.4416	0.1344	0.3344	2.9906
6	2.9860	0.3349	9.9299	0.1007	0.3007	3.3255
7	3.5832	0.2791	12.9159	0.0774	0.2774	3.6046
8	4.2998	0.2326	16.4991	0.0606	0.2606	3.8372
9	5.1598	0.1938	20.7989	0.0481	0.2481	4.0310
10	6.1917	0.1615	25.9587	0.0385	0.2385	4.1925
11	7.4301	0.1346	32.1504	0.0311	0.2311	4.3271
12	8.9161	0.1122	39.5805	0.0253	0.2253	4.4392
13	10.6993	0.0935	48.4966	0.0206	0.2206	4.5327
14	12.8392	0.0779	59.1959	0.0169	0.2169	4.6106
15	15.4070	0.0649	72.0351	0.0139	0.2139	4.6755
16	18.4884	0.0541	87.4421	0.0114	0.2114	4.7296
17	22.1861	0.0451	105.9306	0.0094	0.2094	4.7746
18	26.6233	0.0376	128.1167	0.0078	0.2078	4.8122
19	31.9480	0.0313	154.7400	0.0065	0.2065	4.8435
20	38.3376	0.0261	186.6880	0.0054	0.2054	4.8696
21	46.0051	0.0217	225.0256	0.0044	0.2044	4.8913
22	55.2061	0.0181	271.0307	0.0037	0.2037	4.9094
23	66.2474	0.0151	326.2369	0.0031	0.2031	4.9245
24	79.4968	0.0126	392.4842	0.0025	0.2025	4.9371
25	95.3962	0.0105	471.9811	0.0021	0.2021	4.9476
26	114.4755	0.0087	567.3773	0.0018	0.2018	4.9563
27	137.3706	0.0073	681.8528	0.0015	0.2015	4.9636
28	164.8447	0.0061	819.2233	0.0012	0.2012	4.9697
29	197.8136	0.0051	984.0680	0.0010	0.2010	4.9747
30	237.3763	0.0042	1181.8816	0.0008	0.2008	4.9789
31	284.8516	0.0035	1419.2579	0.0007	0.2007	4.9824
32	341.8219	0.0029	1704.1095	0.0006	0.2006	4.9854
33	410.1863	0.0024	2045.9314	0.0005	0.2005	4.9878
34	492.2235	0.0020	2456.1176	0.0004	0.2004	4.9898
35	590.6682	0.0017	2948.3411	0.0003	0.2003	4.9915
36	708.8019	0.0014	3539.0094	0.0003	0.2003	4.9929
37	850.5622	0.0012	4247.8112	0.0002	0.2002	4.9941
38	1020.674	0.0010	5098.3735	0.0002	0.2002	4.9951
39	1224.809	0.0008	6119.0482	0.0002	0.2002	4.9959
40	1469.771	0.0007	7343.8578	0.0001	0.2001	4.9966
41	1736.725	0.0006	8813.6294	0.0001	0.2001	4.9972
42	2116.471	0.0005	10577.3553	0.0001	0.2001	4.9976
43	2539.765	0.0004	12693.8263	0.0001	0.2001	4.9980
44	3047.718	0.0003	15233.5916	0.0001	0.2001	4.9984
45	3657.262	0.0003	18281.3099	0.0001	0.2001	4.9986
46	4388.714	0.0002	21938.5719	0.0000	0.2000	4.9989
47	5266.457	0.0002	26327.2863	0.0000	0.2000	4.9991
48	6319.748	0.0002	31593.7436	0.0000	0.2000	4.9992
49	7583.698	0.0001	37913.4923	0.0000	0.2000	4.9993
50	9100.438	0.0001	45497.1908	0.0000	0.2000	4.9995

复利系数表($i=25\%$)　　附表 14

n	(F/P,i,n)	(P/F,i,n)	(F/A,i,n)	(A/F,i,n)	(A/P,i,n)	(P/A,i,n)
1	1.2500	0.8000	1.0000	1.0000	1.2500	0.8000
2	1.5625	0.6400	2.2500	0.4444	0.6944	1.4400
3	1.9531	0.5120	3.8125	0.2623	0.5123	1.9520
4	2.4414	0.4096	5.7656	0.1734	0.4234	2.3616
5	3.0518	0.3277	8.2070	0.1218	0.3718	2.6893
6	3.8147	0.2621	11.2588	0.0888	0.3388	2.9514
7	4.7684	0.2097	15.0735	0.0663	0.3163	3.1611
8	5.9605	0.1678	19.8419	0.0504	0.3004	3.3289
9	7.4506	0.1342	25.8023	0.0388	0.2888	3.4631
10	9.3132	0.1074	33.2529	0.0301	0.2801	3.5705
11	11.6415	0.0859	42.5661	0.0235	0.2735	3.6564
12	14.5519	0.0687	54.2077	0.0184	0.2684	3.7251
13	18.1899	0.0550	68.7596	0.0145	0.2645	3.7801
14	22.7374	0.0440	86.9495	0.0115	0.2615	3.8241
15	28.4217	0.0352	109.6868	0.0091	0.2591	3.8593
16	35.5271	0.0281	138.1085	0.0072	0.2572	3.8874
17	44.4089	0.0225	173.6357	0.0058	0.2558	3.9099
18	55.5112	0.0180	218.0446	0.0046	0.2546	3.9279
19	69.3889	0.0144	273.5558	0.0037	0.2537	3.9424
20	86.7362	0.0115	342.9447	0.0029	0.2529	3.9539
21	108.4202	0.0092	429.6809	0.0023	0.2523	3.9631
22	135.5253	0.0074	538.1011	0.0019	0.2519	3.9705
23	169.4066	0.0059	673.6264	0.0015	0.2515	3.9764
24	211.7582	0.0047	843.0329	0.0012	0.2512	3.9811
25	264.6978	0.0038	1054.7912	0.0009	0.2509	3.9849
26	330.8722	0.0030	1319.4890	0.0008	0.2508	3.9879
27	413.5903	0.0024	1650.3612	0.0006	0.2506	3.9903
28	516.9879	0.0019	2063.9515	0.0005	0.2505	3.9923
29	646.2349	0.0015	2580.9394	0.0004	0.2504	3.9938
30	807.7936	0.0012	3227.1743	0.0003	0.2503	3.9950
31	1009.742	0.0010	4034.9678	0.0002	0.2502	3.9960
32	1262.177	0.0008	5044.7098	0.0002	0.2502	3.9968
33	1577.721	0.0006	6306.8872	0.0002	0.2502	3.9975
34	1972.152	0.0005	7884.6091	0.0001	0.2501	3.9980
35	2465.190	0.0004	9856.7613	0.0001	0.2501	3.9984
36	3081.487	0.0003	12321.9516	0.0001	0.2501	3.9987
37	3851.859	0.0003	15403.4396	0.0001	0.2501	3.9990
38	4814.824	0.0002	19255.2994	0.0001	0.2501	3.9992
39	6018.531	0.0002	24070.1243	0.0000	0.2500	3.9993
40	7523.163	0.0001	30088.6554	0.0000	0.2500	3.9995
41	9403.954	0.0001	37611.8192	0.0000	0.2500	3.9996
42	11754.94	0.0001	47015.7740	0.0000	0.2500	3.9997
43	14693.67	0.0001	58770.7175	0.0000	0.2500	3.9997
44	18367.09	0.0001	73464.3969	0.0000	0.2500	3.9998
45	22958.87	0.0000	91831.4962	0.0000	0.2500	3.9998
46	28698.59	0.0000	114790.3702	0.0000	0.2500	3.9999
47	35873.24	0.0000	143488.9627	0.0000	0.2500	3.9999
48	44841.55	0.0000	179362.2034	0.0000	0.2500	3.9999
49	56051.93	0.0000	224203.7543	0.0000	0.2500	3.9999
50	70064.92	0.0000	280255.6929	0.0000	0.2500	3.9999

复利系数表($i=30\%$) 附表 15

n	$(F/P,i,n)$	$(P/F,i,n)$	$(F/A,i,n)$	$(A/F,i,n)$	$(A/P,i,n)$	$(P/A,i,n)$
1	1.3000	0.7692	1.0000	1.0000	1.3000	0.7692
2	1.6900	0.5917	2.3000	0.4348	0.7348	1.3609
3	2.1970	0.4552	3.9900	0.2506	0.5506	1.8161
4	2.8561	0.3501	6.1870	0.1616	0.4616	2.1662
5	3.7129	0.2693	9.0431	0.1106	0.4106	2.4356
6	4.8268	0.2072	12.7560	0.0784	0.3784	2.6427
7	6.2749	0.1594	17.5828	0.0569	0.3569	2.8021
8	8.1573	0.1226	23.8577	0.0419	0.3419	2.9247
9	10.6045	0.0943	32.0150	0.0312	0.3312	3.0190
10	13.7858	0.0725	42.6195	0.0235	0.3235	3.0915
11	17.9216	0.0558	56.4053	0.0177	0.3177	3.1473
12	23.2981	0.0429	74.3270	0.0135	0.3135	3.1903
13	30.2875	0.0330	97.6250	0.0102	0.3102	3.2233
14	39.3738	0.0254	127.9125	0.0078	0.3078	3.2487
15	51.1859	0.0195	167.2863	0.0060	0.3060	3.2682
16	66.5417	0.0150	218.4722	0.0046	0.3046	3.2832
17	86.5042	0.0116	285.0139	0.0035	0.3035	3.2948
18	112.4554	0.0089	371.5180	0.0027	0.3027	3.3037
19	146.1920	0.0068	483.9734	0.0021	0.3021	3.3105
20	190.0496	0.0053	630.1655	0.0016	0.3016	3.3158
21	247.0645	0.0040	820.2151	0.0012	0.3012	3.3198
22	321.1839	0.0031	1067.2796	0.0009	0.3009	3.3230
23	417.5391	0.0024	1388.4635	0.0007	0.3007	3.3254
24	542.8008	0.0018	1806.0026	0.0006	0.3006	3.3272
25	705.6410	0.0014	2348.8033	0.0004	0.3004	3.3286
26	917.3333	0.0011	3054.4443	0.0003	0.3003	3.3297
27	1192.533	0.0008	3971.7776	0.0003	0.3003	3.3305
28	1550.293	0.0006	5164.3109	0.0002	0.3002	3.3312
29	2015.381	0.0005	6714.6042	0.0001	0.3001	3.3317
30	2619.995	0.0004	8729.9855	0.0001	0.3001	3.3321
31	3405.994	0.0003	11349.9811	0.0001	0.3001	3.3324
32	4427.792	0.0002	14755.9755	0.0001	0.3001	3.3326
33	5756.130	0.0002	19183.7681	0.0001	0.3001	3.3328
34	7482.969	0.0001	24939.8985	0.0000	0.3000	3.3329
35	9727.860	0.0001	32422.8681	0.0000	0.3000	3.3330
36	12646.21	0.0001	42150.7285	0.0000	0.3000	3.3331
37	16440.08	0.0001	54796.9471	0.0000	0.3000	3.3331
38	21372.10	0.0000	71237.0312	0.0000	0.3000	3.3332
39	27783.74	0.0000	92609.1405	0.0000	0.3000	3.3332
40	36118.86	0.0000	120392.8827	0.0000	0.3000	3.3332

复利系数表($i=35\%$)   附表16

n	$(F/P,i,n)$	$(P/F,i,n)$	$(F/A,i,n)$	$(A/F,i,n)$	$(A/P,i,n)$	$(P/A,i,n)$
1	1.3500	0.7407	1.0000	1.0000	1.3500	0.7407
2	1.8225	0.5487	2.3500	0.4255	0.7755	1.2894
3	2.4604	0.4064	4.1725	0.2397	0.5897	1.6959
4	3.3215	0.3011	6.6329	0.1508	0.5008	1.9969
5	4.4840	0.2230	9.9544	0.1005	0.4505	2.2200
6	6.0534	0.1652	14.4384	0.0693	0.4193	2.3852
7	8.1722	0.1224	20.4919	0.0488	0.3988	2.5075
8	11.0324	0.0906	28.6640	0.0349	0.3849	2.5982
9	14.8937	0.0671	39.6964	0.0252	0.3752	2.6653
10	20.1066	0.0497	54.5902	0.0183	0.3683	2.7150
11	27.1439	0.0368	74.6967	0.0134	0.3634	2.7519
12	36.6442	0.0273	101.8406	0.0098	0.3598	2.7792
13	49.4697	0.0202	138.4848	0.0072	0.3572	2.7994
14	66.7841	0.0150	187.9544	0.0053	0.3553	2.8144
15	90.1585	0.0111	254.7385	0.0039	0.3539	2.8255
16	121.7139	0.0082	344.8970	0.0029	0.3529	2.8337
17	164.3138	0.0061	466.6109	0.0021	0.3521	2.8398
18	221.8236	0.0045	630.9247	0.0016	0.3516	2.8443
19	299.4619	0.0033	852.7483	0.0012	0.3512	2.8476
20	404.2736	0.0025	1152.2103	0.0009	0.3509	2.8501

复利系数表($i=40\%$)   附表17

n	$(F/P,i,n)$	$(P/F,i,n)$	$(F/A,i,n)$	$(A/F,i,n)$	$(A/P,i,n)$	$(P/A,i,n)$
1	1.4000	0.7143	1.0000	1.0000	1.4000	0.7143
2	1.9600	0.5102	2.4000	0.4167	0.8167	1.2245
3	2.7440	0.3644	4.3600	0.2294	0.6294	1.5889
4	3.8416	0.2603	7.1040	0.1408	0.5408	1.8492
5	5.3782	0.1859	10.9456	0.0914	0.4914	2.0352
6	7.5295	0.1328	16.3238	0.0613	0.4613	2.1680
7	10.5414	0.0949	23.8534	0.0419	0.4419	2.2628
8	14.7579	0.0678	34.3947	0.0291	0.4291	2.3306
9	20.6610	0.0484	49.1526	0.0203	0.4203	2.3790
10	28.9255	0.0346	69.8137	0.0143	0.4143	2.4136
11	40.4957	0.0247	98.7391	0.0101	0.4101	2.4383
12	56.6939	0.0176	139.2348	0.0072	0.4072	2.4559
13	79.3715	0.0126	195.9287	0.0051	0.4051	2.4685
14	111.1201	0.0090	275.3002	0.0036	0.4036	2.4775
15	155.5681	0.0064	386.4202	0.0026	0.4026	2.4839
16	217.7953	0.0046	541.9883	0.0018	0.4018	2.4885
17	304.9135	0.0033	759.7837	0.0013	0.4013	2.4918
18	426.8789	0.0023	1064.6971	0.0009	0.4009	2.4941
19	597.6304	0.0017	1491.5760	0.0007	0.4007	2.4958
20	836.6826	0.0012	2089.2064	0.0005	0.4005	2.4970

参 考 文 献

[1] Eugene L. Grant, W. Grant Ireson, Richard S. Leavenworth //*Principles of Engineering Economy*[M]. New York: John Wiley & Sons, Inc, 1976.

[2] John A. White, Marvin H. Agee, Kenneth E. Case //*Principles of Engineering Economy*[M]. New York: John Wiley & Sons, Inc, 1977.

[3] G·R·泰勒. 管理经济与工程经济[M]. 叶善根,译. 上海:复旦大学出版社,1986.

[4] 黄祥渝,邢爱芳. 工程经济学[M]. 上海:同济大学出版社,1985.

[5] J·L·里格斯. 工程经济学[M]. 吕薇,译. 北京:中国财政经济出版社,1989.

[6] 杨宗熙. 技术经济学[M]. 成都:成都科技大学出版社,1995.

[7] 傅家骥,仝允桓. 工业技术经济学[M]. 北京:清华大学出版社,1996.

[8] 刘新梅. 工程经济学[M]. 西安:西安交通大学出版社,1998.

[9] 刘亚臣. 工程经济学[M]. 大连:大连理工大学出版社,1999.

[10] 黄有亮,徐向阳. 工程经济学[M]. 南京:东南大学出版社,2002.

[11] 刘晓君. 工程经济学[M]. 北京:中国建筑工业出版社,2003.

[12] 王克强. 工程经济学[M]. 上海:上海财经大学出版社,2004.

[13] 李相然. 工程经济学[M]. 北京:中国建材工业出版社,2003.

[14] 国家发展和改革委员会,原建设部. 建设项目经济评价方法与参数[M]. 3版. 北京:中国计划出版社,2006.

[15] 于立军. 工程经济学[M]. 北京:机械工业出版社,2005.

[16] 周惠珍. 投资项目评估[M]. 沈阳:东北大学出版社,2005.

[17] 中华人民共和国财政部. 企业会计准则:基本准则[M]. 北京:中国财政经济出版社,2006.

[18] 吴添祖. 技术经济学概论[M]. 2版. 北京:高等教育出版社,2004.

[19] 黄有亮,徐向阳,谈飞,等. 工程经济学[M]. 南京:东南大学出版社,2002.

[20] 赵国杰. 工程经济学[M]. 天津:天津大学出版社,2003.

[21] 关柯,王宝仁,丛培经. 建筑工程经济与企业管理[M]. 2版. 北京:中国建筑工业出版社,1997.

[22] 刘玉明. 工程经济学[M]. 北京:清华大学出版社,北京交通大学出版社,2006.

[23] 李南. 工程经济学[M]. 北京:科学出版社,2004.

[24] 邵颖红. 工程经济学概论[M]. 2版. 北京:电子工业出版社,2014.

[25] 胡珑瑛. 技术经济学[M]. 哈尔滨:哈尔滨工业大学出版社,2004.

[26] 毛义华. 建筑工程经济[M]. 杭州:浙江大学业出版社,2000.

[27] 姜早龙.工程经济学[M].长沙:中南大学出版社,2005.

[28] 刘亚臣,张军.工程经济[M].沈阳:东北大学出版社,2002.

[29] 刘津明.建筑技术经济[M].天津:天津大学出版社,2002.

[30] 姚玲珍,华锦阳.工程经济学[M].北京:中国建材工业出版社,2004.

[31] 邓国胜.公益项目评价[M].北京:社会科学文献出版社,2003.

[32] 陆菊春.工程经济学[M].武汉:武汉大学出版社,2014.

[33] 张洪力.建筑工程技术经济分析[M].武汉:武汉理工大学出版社,2005.

[34] 尹贻林.工程造价管理相关知识[M].北京:中国计划出版社,2002.

[35] 孙怀玉.实用价值工程教程[M].北京:机械工业出版社,1999.

[36] 张传吉.建筑业价值工程[M].北京:中国建筑工业出版社,1993.

[37] 尹贻林,王恩茂.建设工程项目价值管理[M].天津:天津人民出版社,2006.